境會元句

許博允回憶錄

許博允 著

廖倩慧・李慧娜 撰述

序

從文化外交的線索
探知許博允的全方位演出

吳靜吉

　　觀賞許博允多元豐富、高潮迭起的人生劇場，真的是橫看成嶺側成峰，遠近高低各不同，我只能選擇以我親自目睹他的文化外交線索，試著拉開他全方位演出的劇幕。

　　1985年，文建會委託蘭陵劇坊舉辦「舞臺表演藝術人才研習會」，「新象」也成立小劇場。許博允陸續從他信任的研習會網羅人才，其中一位負責企畫的學員很高興地告訴我，她已經擬定一個計畫讓「新象小劇場」成為小型表演團體和潛在藝術家百花齊放的舞臺。

　　聽完她的計畫，我立刻分享她對表演藝術的同理心和願景，然後非常驚訝地發現她把「新象」當作補助藝術家和團體的「政府」單位。在她的想像中，「新象」要擔負所有的製作費和演出費，當然表演團體和藝術家不必付場租，也不必考慮票房。我只問她：「妳認為「新象」是什麼樣的組織？政府單位？基金會？社會團體？營業公司？還是什麼？」

　　在我的期待眼神中，她終於說：「文建會、教育部等政府單位、企業家都應該支持她所提出的計畫。」我就接著說：「那妳同時也要

提出一個向政府、企業界或民間團體和其他有錢人募款的計畫。」

　　當然，這是她的第一份工作，很多事都浪漫有餘、經驗不足，而且定位模糊。

　　其實她的藝術熱情和想像是應該獲得掌聲的，她認為政府必須支持「新象小劇場」，培育人才、成就作品、增進民眾的藝術欣賞。最後她說：「不管怎麼樣！如果賣票，像我這樣的觀眾一定會蜂擁而上，至少可以收支平衡。」我逗她說：「你好浪漫？！」

　　這位浪漫、愛好藝術的年輕人之想法，顯然反映了許博允創辦和經營「新象」的初衷、理想和後續經營。好多次，我都想對許博允說：「不要以為『新象』是政府編列固定預算的文化推展中心」，但最後總是「話到嘴邊留半句」。那麼許博允的浪漫從哪裡來？他的藝術又從哪裡來？

　　許博允的藝術才氣和造詣，是音樂，卻也超越了音樂，是跨領域、跨時代、跨文化的。在曼谷舉行的「亞洲文化推展聯盟」會議上，他以中亞的音樂與文化為主題的演講，讓民族音樂家驚嘆不已。在許多藝術正式和非正式的聚會中，他都可以自由自在地，經常是主導性地談論音樂、戲劇、舞蹈、美術等等。我因為所知有限，很少發言，但總會回到我的本行——教育心理學——觀察其他藝術家和藝術學者的反應和對話態度。

　　許博允除了藝術的內在動機、熱情和素養外，還具有心理學五大人格特質當中跟創造力最相關的「開放經驗」特質。這些才氣和特質，一方面來自他的基因，大部分來自他的家庭與所有他隨興選擇的文化環境和氛圍所提供的學習資源。

　　許博允是大家族出生的，有著三千寵愛在一身的自信和霸氣，讓他面對權威不臉紅、面對年輕人的挑戰不覺得是反抗、面對同輩喜歡起鬨、飆創意。

　　祖父母、父母、舅舅和進出許家大門的親族與各行各業，兩岸、多國前輩之藝術資源，讓他在吸收、探索、評論、批判和轉化中，萌芽、孵化，因而成長了他的藝術及其文化和政治脈絡的知識能力。許博允從小就比一般同輩的人擁有更多的跨文化經驗，心理學的研究

也一再驗證跨文化經驗對創造力的正向影響，許博允就是活生生的例子。2014年「新象36視覺藝術大展—台灣百年藝術史觀」是他跨領域、跨文化、跨時代，多元體驗和創新的另一項見證。

許博允不是藝術科班出身，他的開放經驗、積極主動、樂觀多元的特質，卻助長了他創造和把握機會與非正式的師傅，建立亦師亦友的「師徒情結」。他保有傳統的尊師重道之美德，卻對長輩權威毫無畏懼地提出自己的看法挑戰師傅。

「菲律賓文化中心」1976-1986年的總裁，音樂家Lucrecia Kasilag，和老許之間比血緣關係的母子還要親，是作曲、是音樂、是文化、是藝術推動、是許博允的尊師重道，卻又時常提出不同資訊和見解的挑戰，讓他們「母子情深」。

音樂科班出身的長笛家樊曼儂和老許之間，同樣是作曲、音樂、文化、藝術推動，讓他們「情深藝重」。自從自信、霸氣又浪漫的許博允趕到機場，硬是把正要飛向美國學藝的樊曼儂「感召」回頭。這對亦師亦友、亦情亦理的藝術伴侶，於是開啟了共創推展藝術文化的機制和舞臺，而讓台灣的藝術豐富活潑起來。

有一次在樊許客廳，聽他們激昂辯論音樂，老許突然話鋒一轉：「妳是我太太耶！」樊曼儂：「每一次在音樂上講不過人家，就搬出丈夫的角色。」大男人的老許居然笑出聲來。我當時心想，他們命中註定了「情深藝重」的彈性角色關係。就是這樣的關係，他們共創的「新象」和「環境文創」，成了我免費學習表演藝術的移動學校。

許博允的霸氣隱藏豐富的同情心，幾次和他出國開會，在轉機時，他「鶴立雞群」的身影，容易吸引陌生人來求助，說他們掉了護照或錢被偷走而身無分文等等，他總是恨不得把所有的錢掏出來送給他們，還自信滿滿地告訴他們如何向自己所認識的駐當地政府人員求助等等。有一次許博允焦急轉身打電話給求助者駐在當地的大使館時，那兩人立即跑掉了，發現原來這是一場騙局。

演出後或出去開會時，老許特別喜歡湊熱鬧、搏感情、飆創意，他似乎不相信「天下無不散的筵席」的事實。這樣的特色，也延伸到逛街購物。每到一個外國城市，我們都會逛夜市和跳蚤市場，他似乎

享受與店員「討價還價」的互動樂趣，他們的你來我往是一場演出，同行的我們偶而扮演路人甲、偶而扮演觀眾，讓我體會莎士比亞所說的「整個世界是一座舞台，所有的男男女女不過是演員罷了」，以及社會學家Erving Goffman的「每個人都在日常生活自我表演」的理念。

他的文化外交成就非凡，其中之一是體現在他和Kasilag等人發起創辦的「亞洲作曲家聯盟」、「亞洲文化推展聯盟」、「亞洲戲劇協會」等的國際組織及其後續的會議和活動。他常忘了自己不是政府官員，卻完成了缺乏藝術認知的政府代表以及沒有正式外交關係的文化交流使命。

「新象」和「環境文創」一方面引進國外以表演為主的藝術，讓台灣人不必出國就可以欣賞頂尖藝術，另一方面則用心良苦地推薦台灣的藝術團體和藝術家，給外國的經紀人、場館負責人和相關的政府文化官員。

在「亞洲文化推展聯盟」和其他亞洲藝術會議中，與會者幾乎每次都會建議亞洲各國共同製作跨領域、跨文化的表演節目，或在曲目中加上當地的音樂和藝術家，但總是雷聲大雨點小。而許博允卻在各種限制中實踐了這樣的期許，例如1983年，「美國國家交響樂團」來台演出時，他斬釘截鐵地要求大提琴兼指揮的Mstislav Rostropovich演奏馬水龍的《梆笛協奏曲》，立即獲得指揮的共鳴，因而在美國的同時轉播，讓美國人聽到台灣傑出的聲音。

在2002年，多明哥應「新象」之邀來台演唱時，他立即推薦江蕙同臺合唱《雨夜花》，讓台灣本地人也能親耳體驗聆聽來自本土的優美聲音。

如果我只能用兩句話描繪許博允，我認為他是被各種獎項和政府浪費的人才和機會，他是個創意人、社會創新先知、作曲家、藝術創業家、文化外交家，以及其他全方位舞臺上的許多角色。

序

　　想想，這是我人生七十多年來，第一本「回憶錄」。想寫的事情很多也很雜；面向也多所相異，亦有所相係！既然一生與「藝術」相與至深！那麼就從此啟述吧！

　　這本書可說是取向為：我的「藝術之緣」。既便如此，和藝術生活相繫的人與事，回想起來實在是不少，本書也只能先選擇部分往事，就關聯性事件，滙集分成七個章節：以「藝術之緣」為主軸。至於，在我過往參與或涉及的思想、政治、社會、歷史、商務的生涯，都幾乎甚少述及；誠為首本的「回憶錄」，就儘可能地單純暢言之！

　　事實上，我已經著手寫作「家族與我」有關歷史、政治、社會與人文思維…的下一本「回憶錄」；在那本書裡，自然觸及許多不為人知的歷史故事，敏感及爭議當然是在所難免！

　　同時之間；與藝術的緣份及相關的事物，亦當敘述亦然，尤其暢遊東西歐、俄羅斯烏克蘭、高加索喬治亞、土耳其、日本、韓國、澳洲、東南亞、美洲、中國大陸…等等的點點滴滴，以及藝術的過去、現在與未來的趨向，有趣有意思的人與事物，那又是下一本「藝術之緣」吧！

第一章 ——

生命與感覺

一生得以從事藝術工作，

是一件幸福的事。

藝術緣起

　　時光荏苒，從事藝術工作逾半個世紀，一路上備嘗喜樂艱辛。緬懷年少時，常為未來立定志向，現在回想自己的人生際遇，處處可見人與人的因緣際會。駐足回味，有幸與這些人在生命中相遇，更慶幸自己得以踏上這條藝術工作之路。

家族
從政商家族的慣例裡，我選擇另闢一條另類蹊徑。

　　我的太曾祖永清公是淡水街的漢醫，帶領兩個弟弟在淡水街上開了一個漢藥舖。曾祖父許攀桂（字松麟，1867-1900）自幼飽讀詩書，能說七種語言，精通買辦，早年在曾經繁華的淡水行醫，是淡水港埠有名的翻譯，曾擔任地方各界通譯。無奈他英年早逝，離世時祖父年僅九歲。

　　失怙的祖父許丙（原名焜炳，字芷英，又號子英、少英，1891-1963）在曾祖母（謝氏省，1873-1937）以母代父的辛茹下一手帶大。他先是就讀「淡水滬尾公學校」[1]，在曾祖母的激勵下苦讀，成為第一屆畢業生，後考上公費「台灣總督府國語學校」，可算是日據後台灣人的第一代知識份子。十九歲時，祖父任職「林本源事務所」[2]，擔任林熊徵（字薇閣，1888-1946）的翻譯，不久後成為林本源家族大管家。林熊徵，是台灣知名林本源家族的嫡傳大家長（其父林爾康，妻子是清朝皇帝溥儀太傅陳寶琛之妹陳芷芳），爾後成為日治期

（左一）祖父時任「林本源製糖會社」監察人、（左三）大姑媽許碧霞幼時、
（左五）父親、（右二）祖母、（右一）「林本源製糖會社」社長林熊徵。
攝於板橋林家花園。

林本源家族 大家長林明成。

間最知名的企業家及慈善家。他於1909年設立「林本源製糖株式會
社」，1919年創立「華南銀行株式會社」，成為台灣首富。林熊徵
也曾任台北廳參事、大稻埕長、「台灣總督府」評議委員等，更曾捐
助孫文的「同盟會」革命運動，支助林覺民等革命志士們從日本至廣
州之所有旅費。且對地方宗教、慈善、公益等事物，不遺餘力地支
持。

　　祖父出任「林本源事務所」（大永企業）總管家後，也出任了地
方代表台北州協議會議員。任職不久前往日本留學，就讀「日本明
治大學」。至大學二年級，林熊徵創立「華南銀行」，急電正在東京
深造的祖父。他幾經思考，決定棄學趕回台灣協助「華南銀行」的創
建，當時年僅二十八歲。1927年祖父擔任台北市協議會議員，及台
北商工協會、商業會的議員、理事，台北州稅調查委員等要職，更在
1930年和林熊徵同時擔任「台灣總督府」評議員，於1944年被推舉
為日本貴族院議員。

　　1945年值二次世界大戰之時，彼時陳儀主導的台灣省政府，導
致祖父因『莫須有』之政治冤獄事件，直到1949年出獄。同年6月，
台灣發生金融風暴，四萬舊台幣兌換一塊錢新台幣，引起人民恐慌而
發生嚴重擠兌。張群與尹仲容代表當局，邀請祖父出任「台灣銀行」

董事長。祖父婉拒，卻願意以存入十萬元新台幣的實際行動來協助政府穩定社會金融。此一行徑經《中央日報》以頭版披露，擠兌風暴立即趨緩，此舉讓後人津津樂道。同時，祖父思量台灣整體社會的安定，決定接受國民政府的聘請，出任台灣省政府顧問。

祖母葉氏白，是英國移民的第三代。她的祖父，也是我的外曾祖父，出生於英國曼徹斯特，十九世紀中葉在馬來西亞的檳城創設了國際船運公司，後將公司轉至台灣淡水並定居於此。後與我的外曾祖母成婚，與我曾祖父成為異國好友。上一輩的友誼，結下我祖父母的一段姻緣。

林熊徵老先生與我祖父的深厚關係，由下一輩的父親許伯埏秉承，兩家人的關係密切，父親也自然地成為林氏家族最親近的諮詢顧問。而我與林家第七代的林明成[3]，兩人是兒時玩伴，大姑媽許碧霞的五女兒、我的表妹顏絢美，後來與林明成結婚。這樣緊密的關係與互動，延續到兩家的第三、四、五代的情感。

白手經營出雄厚政商文化家業的祖父，引領著多數的後輩成員延續著的淵源與步伐。他老人家與藝術文化界的賢達雅士，有著深厚的連結；如此的耳濡目染，牽引著我步上一條藝術文化之路。

林明成的堂兄，也是著名台灣古蹟研究啟蒙者林衡道教授[4]。我倆互相揶揄地說，我們是家族的異類，脫離政商醉心投身在文化藝術的領域。然而，藝術與我的因緣源自深埋在家族中的基因血緣，以及一路成長的環境。

（左）父親抱著剛在日本出生時的我
（右）童年時在寧夏路老宅留影

台北寧夏路二十三號老宅的童年

我一生最愉快的時光。
祖母的古帳床，有著我們孫子女們最溫馨的回憶。

因為父母雙雙留學日本，二次世界大戰1944年，我出生在日本東京的「四ツ葉偵信醫院」。二戰後，母親因病入醫院接受長期治療，留在日本；1945年戰後，許氏家族分批返台，祖母背著年幼的我，與叔叔們首批先行搭著輪船返回台灣，住進那棟位於寧夏路二十三號的許家樓厝。

我自小一直由祖母帶大，與祖母一同寢直到十三歲搬家。至建國北路，那時祖母的古帳床也搬了過來；這張古帳床，是我們這些孫子女們最溫馨的回憶！

許家寧夏路的祖厝，是一棟中西合璧、轉形巴洛克窗、四合院結構的三層透天大厝，樓厝頂有個超大平台，面街的是一道中式大門。房右邊是一大庭院，有融合中日式的水塘、花園等。這個特殊樓房，是許氏家族住商並存的大厝。

六十年前，這棟存著我珍貴童年記憶的樓厝賣掉了，後被拆建為五、六間聯結的大樓，其中還是台北第一家的火鍋店。許家樓厝裡，天天總是人來人往，厝內日日總有各種有趣的活動進行著。家族裡的人丁興旺，小時候總有眾多的玩伴。許家三代，加上十多位工作人員共四十多人，加上鼉、兔、猴、狗，雞和鴿等同住在這間大祖厝裡，熱鬧了不得了。

許家宅子的一樓前庭底端，有一道（ㄅ）型的大樓梯由右直上二樓大客廳；樓梯下有一扁長型倉庫，堪作前後庭的隔牆，擺了一架精緻卻已不使用的人力黃包車。這一件大型骨董，小孩們當成一件大型裝置藝術，不會跳上去玩耍。

一樓左邊有一嵌門，直通到後庭，先是一道寬約四米單面敞開的橫廊，面向一透天的中井，此處是種植各式花草的凵型小花園的中庭，中庭底端是一道舖蓋綠釉瓦片的敞開矮牆。越過矮牆，則是一大型後院和車庫，後院的中央建置一個可容納多人的防空洞。緩坡頂，是防空洞的入口，緩緩地斜堆出一道小型假山延伸至高圍牆邊，沿著

許家三代合影於二樓古董間。

後一排左至右，五姑丈Charles Summers，四姑丈張伯勳手抱表弟張世昌，三姑丈楊國斌，二姑丈黃當時，大姑丈顏德修，母親許楊素娥，父親許伯埏，三表哥顏惠威，三叔叔許敏惠，五叔叔許敏欣。

中一排左至右，四姑媽許雪，表妹張婉卿，大姑媽許碧霞，表弟顏惠重，祖母許葉白，祖父許丙，站立於祖父前方堂弟許博文，二姑媽許碧瑜，表姊黃美彌，五姑媽許敏華，三叔母許張娟娟，大表姊顏雅美。

下一排左至右，三表姊顏智美，堂妹許瑞真，四表姊顏華美，我，表弟黃崇恆，表妹黃毓秀，表弟黃崇仁，堂弟許博偉，表弟顏惠光，二表姊顏慈美。

牆種植了數顆大榕樹，還種植了棕櫚、樟樹、桑樹等，支幹葉交織下有一曲型大池塘、大草坪、山石……。

二樓有父母親的寢室，連接著一間擺設了中式古董桌椅的古董間，以及側客廳；二樓兩側的正室（祖父母寢室、客房與父母親寢室、古董間）之間是主客廳，即由樓下ㄅ型大樓梯上來玄關進入的大客廳；此廳地上鋪設思古香味的檜木及中西合璧的家具擺設，此區分為兩段，擺置小沙發、椅群及矮茶桌的一區，放置大沙發群、茶几及大矮桌的另一區。這個客廳是大人們會客、會議、家族大聚會的地方。客廳往前延伸，有一階檻連接磨石地板的前起居廊廳，面向大馬路，這裡是家人下棋、看書、小聚會及休閒處。

主客廳玄關的另一端，是家人進出的走廊，連接後起居廊廳的進出口及通上三樓長樓梯，此樓梯就在ㄅ型大樓梯的上頭。一上樓即是三樓的起居廊，三樓有很多房間，如叔叔們的寢室、親戚們的臥房、祖父的藏書房等。而三樓的主廳面臨大馬路，是祭拜佛祖、觀音菩薩……及祭祀祖宗們的佛公廳。

最頂層，一半是瓦片屋頂，另一半則是開敞的天頂大涼台，可供晾曬衣物、食物等，這裡也是家人運動，打羽毛球、太極拳、跳繩、體操…等，還可節日烤肉、觀星賞月之處及小孩子們遊戲的空間！

大樓厝右邊與高圍牆間，有一狹長約兩米的水泥地，下面是通往馬路大水溝的一長條排水溝。每到颱風季，寧夏路總有大水淹腳目，大人們為淹水傷透了腦筋，此刻卻是小朋友最興奮期待的停課和戲水時間。

家裡飼養的三、五隻大狼狗，白天就在這狹長水泥地為居，夜間則放入後院及大庭院活動。我小時飼養的一隻小猴子，則安置於室外的遮雨棚內。這隻調皮的猴子，總愛挑釁逗弄狼狗，吠聲和吱叫聲齊起，總會吵人睡眠。迫不得已，小猴後被移置到北投的溫泉別墅飼養，週末我到北投時，小猴看到我，就會高興地蹦蹦跳跳翻跟斗。其它的小動物，多置養在那中庭開敞的橫廊上，其中和我年紀相近的小叔叔們，飼養著一群進口的來亨雞，雞籠分成三層列排在橫廊左邊緊挨著倉庫間的空間。每日清晨，裹小足、一百四十公分的姨曾祖母，會邁著小步，去收集剛剛產下的來亨蛋，給我們這一群上學的小孩子們加添炒蛋、煮蛋或蒸蛋；她是祖父的姨母，我們稱呼她「姨祖」。

她守寡後，跟著我曾祖母和祖父、祖母一起生活。

她非常疼愛我們這群小曾孫們，常常跟我們講一些古早小故事。她還有一特殊的本領，將豬肉、魚肉製成美味的肉鬆、肉餔、魚鬆、魚餔。她會先用兩天以上的時間，階段性調整大火及溫火煮得軟爛的肉糜後，日晒成半乾，再熱炒成肉鬆或搗成肉餔。

記憶中，這個橫廊的另一端有我飼養的數隻兔子。家中的幾隻貓，在院子、花園、樓上下、屋頂隨處走動，吃飯時會自動聚在中庭靠近廚房外的空地，下雨天家人定時提供的貓食則在橫廊下的一塊舖墊區。

我曾在二樓的後起居廳廊，養了幾十條蠶，那知其生殖能力特強，一年後就產出數千條。祖父和父親時時得託人從南部採購桑葉餵食這些蠶寶寶們，在全家人的幫忙下，以八、九個圓形甘籠（gambow）飼養出上萬條蠶，甚是驚人。蠶吐絲期，我們還編作扇骨作成絲扇送人。直到後來全家都忙不過來，只得趕緊送給農家飼養。

宅第二樓左邊的正室有兩間大房、兩間小房；最前面的是祖母許葉白的寢室，室內有古董擺設、小沙發後端是衣櫥櫃、洗浴間及一張奇大的古帳床。這張高大的古帳床口置有一木階，以便踏步上床，成為一物二用的鞋櫃。

這張大床可睡臥三人，通常睡在最外面的是祖母，中間睡的是年齡大的孫兒，小孫兒睡最裡頭。因為我由祖母帶大，八歲前都睡在此。我們這一輩的孫兒們，都有與祖母同寢的經驗，依序輪流。由於我是長孫，年紀比我大的都是表哥表姊的外孫們，所以我有固定與祖母同寢的特權，也是同寢最長久的孫子。一直到上高中念書時，才有自己獨自的一間房。十三歲後搬家至建國北路，祖母的古帳床也搬過來了。

二樓有祖父的寢室，也分成兩道，前端也是古董擺設及三張小沙發後端是書房洗浴間與西洋床；兩間小房，一間存放書籍、書畫及古董，另一間是賓客房。

後起居廳廊，底端左邊是有八角窗戶的父母親寢室，可外望一樓的大庭園。右邊是家族的大浴室，除洗浴台並設置一大橢圓形的檜木浴桶，大到可供三人同浴，也成了我們小孩打水仗的最佳場所。

台灣孟嘗君的「曠間」傳奇
祖父為人海派，交遊廣闊，家中天天人流不息。

祖父於1945年任日本貴族院議員所攝

　　祖父當年活躍在政商文化界，在那個封閉年代裡，他多角化地經營許多企業，與林本源家族共同經營在花蓮的「臺灣鑛資公司」、高雄「義滿遠洋海產公司」與「小港製紙廠」、「三峽媒礦公司」、「德國咳精製藥公司」、「水仙肥皂公司」、「南方澳魚產」、「百吉發摩托車公司」、「水產養殖」、「水果種植農業公司」，而歐洲與日本電影總代理公司及三家貿易公司，設在樓厝的一樓。屋間裡加裝了手搖電話，三位數的電話號碼是『三六八』。此地是許氏家族事業的重地，但對童年的我，一樓的「曠間」，卻是我留連玩耍的寶地。台語「曠間」，意指寬闊開放的空間，有著類似東北人稱「炕」一樣的通鋪，約五十公分高度的通鋪上，鋪滿了有悠悠香味的塌塌米。「曠間」就像以前的記者室一樣，免費開放給外人使用或休憩，最多可容納二十多人，晚上還免費供南北來往的友人夜宿。

　　由於祖父的好客，「曠間」每晚總有來自各路的宿客。少則四、五人，多則十來人。用餐時間到了，有免費供食的流水席，這是祖母按週分派給母親和嬸嬸們等長輩來負責。按家規，家中媳婦輩們需輪流掌廚一個星期。祖厝一樓的右邊一列食品貯存間、料理準備室和大廚房。廚房中間擺置大料理桌，三面環設大、中、小灶各一座，時時都有家中女輩在此進出忙碌。母親和嬸嬸們除了負責「曠間」的兩

（左）1959年龍山寺大殿落成典禮，由祖父許丙主祭，
　　　由父親與我著唐裝陪祭。
（中）就讀於建國中學時留影。
（右）楊基炘作品《台北萬華》1956年，
　　　畫面是當年說書間的說書人。

到三桌，還有樓上家人的兩到三桌，每頓飯，動輒弄得像辦桌一樣，對掌廚者來說相當辛苦。一樓餐廳，設在半弧形樓梯左側的綜和用途大廂房裡，家中人多時，還得輪番上桌吃飯。家中菜錢由祖母統一交付，讓長輩們依各人手藝、食材、用料不同，各顯身手。外來的用餐者，還會以美食評論家的角度，將每人手藝評比一番，甚至有些饕客會算準日期，專程來飽餐一頓。我的母親曾與鼎鼎有名的華南銀行總舖師「契師」學習廚藝，輪到母親掌廚，總是吸引最多的饕客。這無形的廚藝競爭，使得掌廚的媳婦們有著無形的巨大壓力。

祖父為人海派，交遊廣闊，家中天天人流不息，往來包括兩代間我父親同輩友人、及三教九流的各方人仕。猶記得，我在家中見過各地的文人武士，還有經營文物、古董、雜貨、房地產、國際貿易的商賈人仕、政治人物等，常聚於此聊天會商，或交換訊息。除商賈士農，消防隊長、鄰里長、賣蛇、賣藥、賣南北貨，其他各行各階級人士們也都愛來我家的「曠間」呷茶、聊天、聽聽講古。其中最吸引我，是聽這些民間素人口中描述的春秋戰國傳奇、《三國演義》、《西遊記》、《水滸傳》、《七俠五義》、《封神榜》、《紅樓夢》、《聊齋志異》、《春秋戰國》、明清朝代傳說及台灣傳說…等。記得我們一群小孩們，每天中午放學，吃過午餐，只要外面沒有玩局，就會跑回「曠間」裡起鬨吵著要大人們說故事。下午沒說完的，晚飯後再續聽，這週未盡的，下週分解。大人們熱衷於故事的程度，並不亞於孩童。大人還會因見解或崇拜的角色，或信仰上的差異，激烈的抬槓起來。

印象中有一位「講古」先生，外號『翹腳尤』，他說的故事特別精采，就像一位專業說書人般的活靈活現地生動有趣。叫他『翹腳尤』，因為他姓尤，尤字的一筆劃勾起，就像人翹起腳，也或許他真的愛翹腳吧！此人常借住「曠間」，平時仲介土地買賣，有時也為祖父打打雜。閒暇之餘，一興起就對著一群大人小孩講古說書，從細說乾隆，講到康熙下江南，鄭成功等。『翹腳尤』有時候會帶我去坊間說書間聽『勸善』，他對我說：「我帶你去看專業的，但是不一定比我說得好喔！」

他帶我去的說書間，座落在熱鬧的風化區寶斗里和江山樓旁的小巷裡，有些還在淡水河水門外。說書間裡的說書人，多是端坐在一張

祖父許丙與祖母葉白合影

較高的位子上，前面擺著一張木桌，上擺著筆墨硯臺、拍板扇子等道
具，一應俱全。這種地方多半是老人茶館，一群老人中，常見我一個
小孩跟著喝茶，聽故事，老人家們還會半開玩笑地對我說：「囝子咁
聽唔？」

　　祖父的海派性格，猶如是那個年代在台北的古代『孟嘗君』。許
家的「曠間」，是家族與外人的交誼空間，吸引聚集了各路八方的豪
傑與特異人才。當我幽然回首，才明白此地如一座民間故事館的「曠
間」，堆積出我猶如傳奇的童年生活，為我的人生添加了許多特異的
色彩。

祖父的古董書畫、蘭花、與「正音」

阿公深愛蘭花，總說欣賞蘭花，先要懂得欣賞其梗其葉，才欣賞花與蕊。

記憶中，晚年的祖父，幾近光頭的短髮和一雙依舊炯炯有神的眼睛。手持雪茄、執著枴杖的他，總有一番堂堂威儀。值壯年時期的祖父，壯碩的身形總是著一身剪裁合宜、且具歐洲時尚感的西裝。祖父精鍊果決的性格和大格局的行事作風，在英國紳士般的西式外表下，還有著中國傳統文人的深厚涵養與氣質。祖父一生深愛詩書琴畫，在民族意識與菁英主義的影響，以及漢文化的浸淫中，有其特殊的文化見解。他忙碌在政商實務之餘，總會抽空鑑藏書畫古董、與友人家人談詩論詞、怡養蘭花、賞聆「正音」（臺灣人將京戲稱為「正音」）。

祖厝二樓的古董間，是個挑高四公尺多的廳堂。分別有儲藏室及展示室，裏邊的架櫃、擺設的都是中式古董桌椅。裡面的空氣特別地清涼雋香，瀰漫著典雅恬靜的書香氣。相對於一樓「曠間」日日的湖海熱絡，這裡猶如是一個抽離的化外天地。古董間陳列著祖父收藏的珍貴古物，有商周時期的石器陶器與青銅器，唐三彩、宋瓷、明清玉器和各朝代名家的字畫。這裡平時不許人任意進出，祖父偶爾會在裡面召集家族聚會，大人們在此走動也是小心翼翼，孩兒輩進出更須得到祖母的同意。身為長孫的我，可能是孫輩中最常進入古董間的小孩。

這個沉靜的廳堂，對我總有一股奇特的吸引力。除了可瀏覽珍奇古物，我最喜歡駐足在一張巨幅圖表前。那是一幅大型的中國歷代帝王世系圖，高掛在天花板，垂落到地面。畫中頂上的盤古開天，歷任君王一路懸垂到清光緒帝，常讓我看到出神。小時的我，仰視著代代的帝王名號，心中的好奇與想像讓我飛入各朝代的綿長歷史，入神的程度早已超越一般同齡孩童。

生於清光緒年間的祖父，成長於日據時代，後曾留學日本明治大學而有了日本文化的養成。但他早逝的父親，在童年期為他紮下了深厚的漢學根基，四書五經、老莊經典都是他漢學的文人基礎素養。我

們家族雖然遵循著日本的氣氛禮數，但儒漢文化卻更深入根植人心。祖父常常談起中國歷史，收藏中國古董，日本文物的收藏相對稀少。祖父對於「京劇」的熱愛，遠勝過日本「歌舞伎」與「能劇」。日據時代，日本統治階級曾有意大舉去除漢文化，身為日本貴族院議員[5]的祖父，為了臺灣傳統民間曲藝如、北管、傀儡戲、皮影戲的保留，奮力爭取，不惜跟最後一任的臺灣總督安藤利吉（1884-1946）強力爭辯。他雖然身為民意代表，但在日本軍國獨裁政權之下，仍以一己之力，從文化廣遠的角度力辯並說服日本人，臺灣的漢文化及少數族群的文化終得以保存。

　　祖父為人正直，且天性豪俠。在社會上以正直仗義享名，為人處事深深地影響了後輩子孫。遇到其他大家族分產，總會特請祖父出面主持家產分配之事宜，避免紛爭並求得公正公平。1923年日本關東

祖父的廈門老宅，站立者前大妹許瑞暖，　祖父當年的相機。
後二妹許玉暄。

大地震，祖父急人之所急，主動出資租船，協助載運上千位台灣留學生回臺。對其他慈善事業也積極參與，從不後人，從資助、捐地、募款創建學校如「聖心學院」、「文化大學」、「淡江中學」、「泰北中學」、「輔仁大學」及「薇閣小學」，重建各地廟宇並擔任召集人兼主任委員，如艋舺的「龍山寺」與「清水巖」、「行天宮」、「孔廟」、「關渡廟」…等松山淡水等二十多所佛道儒廟宇。

日據時代及民國10年至40年代間，祖父因政商關係常常往來北京、上海、西安、南京、河南、四川、廣東、福建、香港、澳門和東北地區，因此有較多機會接觸京戲，並培養出對這個中原劇種的興趣。祖父同輩的台灣人當中，喜歡京戲的同好並不多見。據父親所言，祖父與京劇『一代宗師』梅蘭芳（1894-1961）曾有過一段因緣。二次大戰期間，時值日本發動大東亞戰爭隔年，1942年我祖父受到擔任香港總督的小磯氏先生以及廣東的矢崎中將的邀請，以貴族院議員的身份前往兩地訪問。梅蘭芳因二次上海事變而留在香港，無法回到上海。祖父聞訊，面見日軍統帥矢崎中將，處理了上海船票與所需文件，讓在香港避難的梅蘭芳如願地回到上海。自此兩人結下深厚的友誼。梅先生心存感激，便將家中大廚師王嵩壽師傅送給祖父帶去東京。

祖父在台灣、東京、上海、廈門和東北都有私人寓所，位於東京涉谷區大山町的日本寓所，屬日本各界名人居住的地區，聚居了知名作曲家、文學家、畫家、大法官、政治家、教育家和醫生等。這些鄰居們與祖父往來熱絡，好客的祖父常在家宴請嘉賓。這位來自梅蘭芳府邸的大廚，傳說是清朝御廚的後代，精湛手藝總讓大家讚不絕口。各家夫人們也好奇的到廚房觀賞大廚烹調炒菜，一段時間之後，幾乎人人都學會了一、兩道私藏美食。這位來自梅府的大廚，源自於祖父和梅蘭芳的患難交情。不久後，梅蘭芳弟子『四小名旦』之一的言慧珠[6]來台演出，一抵台就先前來向祖父致意，並送來梅先生囑託的禮物。二次大戰後，梅府大廚繼續留在日本，祖父資助他開了家餐廳，據聞其後代繼續經營，名遐全東瀛。

日據時代結束後的第一個政治冤獄
祖父遭逢牢獄之苦，自此"淡政治、親文化"。

　　1945年日本戰敗投降後，兩位日本人及二十二位臺灣賢達代表們，其中有名的大家族成員多列席這個重要的會議。會議中，日人希望在場的臺灣賢達，能協助勸導臺灣人民不要採取報復行動，保障並協助日僑安全撤離。祖父召集主持了這次會談，最年輕的辜振甫先生也參加了這場會議，擔任記錄。後來以陳儀為首的國民政府，將這次的聚會視為『臺灣獨立運動』。他們懷疑臺灣人和日本人串通起來反抗國民政府的接收，將所有與會者逮捕判刑下獄。而就在這兩年的服刑期間，臺灣發生了『二二八事變』。祖父出獄後，雖不言明對現實政治跌宕的感嘆，也鮮少顯現其悲憤。他並未抵制政府，豁達地認為公道自在人心，囑咐家族子孫此後不宜參與充斥著自私政客的國民黨。自此他回歸地方，甚少直接接觸政治，增多了人文生活的接觸，更積極參與社會公益和宗教活動。

　　祖父出獄後，被限制出境長達十九年之久。之後經何應欽將軍、張群秘書長向蔣介石從中協調，才得以解套。這限制出境的漫長期間，有數位國民政府的年輕特工人員，二十四小時持續的跟監。海派的祖父體諒他們的辛苦，總邀一起泡茶小坐，祖父笑說：「你們看我每天養蘭聽戲，哪有搞革命？」後來他們反成為祖父的青年朋友，跟著養蘭看戲起來了。我小時候曾天真地問祖父：「阿公怎麼有這麼年輕的朋友，還都是有重口音的外省人？」祖父對我笑著說：「那是來監視阿公的。」爾後我偶而也和他們聊天，但從不談及政治。

與許家有深長淵源的藝術家們
雕塑家黃土水，書畫家溥心畬、張大千、吳湖帆、劉海粟，作曲家江文也，京崑家梅蘭芳、言慧珠、戴綺霞、顧正秋、張正芬以及南管文化。

　　熟捻七國語言的曾祖父也深深影響著祖父的西方文化觀念。他從小浸淫在西方多國的文化之中，與許多日治時期中日藝術家都有頻繁的互動，與台灣雕塑大師黃土水、工藝家張秋海、直上秀畝、小室翠

我輩表姊弟妹們開心在寧夏路老厝前合影。
左至右，表姊黃美彌、表妹張苑卿、表妹黃毓秀、表弟顏惠重、妹妹許瑞暖、我、表弟黃崇仁、
表弟張世昌、表妹張絢卿、表妹顏媛美。

雲、還有擅長美人繪畫的伊東深水、精於花鳥繪畫的山口蓬春與平福百穗都是好友。父親後來也成為小室翠雲畫室的名譽會員之一。祖父與西畫藝術家岡田謙三、梅原龍三郎、有島生馬、常坂春雄、藤田嗣治都有密切的往來，與臺灣藝術家李梅樹、楊三郎與尊翁楊仲佐、陳清汾與尊翁陳天來，更常常聚會，也會前往新店陳府賞菊。日本大師石川欽一郎，在1929年台北許家厝樓落成時，還贈與一幅親繪的觀音山水彩畫做為賀禮。祖父頻繁地往來中國大陸，在上海、福建等地期間結識了劉海粟、齊白石、王一亭……等中國大陸藝術家，其中劉海粟早年來台時，在祖父的邀請下曾下榻寧夏路的許宅。

雕塑家黃土水[7]和祖父有深厚的友誼。他的才華出眾，可惜英年早逝，是台灣第一位在國際藝壇上發光發熱的雕塑家，一百多年前就奠定了日本與台灣雕塑界的基礎，被稱為『台灣雕塑之父』。

我的家族收藏了不少大師的雕作，祖父傳給父親與我其中三座，其中一座是大師於1939年為我曾祖母所塑製的雕像，這是以銅和石膏為材質鑄成的。另一座是祖父的銅雕，置放在叔叔家中的客廳。

鮮為人知的是，當年經由祖父的引介，日本皇親北白川宮也十分鍾愛黃土水的作品，北白川宮能久親王（弘化四年（1847年）一明治二十八年（1895）。是幕府時代至明治時代的皇族伏見邦家宮親王第九子，幼年時稱為滿宮，是明治天皇的堂弟。他收藏了逾百座黃土水的作品。小學時，祖父給我看一件黃土水的浮雕《猴子》，說：「你屬猴，這尊《猴子》給你當傳家寶。」這座栩栩如生的浮雕，黃土水本人也認為是他畢生最滿意的猴雕作品，至今我仍然珍惜保存著。這尊作品《猴子》曾外借給「歷史博物館」、「高雄美術館」、「臺中美術館」展出。我認為黃土水的作品，充分地展現出老一輩台灣人對人事物的意象美學。他為台北龍山寺所雕釋迦牟尼木刻像，與眾不同，氣質舒雅非凡。而台北中山堂光復廳的前壁，嵌置了一幅《水牛群像》浮雕，這幅作品可謂國寶，極為珍貴，幾次中山堂說要將之移除，在文化界極力反對下才保留下來！

祖父曾與另一位書畫大師溥心畬[8]，比鄰而居。大師從大陸來台後的那段時間，祖父為之安排長住在北投溫泉路天主教堂旁的「鳳凰閣溫泉旅館」，祖父則住在隔壁溫泉路一〇四號的別墅，這間別墅也是我幼年時消磨週末的地方。不再聞問政治的祖父與溥心畬互動極為頻繁。兩人幾乎每週數次敘談，一起品茶賞藝、用餐喝粥吃宵夜，賞花賞月等。兩老尤其喜愛邊品茶，坐著等待院子裡的珍貴蔓花在夜半開花，時時還待至天亮，只為了眼見難得開花現世的稀世蔓花。

被譽為「台灣的蕭邦」，亞洲最有才華的前輩作曲家江文也[9]，去世前也曾說他一生最大的恩人是祖父許丙和伯公楊肇嘉先生。我於1988年到北京，「中央音樂學院」院長吳祖強，告知江文也的夫人和兩位女兒江小韵、以及現任中央音樂學院副院長江小艾，關於我的北京之行。她們得知後，親自來到我下榻的「民族飯店」，那時聯絡不如今日便利，也未事前安排。我當天一早外出後，她們在飯店大廳從中午等到晚間十一點多我返回飯店。她們拿出江文也作品《孔廟大成樂章》的親筆手稿，贈予給我。原因是江文也生前交代，務必將這件手稿送給『恩人許丙、楊肇嘉』的後代，完成感念性的『還願』。我一聽，頓時也不敢收受，對她們說：「這是你們江家的家傳之寶，請務必保留下來，我只拿影印本。」回臺後，我將手稿影本轉贈給恩師許常惠，後來存留在紀念許常惠的國史館專室中。

1 清朝時期曾祖母身影。

2 左至右，二叔許敏信、三叔許敏惠、四叔許敏忠、父親、五叔許敏欣合影於家中庭院花樹的池塘畔！

3 1993年許氏家族合影，（前排左至右）四姑母許雪、父親許伯埏、祖母、五叔許敏欣、曾祖母、五姑母許敏華、大姑母許碧霞。（後排左至右）三叔許敏惠、二姑母許碧瑜、二叔許敏信、三姑母許秀子。

　　祖父與南管文化淵源頗深。日據時期南管音樂活動範圍主要在淡水、大稻埕、艋舺地區，多以廟會活動為主。祖父面對大力的日化，不畏懼地與總督爭取保留台灣南管文化。也曾將台南「南聲社」介紹至菲律賓，深植僑民的生活文化之中。我曾隨著許常惠老師率領的台灣作曲家代表團參加在韓國漢城舉辦的第四屆「亞洲作曲家聯盟」，大會暨藝術節上「南聲社」演出《南管音樂》。「南管」古稱「南音」，亦稱「五音雅樂」，近代亦有俗稱「弦音」者。「南管雅樂」出於唐代教坊，宋朝時興盛於閩南一帶。因地處偏壤，較不受戰亂兵慌，其音樂與言語至今不變。明末清初「南管雅樂」，隨著閩南移民而風行於台灣及南洋的華人社會。「南聲社」成立於1907年，迄今已有一百一十年，理事長是林長倫，教師是張鴻明、陳令允。當年作為首席代表的我，負責安排聯繫所有台灣曲目及演出秩序、排演及事務的調度，因此有機會和演奏家們聚在一起。大會五天的相處，與「南聲社」的主持人林長倫、張鴻明論起往年歷史，談到日據時代維護難台灣南管的艱辛歷程，他特別感謝許丙老先生極力相挺，他的一番話引起我對祖父的無限思念！

　　京崑大家，祖父最欣賞梅蘭芳。當年位於台北大稻埕迪化街的「永樂戲院」，建於民國12年，原名「永樂座」，專演「正音」、台灣電影和話劇。幼年的我，因祖父的緣故常去「永樂戲院」、「紅樓」聽京劇名伶戴綺霞[10]、被譽為『一代青衣祭酒』的顧正秋（1929-2016）、以及與顧正芬搭配的旦角名伶張正芬的戲。除了梅蘭芳外，祖父最欣賞顧正秋的師長言慧珠與戴綺霞。

　　民國37年，「永樂戲院」邀請顧正秋和顧劇團來台駐演。她年僅二十歲，演出造成轟動，駐演一延再延。後來兩岸局勢驟變，顧正秋和劇團也就此留居台灣，繼續在「永樂戲院」連演四年。這段意外的軼事，使京戲在台灣的發展產生了關鍵性的影響和變化。祖父曾經包下戲院前排幾十個座席，招待親朋好友。不過，當時台灣人不是很嚮往正音，為了湊人數，我常在祖父的巧克力糖獎勵下，跟著去捧人場。祖父雖不唱戲，但卻常邀票友們和琴師到家中來票戲。年幼懵懂的我，對京戲雖然無法像祖父熱衷，但長期的耳濡目染也起了潛移默化的作用，對京劇自養成一番親切熟悉。

1 黃土水石膏作品，我的曾祖母謝氏，1928年
2 黃土水浮雕作品《猴》
3 溥心畬作品《龍》

父親許伯埏與母親楊素娥於1943年新婚合影。

父親的愛樂會與七十八轉黑膠唱片

祖父給我漢文化的影響，父親給的是歐化的文化薰陶，東西文化之於我，是交融，也是互補。

父親許伯埏（字敏寬，1918-1991）生於日據時代。因祖父堅持子女應有漢文化思想，為父親拜請連橫先生[11]在家裡擔任中國文化的啟蒙師，教導父親四書五經並鑽研佛道。父親自小學到大學的學園教育，皆循日本模式，研究所接觸的卻是日本積極引進的歐洲文化。交疊的養成，讓他成為既漢化、日化、又歐化的文人。父親是「東京帝國大學」第一名的優秀學生，雖然主修政治，但他卻深具漢、歐的人文底蘊，對歐洲歌劇和古典音樂更是極為狂熱，尤其是義大利和德國音樂。父親曾在「東京帝國大學」時發起組織「古典音樂社」，並擔任首任社長。日本有位已故前輩大作曲家柴田南雄[12]（1916-1996），是父親大學同班同學，也是愛樂會的成員之一，特別推崇父親的執著，也向我敘述他們在大學時期共同賞樂往事。

好長一段時間，愛樂成痴的父親狂熱地把薪水全用來購買唱片。長時間下來，家裡累積出許多音樂大師唱片的收藏。已故文化界前輩張繼高[13]先生年輕時，曾在主持中廣古典音樂欣賞節目，有一次他在節目中說：「二十世紀初，聲音最動人的世界著名女高音莉莉雷曼[14]（Lilli Lehmann），一輩子不曾灌過唱片，實在可惜。」年少氣盛的我，一聽馬上去信：「我們家有二十四張她的七十八轉黑膠唱片。」繼高先生並不相信，我帶著唱片當面出示才知我所言不虛。那可說是我跟繼高先生的第一次見面與有趣的筆論。

父親典藏的唱片，多是在日本買的七十八轉黑膠唱片。其中有二十世紀初俄國作曲家暨鋼琴家拉赫曼尼諾夫（Sergei Rachmaninoff）親自演奏的唱片，還有小提琴大師海飛茲（Jascha Heifetz）、奧地利作曲家與小提琴大師克萊斯勒（Fritz Kreisler），法國作曲家及鋼琴家聖桑（Charles Camille Saint-Saëns）演奏，男高音卡羅素（Enrico Caruso）等。唱片最早是以竹唱針的留聲機播放，反覆聆聽加上年代久遠，音質變差、音量轉弱，必須耳朵貼近才聽得到。可惜這些珍貴的唱片，都因年久毀損了不少。

　　父親從東京帝大「愛樂會」的熱情，逐漸在家族的第二代蔓延開來。四姑丈張伯勳，與我們同住的敏欣、直樹、茂義、勝也叔叔，還有來自高雄的同宗德勝兄長以及家族事業合夥人之子陳重文，家中幾個小孩，也在家中成立古典音樂的「愛樂會」。當時我只是個中學生，年紀最小，其它宗兄長都是大人了。父親常與叔叔們分析討論唱片的版本，天天陶醉在欣賞和品評音樂的樂趣之中。我們音樂來源有三，一是父親三十年來收購的七十八轉唱片，二是「美軍電臺」的古典音樂時間、「復興」、「正聲」、「警察廣播電臺」、「中廣」的「空中音樂廳」，三是極其稀少的古典音樂會。父親最喜歡貝多芬的作品，深感其音樂中的崇高性，可代表人類智慧成熟的極致。他認為貝多芬的音樂予人濃郁、紮實、穩重、虔誠的感動，充滿對生命的熱情。這段十多年的「愛樂會」對十來歲的我，是相當甜美的。

　　父親是我們兩代「愛樂會」的精神領袖。聚在一起聽著外面買不到的七十八轉唱片。除了聽音樂，還會依主題互相討論。如以D大調為題，聽著不同作曲家或不同演奏家的D大調作品，逐一分析評鑑，票選出最優樂曲。我們也常外出交誼，叔叔的好友、被譽為『臺灣大

幼時的我與父母親合影

提琴教父」的張寬容，及「二二八紀念館」第一任董事長暨畫家廖德政（1920-2015），他們收藏的唱片也非常多。我的四姑爹張伯勳，受父親愛樂影響最大，收藏的唱片多達數萬張。爾後擴及我們這一輩的，出了兩位鋼琴家～留日的表哥顏惠威、留法的表妹黃毓秀，另一位表弟黃崇仁[15]喜愛古典音樂，更是專研聲樂及管弦樂。他從台大物理系畢業後，留學美國獲得醫學雙博士學位，返台創建「力晶集團」，後也創建「力晶文教基金會」。不遺餘力地支持文化藝術，也持續贊助「新象文教基金會」，因此而聞名於國際間且為人所津津樂道，成為世界企業家的文化典範。這樣的家族「愛樂會」活動持續了頗長的一段時間，成為我古典音樂啟蒙的重要時期。

父親的遺著《許丙——許伯埏回想錄》，是祖父與父親之間的對話記錄。由父親親自執筆，「中央研究院」出版，被視為台灣口述歷史最重要的五本之一。父親也是「新象文教基金會」的創始人。

母系家族的藝術薰陶
我的外公楊天賦和肇嘉伯公，是那個年代臺灣藝術文化的推手。

相對於父親的音樂素養，來自母親的家族則是藝術修養。母親楊素娥（1921-1977），是臺中清水楊家的大千金。她自幼稚園就在日本唸，大學就讀東京知名的「津田塾大學」，主修英文。她有來自家族遺傳的繪畫和漫畫的藝術天份，料理手藝均是職業水準以上。

外曾祖父楊澄若是台中清水街長，相當於現今的鎮長。外祖父楊天賦[16]在楊家排行老五，與三伯公楊肇嘉[17]，是早期最有名的台灣藝術收藏家和支持者。相對於祖父多支持音樂家以及收藏中國古董與水墨作品。外祖父和肇嘉伯公除了古董字畫外，皆熱愛西洋繪畫藝術，多贊助繪畫類藝術家。

記得小時候去清水社口的外公家——楊家古厝[18]玩耍，除了到鄉間抓螢火蟲、飼飛鴿、看禾田收割，也看到大宅裡掛著許多畫作，都是陳澄波（1895-1947）、廖繼春(1902-1976)、顏水龍（1903-1997）、藍蔭鼎（1903-1979）、李石樵(1908-1995)等人的作品，才知道台灣在日據時期就已有這麼多年輕又才華洋溢的畫家。這些畫面從幼年就深植我心。

　　我幼時在楊家總喜歡觀看油畫與肇嘉伯公收藏的民俗藝術品，大人們總覺得我這個小孩天生「反種」，興趣與其它囝仔不一樣。肇嘉伯公，總是有耐心地在一旁指點我如何欣賞這些藝術大作。後來才得知，外公與肇嘉伯公曾與世交林獻堂先生等多人共同創立「台灣文化協會」[19]，支持台灣文人、藝術家與音樂家們。早期藝術家前輩包括如前述幾位，雕塑大師黃土水、陳澄波、作曲家江文也，及我的恩師許常惠等，都接受過他們的贊助支持。許常惠老師也曾向我提及，他在巴黎留學期間，困頓地住在一個窘迫的小閣樓，曾接受肇嘉先生的資助。當年兩人並不認識，肇嘉伯公去巴黎時透過大使館得知許老師的地址，便逕自前往拜訪，進門寒暄一會兒，就離開了。許老師心想這位怪怪的老先生，人來沒多說什麼就走了。後來才發現鋼琴上的樂譜下，放了包著兩萬法郎的信封，瞬時感激地紅了眼眶。

　　我的大舅楊基炘（1923－2005）是位傑出的攝影家。他自小住在日本，二十五歲返臺。先後任職於「豐年雜誌社」與「中國農村復興聯合委員會」（簡稱農復會），從事拍照工作，故有長達八年的時間到台灣各地拍攝了數萬張的紀實影像。「農復會」辦公室他的兩位同事，一位是雕塑家楊英風先生（1926-1997），及最後一年才加入的、前總統李登輝先生。楊英風和舅舅常相偕騎著腳踏車至各地攝影。楊英風高大，騎英國製的腳踏車。我舅舅騎的是日本進口的富士牌腳踏車，兩人至各地如金門、馬祖、澎湖外島等城鎮鄉村，拍攝田野、大街小巷、港口、農耕、森林景緻。

　　楊基炘以作品「櫻花獎」（名字起源於「櫻花膠片」），得過日本最重要的攝影比賽金牌獎。而我印象最深刻的是他另一個得獎作品《戲棚之後》，這個構圖是散戲後空無一人的舞臺，旁邊只剩一人在散落層次的老舊長板凳之間清潔，很是感人。舅舅獲獎後，回到台灣下鄉拍攝了達三萬多張照片。那個年代老一輩的攝影家，總是騎著腳踏車或三輪車，到某定點，停下來，架好三腳架才拍攝。他的攝影，記錄了六、七十年前的台灣鄉村景色，包括戲團上戲化妝、賣豬血、烤魷魚、說書、講古今、原住民小孩戲水、鄉下小孩放牛吃草等等，現在看來歷歷如目，亦顯珍貴。我整理出他的作品並妥善保存，「新象」成立後，在「歷史博物館」辦過一次攝影展，也將部分作品捐了給博物館。

台中清水楊家古厝

外祖父楊天賦 與母親楊素娥合影

楊基炘作品——《宜蘭南方澳》1956年

楊基炘作品——《雕刻家楊英風》1954年

年少時，我從一個中、日、歐文化藝術交織的政商家族中出生、成長，與藝術的因緣，早在血脈中深深紮根，結下日後的淵源。這個動力，驅使我一路走至今，未曾改變初衷。每每想到此，一種身為許家人的幸福感，不禁油然而生。

■ 註釋

1　淡水滬尾公學校，由今日淡水國小的前身改名而來。1896年（明治31年）台灣總督府在全島設立十四所傳習所，淡水亦為其中一所。1898年台灣總督府公布台灣公學校令，明訂各地國語傳習所皆轉變為公學校，其中淡水國語傳習所也改制為「淡水公學校」。

2　板橋林家，原是福建漳州府龍溪縣白石堡吉上社人，林應寅於1784年攜家人渡海來台，先定居台北新莊。長子林平侯年長後經營米、鹽業而致富，之後舉家遷居桃園大溪。林平侯身後遺囑中取「飲水本思源」之義，將家產分為「飲記」、「水記」、「本記」、「思記」、「源記」，分別留給五個兒子林國棟、林國仁、林國華、林國英與林國芳。其中「本記」、「源記」的林國華與林國芳為同母兄弟，合併商記成為台灣家喻戶曉的「林本源」，遷居板橋，就是今日所稱的林本源家族。

3　林明成（1943-），企業家，是台灣最享盛命的企業世家-板橋林本源家族的大家長，家族的第七代。自小學習小提琴、吉它並擅歌唱，父親林熊徵是華南銀行的創始人，曾任華南銀行董事長、華南金控董事長、永琦百貨創辦人，創辦七星汽水、台灣礦資股份有限公司等等多達上百企業。現任林公熊徵學田基金會董事長，是台灣成立最早的獎學基金會。

4　林衡道（1915-1997），生於日本東京，是最知名的台灣歷史學者，曾任台灣省文獻委員會主任委員。父親林熊祥為板橋林家長房林國華之曾孫。

5　1890年成立的日本帝國議會分設眾議院及貴族院。眾議院議員為民選，貴族院議員則由皇族、華族議員及敕任議員等人員組成，多為終身任期。當時台灣只有四位貴族院議員：鹿港辜顯榮（1866-1937）、霧峰林獻堂（1881-1956）、簡朗山與淡水許丙。貴族院於1947年廢止後由參議院取代。

6　言慧珠（1919-1966），京劇、崑曲女演員。父親為民初京劇四大鬚生之一的言菊朋。她先學程派，1943年於上海拜梅蘭芳為師，在40年代被譽為平劇皇后。後任上海市戲曲學校副校長。1960年與校長俞振飛再婚，文化大革命時兩人同遭批鬥，於1966年自縊身亡。

7　黃土水（1895-1930），台灣雕塑藝術家，生於台北州艋舺，師範學校畢業後，赴東京美術學校雕塑科留學，是首位台籍生。他先後拜師於日本知名雕塑家高村光雲（1852-1934）與朝倉文夫（1883-1964）。

8　溥心畬（1896-1963），原名愛新覺羅‧溥儒，字心畬，是道光皇帝六子恭親王奕訢的次孫，父親載瀅為奕訢次子。自小學習宮廷畫，後去德國留學得到生物與天文博士學位，返回大陸後，移居北京的戒壇寺潛心休習。後來台定居台北，曾任教於師範及東海大學，學生有江兆申等。與張大千有『南張北溥』之譽，又與吳湖帆並稱『南吳北溥』。與黃君璧、張大千以『渡海三家』齊名。

9　江文也（1910-1983），出生三芝，曾赴東京就讀上野音樂學校學習聲樂，後進入

哥倫比亞唱片公司，並加入藤原義江歌劇團。1936年以《臺灣舞曲》獲得柏林第11屆奧林匹克國際音樂比賽作曲銀牌獎，是亞洲首位獲得國際大獎的音樂家。1938年任教於北平師範大學音樂系，此後創造出許多富有民族風格的作品，被譽為『台灣的蕭邦』。

10 戴綺霞（1919-），京劇旦角。師承荀慧生與于連泉。1948年應台北新民劇院邀請來台演出，後於復興劇校等校任教，有「京劇皇后」的美稱。

11 連橫（1878-1963），字雅堂，台灣史學家、詩人。曾於《臺南新報》、《福建日日新報》擔任主筆及編務，並積極參與詩社集會。1920年完成《臺灣通史》，是首部以台灣為主體的史學著作。另有《臺灣語典》、《臺灣詩乘》等著作，1930年移居上海，後因肝癌病逝。子連震東為蔣介石時代內政部長、孫連戰為前副總統。

12 柴田南雄（1916-1996），日本現代音樂作曲家的第代先驅、音樂評論家，是父親東京帝國大學同窗好友，曾任教於御茶水女子大學、東京藝術大學等校。他雖是日本古典樂界的大家，但對新音樂的創作不曾停歇。當今日本重要作曲家多是他的學生。

13 張繼高，筆名吳心柳（1926-1995），畢業於北京燕京大學新聞系。先後在吉林新聞攝影社與《吉林日報》、《中正日報》、《中央社》擔任記者。後移居台灣，曾主持「樂友書房」，成立「遠東音樂社」正式成立，曾任中國電視公司新聞部經理、創辦《音樂與音響》雜誌，曾任行政院顧問而參與公共電視台、後任《民生報》總編輯以及《聯合報》主筆，「台北之音」廣播電臺董事長。

14 Lilli Lehmann莉莉・雷曼（1848-1929），德國女高音，出生於德國巴伐利亞州維爾茨堡。9歲時已可用多種語言在鋼琴上自彈自唱多部歌劇選曲。初期以抒情花腔女高音歌唱家在布拉格等地演唱，後來在柏林度過了十五年演唱生涯。成為戲劇女高音典範歌唱家。

15 黃崇仁（1949-），祖父是清末最具文采的文人黃純青（1875-1956），力倡台灣白話文，曾創立詠霓詩社薇閣吟社心社等，後任第一屆台灣省參議員以及台灣省文獻委員會主任委員。父親黃當時（1916-2000），畢業於日本東京帝國大學，後任教台大醫學院，母親許碧瑜，是許丙的次女。力捷電腦、力晶半導體的創辦人暨董事長，畢業於台大物理系，後赴美攻讀醫學，獲紐約大學醫學博士。

16 楊天賦，清水望族，畢業於日本大學政治經濟科。曾派任為首任清水鎮長、台中州會議員，後遞補為參議員。

17 楊肇嘉（1892-1967），畢業於日本早稻田政治經濟系，在日求學期間積極投入議會設置請願運動。投身台灣民族運動，推動地方自治，並熱心資助台灣年輕藝術家、翻譯家。政府遷台後，擔任台灣省政府民政廳長，1962年起擔任總統府國策顧問。

18 楊宅古厝，創建於清道光年間，位在清水社口（今鎮新南路116巷），三宅三院相連的建築群已逾百年歷史，每幢皆為一進四護龍，是清水唯一有燕尾屋脊的民宅，後經台中縣文化局指定為「縣定古蹟」，才得以保存至今。

19 台灣文化協會，1921年由楊天賦、楊肇嘉、林獻堂等共同發起，協會匯集了當時的社會菁英和知識份子、留學生、仕紳等組織而成的文化啟蒙團體。協會以《臺灣民報》作為宣傳工具，並四處舉行講習會、文化劇，會員多達一千餘人，對於日據時期台灣社會的民族意識、文化啟蒙貢獻甚多。

人生與藝術伴侶

　　1962年「江浪樂集」成立之際，我們在台北信義路「國際學舍」(現為大安森林公園)舉辦了第一次音樂會。當時同為「江浪樂集」創始成員的丘延亮，寫了一首編制有女高音、長笛和古箏的曲子。演出時，我和丘延亮擔任古箏彈奏，但我倆都不會彈古箏，只好去請教中華國樂會理事長，暨箏樂名師梁在平（1910-2000）學習。好在邱延亮作品的古箏部份以單音交替緩慢出現，許久許久，才出現一個音。經大師指點，加上自我揣摩和練習，兩人只要數拍子就可上場彈奏。那時許常惠老師和丘延亮，找來兩位國立藝專高材生戴雅蕙與樊曼儂，分別擔任女高音及長笛的演奏。第一次練習在他的家中，那是我第一次見到年值十七的樊曼儂。

因樂一曲鍾情於曼儂
當我和曼儂開始有了頻繁的互動，兩人對音樂總有聊不完的話題。

　　為了「江浪樂集」的演出，彼此漸漸熟稔了起來。「國際學舍」演出後，我們應邀到中廣發表我的曲子，樊曼儂、劉富美、戴雅蕙幾位參加演出的藝專同學，因在校生的校外演出，意外地引發了一場不小的風波，險些受到校方懲處。

樊曼儂，柯錫杰攝影作品，1966年。

　　當時有人檢舉，認為學生未經許可擅自在校外演出並不恰當，必須嚴懲。我推測這件事背後動機可能是衝著『新音樂』而來。在當時古典音樂為主流的時代裡，『新音樂』是叛逆且怪異荒誕的。許常惠以教授身份推廣『新音樂』，名氣大，反對的人不願得罪他。但此次是青年作曲家的作品發表，既非校內老師或學生的作品，給了有心人藉機打擊『新音樂』。事實上，學校並無明文規定不准學生校外演出，為此校方特別召集會議討論，考量了校內教學和學生校外學習與表現的機會，最後規定，類似情況者需於一個月前向學校提出申請。

　　這次事件，讓我和曼儂建立起了革命情誼，不僅分享了共同興趣，也增進了兩人的情感。當時許老師在藝專授課，從古典講到現代音樂時，學期課程就結束了。曼儂對現代新音樂有濃厚的興趣，私下也在許老師門下學習多年，而我就陪著她去上許老師的課。那個年

代，鮮有女學生學習理論作曲。許老師視她為一位特別的門生，也是許老師私人學生中少有會器樂演奏。她雖年紀最輕，但對新音樂、新知識和思想各方面的學習，都比他人積極，也展現了較深的體會，甚至超越年齡較長、人生經驗較豐富的作曲班學生。我認為曼儂在當時在非作曲的演奏家中，對現代新音樂領域的探討最為深入。這對演奏家深化內涵很有幫助，影響著演奏家對音樂價值及藝術力量的看法和態度。

許老師在結束理論分析的一般課程之後，把我和曼儂找去一起研究密西安OlivierMessiaen的著作《我的音樂作曲技巧》（Mon technique de ma musique）。這是一本深奧的音樂理論著作，講述很多印度微分音與節奏的細節，十分複雜。許老師計畫將這本連法國人閱讀起來都倍感艱澀的書，翻譯成中文。他找我和曼儂，由他口頭先將法文逐字句的翻譯，和我們一起討論研究，甚至是揣測，逐步地進行。跟許老師的這段工作過程雖然辛苦，卻非常愉快。對『新音樂』的思考上，也多有啟發和收穫。可惜翻譯工作進行三分之一時，許老師感嘆內容實在是太過生澀困難，就算翻譯完成，也不會有人要出版，因此決定放棄。現在回想起來，十分可惜。

當年我與許多國內演奏家熟識，多半是因許常惠老師和樊曼儂兩人的關係。曼儂家世和個人學習歷程，與音樂界有著較深且廣的人脈淵源。因為她，我認識了一些從四川音樂學院、福建音專、上海音樂學院來臺的音樂前輩，包括曼儂的老師施鼎瑩[20]、申學庸、隋錫良[21]、豎笛家薛耀武、小喇叭演奏家許德舉、指揮家廖年賦和郭美貞、小提琴家省交的黃錦鐘與李淑德、大提琴家林慶生、指揮家戴粹倫、徐世棠、指揮家張怡泉等。

跨越差異的結合
我們的相遇，突顯了台灣早期本省人和外省人在價值觀念上的差異。

回想我與曼儂的交往，面對著家世背景、政治立場的極大差異，甚至是家人反對的壓力。我們兩人的家庭背景及文化教育，南轅北轍。我來自淡水家族，祖父於日據時代遊走國際事務與政壇，並跨足實業商界及文化教育界。雖然父祖輩雅好文藝和音樂，也多有研究和

收藏，但僅止於鑑賞。直到我輩，才開始接受音樂創作和演奏技巧的訓練。出生於四川重慶的曼儂，出身外省音樂世家。她的父親樊燮華先生（1923-1967）來自河南信陽，母親王莉影女士（1926-），曾就讀「四川歌劇學校」，專修聲樂，與幼妹曼文，全都受過專業音樂訓練。曼儂極高的音樂天賦，可說是家學淵源，其來有自。

　　個性上，我和曼儂有很大的差異。半個政治世家出身的我，接觸的人涵蓋社會各階層。成長過程中有較多機會深入觀察複雜的人際互動，也懂得人際關係的處理，可說是我在公共行政工作上的能量和動力。而曼儂的藝術家性格，不擅與人爭。她的成長環境和所接觸的人，幾乎多與藝文工作有關。她家先是位於西門附近「理教公所」的大雜院，後移居北投中央北路。很多大陸來臺的音樂人落戶於此，鄰居們幾乎都是藝術表演者。置身其中，耳中聽聞的是各種樂音，有拉胡琴的、吊嗓子的，還有西洋樂器演奏、合唱團練唱。「臺灣省立交響樂團」團址就在旁邊，很多團員就住在這裡。對我而言，這裡是另一種世界。

　　我們兩家的政治立場，也截然不同。岳父是國民黨員，且是軍人身份。而我祖父在二次世界大戰後『二二八事件』前坐過政治牢獄，被國民黨政府監禁。雖然祖父對此寬容以待，但家族對國民黨與政治是保持距離的。我和曼儂開始交往之初，家族雖也有些微疑慮的聲音，但我的祖父母和父母親持開放態度，並沒有太大的阻力。

　　岳父一開始就表示不贊成，交往多年的期間，我總努力嘗試與準岳父親近。我很少在面對長輩時會如此拘謹，但面對他時仍不免戰戰兢兢。直到一年，我們一同前往欣賞世界頂尖的美國茱莉亞四重奏（Julliard Quartet）在「中山堂」的音樂會。中場休息時，他對我說：「上半場巴爾托克的曲子很不錯！」這句話對我意義非凡！因為那是他第一次主動開口與我談話，而且稱讚我所喜愛的『新音樂』。當晚音樂會後，他帶我們去吃他喜歡的金園排骨麵。這家知名的排骨非常好吃，總是大排長龍。那一頓西門町晚餐和那一場音樂會，拉近了我們之間的距離。

　　我的岳父，出身「重慶軍樂學校」，後保送「上海音樂學院」。戰後隨軍來臺，曾任「國防部示範樂隊」隊長兼指揮、政工幹校軍樂班主任，也任教於國立藝專、師範大學、文化大學及北一女等校。岳

父一派武將威儀，卻深具藝術人文內涵，是位極其優秀傑出且有遠見的指揮，更是指揮過史上最龐大的千人大合唱。他在民國56年所譜寫的《陸軍軍歌》，成為前總統蔣介石於民國56年核定頒布為正統的《陸軍軍歌》，至今仍是陸軍弟兄朗朗上口的歌曲。岳父擔任「國防部示範樂隊」隊長及指揮期間，一直希望將這個隸屬國防部的軍樂團，提升成為專業交響樂團。「國防示範樂隊」分設典儀組和古典音樂組，除了儀式典禮和軍樂演奏之外，也能演奏正式的古典曲目。他的想法是吸收像李泰祥、梁銘越這些優秀的藝專畢業生，加入古典音樂組。這樣一來，即使他們入伍當兵，也不至於中斷音樂生涯。此外，岳父也在幹校開設特訓班，為樂團培養人才。樂團提升計畫在他的推動下，得到國防部長蔣經國的同意，通過了經費預算。遺憾的是，岳父卻在此時因病辭世。國家痛惜失去一位這樣的人材，特為追封為樊將軍。

臺灣長笛教母
聲樂與長笛的選擇

曼儂是一位難得一見，極具音樂天賦才華的音樂家。她吹奏的長笛聲音飽滿、柔和與鮮亮，無人能出其右，不僅在臺灣，在國際樂壇上都是非常少有的。曼儂曾獲得比利時和菲律賓的獎學金，可惜藝專畢業後因父親過世，加上幾年的工作，二十四歲與我結婚走入了婚姻家庭。她的人生跑道就此轉了個大彎！身為她的伴侶，我總為她被遮掩的才華，感到萬分可惜。當年她若繼續出國深造和發展，必能成為國際樂壇最頂尖的長笛演奏家之一。

然而曼儂真正的天賦才華，不只在長笛演奏。她天生有一副好嗓子，可在聲樂界發光發熱。而她在作曲上的靈思豐沛，信手拈來就是驚艷之作。中影金馬獎的標題音樂《金馬奔騰》，就是出自曼儂之手。曾獲得美國紐約米特羅普洛斯（Dimitri Mitropoulos）國際指揮首獎、越南華裔名指揮家郭美貞（1940-2013），認為曼儂具備頂尖指揮家應有的敏銳細膩，以及統領全軍的氣勢，成為郭美貞唯一認定的入室弟子。可惜這些才華，卻因諸多外在客觀因素的權衡之後，曼儂不得不有所取捨。然而，她選擇留在臺灣從事音樂教育，在各大專

曼儂與我,1975年。

曼儂，1998年。　　　　　　　　　　1984年長笛大師朗帕爾與樊曼儂同台演奏。

院校裡培育出人才後進。許多在國內外任職長笛教授或樂團首席，都是她的弟子，堪稱為『臺灣的長笛教母』。國際頂尖音樂家們都這樣肯定她，也經常應邀國際音樂大賽擔任評審委員，我認為這是臺灣長笛界的福氣。即使如此，曼儂始終保持長笛演奏家的身份，她曾任省交首席長笛，並多次以獨奏家身份與來臺演出的國際知名音樂家如朗帕爾（J.P. Rampal）[22]合作演出。後來她所創辦「吹笛人室內樂團」[23]，成為國內長笛演奏和推廣長笛藝術的主流，在此播下火種。

岳父樊燮華於1966年國慶十月十日在總統府前指揮千人合唱。

以涓滴意念共創藝術志業
曼儂:「對於藝術,我喜愛並享受其中歡樂。新象事務雖多,卻只有歡喜。」

　　我十九歲,與十七歲的曼儂相識,六年後結婚。她不僅是我的人生與靈魂伴侶,也是我逾五十多載藝術工作中不離不棄的伙伴。因為有她,才有後來共同成立的「環境音樂製作所」、「藝之美」、「香港新象」以及「新象」。從相識至今,藝術一直是我倆共同生活中最重要的成分。我們對藝術的談論,多過其他生活事物。

　　曼儂對西洋古典音樂、舞蹈、美術、傳統戲曲與民族音樂較為投入,我則偏好前衛藝術、世界民族藝術與音樂創作。我因為作曲,多著重在創作的思考。曼儂除了演奏,在廣告和影視音樂創作上,有很優異的成果。她的聽覺具有如科學家一般的精準度,有著絕對音感和絕對節奏感。對音樂的鑑賞,有一種特殊的藝術能量。這與我「比對

和區別」的鑑賞方式很不一樣，在我認識的人當中這是極為少見的，這也是她為什麼能夠成為優異演奏家的特殊天賦之一。我們兩人在藝術、個性和專長上的同質與差異，投射在工作職場上，形成一種微妙的互補與平衡。

四十多年前，源自於我們在藝術的專長與理想，「環境音樂製作所」及「新象」的相繼成立。我們很清楚這是一個有別於藝術家單純創作與生活的人生。在多年的策畫、執行和管理工作中，曼儂展現了她藝術造詣之外的另一種統籌領導、整合協調的能力，也促成了許多優秀藝術家齊聚創作的精彩作品。

曼儂十六歲，就開始參與電影配樂錄音。多數電影是「中央電影公司」攝製，電影的音樂部分，大多會找省交或國防部示範樂隊來演奏錄音。後來也請香港來的音樂家當音樂製作人，碰到需要長笛演奏，曼儂必是首選。錄音設備沒有那麼多軌，樂隊和歌星必須一起進入錄音室。常常碰到一些歌星，不會看五線譜，甚至不懂如何發聲，錄音時只要一唱錯，大家就得停下來，耗費時間。後來製作單位就直接先找曼儂，先教歌星們看譜及演唱。

那個年代的廣告音樂、電視臺或廣播的廣告音樂品質較差，較簡易，而本土出版的唱片品質也不甚良好。大家每天都要聽收音機和電視裡的音樂，卻必須忍受如此低落的品質，於是我們有了監督音樂品質的想法！1975年我和曼儂成立了「環境音樂製作所」，幾位志同道合的作曲家，包括李泰祥、溫隆信、陳揚、蕭惟誠等人來與我們合作。我們全面掌控編曲、演奏到錄音，力求改善音樂的品質。那時臺灣經濟開始起飛，錄音控制臺（Console）的功能也愈來愈好。最好的機器都來自美國新聞處，也有優秀的錄音技師。這些條件讓我們工作起來如虎添翼，雖然跟現在高科技設備無法相比，但我們製作的音樂品質比現在還好，這正是曼儂的專長。

我們製作的音樂包括廣告、電影、紀錄片、電視主題曲，還做過故宮影片的配樂。光是廣告曲總共就寫了一百多首，其中包含國際牌伯納彩色電視、理想牌流理臺、蘋果西打、黑松汽水、南橋快樂香皂等廣告片，都曾得過金鐘獎。曾經有一季，全國年度新編廣告曲有二十二首，其中十九首是出自「環境音樂製作所」，且大部分都出自曼儂作曲之手筆。

曼儂曾寫過一首管弦樂片段，創作速度之快，樂曲結構嚴密，讓我們這些學作曲的人都自嘆弗如。「環境音樂製作所」時期，我們會每人寫一首曲子送去給廣告主或企業主挑選，結果多是曼儂的曲子入選。曼儂所寫的曲子，旋律性強，好聽，易為人接受，加上她是音樂科班出身，長時間在管弦樂團演奏，配器、結構的安排更是完整。1981年時任新聞局長宋楚瑜，特別委託曼儂為金馬獎寫曲，這首《金馬奔騰》主題曲感情濃厚且具氣勢，至今仍膾炙人口。可惜這曲子從來沒有好好的由管弦樂團演奏，多只在頒獎典禮中由爵士樂隊演奏。

曼儂主導的「環境音樂製作所」從1976年擴展業務，開始舉辦『藝穗節』。之後還成立了視覺設計公司。就音樂製作而言，「環境」多角化經營的組織，可說是獨一無二。後來幾乎沒有相同的組織型式和公司規格，一般多為個人工作室，或是附屬在廣告公司之下。

1978年「新象活動推展中心」成立，原始構想是策劃、製作和推廣因人文及自然而產生的各類活動。其中藝術活動，成為最主要的業務項目。三十多年前的社會環境，藝術表演較其他活動少些爭議性，所面臨的限制和阻力也相對較少。我帶著極大的企圖心和視野成立「新象」，策劃『新象國際藝術節』，目的是希望從時間、年代、文化族群全面的角度切入，在世界地理區域及文化歷史為思考點，在藝術形式上推出前衛與經典的內容。這與『藝穗節』定位在開發新人潛力的創作、民族與前衛藝術的平臺，是截然不同的。

成立「新象」，或談到一些新的計畫時，曼儂次次都很擔憂。她憂慮是否自不量力，尤其這些計畫動輒需要大量的資金和資源，在當年那樣封閉的社會風氣和結構當中，每一次的活動都有太多的事務需要去爭取和突破。例如第一次邀請芭蕾舞團的演出，主管機關質疑過多身體裸露的正當性，諸如此類許多的種種，都必須一一去克服。1984年「新象藝術中心」成立，曼儂更是擔憂。對於投入鉅資成立一個如此龐大、多功能的藝術機構，以及未來的營運問題，她更是持謹慎和採保留的態度。尤其藝術行政產業在臺灣尚未萌芽，「新象藝術中心」可算是一種服務業，其艱辛的過程真是難與外人道。我與曼儂的個性不盡相同，難得的是，曼儂雖然憂心忡忡，但在藝術共識的理念下，她仍不計一切地和我向前衝。我們一起度過的篳路藍縷，我

的堅持，終究因為她無條件、無止盡的支持和參與，終有今日。一路
有她，是我終生之幸。

■ 註釋

20 施鼎瑩，管樂家。俄國大作曲家蕭士塔科
　　維奇同班同學，中西樂器均擅，任特勒學
　　校音樂系少將主任，來臺後任教於政戰學
　　校、國立藝專，文化大學等校，晚年移居
　　美國。

21 隋錫良，鋼琴家，是史上最偉大鋼琴家李
　　斯特的再傳弟子。

22 J.P. Rampal朗帕爾（1922-2000），是20世
　　紀後半期全球最享盛名的長笛演奏家。曾
　　任巴黎歌劇院管弦樂團長笛首席，被稱為
　　首位使長笛獲得國際地位與廣大聽眾的長
　　笛演奏家。

23 吹笛人室內樂團，成立於1998年，由長笛
　　家張翠琳、黃貞瑛、林薏蕙、藍郁仙、馬
　　曉珮及許佑佳共同組成，樊曼儂擔任音樂
　　總監。

1980年 全家福合影
（右至左）我與長子許維烜，次子許維城、妻子樊曼儂。

第二章——

大師之緣

一生當中，

能遇見真正的大師，

是一種福緣。

全能量的音樂大師——
羅斯托波維奇
Mstislav Rostropovich

　　在台灣，「大師」處處可見。不論是媒體渲染或商業炒作，用詞浮濫的程度完全模糊扭曲了真正「大師」的價值。真正的大師如鳳毛麟角，所謂「大師風範」，我認為要有技術面的頂尖造詣與能量，精神性的藝術底醞與深厚學養，敏銳的感知且蘊含了沈澱積累後既宏觀又細緻的風韻，還必須具有令人欽服感佩的思想與人格。

　　「新象」成立四十年間，邀請不少國際間聲譽隆盛的國內外藝術名家。如印度西塔琴大家拉維・香卡（Ravi Shankar）、法國大提琴家傅尼葉（Pierre Fournier）、法國大提琴家托泰里耶（Paul Tortelier）、華人作曲家周文中、美國作曲家凱吉（John Cage）、西班牙男高音多明哥（José Plácido Domingo Embil）、西班牙次女高音柏岡札（Teresa Berganza Vargas）、美國舞蹈家艾文・尼可萊斯（Alwin Nikolais）、模斯・康寧漢（Merce Cunningham）、保羅・泰勒（Paul Taylor）。中國鋼琴家傅聰、美國小提琴家史坦（Issac Stern）、拉脫維亞籍小提琴家克萊曼（Gidon Kremer）、印度指揮家梅塔（Zubin Mehta），法國長笛家朗帕爾（Jean-Pierre Rampal）等人。

大師羅斯托波維奇（1984、1990、1992、1994、1996、1997、
1998、2002，2003年應新象邀請來台演出）。

1　西班牙次女高音柏岡札（1983、1986、1994年應新象邀請來台演出）
2　法國大提琴家傅尼葉（1980、1981、1983年應新象邀請來台演出）
3　美國小提琴家史坦（1985年應新象邀請來台演出）
4　法國長笛大師朗帕爾（1983、1991、1993年應新象邀請來台演出）
5　拉脫維亞小提琴家克萊曼（1986、1989年應新象邀請來台演出）
6　拉維香卡應新象邀請（1979、1981年應新象邀請來台演出）

　　多年來我與每一位名家的接觸，每次都是令人難忘的特殊經驗。在臺上，他們的藝術造詣和風采令人傾倒。臺下，他們有著真誠、率性的人格特質，對藝術和生命有著無比的熱情。我在馬歇・馬叟和羅斯托波維奇身上，最能感受到所謂『大師』的氣度和風華。我與羅斯托波維奇有較深的機緣，他受邀來臺次數也最多，也最為投緣。在多年頻繁的互動下，我們建立起一段忘年情誼。他的真情至性，使得每一個與他相處的片段，成為最溫暖愉悅的回憶。

　　1983年4月，我與羅斯托波維奇在菲律賓馬尼拉初次見面。

　　「新象活動推展中心」透過美國「哥倫比亞藝術家經紀公司」（Columbia Artists Management Inc.），邀請由羅斯托波維奇指揮的美國「國家交響樂團」來台演出。雖然只是活動邀約，卻是台灣與美國自1978年斷交後，最高規格的一次文化交流活動，雙方政府非常看重此事。距離樂團來台，不到三週的時間，時任新聞局長的宋楚瑜先生和已故樂壇前輩張繼高先生，緊急打電話給我，提出將此次演出透過美國「公共電視網」現場衛星連線對全美直播的想法。

　　對於這樣一個史無前例的提議，我義不容辭地協助。然而，樂團經紀公司並不贊成。該公司總裁威爾佛先生（Ronald Wilford）提出一堆疑問，包括作業時間太過短促，牽涉美國政府的意見和態度（台美失去邦交已四年），及樂團和指揮羅斯托波維奇的權益問題。依行情，轉播權利金約是五萬美金左右。衛爾福斬釘截鐵地說：「以我對羅斯托波維奇的了解，他絕不可能答應。你若不信，自己去問他。」那是1983年4月初，羅斯托波維奇與美國「國家交響樂團」已出發前往菲律賓演出及進行友誼訪問，於是威爾佛和我相約在馬尼拉會合，我決定當面徵求羅斯托波維奇的同意。

不可能的任務與全才音樂家
少人知道羅斯托波維奇在莫斯科音樂學院主修作曲，堪稱為一位全才音樂家。

　　第三天，我和繼高先生搭機前往馬尼拉，兩人分頭進行。繼高先生負責國內事務聯繫，我負責國際事務。與威爾佛總裁會面後，我直接面見羅斯托波維奇。這是我第一次見到大師，我誠懇地向他提出衛

星轉播之事，希望獲得他的同意。他甚感驚訝，將他和樂團在海外演出實況即時直播回華府，是從不曾發生過的事，對此他覺得我們很瘋狂！我的第二個任務，是降低權利金。這次轉播定位在亞洲與美洲跨洋跨洲的文化交流上，不牽涉商業利益。那一次見面，洽談過程中感覺兩人一見如故。也許我倆都是音樂狂熱工作者，感覺特別投緣。

出乎意料，大師認為直播是歷史性的創舉，立即同意！權利金，也如我們所願只收取象徵性的五千美元。威爾佛總裁在一旁不可置信地呆住了，無法接受這個決定，急著把大師拉到一旁再三確認，阻止無效，只好接受這個決定。這趟馬尼拉的協商之行，既愉快更有了圓滿結局。我和繼高先生在菲律賓「國家文化中心」主席卡西拉葛博士的安排下，應邀參加馬可仕總統在總統府「馬拉坎南宮」（Malacañan Palace）為羅斯托波維奇和樂團舉辦的迎賓宴會與美國大使的慶生會。當晚冠蓋雲集，前越南副總統阮高奇夫婦因越戰，至菲律賓得以政治庇護，也應邀參加這個盛宴會。身著禮服的大師和我，分別與馬可仕夫人共舞。伊美黛夫人還特別現場獻唱一首菲國名曲《Dayoseyo》，

為了促成這場音樂會的衛星直播，多位重要人士齊力協助，包含宋楚瑜先生、張繼高先生、外交部長朱撫松先生、駐美代表錢復先生、教育部次長李模先生、國際文教處處長鮑幼玉先生，以及新聞局駐紐約代表王曉祥先生等。我負責幕前協調談判、聯繫樂團和經紀公司並策劃轉播事宜。宋先生居幕後定決策，並協調外交部及相關駐外單位。繼高先生則擔任監督顧問，代表政府與我共同對外協商。王曉祥則坐陣紐約，負責聯繫美國公共電視（P.B.S.）網加入衛星連線直播，臺灣這邊則是委由臺視處理轉播技術。

4月23日羅斯托波維奇帶領美國「國家交響樂團」在「國父紀念館」舉行第一場演出。當大師帶著他的大提琴步上舞臺，親臨這場歷史性盛會的觀眾熱烈地用力鼓掌。演奏結束後，行政院長孫運璿先生特別上臺獻花致意。起初，大師未察覺而快步走向後臺，我在後台用力喊著：「院長上臺向您致意了！」他一回頭，即轉身快步迎向院長，並回以熱烈的擁抱。這些歷史實況，在全美四百六十多個公共電視網同步播出。那一刻的感動，讓之前的種種辛苦和壓力有了代價。在那個中美斷交陰影猶在的年代，美妙音樂與溫暖的熱情，似乎填補

1983年於「馬拉坎南宮」，美國駐菲大使與夫人（左四與左
三），前菲律賓總統夫人伊美黛（左一），我（左二）為大師羅
斯托波維奇（右一）慶祝生日並共舞。

了一些冰冷的政治裂痕。由於美東與台灣有十二個小時的時差，除了清早的現場直播，美國「公共電視網」當晚又重播一次。這次轉播是美國和台灣電視史上的創舉，恐怕也是世界電視史的首創。

另一項突破，是美國「國家交響樂團」演奏了老友馬水龍（曾任台北藝術大學校長及作曲家協會理事長，1939-2015）的作品——《梆笛協奏曲》，成為第一個國際樂團演奏我國作曲家的作品。起因來自羅斯托波維奇聽了我的作品，表示他的激賞，並希望我為這場音樂會寫個序曲。我為行政事務忙得焦頭爛額，無法靜心。和曼儂商議後，我們決定推薦馬水龍的作品。這個建議被經紀人阻擋，認為原先是演奏我的作品，如要其他台灣作作曲家的作品，就以後再說吧！最後當然還是允然同意了。

此外，我提出演奏《國歌》的請求，所幸也獲得大師與經紀人的允諾，以往我們要求國外樂團來台演奏我國國歌，或者將台灣歌謠安排在安可曲中，樂團多半不肯接受。此次演奏由聯合國提供的管弦樂版本的《國歌》。彼時此樂一出，在座的所有觀眾大為驚艷，更有人為之動容而落淚。想不到嚴肅的國歌旋律，竟可以如此優美且莊嚴地呈現。

馬水龍的作品《梆笛協奏曲》正式納為演出曲目，並由台灣頂尖笛家陳中申（1956-）擔任梆笛主奏。羅斯托波維奇表示在全世界會提出這樣要求的經理人不多，但經我拿出樂譜向他解釋曲意，他也就欣然接受。彩排前，羅斯托波維奇對梆笛非常的好奇。一看陳中申到場，不見樂器盒，只見他隨意地從口袋拿出六孔的梆笛，口水沾濕笛膜，就吹奏出一串的清亮樂音，驚異不已。這次的演出，也讓兩位台灣音樂家登上國際音樂舞臺，更透過衛星直播將他們的樂曲和演奏傳送到海外。

除了兩項創舉，我還額外爭取到羅斯托波維奇夫人薇希妮芙斯凱亞（Galina Vishnevskaya）的一場在「國父紀念館」的獨唱會，由羅斯托波維奇鋼琴伴奏。薇希妮芙斯凱亞是二十世紀、世界十大女高音之一，也是來台演出的國際女高音中最大牌的一位。羅斯托波維奇的鋼琴演奏，樂壇被譽為『傳說中的神奇』，大師極少公開彈奏鋼琴，為夫人伴奏更是極為稀有。大師親自為夫人鋼琴伴奏這場特別的獨唱會，全場爆滿，台灣樂迷有幸聆賞大師的鋼琴造詣，可說是飽足了耳福。

〈左到右〉樊曼儂，大師羅斯托波維奇，大師夫人女高音薇希尼
芙斯凱亞，我。

　　獨唱會進行中，館外有人放起鞭炮，這突如其來的爆破聲，讓全
場觀眾嚇一大跳。正在臺上演唱和伴奏的大師夫婦，卻彷彿聽而不
聞，絲毫不受影響，完全陶醉於彼此契合的演出中。

　　羅斯托波維奇此次訪台演出，與我們建立了良好的互動。直到他
在2007年辭世的這二十多年間，先後應「新象」邀請來台十次。他
在國際間演出行程總是滿檔，但每當我提出邀請，他一定允諾。包括
二度指揮「美國國家交響樂團」在台演出、個人大提琴演奏，與「臺
北市立交響樂團」及「國家交響樂團」合作、於北藝大開設大師講座
等。

羅斯托波維奇與美國國家交響樂團1982年於美國甘迺迪中心交響樂廳。

重情重義的性情中人
維拉洛波斯Villa-lobos的《大提琴八重奏》作品，特別為羅斯托波維奇而作。

　　羅斯托波維奇對台灣有一種特別的情感，多次的台灣之行，與音樂界和眾友人建立起特殊情誼。一次他說：「我有位最好朋友的兒

大師為夫人薇希妮芙斯凱亞1983年在國父紀念館獨唱會伴奏，
婦唱夫隨，鶼鰈情深。

子在台灣唸書。」他說的是俄國首位諾貝爾得主作家索忍尼辛之子。
1982年索忍尼辛曾應「吳三連文學獎基金會」之邀訪台，之後即安
排其子來台學中文。在那段時間我們三人只要有空，必在台灣共啖美
食。

　　羅斯托波維奇在布里茲涅夫時代擔任「蘇聯國家文學藝術聯誼
會」主席。索忍尼辛於1970年因著作《古拉格群島》，獲諾貝爾文
學獎後屢受蘇聯當局的打壓。當年羅斯托波維奇敢於公開挑戰共產威
權制度，為摯友仗義執言。並在他聖彼德堡家中秘密庇護索氏多年，
認索氏之子為義子，對他的疼愛關懷更甚於自己的孩子。

　　羅斯托波維奇重情重義的真性情，常讓人覺得溫暖感動，對晚輩
尤有愛心。一年他來台與「國家交響樂團」演出，排練時見一位台灣
演奏家腳上裹著石膏，立即請隨行的「新象」執行製作詹曼君安排就
醫。我熟識的臺大骨科名醫陳博光先生，也是羅斯托波維奇的粉絲。
原以為是大師需就醫，卻見他帶來一位女傷患。大師全程陪伴，還取
消了訂製西裝和購物行程。之後將X光片帶回美國請骨科權威的友人
診視，並將分析報告寄回台灣。兩年後，羅斯托波維奇再度來台，仍
記掛此事，歸還X光片並表達關懷，讓人相當感動。

　　1997年3月27日是羅斯托波維奇的七十歲生日，那年整個三月有許多國家幫他慶生。「新象」於當年三月初在台北「國家音樂廳」搶先為他辦了一場音樂會，邀請他指揮，並演出大提琴協奏曲。我們還特別安排一群國內傑出青年大提琴演奏家，為他獻演巴西作曲家維拉洛波斯（Heitor Villa-lobos）的《大提琴八重奏》。為了給他驚喜，事前並沒有讓他知道。但我不小心說漏了嘴，他一聽說有人要演奏這首曲子，堅持一定要先聽排練。聽過後，他覺得年輕人似乎還掌握不到曲韻內涵，當場指揮調整。他告訴演奏者重要樂句如何演奏、如何契合、每個聲部怎麼出來。經過他這麼一指導，整首樂曲彷彿活了起來，在空氣中流轉迴旋，如花采綻放。

　　大師第二次來臺，我介紹了時任「臺灣銀行」董事長，後轉為「中央銀行」總裁的許遠東先生跟他認識。此後大師每次來台，我們都會安排美食小聚，除了許總裁、我和曼儂外，鮑幼玉夫婦、申學庸老師、謝南強先生、吳靜吉博士及陳哲宏律師，都是必到的好友嘉賓。或許是大師的薰陶，許總裁也開始學起大提琴，勤奮不懈，就算再忙，每天都練習一個小時以上。

　　羅斯托波維奇七十歲生日，西班牙國王卡洛斯邀請他在馬德里舉行一場音樂會，並為他安排一場慶生會。參加的歐美政要包括英國查理王子、法國總統、英國首相，藝文界重量名人都出席了這場盛會，美國小提琴大師史坦還為他演奏賀壽。羅斯托波維奇邀約我和許總裁參加這場盛會。我因事無法前往，而許總裁正好有馬德里之行，欣然出席。羅斯托波維奇安排他入座國王包廂，坐在國王旁，現場司儀逐一唱名介紹賓客。許總裁被介紹是來自台灣的貴賓，這在一向侷促的台灣外交處境，成為不曾有過的景況。許總裁非常感動，津津樂道的對我說，那是他一生中極其榮耀和開心的時刻！

　　隔年二月，許總裁夫婦於華航大園空難不幸喪生。四月羅斯托波維奇來台，一抵達即從機場至許宅先向家屬致意，並親往山上許總裁夫婦骨灰暫厝之處弔念，沉默佇立的大師在故友靈前、哀戚至深。

大師羅斯托波維奇1998年來台在臺北藝術大學演講時留影。

以幽默為生活調味的美食饕客
羅斯托波維奇說：「我很認真的想過，找個神偷去畢卡索紀念館去把我的琴弓偷換回來。」

　　每次來台，羅斯托波維奇一定要外出看看、吃吃美食。第一次我們帶他去華西街的「台南擔仔麵」，一吃上癮，每次來台都去，也和老闆變得熟絡，為了接待大師演出後的宵夜，甚至延長營業時間。眾多藝文記者，也特別喜歡跟著去採訪拍照，並大啖美食。大師是美食饕客，一次可吃上好幾碗麵，一口氣橫掃大半盤的蒸草蝦，外加兩個魚頭、兩隻龍蝦。他的反應快、行動快、思考快，吃東西也快。他好胃口的大食量，讓陪同的鮑幼玉、吳靜吉與陳哲宏律師都樂於讓出自己的美食。

　　他一次來台，正逢東正教的齋戒期間。雖然身為教徒，他不像妻子嚴禁食肉，面對美食還是破戒。他曾說：「畢卡索雖然懂美食，但

我比他更會吃。」我們總安排特殊美食讓他嘗鮮。排練時他一向吃得簡單，工作是絕對全神貫注。每當工作完畢，他會興致勃勃的問：「今晚吃什麼？」

私底下的羅斯托波維奇非常健談，從不缺聊天話題。他聊家事、談政治，講述他在家鄉與俄國前輩作曲大師蕭士塔可維奇和普羅高菲夫亦師亦友的情誼，以及在英國時與作曲家班布瑞頓（Benjamin Britten）的互動。他的幽默無處不在，講笑話，更是精采的提味香料。有時他在排練場忽然對我說：「我想到一個笑話，現在非說不可。」

他講起起前蘇聯總書記布里茲涅夫的笑話，真是一絕！

他說：布里茲涅夫主持1980年莫斯科奧運開幕儀式，開幕詞由幕僚預擬。他拿起文稿宣讀，開口就說「O！」之後又連續講了四個「O！」

接著宣讀：「女士先生們，本人宣佈第二十二屆奧林匹克運動會，正式開始。」

唸完後，向一旁撰稿的幕僚悄悄詢問：「你怎麼開頭寫了那麼多的O？」

撰稿者回答：「那是稿子前面的奧運五環標誌。」

俄羅斯人常愛諷刺愛斯基摩人。羅斯托波維奇就說了一則關於愛斯基摩人的笑話：

兩位愛斯基摩人在海邊獵到一頭海象，他們抓住海象尾巴倒著往回拖行。海象面朝下，兩支長牙在冰上一路銼刮，兩人拖得很吃力。一旁有兩位俄羅斯人嘲笑愛斯基摩人的愚笨，建議說：「你們應該把海象倒過來，然後從頭的部位拖，才不會那麼辛苦。」

愛斯基摩人恍然大悟照著建議做了，果然輕鬆不少。但走了一段路後，其中一位愛斯基摩人說：「這俄羅斯人是很聰明，這樣拖的確很輕鬆。但我想他們的方向卻是錯的，你有沒有發現我們一直朝海的方向走？」真不知誰諷刺誰？

羅斯托波維奇還聊到他與畢卡索的趣味往事。1960年他於巴黎的演出，畢卡索答應要去卻臨時缺席，使得羅斯托波維奇非常失望。音樂會後，畢卡索派車來接他至家中餐敘。年紀相差四十六歲的兩人開懷暢飲美酒，從政治談到美食女人，從藝術聊到歷史。酒酣耳熱之

際，畢卡索拿出一幅畫送了給他。那是幾何線條解構的女人畫像，畫中是他的妻子。羅斯托波維奇醉眼模糊看著一旁的畢卡索夫人，發現果然是畫中之人。他覺得無以為報，當場拿出演奏用的，也是最心愛的琴弓回贈給畢卡索。隔天酒醒後，羅斯托波維奇懊悔不已，幾次想要回，都難以啟齒，他說：「畢卡索把他心愛的女人複製給我，我卻是把最心愛的琴弓原件送給他。」畢卡索去世後，他只能到巴黎「畢卡索紀念館」遠遠地看著他心愛的琴弓。幾次他試著與館長交涉換弓被拒，他說：「畢卡索如果在世，也會諒解的。對參觀者而言，躺在展場的琴弓都一樣，但是演奏出來的音樂，可是非常不同啊！」可惜，館長從來不為所動。

身為一代國際大師，羅斯托波維奇的演出邀約不斷。據報導，他體力最好的時期，曾一年演出四百場。後來跟他印證，他說沒計算過，應該不會有那麼多吧！不過感覺好像每天都在演奏，也常有一天演奏兩場的情況。雖然演出不覺厭倦，但難免也會半開玩笑地抱怨：「我在全世界各地有二十幾棟房子，等於有二十幾個家。但算算一年住在家裏的時間，只有五天，絕大時間都住在旅館。博允，你覺得我是不是瘋了？」

「我太太喜歡買房子，她每天跟我說要賺錢、賺錢，我賺錢幹什麼？修房子，保養房子。我根本就是為房子而活。房子應該是要讓我住的才對。但我的生活，就是從旅館到音樂廳再到旅館，我真正的家其實是旅館！」

我曾建議他，既然常來台北，應該在這裡也買棟房子。他承認這是個好主意，但「千萬不能跟我太太提，免得她一動心，我又要多養一棟房子。」

捍衛自由反對極權的民主鬥士
一生以實際行動捍衛民主自由，反對極權專制。

長久以來，羅斯托波維奇將演奏的收入半數捐贈給和他一樣流亡在外的蘇聯與猶太文人藝術家。1974年因索忍尼辛事件受到蘇聯當局壓迫，他後來選擇離開，說：「這不是『背叛』，而是『出走』。」1978年，他因公開要求蘇聯政府釋放人權鬥士沙卡洛夫，

全家被蘇聯當局以『行為破壞蘇聯聲譽』為由剝奪公民身分。1989年柏林圍牆拆除之前，羅斯托波維奇推掉其他的活動，搭上好友的專機，飛往柏林，在圍牆上演奏《巴哈大提琴無伴奏組曲》慶祝和平到來，全場聆聽他的演奏後，才正式推倒那個阻絕自由民主數十年的共產圍牆。

他離開蘇聯後，一生無國籍。許多國家表示願意授予他榮譽公民的身分，都被他婉拒。他堅持自己的政治理念，寧可持有聯合國特發的『無國籍護照（Stateless passport）』。他相信，終究有有一天會回到俄國。1990年戈巴契夫政府恢復他的公民權，雖然讓他感動，但仍沒有接受，繼續使用無國籍護照。羅斯托波維奇自離開蘇聯後，四海為家，晚年長居巴黎。2007年2月病重，遷回莫斯科接受治療，兩個月後病逝於他終生懸念的祖國。

1990年初期，我跟他提到「北京中央音樂學院」院長吳祖強希望邀請他，到中國大陸巡迴演出。文化大革命後，世界頂尖的音樂家中只有指揮家卡拉楊、小澤征爾、小提琴家史坦等訪問過中國大陸。一開始，他沒答應我的提議，反而跟我談起他反共的理念。他不反對社會主義，但無法認同蘇聯共產黨以專制手段控制人民，反對沒有思想與言論自由的無人性、不文明的行為。自他流亡後，凡是極端集權的共產國家，他都拒絕前往。對於與其他共產極權國家有些許差異的中國大陸，他的心情顯然是矛盾的。一方面，他稱許鄧小平在變革中兼容並蓄共產和資本主義，一方面又為中國大陸的集權而猶豫不已。

九〇年代中期，羅斯托波維奇拿著中國大陸的邀請函給我看，表示還是不能說服自己接受。雖然認為自己早晚是要去如此龐大的國家、那麼多的人口，看看古老的文化。不接觸中國大陸，像對世界的瞭解缺了一大塊，說：「可是他們還沒有放棄共產專制之前，我就是難以釋懷。」我勸他說：「政治與藝術是兩回事。政治，立即改變是不可能的，應親自透過音樂發揮影響力吧！」1999年，他的好友小澤征爾預定到北京講學，大力邀請羅斯托波維奇同往。我也認為這是一個良好契機，大師終於欣然接受邀約到北京進行學術交流和親善訪問，和小澤征爾一樣不收取酬勞。這成了他生平唯一的一次中國大陸訪問。

羅斯托波維奇的成就自有其崇高地位，受世人敬重。他的人格特

質更令人喜愛，羅斯托波維奇式的熱烈擁抱和鬍子扎在臉上的貼頰親吻，是許多人對他的溫暖記憶。他的愛心、幽默感和赤子之心，更讓人如沐春風。他一生中有不少作曲大師特別為他寫曲，數量達一百多首。不僅是當代音樂家中最多的一位，也堪稱音樂史上第一人。而他獲贈來自世界各國的榮譽勳章和榮譽博士尊榮，更是不計其數。

　　1984年第二次來台舉行大提琴演奏會時，聽到我的作品非常喜歡，對《五重奏》與《中國戲曲冥想》更是激賞。因而當場委託創作一首十多分鐘給管絃樂團的作品與另一首大提琴獨奏曲。但我因行政工作繁忙，遲遲沒動手寫曲。他每見到我，總問曲子寫好了沒，要排進去演奏。

　　如今大師已然辭世，這首未完成的樂曲，成了我一生中最大的遺憾之一。

■ 註釋

1　Galina Vishnevskaya薇希妮芙斯凱亞（1926-2012），俄國女高音。1953年進入莫斯科大劇院。1955年與羅斯托波維奇結婚，兩人後一起離開蘇聯，後定居瑞士、巴黎與美國。莫斯科建造以她為名的歌劇院Galina Vishnevskaya Opera Centre。1983年來台演出，由夫婿大師羅斯拖波維奇親自伴奏，成為她的封箱之作。

2　沙卡洛夫（1921-1989），蘇聯原子物理學家，曾領導研發蘇聯首枚氫彈。50年代開始關心核能問題，反對核武擴散及支持人權運動，於1975年獲頒諾貝爾和平獎，但被蘇聯限制離境領獎。1980年因抗議蘇聯入侵阿富汗而被捕，流放至高爾基，度長達六年的監視生活，後於1986年因戈巴契夫採開放政策而獲釋，並重回莫斯科。

永遠的繁花盛放——
卡西拉葛
Dr. Lucrecia R. Kasilag

2008年3月，馬尼拉的「菲律賓文化中心」（Cultural Center of the Philippines Complex）舞臺上，高齡九十的卡西拉葛博士接受全場觀眾熱烈的掌聲。那不只一次單純的喝采，更多的感動和崇敬充盈在每個人心中。那時坐在輪椅上的老人家，已經失去視力和聽力，但她清楚的感受到場內的鼓舞與震動。她是那晚演出的主角，她是菲律賓國寶藝術家，是音樂界的『第一夫人』，是菲律賓文化藝術的推手，如孕育無窮生機的『大地之母』，也是亞洲推動藝術的第一人。

甜美的Tita King
她是菲律賓人民心目中的『一代傳奇』。

『卡西拉葛』於二十世紀在菲律賓享有家喻戶曉的盛名，超越歷任總統，在偏遠鄉下也是如此。她是二次世界大戰後菲律賓最偉大的人物，民眾暱稱她為『Tita King』（Tita菲律賓語，可愛、甜美的

永遠綻放光芒的卡西拉葛博士

意思）。在那一天的會場中，有家長對孩子說：「看，Tita King在那裡！」大人帶著孩子上前，逐一輕觸她的手致意。彷彿虔誠信徒對神祇的崇敬，孺慕仰望。

　　2008年的那一晚，是卡西拉葛博士發表新作品的演出，音樂劇《When flowers bloom in May》（五月繁花綻放），依菲律賓傳奇故事所編寫完成。兩年的創作期間，卡西拉葛博士已飽受糖尿病、風濕、失明、重聽等疾病之苦，不僅無法以言語表達，身體更是無法自由行動。創作過程極其艱難，需要極大的耐心和熱誠，但她以強韌的生命力創作，也獲得一位她的音樂家學生協助。先由學生貼近卡西拉葛博士的耳邊，依序唱出每個音符，唱到對的音符，卡西拉葛博士以虛弱的手施力、以喉出聲、以細微的頭部動作示意，再由學生標示在樂譜上。就這樣一個音符、一個音符緩緩的完成了長近一百分鐘的音樂劇。樂聖貝多芬在全聾之後，創作並親自指揮他最後的代表作：第

九號交響曲《快樂頌》；卡西拉葛博士的這段創作歷程，較之更甚艱難。

那晚，是我最後一次站在她的身旁。我撫握著她削弱的手，在她耳邊告訴她，我來看她了。她的手虛弱地微微施力回應，眼眶泛紅。她的家人說，她很激動。看得出她還認得我，也感受到周遭的一切。五個月後，卡西拉葛博士走完了她豐饒輝煌的一生。這齣音樂劇和那晚的演出，成為她的謝幕之作。

打造一個輝煌的藝術世代
卡西拉葛博士被尊崇為『菲律賓所有藝術家的母親』

卡西拉葛博士身兼作曲家、指揮家、民族音樂學家、教育家、樂器收藏家和藝術行政工作者，是樂史上少見的全才。她是最早深入原住民地區從事民族音樂采風工作的女性音樂學者，與她的學弟馬塞達（Jose Maceda，民族音樂學家、作曲家），足跡遍及菲律賓城鄉，同為菲律賓兩位傳奇人物。除了她最愛的音樂，在教育、收養孤兒、培養音樂人才這些紮根和推廣的工作上，影響至鉅。二次大戰期間，她擔任過菲律賓駐香港總領事、菲律賓的省長。她的教育和政治行政經驗，影響了戰後菲律賓的政治家，堪稱戰後菲律賓的精神標竿。此外，卡西拉葛博士是「菲律賓大學」最聞名的教授，也曾任「菲律賓女子大學」（Philippine Women's University）校長及音樂與藝術學院院長。馬可仕總統（Ferdinand Marcos）的夫人伊美黛（Imelda Marcos），及教育部長、馬尼拉市長、乃至後來亞洲第一位女性總統阿奎諾（Corazon Aquino）都是她的學生。豐厚的人脈資源，以及崇高的社會地位和知名度，使得她擁有相當強的社會推動能量。

卡西拉葛博士是「菲律賓文化中心」（簡稱CCP）的創始策劃人和第一任主席兼行政及藝術總監，從1969年創立後任期長達二十多年。在她的規劃經營和管理之下，「菲律賓文化中心」被打造成一個多功能藝術、休閒園區，也是亞洲第一個複合形式的國際化藝術文化中心，除了邀請世界一流的藝術家在這裡演出之外，也培養自己的藝術團體，為菲國藝術家提供一個與國際雙向交流的平臺與管道。

　　她創辦了發揚菲律賓民族舞蹈的「百雅尼漢舞團」（Bayanihan Philippine Dance Company），以及亞洲最早獲得世界A cappella大賽冠軍的「瑪德俐伽合唱團」（The Philippine Madrigal Singers）。她所發起的「菲律賓青年藝術家基金會」（Young Artists Foundation），以及「青年音樂家競賽」（the National Music Competition for Young Artists，簡稱NAMCYA），造就了許多青年才華。

　　卡西拉葛博士在「菲律賓文化中心」任內，更被譽為菲律賓藝術發展的黃金時期，尤在音樂和舞蹈方面。她積極推動新藝術，放大視野提昇至國際層級。如與生產電子琴的日本YAMAHA（山葉）樂器公司合作在菲律賓舉辦第一屆〈國際電子音樂創作及演奏大賽〉。由她親自策劃及擔任主審，同時邀請國際音樂學者專家擔任評審，我也是受邀評審之一。此外於1970到二十一世紀初，她還舉辦〈國際電影節〉、〈國際民族器皿展〉、〈亞洲戲劇節〉、「亞洲文化推展聯盟」、「亞洲作曲家聯盟」等活動。在她的推動下，菲律賓儼然成為亞洲南方的國際藝術文化中心，與北方的日本分庭抗禮。

　　卡西拉葛博士總有源源不絕的原創構思，她在1960年已積極推廣藝術與觀光結合的概念，來增加表演藝術的產值和資源。她所創辦的「百雅尼漢舞團」在「民族藝術中心」的表演，結合觀光產業，每年吸引大量國外觀眾。一方面增加營收，也成功行銷了菲律賓的傳統民族文化藝術。此外，她與「Western House」國際旅館組織合作在「菲律賓文化中心」園區，建置了一間國際級旅館「Philippine Plaza」，將旅館收入的百分之四十歸文化中心所用。

　　卡西拉葛博士是「菲律賓文化中心」的創始策劃人和第一任主席及藝術總監，任期達二十多年，成就了菲律賓藝術發展的『黃金時期』。「CCP」的建築師是Leandro V. Locsin，被譽為世界十大建築師之一。「CCP」主廳堂有兩千個座位，以及六百席的中小劇場、兩百五十席的實驗劇場，該地進駐了交響樂團、舞蹈團、戲劇團、合唱團，各團還有專屬的大型演練廳室，圖書館以及展覽室，以及進駐創作的藝術村、宴會所、國際會議廳、藝術家餐廳及研習工作室。

　　前總統馬可仕遇刺和爆炸事件也發生在這裡的「菲律賓國際會議中心」（PICC）。「民俗藝術中心」（Folk Arts Center）位於

「CCP」的後側，工程僅花七個半月興建完成，是容量約八千座位的演出場所，及大型的多功能展覽區。後來以一年三個月的趕工加蓋了「國際電影戲劇中心」，作為首次國際電影節開幕場地。不幸期中曾因灌澆水泥而不當崩塌，導致上百工人埋骨於此，引起二次大戰後菲律賓最大一次人民革命運動。馬可仕總統因此而下台，逃逸至美國獲得政治庇護。其間，總參謀長羅慕斯繼任總統。社會漸趨穩定後，於1986年由人民投票選出科拉蓉艾奎諾，成為第十一屆總統，也是菲律賓首次女性總統。

在她的經營下，「CCP」擁有自己的交響樂團、舞團、合唱團、劇團、國際會議中心、展覽中心、海鮮市場餐廳和旅館，成為亞洲最有經費、也最有能力辦活動的組織。這是1970到90年代「CCP」的盛況，現在雖然不比從前，感覺仍然比亞洲其他國家活潑。

1970年初期，馬可仕夫人邀請著名美國鋼琴家范‧克萊本（Van Cliburn）到菲律賓慈善義演，擔任三個月的駐地藝術家。為他特別在碧瑤山間蓋了一棟別墅型的藝術家會館，專供受邀的人文藝術家及學者住宿，我曾三度受邀在此寫作住宿。旅館中有多間配備了鋼琴的住房，供住宿的音樂家練習。同時與幾所大學觀光系建教合作，讓二十名學生在此實習工作。范‧克萊本結束義演後，捐出了全部酬勞四十萬美金。卡西拉葛博士以此為基金，向國會募款，成立了一所專為孤兒設立的藝術學院，設有音樂、美術、戲劇、舞蹈等科系。卡西拉葛博士多年來，持續自全國甄選有音樂天份的孤兒，安排他們進入不同的國際學校就讀，由國家供給全部費用。這是一項重要的創設，爾後，菲律賓歷代藝術傑出人才多出自這所學校。

除了音樂教育外，卡西拉葛博士也積極地將藝術融入社區活動。她舉辦年度全國性社區樂團競賽，鼓勵社區居民以家族或鄰里親友組成樂團參加比賽。雖是業餘競賽，但賽事嚴謹，還邀請國際評審參與，我也曾幾度應邀擔任評審。這無疑是推廣社會教育及藝術生活的概念，並鼓勵了家庭鄰里的內聚力與和諧，讓我印象深刻，收穫良多。

業師與典範
卡西拉葛終身未婚，將一生都奉獻給菲律賓與全亞洲的藝術和大眾。

　　我與卡西拉葛博士相識三十多年。早在1968年我二十多歲時，就曾由許常惠老師口中聽聞其名，之後也常聽日本音樂界人士提到她。我們初見面，是在1975年第三屆「亞洲作曲家聯盟」菲律賓馬尼拉的會議中。那一年卡西拉葛博士當選主席，許常惠是副主席，我則擔任副代表，與會的台灣代表共有二十多位。

　　我和卡西拉葛初識後，便相當投緣。我只有三十歲，醞釀在台灣成立專門推動藝術的組織。我將構想告訴她，並談及台菲雙邊交流的可能性。她支持我的想法，也提供了一些國際藝術家和藝術經紀公司資訊，並到處引介我，說：「我在這年輕人身上，看到自己年輕時候的影子。」在藝術工作的領域中，她猶如業師，也是我的典範。她善用社會資源挹注藝術的理念，以及多元觸角的經營概念，對我影響甚具。

　　1978年我成立「新象活動推展中心」，隔年開始邀請國際表演藝術家來台演出。第一屆〈新象國際藝術節〉，是台灣第一次大規模的國際藝術展演。我和卡西拉葛博士開始落實雙邊交流的計畫，從1979到82連續四年，「新象」先後邀請了「菲律賓國家舞蹈團」、

1980年卡西拉葛博士受「新象」邀請來台指揮「菲律賓青年管弦樂團」。

1982年「菲律賓國家芭蕾舞蹈團」受「新象」邀請來台演出。

「菲律賓青年管弦樂團」、「百雅尼漢舞蹈團」、「瑪德俐伽合唱團」、「菲律賓文化中心劇團」、和她任教的菲律賓大學以及碧瑤的孤兒藝術學院。此外，我也邀請卡西拉葛博士來臺指揮「國防部示範樂團」演出。

1979年7月，我推薦「雲門舞集」前往菲律賓演出。此時「雲門」已成立六年，已故的鮑幼玉先生時任教育部國際文教處處長，積極接觸紐約「哥倫比亞經紀公司」，並委由我代表文教處談判達成委託安排「雲門」訪美演出行程。先生找我一起代表教育部與對方的副總裁Michael Rise協商，計畫尚未談成，我主動接洽的菲律賓演出計畫，卻先成行了。在卡西拉葛博士的邀請下，「雲門」在馬尼拉「菲律賓文化中心」中「Folk Arts Center」演出。此行獲得教育部補助，也第一次邀請國內媒體記者做隨行報導，其中中央社知名的記者范大龍、中國郵報沈依婷（「新象」第一任秘書、台視新聞主播）、中央日報資深主編蔡文怡等都隨行採訪報導。

昔時台灣表演團體出國演出，多以宣慰僑胞為主。當地國外主辦單位不支付任何費用，交通運費、食宿、演出酬勞等經費幾乎由台灣自行負擔。教育部出面協助「雲門」洽談美國之行，美方並不支付任何費用，教育部需籌措上述經費外，還倒貼宣傳經費。相較我和卡西拉葛所達成的菲律賓演出協議，依專業邀演的規格條件，由菲律賓負擔當地吃住交通等費用，並支付演出酬勞每場兩千美金。這對亞洲表演藝術市場而言，條件實屬優渥。「雲門」是「新象」帶出國的第一個演出團體，在菲律賓極受禮遇，這也是「雲門舞集」第一次由外國單位支付酬勞的海外演出。

2009年，我接任「亞洲文化推展聯盟」（Federation for Asian Cultural Promotion）主席一職。這個組織是由我和卡西拉葛博士，於三十年前共同發起創設的。1979年「亞洲文化推展聯盟」成立，她被推選為第一任主席，我擔任秘書長，馬可仕夫人則是第一屆榮譽主席。1980年第一屆「亞洲文化推展聯盟」大會在馬尼拉的「菲律賓文化中心」召開。與會者除了菲律賓和我國代表成員之外，還有「日本文化交流協會」執行副秘書長橫山正，及韓國『交響樂團之父』—八十多歲的金生麗。這是個非政治、非商業的組織，為避免政治阻礙，會員都以首都城市名稱入會。至今已有二十多個會員

1 （後一排左至右）「ACL」作曲家會員，香港作曲家曾業發，林樂培，我，許
  常惠，王瑋，「ACL」幹部。前一排左至右，李成載與夫人，卡西拉葛博士，
  韓國作曲家李英子（韓國女子作曲家協會主席），入野義郎夫人。
2 我（左一），卡西拉葛博士（左二），省立交響樂團旅菲華僑客席指揮家張眙
  泉與夫人（右一，二）。

國，二十多個名歐美國家的客席觀察員。成立「亞洲文化推展聯盟」之際，卡西拉葛博士曾邀請聯合國駐亞洲觀察員阿布拉提先生（Upraty）與會，希望得到「聯合國教科文組織」（UNESCO）定期補助。

中美斷交後，台灣在國際外交關係持續面臨來自中國大陸的壓力。國號和國旗，總成為國際會議中國大陸作文章的議題。「雲門舞集」在菲律賓演出時，曾引起當地『親中』和『親台』兩股華僑界勢力的拉鋸戰。菲律賓即將與中國大陸建交，台灣大使館也即將撤回，許多原來支持台灣的華僑也慢慢轉向。但是，卡西拉葛博士卻始終支持台灣，堅持文化藝術交流必須照常進行。

1982年我和卡西拉葛博士再次共同創辦〈亞洲戲劇節〉。籌備委員包括了姚一葦、吳靜吉、胡耀恆、黃美序。第一屆活動配合「亞洲文化推展聯盟」大會在台灣舉行，第二屆在馬尼拉，仍由「菲律賓文化中心」主辦。我和其他四位委員帶著「蘭陵劇坊」代表台灣參加演出。我同時也介紹日本舞踏藝術「白虎社」去馬尼拉。隨後也將此團引進台灣演出，都引起了相當大的震撼。後來日本籌辦〈亞洲戲劇節〉，因經費不足，加上印尼「薩加劇場」導演伊庫拉因反印尼當局蘇卡諾政府，而成為政治犯入獄，以致於活動無以為繼，殊為可惜。雖然僅此兩次的〈亞洲戲劇節〉活動，卻也有相當精采的成果。

1984年，「新象」邀請「俄羅斯國際大馬戲團（The Russian International Circus）」來台演出。遭逢台灣發生口蹄疫情，國外動物入關產生了諸多問題。五十八隻動物中，有二十九隻是與口蹄疫有關的偶蹄動物，因此被隔離在桃園機場，無法運回俄羅斯。菲律賓總統羅慕斯（Fidel Valdez Ramos）的父親Narciso Ramos（1900-1986），是駐華大使，和我經常敘會。透過這層關係，及卡西拉葛博士的協助，菲律賓特許讓大象、長頸鹿這類大型動物直接轉運菲律賓暫時寄養。所有的手續趕在四十八小時內完成，動物順利運往菲律賓，並寄養了半年的時間。

經過這樣的共事，我和卡西拉葛博士間建立相當深厚的情誼。她退休後，我向鮑幼玉院長推薦，邀請她擔任國立藝術學院（現為國立臺北藝術大學）音樂系榮譽客座教授一年。我們之間的互動，在音樂上也有深入的交流。卡西拉葛很喜歡我的《琵琶隨筆》、《中國戲曲

的冥想》以及《弦樂四重奏》。後來她邀請我為「CCP交響樂團」創作《琵琶協奏曲》，曲子完成後，她表示喜歡並希望能保留我的曲譜手稿。我滿心愉悅地致贈我的手稿原譜給大師。

　　她的菲律賓民族樂器收藏豐富完備，堪稱亞洲第一。珍貴的收藏全捐給了「菲律賓文化中心」與「菲律賓女子大學博物館」。她總是充滿活力，積極進取，和藹溫馨。她可以一邊接電話，一邊跟我談事情，一邊寫譜，一心多用，卻游刃有餘。小事如此，大事亦然，卻都事事有成。隨遇而安的她，遇到再大的問題，反應也就是輕快簡短的兩聲Oh！Oh！任何事似乎都難不倒她。

　　卡西拉葛對生命和藝術的熱情，即便在風燭殘年也不曾稍減。2008年的這一場演出，她仍溫暖的向世人分享生命的最後一個樂章，而這樂章依然『繁花盛放』！

2008年我前往馬尼拉參加卡西拉葛博士人生最後一場作品《五月繁花綻放》發表音樂會。前蹲者，日本民族音樂專家Tsu Boda，前中坐者卡西拉葛博士與辜懷群。後排站立者左二到右，FACP前秘書長橫山正，我，FACP前主席韓國金大衛，FACP理事，FACP馬來西亞理事Kevin Kok，FACP 菲律賓理事Martin Lopez，FACP日本理事。

鋼琴女皇瑪莎・阿格麗希
Martha Argerich

我與瑪莎・阿格麗希（Martha Argerich）相識，促成此一緣份是傅聰。三十年前，傅聰分別向我和阿格麗希介紹彼此，也力促我邀請這位國際級的鋼琴女皇來臺演出。我雖心儀，卻多次聽聞她取消音樂會的紀錄，心生遲疑。傅聰談到阿格麗希：「時候到了，緣份到了，她就會來。」

鋼琴女皇
阿格麗希走起路來像個女王，路人紛紛閃開讓路給她，有人想找她簽名卻不敢貿然上前。

1999年我接到日本經紀公司梶本Kajimoto總裁的電話，阿格麗希表示可以來台演出。阿格麗希首次在台獨奏會，樂壇均視為大事。我們邀請記者做一次事前專訪，當時她正在東京演出及錄製CD唱片，我和同仁蔡惠媛帶著幾位媒體記者一同前往。抵達後，日本主辦單位梶本音樂製作所（kajimoto）通知我們，她在東京的第二場演出因感冒而取消，臺北音樂會也確定無法成行。我們在旅館得知消息，當場

阿格麗希本人生平照片提供做為演出冊

傻眼。見不到阿格麗希，只好帶著記者採訪日本觀眾退票的情形。日本主辦單位宣佈，已購票觀眾可退票或換成其他音樂會，不退票的觀眾可保留到下次她演出的優先換票權。主辦單位還特別提醒：「下次還是有可能會取消。」這場已售罄的音樂會，兩千張票，只有四人退票，一位觀眾無法更換檔期，寧可把票券留作紀念，也不換票。由此可見日本觀眾對她多有著迷，無條件接受任何安排，無怨無悔的等候她下一次的演出，忠心不貳。

再次，我們約定了下一次的音樂會檔期。這一次，她依舊取消！原因是她摯愛的恩師古爾達Friedrich Gulda突然逝世。這一年，加上她日本演出的行程，我們共三次排定她的音樂會，經過再三確定，終於可以開始售票。

第三次取消後，沒有任何消息，終於有一天阿格麗希來電話了。多虧傅聰對阿格麗希說：「你一定會喜歡許先生的，因為你們兩個都是雙子座，性格很像，我清楚你們一定合得來。」傅聰這麼一說，倒真說動了阿格麗希。一年後，2000年11月，阿格麗希第一次來到臺北，在「國父紀念館」舉行了一場令觀眾為之癡迷的鋼琴演奏會。事後她對我說：「傅聰跟我講了很多次，說我再不來，對你不好，你的損失會很大。我甚是過意不去。」

她在台灣的演出結束後，原訂搭機返回比利時。她跟我聊起有個她很喜歡的小孩，想去看看，但猶豫不決。原來她指的是當年只有十六歲的韓國鋼琴家林東赫，正在參加日本〈濱淞國際鋼琴大賽〉[4]。我一聽便決定陪她前去日本。

濱淞不愧是日本的鋼琴之都。當地人對國際鋼琴大師一點也不陌生，我們出火車站前往旁邊的比賽會場，馬上聽到旁人說：「看，是阿格麗希大師！」。有人前來問我可否請她簽名，我對阿格麗希說：「他們要簽名。」她一路點頭致意，卻沒停下腳步的說：「沒關係，等到會場再說吧」。

我們抵達時，六人的決賽已經開始。大會人員看到阿格麗希的蒞臨，讓我們從二樓進場。她聽了一會兒，決定不打擾參賽者們，悄悄地離開到外面。大廳裡多人透過螢幕看場內比賽實況，他們看到阿格麗希現身，都主動讓座，也不敢跟她講話。阿格麗希表示可以為大家簽名，所有人一湧而上，自動排出整齊的簽名隊伍。之後，不管誰想

跟她說話，都找我去傳達，我儼然成了她的代理人。

林東赫在這次比賽的自選曲是蕭邦第一號鋼琴曲。阿格麗希說：「唉呀，這孩子不應該選這首曲子。大部分參賽者都選拉赫曼尼諾夫的變奏曲或其他鋼琴協奏曲，對小孩來說較容易發揮，蕭邦較難，需要內斂的修為。」她聽完林東赫演奏後，不甚滿意，仍認為林東赫應可拿到冠軍。於是我們到樓下的咖啡廳等待評審結果。

十五人的評審團，三位日本人，其他來自國外。其中兩位評審跟阿格麗希有深交，於是被推選為代表，戰戰兢兢地來告訴阿格麗希比賽結果。阿格麗希一看到他們就說：「我知道他沒得第一，才會叫你們來告訴我。」

一位評審解釋：「這是個艱難的任務。」評審們都知道她喜歡林東赫，拼命解釋，愈解釋愈混亂。

阿格麗希說：「我不要聽！只要告訴我冠軍是不是他？」林東赫和另外一位演奏拉赫曼尼諾夫作品的匈牙利選手，獲得同分數。評審們最後投票表決，把冠軍給了那位匈牙利孩子。

當晚大會舉辦頒獎典禮和慶祝酒會，阿格麗希對比賽結果不很滿意。

問我：「我該去參加酒會嗎？」

我說：「雖然你希望林東赫贏。但這些參賽者只是十幾歲的小孩們，妳去是他們的光榮。妳的出現，孩子們會很高興。妳若不去，他們會失望。妳比較看重小孩？還是大人？」

她說：「當然是小孩，小孩是為自己在競賽。大人都在作秀。」

我說：「那妳更應該要去。」

由於我們臨時參加酒會，大會在介紹評審前，先宣布阿格麗希的蒞臨，才一一介紹評審委員。大會並推舉她頒發冠軍獎項。我們坐在第二排，阿格麗希對大會介紹不理不睬。我推推她，她才緩緩站起來致意。她，就是這麼直率。

1　阿格麗希
2　阿格麗希來台演出留影

〈阿格麗希鋼琴音樂節〉不為人知的幕後

阿格麗希棄〈魯賓斯坦國際鋼琴大賽〉，擇「新象」的〈阿格麗希音樂節〉。

　　有了首次音樂會與日本之行，我與阿格麗希終於建立了良好的互動和信任。2001年我策劃了在台灣的〈阿格麗希音樂節〉，於台北「國家音樂廳」和「演奏廳」共舉辦五場音樂會。參與演出有來自世界各國的十五位音樂家，其中阿格麗希親自挑選來自國外的六位鋼琴家以及兩位小提琴家。陳澄雄指揮的「台北藝術大學交響樂團」伴奏，還有兩位打擊樂家吳思珊、吳珮菁，參與巴爾托克作品的鋼琴與打擊樂。阿格麗希很欣賞中國年輕鋼琴家陳成，及首屆〈阿格麗希大賽〉金牌得主日本鋼琴家，二位也在受邀之列。然而這一次音樂會的安排過程，充滿波折、緊張又刺激。阿格麗希善感多變的情緒，讓一切有隨時發生的戲劇性變化。

　　為了慎重，我特別提前兩天飛到布魯塞爾迎接她。所有應邀參加的音樂家們，先到阿格麗希家會合，一起出發。同行的還有阿格麗希的弟弟、女兒和也是音樂家的準女婿，加上參加演出的各國音樂家，總共十五個人。我的目的在於掌握大家的行程，務必讓所有人如期抵達台灣。阿格麗希的三女兒安排我住在她家斜對面的旅館，這附近街道頗有小巴黎的風味。當晚我應邀至大師家中共進晚餐，她的寓所是一棟歐式透天四層獨棟洋房。

　　練完數小時琴後，阿格麗希雍容地走下樓，與她的幼女、我和兩位青年鋼琴家古寧（Alexander Gurning）、馬頓（Cristina Marton）共餐，席間大家欣悅地聊起台灣料理及小吃攤。

　　此時，〈國際魯賓斯坦鋼琴大賽〉的主席從以色列來電，提醒阿格麗希於兩天抵達特拉維夫擔任金牌頒獎的榮譽貴賓，並在典禮上演出一首協奏曲。這個邀約，阿格麗希於年前已答應，後來行程變得有點複雜。典禮，在她來台灣的前一天，因特拉維夫和台灣沒有無法直航班機，往返須先飛回比利時，轉換班機的時間銜接不上。原因出於歐洲經紀人未仔細查閱飛行航程及轉機的錯誤安排。

　　主辦單位得知阿格麗希決定去台灣，大感不解，為什麼會她為了台灣而取消〈魯賓斯坦國際鋼琴大賽〉的邀約，主席電話中再三說

服，阿格麗希堅持拒絕。她說：「我去台灣，就是想去台灣。〈台灣之行～阿格麗希音樂節〉對我的意義不同！」對方知道無法挽回，只好失望地掛斷電話。我真是感謝大師的情義相挺！

餐後我們移到客廳喝咖啡，聊起年輕一代的新銳鋼琴家。阿格麗希感嘆年輕鋼琴家多重技巧的展現，忽略內涵。也許因不諳藝術的真諦，反而強化炫技，這種現象正在腐化音樂藝術。我們有感而發，她開始想念起傅聰，也問起了傅聰的近況。我敘說傅聰在亞洲的上海、香港、台北等地巡迴演出，也提及他講學的盛況與針灸治療手疾的情形。她聽了微微一笑，若有所思地說：「我應該跟『聰』多多學習蕭邦、莫扎特還有舒伯特…。也跟你抱歉，實因先父、先師的相繼逝世，加上身體的不適，導致三次取消演出。」看見阿格麗希的柔情與快意，以及她果決併融的豪邁，毫不遮掩的率真。

她詢問起未能隨「英國愛樂」（Philharmonia Orchestra）赴台，由傅聰代行之情況。也詢問阿胥肯納吉與傅聰兩老友的互動狀況。與此情況同在台北，兩位老友相聚，話不離阿格麗希的情懷與藝術。三位大師彼此惺惺相惜，真情流露。

這晚，始料未及地發生了諸多的意外之事。原定隔天眾人一早搭乘往台灣的班機，前一晚，大家陸續抵達。其中一位阿格麗希推薦的年輕猶太和吉普賽混血的小提琴家給札雷果基（Geza Hosszu-Legocky），也從維也納趕來。年僅十六歲的雷果基，濃眉闊嘴，天賦秉異，舉止像個小大人。雖然我們投緣，但他畢竟年輕，不免浮躁任性。阿格麗希提醒我：「你要特別盯著他。」

阿格麗希居住的那區有很多吉普賽族群居。在她的提議下，雷果基帶我去他的先父之前拉琴的酒館，他的伯父正帶著一個吉普賽樂團駐店表演。雷果基的伯父演奏技巧非常精緻迷人，那音樂真是浪漫！是個真正的吉普賽酒館。與我以往在貝爾格勒、克羅埃西亞首都札格拉布和西班牙所聽到的吉普賽音樂，截然不同，優雅許多。

雷果基表示他也要演奏，說：「你是我的朋友，我當然要演奏給你聽。」

但他的伯父生氣地對我說：「Geza不可以在這裡演奏，他是我們的希望，我們是酒館小提琴手，他才是真正的藝術家。」

我表示：「你們演奏的那麼好，你們都是藝術家。」

阿格麗希於2001年來台演出。杜志剛攝影。

　　後來我從洗手間回來，他伯父對我說：「Geza說你太重要了，他非常尊敬你，所以一定要演奏給你聽。」

　　此時，一位體型富泰的先生擁著三位年輕女子走進來。原來他是歐洲公認的吉普賽琴王拉卡托斯（Roby Lakatos），雷果基曾在他的錄音唱片中合奏過。當雷果基開始演奏時，他的揮灑真讓人驚訝！我不曾聽過那麼棒的吉普賽音樂，酒店裡每個人都停下來聆聽。我觀察到琴王的表情瞬間變得嚴肅，雷果基演奏後，向他致意就離開了。我猜想，他以琴王之姿蒞臨，多受到仰慕禮遇。但兩首曲子聽下來，驚訝於這小孩逼人才華，甚至遠超越他。琴王必定感受到挑戰的壓力吧！

　　直到深夜十二點，眾人才回到阿格麗希家。雷果基要繼續練琴，

我回旅館就寢。第二天早上七點多，我到阿格麗希家集合所有人一起出發，雷果基不見了。原來，雷果基練琴到凌晨五點，吵到阿格麗希擔任律師的姪子。他當天要出庭，吵醒後兩人大吵一架。阿格麗希的弟弟抗議：「妳寵壞這小孩，他太囂張了。我不跟妳去臺灣了。」

阿格麗希的弟弟曾擔任阿根廷航空公司貨運長，那時剛退休。父母親在他幼時也想培養成為鋼琴家。怎知家中出了一位曠世奇才的姐姐，自覺望塵莫及而放棄了。姊弟倆感情深厚，弟弟和兩個兒子也與阿格麗希住一起，就近彼此互相照顧。

對於這次舉辦的〈阿格麗希音樂節〉，她弟弟幾次向我表達讚賞和感激，希望將來可以在布宜諾斯艾利斯辦類似的藝術節。由於阿根廷經費較不足，我建議以阿格麗希的名氣先到亞洲募款，必可容易實現。對此他很期待，決定隨行來台觀摩。

現在他喊著不去臺灣了，阿格麗希的心情自然受到影響，說：「許先生，我去不了了！我沒睡覺，除非把行程延後。」

我說：「不能延後啊！」

她還是不肯出發：「我弟弟不去，我也不想去了，何況Geza又不見了。」

天啊！真是個大災難！

這種局面該如何解決？距離登機時間不到兩個鐘頭了。我向其他音樂家說一切照原計畫進行，也拜託索利達五重奏[5]（Soledad Quintet）團長，也就是阿格麗希準女婿艾力克斯，幫忙尋找Geza。

我再次硬著頭皮，到她在三樓臥房門外跟她喊話，她抱怨安排這麼早的飛機：「許先生，我很疲倦，現在真的太早了。」

我再三懇求：「之前經過了那麼長時間的規劃安排，我們都已經要出發了。」

她說：「我知道，可是弄到這個局面，已經沒辦法收拾了。」

我想想，說服她的弟弟，或許是個可行之計。於是急忙下樓找她弟弟說：「所有的準備全部毀在一個晚上，大家都是成人了，不要為了一個小孩子賭氣。」

他忿忿的說：「Geza太過份了，破壞大家的秩序。我知道他有天份，但這樣是不行的，小孩子就是要教。」

我極力曉以大義：「Geza去不去，還在其次。你不去，你姊姊也

不想去了。你知道要辦這樣的演出很不容易，這些工作的背後是有一群人多少的努力。這是數年工作與計畫，若毀於一旦，對他們實在太不公平了。」

他開始軟化了說：「我也知道辦我姊姊的音樂會，是很辛苦的。」

後來，他沒要求Geza道歉，反而說：「也許我對他也太兇了，他才會跑掉。」眼看有了轉機，我趕忙說：「我負責把Geza找回來，將來到台灣這孩子的行為我全權負責。但請你負責說服你姊姊，大家就趕快動身吧。」

沒多久，找到了Geza，原來他躲在廚房的儲藏室睡覺。艾力克司偷偷告訴我：「他的小提琴是他唯一的財產。你把它帶走，他就會乖乖聽你的話。」問題總算解決。我們一行十四人搭乘三輛小巴士，在最後一分鐘趕到機場。一路上大家以手機時時聯絡，到機場又有人簽證出了問題，一陣兵荒馬亂後，最後總算上了飛機，終於鬆了一口氣。

多年後回想起來，我心中忍不住暗暗苦笑。那時大隊人馬出發，我緊張的像是一場逃難。此情景讓我想起電影《真善美》中，男主角帶著一群小孩逃難的畫面。

我們搭乘比利時航空到維也納轉機，也許因為一夜沒睡，Geza一上飛機就睡著了。我聽從建議，一路上提著他的小提琴，這個絕招，果然有效。

我很慶幸先前決定親自到比利時來押陣，否則那一次盛大而精彩的〈阿格麗希鋼琴音樂節〉，恐怕難逃被取消的噩運。

音樂會的變動
阿格麗希總有許多無奈的原因取消音樂會。

阿格麗希十七歲就揚名國際，取消音樂會，不是成名後才有的壞習慣，而是她自小養成取消演出的慣性。據說，她首次在日本的演出，經歷了八次取消才成行。來台灣之前，她僅僅取消三次。日本神原音樂事務所創辦人神原世詩朗（Kambara）曾對我說：「你們真是太幸運了。」

她第一次取消日本的行程，就是梶本音樂製作所主辦的音樂會。對方為此提出違約告訴，她賠了很多錢，受了些壓力，事後也多次履約彌補。也因此，她與製作所的佐藤先生，成了不打不相識的好友，並且委託他擔任她的亞洲演出代理。

對她而言，每一次總有萬不得已的理由。一次在前往演出的路上，大霧茫茫，天色又暗，她的座車撞倒一隻小鹿。她一心只想將受傷的小動物送醫治療，不惜延誤開演，演出也就不得已地取消了。一次我跟她談起取消演出，她一臉無辜地說：「我也不想取消啊！但就有一些運氣不好的事發生在我身上。不過，我取消一次，一定會再想辦法補回來。」每一次音樂會的取消，包括原訂來台的演出因感冒、恩師去逝、皮膚治療等原因，聽來，也不無道理。

我想，她之所以如此，是她全心在意『當下狀況』的心情，而亂了原本的計畫。演奏會對她來講，不只是一種專業生涯，更是她抒發和傳達自我的方式，較一般人更甚之。她演奏時，建構一個屬於她專屬的純粹世界，全心全意傳遞或投射自我。對一位大藝術家而言，勉強演出，是沒有意義的。

日本觀眾對她頻頻取消演出的紀錄，絲毫沒降低對她著迷的程度和期待。我記得一次陪她去日本仙台演出，日本人知道她取消音樂會的習慣，在交通安排上做了嚴密的防範。我們底原訂搭乘日本新幹線前往仙台，主辦單位選擇在火車班次最密集的時間安排她搭車，我記得是兩個小時內有三班車開往仙台。為了保險起見，他們把這幾班次的車票，全都訂下。這班沒上，還有後兩班可搭。由於我是不速之客，主辦單位對我說：「許先生，很抱歉，我們不知道你會來，沒安

排車票,請你自己照顧自己了。」

我說:「沒關係,我很熟。」

他又說:「我們知道你對日本熟,但有可能會更改時間。」

果然,我上了車,發現阿格麗希沒在車上,又趕快跳下車。在月台上,眼見第二班車要開了,終於看到她在月臺上踩著步慢慢走來。車門即將關上了,站長一看,是阿格麗希,特別等她上了車才開動。

從不誤時的新幹線,為阿格麗希而耽誤了一分鐘。

這次隆重的接待安排,展現了日本人的嚴謹及對阿格麗希的重視。事務所的人員個個身著黑西裝、白手套。東京站內三步一崗、五步一哨,沿途導引,隨時掌控狀況。阿格麗希一貫踱著方步慢行,絕不跑步,沿途還會停下來看東看西。事務所的縝密,連她走路的速度和沿途駐足的可能性,都計算進去了。難怪阿格麗希會說日本人辦事很讓人放心。

重情念舊率性的女人
除了臨時取消音樂會,阿格麗希的率性有時也讓人忐忑。

2000年11月阿格麗希確定首次來台,我徵得她的同意,帶台北的記者去京都聽她的演奏並採訪。音樂會結束後,她還要跟大提琴家麥斯基(Mischa Maisky)錄製舒曼的協奏曲。我和記者們在大廳等候,趁她中間休息時採訪。監視螢幕上看到場內阿格麗希和麥斯基的練習,忽然她發起脾氣,麥斯基離開場內。出來後他說:「我被她趕出來了,因為她彈得很懊惱。」我們從螢幕上看到阿格麗希趴在鋼琴上。

一陣子後,工作人員通知可以拍照訪問了。阿格麗希也沒讓大家進去休息室,直接走出來站在門口,一手撐在門上,率直的說:「你們問吧!想問甚麼就直說。」

當天恰巧是第十四屆〈國際蕭邦鋼琴大賽〉公佈比賽結果。阿格麗希擔任該屆初賽的評審委員,首獎得主是中國的李雲迪。這是件

大事！〈蕭邦鋼琴大賽〉每五年舉辦一次，已經連續三屆金牌從缺。李雲迪不但是第一位獲此殊榮的中國鋼琴家，也是比賽有史以來最年輕的首獎得主。記者們很興奮的想知道大師對李雲迪的評價，結果她說：「李雲迪是誰？喔，他得第一名啊？他還不錯，不過還有一些中國的鋼琴家很傑出。」她很直率的說，相較之下，她似乎比較欣賞另外兩位年輕的上海鋼琴家陳成及陳莎。

　　2001年「新象」舉辦〈阿格麗希鋼琴音樂節〉，這是她第二次來台。原先說好下午在她下塌的旅館舉辦盛大的記者會。怎知那天她練琴到清晨六、七點才睡，原因是半夜有很多人來找她聊天。她說：「你要知道，我總是要等到大家都很累了，我才有時間練琴。」

　　那天音樂節贊助者「中環唱片董事長」翁明顯、前「文建會」主委申學庸老師，以及當任「文建會」主委，也是鋼琴家的陳郁秀，「國立臺灣交響樂團」指揮陳澄雄都應邀出席記者會。想不到阿格麗希還在樓上睡覺，無人敢去叫她。我只好硬著頭皮到她房間去，推推她，輕聲細語地說：

　　「瑪莎，要開記者會了。妳下去跟大家Say hello就好。」

　　她睡眼惺忪、像個小女孩般的說：「我要睡覺，我要睡覺。」

　　「你是要我來開記者會？還是開音樂會？我可以同意你現在去開記者會，那明天晚上音樂會就得延後。」

　　我一聽，只好做罷，下樓向大家說明，申老師與陳郁秀也幫忙解圍：「她不出現，才是正常。出現了，才是奇事呢！」還好現場記者們都體諒的說：「我們都瞭解，還是讓她休息吧！」

　　雖然阿格麗希個性直率多變，但她是位絕對的性情中人。她慷慨溫暖，也重情念舊。傅聰說起他和阿格麗希的首次見面，他初到美國，需要找地方練琴。經恩師引介前往正在美國的阿格麗希家中。傅聰抵達時，阿格麗希的家門已經為他開著，屋裡有兩部鋼琴。阿格麗希正在樓上練琴，於是傅聰自己挑琴，坐下開始練習。一陣子後，阿格麗希下樓看到他說：「喔，你是傅聰啊！你來啦。」那時，她還只是個十八歲的年輕女孩。

　　後來她比利時的家中，總有一些鋼琴家去練琴。她不拒絕，卻也不特別招呼。這些人想盡各種辦法登門去她家練琴，實際上都期待能夠得到她的指點。由於阿格麗希從不教琴，當他們在樓下彈琴時，她

阿格麗希與我合影

也在樓上練琴。有時候會下樓聽聽，遇到有才氣的年輕鋼琴家，也會忍不住地說：「你再彈彈那一首曲子。」不吝給予一些意見。

魔術般的音樂

她有一雙如魔術師的手，將琴音點石成金，變換出一種有生命的聲響，流洩而出。

〈鋼琴音樂節〉期間，我們安排音樂家們在關渡的「臺北藝術學院」練琴。阿格麗希前去練琴時，吸引了全台北的鋼琴家們。她抱怨現場太多人，很不高興，於是大家主動坐遠遠的，避免干擾。我事先徵得阿格麗希的同意，讓「藝術學院」的學生觀摩。心態上，阿格麗希願意為青年學生付出，也樂於讓學生來聽她練琴，學生樂團來聽更是歡迎。她說：「平常最討厭那些自以為是，其實彈得很爛的人。」

阿格麗希是個夜貓子，常常在音樂廳練琴到深夜一兩點。看她練琴是一種享受，比聽音樂會還要精彩。她嘗試用各種不同節奏、不同詮釋來演奏樂曲，她說：「音樂實在很有趣，比如說拉赫曼尼諾夫曲子的彈奏，你去改變重音（Accent），例如把一.三.五.七.九.十一改成一.四.七.八.十一，音樂就改變了，你再改成二.四.五.八.十，又變了。再則，把每一音符，賦予不同長短，感覺的變化就更大了。音樂，就像魔術一樣。」

阿格麗希所「創造」出的每個聲音，總難化成言語描繪。他人雖然把該有的元素彈對了，可是聲音質感卻少了性格與味道。從她手中彈出的每個音符，都有其意義與能量，對旋律的拋物線和連接點的質感，更是獨樹一格。如此天份，讓我覺得她沒有作曲，孰為可惜。多位大作曲家如巴爾托克、貝多芬、莫札特、李斯特和蕭邦，也都有偉大鋼琴家的基礎背景。

多年獨奏家的演奏生涯，阿格麗希有種外人無法體會的寞落心境。她曾慨然地對我說，獨奏家總是孤單成影在偌大的舞臺上。無人作伴的演出，總是惹得她自憐自惜。也因如此，她日後多半選擇與交響樂團合作鋼琴協奏曲，或加入其他音樂家以室內樂的重奏形式演出。

我想，即使天才如她，也總有凡人的心思與煩惱。

■ 註釋

3 Friedrich Gulda 古爾達（1930-2000），出
生於維也納，以詮釋貝多芬和莫扎特而成
權威的鋼琴大師，他曾表示：「和海頓、
莫札特和印象派作曲家心靈上更接近。」
中年後接觸爵士樂，知名的學生有阿格麗
希與指揮家阿巴多等。

4 濱松，譽為日本的鋼琴之都。日本最著名
的河合（Kawaii）和山葉（Yamaha）鋼琴
總廠都設在這裡。這項競賽是由兩家鋼琴
廠老闆和濱淞市長出資，成立共同基金舉
辦，是日本最大的國際鋼琴比賽，也是亞
洲首屈一指大賽，每三年舉辦一次。

5 Soledad Quintet 索利達五重奏，成立於
1995年，由具有古典音樂背景的Manu
Comté、Alexander Gurning、Jean-Frédéric
Molard組成，手風琴、鋼琴、小提琴、吉他
與低音提琴的組合，音樂具有原創性，也
與多位當代作曲家合作。

一代俄國鋼琴與指揮雙才大師
阿胥肯納吉 Vladimir Ashkenazi

　　二十世紀世界音樂大賽中最傳奇的故事是傅聰、阿胥肯納吉（Vladimir Ashkenazi）和波蘭籍的Adam Harasiewicz，三位在1955年不約而同地參加第五屆〈蕭邦國際鋼琴大賽〉。他們是樂壇矚目的青年明星鋼琴家。三位皆來自共產國家的身份，齊聚於這個賽事盛典，早成為大賽前的焦點。初賽、複賽的激烈競爭，更成為樂壇熱烈討論的話題。決賽時，Harasiewicz的突出表現，使得評審委員們取決不下，經過漫長討論，最後終於敲定由地主國波蘭的Adam Harasiewicz獲得金牌獎，銀牌歸給蘇聯的阿胥肯納吉，傅聰獲銅牌獎。

　　隨即，傅聰離國出走，後定居在英國倫敦，成為另一個爆炸性的事件新聞！

阿胥肯納吉訪台首演
演出時，舞台上的不速之客～來壞事的小強

　　「新象」在1982年邀請了兩位鋼琴大師傅聰與鋼琴家阿胥肯納吉，分別首度造訪台灣，是當年台灣藝界最轟動的盛事。

　　Vladimir Ashkenazy阿胥肯納吉（1937-），出生於蘇聯高爾基，畢業於莫斯科音樂院。1963年與妻子離開蘇聯，定居倫敦、冰島與

阿胥肯納吉指揮神情，照片左邊親筆簽名字跡。

瑞士，並將重心轉向指揮，後任柏林德意志交響樂團首席指揮與音樂總監、捷克愛樂首席指揮。爾後，阿胥肯納吉毅然決然在1972年入了冰島國籍。

他不僅是世代最傑出的鋼琴大師之一，也是國際交響樂團積極爭取的指揮家及音樂總監。演出活動繁忙，為了安排訪台灣首演，我從1979年開始籌劃直到1982年4月才得以成行。

大師是位直率、靈敏且樸實的人，對來台的生活細節從不挑剔。台北于「國父紀念館」首演，在那是個「國家音樂廳」尚在建築中的年代，質感好的鋼琴少而少之。相對於紐約「卡奈基音樂廳」有一百多部鋼琴供音樂家挑選，「國父紀念館」僅只有一部德國「史坦威鋼琴」可供彈奏。

6月4日演出當天上午我陪同阿胥肯納吉至「國父紀念館」練琴，也約了日本籍調琴名師隨侍。一彈之下，發現鋼琴犯潮及琴鍵鬆弛，十多處音準不及等問題。大師要求立即換琴，我尷尬地解釋台灣的文化環境寒峻的狀況，館藏無琴可替代。他客氣地表示了解與同情，說：「那趕緊儘力調整此琴。」

我回說：「您就把需求交代日本調琴師吧！」

大師面帶微笑地說：「不！我自己來！請調琴師借予調琴工具；其實視情況偶爾也親自動手。」

二話不說，立即脫下上衣，打開琴蓋和卸下螺絲，檢查測試音槌、調整琴弦及調準音高並同步除濕，忙到中午。「國父紀念館」的場管人員表示因事前承租時，未包括中午時段，故無安排值班人員。且工作人員將去午餐，按規定演出大堂均須熄燈關冷氣。

我立即向館長表達：「現在世界最頂尖的音樂家即將演奏。面臨館藏鋼琴缺乏專家保養，且無配備其他鋼琴可予替代。」

還好館長接到總統府通知，嚴家淦總統將親臨聆賞。館長同意提供一盞小型探照座燈照明，可是冷氣只能在演出前兩小時啟動。炎熾六月天的大堂內，異常悶熱。大師調琴到了下午，開始脫掉內衫，打著赤膊急速趕工。近傍晚時分，終於倖然功成。大師未進午食，速速地食用三明治與礦泉水後，僅能利用剩餘不到一個時辰的時間，擇樂段練習。

1955年的〈蕭邦世界鋼琴大賽〉前，阿胥肯納吉已經獲得齊地位的〈柴可夫斯基世界大賽〉的金牌及「伊莉莎白女皇大賽」金牌。

阿胥肯納吉近年的身影與神情。（照片由經紀公司H. Parrot提供）

就生涯規劃而言，他實在沒有必要參加〈蕭邦大賽〉。也可能是蘇聯政府，在政治考量下而特別指派。當屆大賽的幕後，何嘗未有其他非音樂因素的影響，但對三位年僅二十左右的青年音樂家，他們都是全力以赴。他們的嶄露頭角，爾後也意外的揚名國際，在藝術成就及學養，儼然成為大家。

二十世紀末至二十一世紀初（2010年前）的二十多年，世界音樂大賽不時傳出評審不公或不當權力介入比賽。最負盛名的〈蕭邦大賽〉也是議論之一，種種跡象造成真才能力者的猶疑和裹足不前。之後，波蘭國會展開調查研討，決定全面改組「蕭邦國際基金會」董事會，並敦請當年『蕭邦三傑』的金牌得主～波蘭藉的Adam Harasiewicz出任董事會主席。因此新一屆的大賽自2012年開始，以新主席的威望聘請世界音樂大師擔任評委，全面提升評審陣容。參賽者手如雲，空前盛況，競賽激烈。最後結果由俄國鋼琴家阿芙蒂耶娃（Juliana Avdieva）獲得金牌，前五名全數由俄羅斯人獲得，第六名為烏克蘭人。

當年我們驅車前往「國父紀念館」光復南路的邊門口，發生了一則趣事。大師突然想逛一下小公園與廣場，不期然遇上一位賣CD的小販，上前兜售阿胥肯納吉新出爐的CD。小販未認出大師本人，還口若懸河地大肆推薦CD的演奏家是多偉大！我翻譯後，大師微微一笑，順手取來一瞧，面帶異色地詢問小販如何取得版權？對方表示他只銷售，不關他事。大師拉著我，轉身往後台行去，邊說出他的疑惑。那張CD是他之前在日本與「NHK交響樂團」的現場錄音，本人尚未簽署認可出版，怎麼會出現在市面上販售，而且是在台北。一方面覺得詭異，另方面也驚訝於台灣市場的敏感度。

這場阿胥肯納吉在台的首演，發生了一件令我汗顏的事件。大師在台上專注彈奏貝多芬A大調第二十八號鋼琴奏鳴曲時，一隻在舞台上的蟑螂爬上他的腿上，他忽然用手一彈，向觀眾示意，接著站起來走向後台。原本他應該接著彈奏降E大調第三十號奏鳴曲，大家都不解他為什麼停下來？原來這隻小強，嚴重地干擾了阿胥肯納吉演奏的心緒，讓他無法繼續。處理後，大師鎮定地回到舞台，演奏完畢，獲得台灣觀眾的滿堂喝采。

台灣近代政壇的政治人物，對古典音樂具有深度素養者，是少而

少之。前總統嚴家淦是少數中其一。

　　阿胥肯納吉於台北首演的消息發佈後，不久，嚴總統就親自打電話來關切。他先稱許「新象」幾年來的文化耕耘、社會推廣的成果及國際視野的開拓，尤其能夠邀請到阿胥肯納吉這樣的世界級大師，實在令人期待。電話中還告訴我，他自己就是阿胥肯納吉的樂迷，收藏了四十三張大師的專輯唱片。我立即邀請總統撥冗蒞臨聆賞，沒想到，他已經買好入場券了，如此的素直與胸襟，令人敬佩！

　　6月4日晚間音樂會我本欲安排大師在中場時晉見嚴總統，總統表示中場不好打擾。卻在終場後，主動至後台拜見大師，令阿胥肯納吉心悅不已。兩人一見面，嚴總統提及收藏四十三張阿胥肯納吉唱片，讓大師大為驚訝，說自己只保存四十二張，很想知道第四十三張是那一張？大師順機邀請嚴總統同進宵夜，卻因國安機制的考量，外出必則勞師動眾，嚴總統便善意地推謝了。

　　為了慶祝2000千禧年的開年，「新象」特別邀請阿胥肯納吉大師指揮英國「愛樂管弦樂團（Philharmonia Orchestra）」，於1月15、16日在台北「國家音樂廳」演出兩場。

　　此一盛會事件，於前一年1999年已確定英國「愛樂管弦樂團」即將來台。消息一傳開，「愛樂」的樂迷就不時地打電話來詢問詳情及曲目。「愛樂管弦樂團」是英國當紅的三大交響樂團之一，在歐洲一直被評比為歐洲十大交響樂團之一。該次演出是由音樂總監阿胥肯納吉大師，領軍指揮一百一十二人的大樂團，是大師首度在台灣展現指揮風範。另方面，英國經紀人Jasper Parrot告知，大師特別邀請了『鋼琴女皇』阿格麗希擔綱蕭邦鋼琴協奏曲主奏。正值那時，阿格麗

「新象」邀請阿胥肯納吉於千禧年來台演出之報導資料

希已連續兩度取消台灣之行；然由於阿胥肯納吉與阿格麗希的特殊交情，成行的可能性大增。樂迷們對這場音樂盛會的興奮與期待，更是期盼！我滿心歡喜表示：「只要是阿格麗希，任何時間我都要。」經紀公司提醒我要有心理準備，因為阿格麗希常有臨時取消演出的紀錄。果然，第一次邀約就碰上了！她臨時決定不來了，我只好緊急商請傅聰代替鋼琴主奏。音樂會後，我邀請阿胥肯納吉和傅聰去宵夜，阿胥肯納吉問傅聰：「阿格麗希怎麼又不來了？」他說阿格麗希為了醫療取消來台。原來她長期被皮膚狀況所困擾，更好一位有自身療癒經驗的醫生，以特殊療法治療病人。阿格麗希約到的首診時間，與台灣之行撞期，就取消演出。對此她表示抱歉，允諾一定盡速來台演出，以為補償。

天意難料，正當人們還沈醉於千禧年燦爛絢麗的煙火秀時，突然接到阿格麗希從比利時親自來電告知，她的父親剛在布宜諾斯艾利斯的老家去世，因此無法赴約演奏。她推薦由傅聰取代主奏外，也保證當年內必定還情履約。

我急電倫敦，立獲傅聰大師的拔刀相助。經國際電話連絡阿胥肯納吉、樂團和經紀人，四方迅速聯合聲明，改由傅聰擔綱。這個波折，也促成阿胥肯納吉與傅聰兩位老友難得地在台灣敘舊。戲劇性的歷程和演奏盛會的成功，以及會後餐敘華西街「台南擔仔麵」的點點滴滴，至今仍為人津津樂道。

「新象」邀請阿胥肯納吉於千禧年來台演出

一代默劇宗師馬歇馬叟
Marcel Marceau

「默劇」（MIME）源於於西元前六世紀的希臘戲劇，結合對白、動作、舞蹈及特技表演而演變成為獨特的戲劇形式，現代默劇即繼承其形式。至今已三千多年西洋戲劇史中，「默劇」歷經許多變化。十七世紀時，歐洲吟遊詩人漂泊各地，打扮如馬戲團小丑，在戲劇的空檔演一齣短劇。自此「默劇」從城市發展逐漸到鄉間。

「默劇」在台灣早年稱為「啞劇」（Pantomime），但我認為「啞劇」感覺有缺陷（handicapped），我想藉由馬歇馬叟來介紹「默劇」（Mime），也希望構思一個較為文雅的名稱，最後想到Mime的"M"正好跟中國的「默」，兩者發音類似，「啞」有裝出來的意味，而「默」則是發自內心的，因此改名為「默劇」。姚一葦及吳靜吉聽了皆表贊同，於是往後都以「默劇」宣傳。此後，「默劇」一詞就成為戲劇世界的同一用詞。我和吳靜吉一直構思宣傳的創意，他想出以音似馬歇馬叟的「買笑賣傻」，繞富趣味，因此我們決定以此名作宣傳。我取名的「馬歇馬叟」也成為台灣沿用至今的名稱，馬歇馬叟先後曾於1983、1988、1998年來台演出。最後一次來台演出時，他有別於先前的單人表演，而是以少有的群體演出呈現。

默劇大師馬歇馬叟

「默劇」與「啞劇」區別在於，「啞劇」以敘述方式說明故事，處理外在有形的世界；而「默劇」敘事，強調主題多於表達的方式，多著重在內涵，詮釋上隱諱且含蓄。默劇演員可憑藉著身體的語言，表達出各種層次的思想情感，將舞臺化為天地，只有依靠簡單的道具，引起觀者的種種聯想和感應。「默劇」演出並非純然如字面意思，可以配上一些音樂、效果，偶爾也可搭配說出一些臺詞，當然以不發聲時居多。

默劇傳承在馬歇馬叟發光發亮
在我手中把MINE一詞翻譯成「默劇」，之後成為中文世界的統一用詞，讓我欣慰於心。

發展近二百年來的法國「默劇」名家輩出，現代「默劇」的結構和呈現形式，是由十九世紀末的柯波（Jacques Copeau，1879-1949）奠定而成，他將「默劇」從民間藝術拓展並發揚成為一門獨立的表演形式；之後的愛迪安‧德庫（Etienne Decroux，1898-1991），以及將運動的肢體語言融入到「默劇」中的賈克樂寇（Jacques Lecoq，1921-1999），使表演形式較為流暢；再傳到了馬歇馬叟（Marcel Marceau，1923-2007）。這四位「默劇」宗師可謂一脈相承，讓巴黎成為世界「默劇」的中心。

1980年初期，我到巴黎接洽和巴黎畫廊合作的「雷諾瓦畫展」、「貝嘉芭蕾舞團」、「馬賽國家芭蕾舞團」、「巴黎管絃樂團」以及「默劇大師——馬歇馬叟」的演出事宜。

馬歇馬叟本名馬歇蒙嘉（Marcel Mangel），他的父親查理斯蒙嘉（Charles Mangel）是一名肉販，遭蓋世太保逮捕而後死於「奧斯威辛集中營」。「馬叟」姓氏的由來，是因為馬歇馬叟在二次大戰期間涉嫌從事地下工作曾被德軍抓去，他為了活命而隱瞞真名，靈機一動，將某個小鎮與貼在警察局牆壁上的海報名稱Maceau，拼出「馬叟」，遂改名為馬歇馬叟，也成為他的藝名。

馬歇馬叟於1947年創作了《畢普先生Bip》而聞名全世界，《畢普先生Bip》是個白臉小丑，他總是穿著條紋工作服，戴著老舊的高圓筒帽。《畢普》是以一個小人物的視角觀看世界，也常幻想著變

1983、1988、1998年馬歇馬叟劇團來台演出

成不同的人物，舉凡小偷、水手、警察、婦女、巨人、歷史人物等角色，沒有設限。《畢普》跟卓別林的意涵有點相似，呈現方式不同。馬歇馬叟之所以成為史上最成功的默劇演員之一，卓別林（Charles Spencer Chaplin）正扮演引領他進入「默劇」世界的關鍵人物。二次大戰結束後，馬歇馬叟於1946年拜默劇大師杜寧（Charles Dullin）、愛迪安‧德庫（Etienne Decroux）為師。後來加入「尚路易‧巴霍特」（Jean-Louis Barrault）的公司，演出《Baptiste》這個知名角色，他的表現獲得了正面評價，後來同年於伯恩哈特劇院演出他的第一齣默劇《雕刻師與金魚》（Praxitele and the Golden Fish），轟動一時，確立了馬歇馬叟在「默劇」上的地位。現今全世界共有四百多間「馬歇馬叟學校」。

　　1980年我透過法國外交部及文化部的安排，開始與馬歇馬叟的哥哥Alain Mangel討論演出事宜，他們兄弟的打扮是出乎意外的樸素，絲毫沒有大師的排場和姿態，看來如同街上路人一般。1983年馬歇馬叟首次來台舉行的記者會，從下午兩點一直到晚上九點多，是我此生開過時間最長的記者會，他對著媒體從希臘哲學藝術談到中國的禪宗、神學等，健談的程度簡直是欲罷不能。有趣的是，他在臺上演出幾乎是不出聲，在臺下卻說個不停，有著極大的反差，我想大概是潛在意識的互補平衡吧！一位已去世的鋼琴家好友徐世棠，對馬歇馬叟極為崇敬，我特別邀請他來共同主持，他說：「這輩子沒見過一位如此愛說話的人，可在舞臺上卻是一句話都不能講，難怪在臺下要說個過癮。」

「新象」與默劇的淵源
延至目前為止，台灣無其他民間或官方單位，主動辦過默劇文化的演出，真令人感嘆！

　　自一九七九年起除馬歇馬叟外，「新象」亦邀請過十幾個「默劇」團體，來台演出二十幾次。

　　如1979年由兩位女性默劇家組成的法國「碧諾與瑪朵默劇」（Pinok & Matho Mime），是最早來台的默劇藝術家，屬傳統形式

的演出方式，實驗性質的演出開啟台灣民眾對默劇的好奇心。而法國「安德烈帕爾德默劇」（Andre Pradel Mime）來台時，我原以為台灣觀眾的反應不會熱烈，所以選擇小場地，但沒想到「安德烈帕爾德」深受歡迎，爆滿！

另外如美國「雙人默劇」（Darius & Kolesnik Mime），還有富有東方民族性的「斯里蘭卡默劇」（Mihiripenne Mime）、五人團體的瑞士「默門香默劇團」（Mummenschanz），將衛生紙、電視等現代器具融入默劇中。以色列「泊克默劇團」（Boker Mime Theatre），大量的肢體語言為主，講求形式、線條的演出，在舞臺燈光的輝映下，形成一場流動性的類雕塑展。

1987年的美國「洗蘿蔔默劇」（Robert Shields Mime），主角羅伯特是歌手麥可傑克遜「月球漫步」的指導老師，成為當年的一大賣點。當初訂在已被冷落了五、六年的「中山堂」演出，試圖引起大家對這個古老建築的注意；孫運璿院長歷經中風，坐輪椅前來觀賞。有些現場觀眾發現他靜坐在角落，孫院長原想等所有觀眾散場後才默默離去，想不到「中山堂」外有多達五、六百人等著他，有人點蠟燭為他祈福，院長還努力地撐起身子感謝大家，他的一片誠摯著實令人感動，可見孫院長在執政時，受到人民無比的愛戴。

繞富創意的「法國香堤偶劇團」（Compagnie Philippe Genty），是由法國奇幻舞台大師菲利浦‧香堤於1968年創立。劇團結合默劇、舞蹈、形體藝術、木偶，製造出神入化的舞台效果，以一種非敘事邏輯，呈現怪奇荒誕的幻象。我曾為了要探訪他們的演出，前往巴黎近郊的一處荒地，抵達時已夜半一點半，我原沒懷太大希望，一看到現場居然擠爆來自世界各地的觀眾們，專程來欣賞「香堤偶劇團」，立即決定邀請他們來台。這個劇團結合木偶與默劇，由演員操縱人偶演出的默劇。創辦人飛利浦香堤（Philippe Genty）是聯合國長期聘請研究偶戲的重要學者，也是人偶劇場的「一代宗師」。戲劇作品富有哲學意味，分割畫面也如一幅幅的抽象畫，視覺藝術達到極致。「新象」先後於1987、1989、1993、1999、2009年邀請他們來台，他們最後一次來台就遇上了驚人的『九二一大地震』。這是他們生平第一次遇到大型地震，住在旅館頂樓的藝術家們驚嚇不已，要求在一樓大廳打地鋪。地震後的台灣各演出場所，面臨沒電和餘震不

1 1986年以色列泊克默劇團來台演出
2 1984、1985年默門香默劇團來台演出

1 美國洗蘿菠默劇團於 1987年來台演出
2 法國香堤偶劇團於 1987、1989、1993、2009年來台演出
3 香堤偶劇場
4 日本默劇大師箱島安於1981、1982、1984、1986、1991、2003年來台演出
5 美國億默國劇團於1988、1999年來台演出
6 箱島安-箱島安默劇團

斷，只好停止運作。我們只能忍痛取消演出，「香堤偶劇團」抵臺三天，便匆忙地離開。

西方的「默劇」在東方起承醞釀較晚，直到二十世紀中、二次大戰後才逐漸接近群眾。當中最為人注目的是長期旅居紐約的日裔美籍默劇家箱島安。他是東方最頂尖的「默劇」大師，有人稱他為『東方的馬歇馬叟』。在東方，他的成就無人能出其右，被譽為東方最偉大的默劇演出者之一。他曾學習日本文學、舞蹈、能劇，並成為芭蕾舞者，之後前往美國學習現代舞與默劇，後旅居紐約四十年，並開始進行全球巡迴演出。箱島安擅長融合東西方哲學與藝術傳統，作品具有詩意氣質，肢體語彙充滿純真童趣。

除了有豐富的原創性，箱島安也深受馬歇馬叟的影響。我與他在紐約首次認識後，六度邀請「箱島安默劇團」來台演出。由於我早期組成「新象在校代表」，由「新象」邀請藝術家到校園演出，也邀請箱島安加入。當初校園演出環境十分糟糕，地板是硬的，對演員很不利，但他仍盡職地完成。箱島安在「國父紀念館」的演出，還發生老鼠出沒舞台的窘境。他也靈機地借物使物，將老鼠當成道具，臨時插入一段即興的逗趣情節。為此我十分感謝他所付出的忍耐和體諒。

箱島安一次來台，希望打破單一演出的形式，徵求一位助手擔任舉牌或參與固定形式的表演。於是我將金士傑介紹給他，這段緣份，他倆成為有師徒情誼的莫逆之交。金士傑在箱島安的提攜下，成為台灣第一位「默劇」藝術家，儼然是默劇界的翹楚。此外，箱島安將我的作品《琵琶隨筆》，編成默劇的戲碼，名為《瘋狂的將軍》。2003年在「中山堂」演出時，箱島安一改先前以王正平演奏的版本為音樂，而請居住紐約的琵琶名家閔小芬現場演奏，現場互動的即興創作。閔小芬亦演奏的越有心得，爾後在美國各大城市演出此劇時，箱島安都邀閔小芬一同演出。

許博允先生與馬歇馬叟於1998年風趣合影

與舞蹈大師們的交匯──
尼可萊 Alwin Nikolais
康寧漢 Merce Cunningham
貝嘉 Maurice Béjart
巴瑞辛尼可夫 Mikhail Baryshnikov

人類史上獨一無二的舞人
巴瑞辛尼可夫
不論是芭蕾、現代舞、民族舞蹈，他展現令人難以置信的高難度技巧。

　　1975年蔣介石過世的那年，我去了一趟紐約，也去了中城的「林肯中心」第一次欣賞到巴瑞辛尼可夫的演出。他以「美國芭蕾舞團」首席舞者的身份，演出經典舞劇《吉賽兒》，印象極為深刻。

　　出生於1948年拉脫維亞裔俄籍舞星巴瑞辛尼可夫，以神乎其技的高超技巧獲得編舞家尼金斯基與紐瑞約夫的讚賞，邀攬登上舞臺。1974年他在加拿大尋求政治庇護，在美蘇對立的冷戰時期，這個消息立即讓他成為全球矚目的舞蹈明星。他不僅以無懈可擊且精準的古典芭蕾技巧，獲得世人的尊崇，而令人瞠目結舌的連續旋轉十幾圈等

人類史上獨一無二的舞人巴瑞辛尼可夫

巴尼辛尼可夫與白橡樹舞團於2001年應新象邀請來台演出時，與我合影。

等高難度技巧，被「美國芭蕾舞團」延請擔任首席舞者。這期間至78
年，他擔任「英國皇家舞團」客席舞者，也加入現代芭蕾大師巴蘭沁
的「紐約市立芭蕾舞團」。一位芭蕾舞者，前後加入三個不同風格的
舞團，著實了不起！這幾個技術風格迴異的舞團，所需舞蹈的基本技
巧截然不同，但他卻可應付自如。但從他的個性而言，不難想像他可
從古典芭蕾舞出身，現代舞領域終究是他會跨入的領域。

　　我多年從事藝術工作，與世界頂尖的舞者們多有接觸。和巴瑞辛
尼可夫齊名，堪稱蘇聯時期兩位最閃亮的神人級舞者——俄國大師紐
瑞耶夫。他兩次來台，我與他僅止打招呼。紐瑞耶夫是一位舉止優
雅，渾身充滿貴族氣息的舞蹈大師。一現身，如同是一位從中古穿越
時空來到現代的脫俗王子。

　　而有一雙靈活大眼的巴尼辛尼可夫，眉宇間充滿智慧，舉手投足
就像是一位閃閃發亮的大明星。才氣橫發，是他最引人的特殊之處。
相對於美國編舞家模士康寧漢，其生平與神情更像是一位入世的修行
士。1984年2月24～26日「新象」邀請「模斯‧康寧漢舞團」與約翰
凱基在台北「國父紀念館」演出三場，另舉辦一場凱基大師的講座

（講座我特別安排賴聲川擔任翻譯）。為此，我特別於前一年1983年，專程飛到紐約與兩位大師討論演出形式與內容，就此和兩位大師結了緣份。最後一次見面則是1988年8月在紐約「林肯中心」的敘餐。

約翰凱基最知名的作品，由大衛・都鐸於1952年8月29日在美國伍德斯托克發表。他靜坐在鋼琴前四分三十三秒，後凱基宣佈作品名為《四分三十三秒》，又名《寂靜（Silence）》。這個驚世的觀念性作品，頓時震驚了全場，隔天更是震撼了全歐洲！如今，該曲已是音樂史上必提的思想革命，全然改變既定的音樂思維。《四分三十三秒》源自Cage參悟禪學後的表象，爾後，他深研易經，更以卜卦的原理發表了《偶然》之樂、《環境》之樂…等。凱基不僅是一位音樂家、思想家、禪宗大家，也是養菇專家。日本昭和天皇也因此特贈予最高的文化勳章。

我與另一位知名編舞家尼可萊（Alwin Nikolais）於1979年在紐約第一次見面。第二次的見面，我們約在下紐約「格林威治村」。他穿了一件繽紛鮮豔的夏威夷衫，一派輕鬆，他是位和藹可親、怡然放鬆的人，我們一起逛逛聊天敘舊。我曾邀請他於1979、1985年來台，他熱愛台灣小吃、愛逛古董。平易近人的怡然性格也反映在他的舞蹈作品上，如同觀看一個自然景觀。尼可萊的才氣洋溢，創作涵蓋編舞以及服裝設計。他的創作靈感來自大自然萬物，說：「不要以為只有人才會跳舞，各種鳥類和動物也都會跳舞，連海浪波動的起伏不

1984年模斯・康寧漢舞團來台演出

約翰・凱基John Cage（左）
與康寧漢Merce Cunnungham（右）

定也是一種舞蹈形式。人的身體是一種有形的形式，但可表現無形的精神。」

我曾想邀請著名的俄國波修瓦劇院（Bolshoi Theatre）的芭蕾舞團來台演出。劇院藝術總監Vladimir Vassiliev成立了一個劇院青年團，多是18-24歲之間的舞者們。這個團是他自己主導，國外邀演不需要經過董事會的同意，程序簡單許多。後來他邀我去當〈柴可夫斯基大賽〉的評審，知名的『中國第一天鵝』白淑湘代表中國擔任評審。

當晚他邀我去欣賞演出舞劇《天方夜譚》，安排我坐在沙皇的包廂，視覺角度與音響甚好。後來還去欣賞《天鵝湖》，旁邊坐了蘇卡諾夫人，她是印尼國父蘇卡諾的遺孀，也是一位日本人。日本一般稱她『黛薇夫人』。因為我能說日文，因此安排我們坐在一起。我們以日文談了許久，都是聊舞蹈界的事，後來在劇院吃飯的時候也遇見白淑湘，就一起聊起來了。

1979、1985年艾文尼可萊舞團來台演出　　　美國編舞家艾文尼可萊（Alwin Nikolais）

巴瑞辛尼可夫舞蹈神情

　　當年我在「林肯中心」看巴瑞辛尼可夫與「美國芭蕾舞團」演出
《吉賽兒》，他在此劇飾演男舞者Albrecht。在那之前，紐約時報的
知名舞評Clive Barnes曾因為他精湛地詮釋這個角色，而為文讚譽他
是『最完美的舞者』。此劇最後一幕，主角Albrecht心力交瘁昏倒於
地。巴瑞辛尼可夫以強烈的能量表現呈現墜地死亡的情節，他的肢體
在舞台上畫出一個優美的大型弧線，直至倒地。觀眾情緒瞬間沸騰了
起來，站起來瘋狂鼓掌大喊安可。原本躺在舞台上一動也不動的巴瑞
辛尼可夫，臉部忽然出現一抹得意的微笑，忽然站了起來，向觀眾深
深一鞠躬致意。為了迎合觀眾熱烈的掌聲，他決定再演出一次這個精

彩的死亡片段，也就是讓男主角再一次完美地死去。看至此，我再也忍不住大聲笑了出來。即使巴瑞辛尼可夫的二度演出，仍然完美的無懈可擊。但我從未看過任何一位男舞者，在同一劇中死兩次。

巴瑞辛尼科夫在眾多現代芭蕾舞劇目中擔綱主角，在古典芭蕾界，他有無人可及的卓越成就，更率先接觸現代舞蹈。1990年他開始演出當代編舞家的作品，正式打破古典芭蕾、現代舞的不交錯的藩籬，為兩者的交流開啟橋樑。他以創意跳著現代舞，更用曼妙舞姿跳進好萊塢。1985年電影《白夜》(White Night)在排練室裡芭蕾舞和爵士舞的對話競技，此一幕讓我難忘。而他近期在HBO電視影集《慾望城市》(Sex & City)第六季，性感現身，展現演技。

九〇年代後期，巴瑞辛尼科夫與編舞家馬克莫裏斯共同組建「白橡樹舞蹈團」。2002年巴瑞辛尼科夫解散該團，後於2005年在紐約創辦「巴瑞辛尼科夫藝術中心」。2007年他加入藝術中心一個小舞蹈團——「黑爾的廚房舞蹈團」。

舞台上的巴瑞辛尼科夫，才氣如行雲流水。
即使身體有長期累積的職業傷害，表現仍令人驚艷。

當我得知巴瑞辛尼科夫要來亞洲，馬上積極爭取他繞道來台。如願以償，2001年2月他帶領「白橡樹舞團」共三十六舞者來台演出三場。巴瑞辛尼科夫原本只編舞，我懇切地勸說他上台演出，他也欣然地同意了。到了演出當天，他嚴重感冒，全身虛弱、雙腿乏力。我緊

2001年巴瑞辛尼可夫與我在淡水打高爾夫球。

法國舞蹈大師貝嘉。

急帶他去關渡「和信醫院」急診。由於他不是一般病人，當晚在「國家劇院」還有演出。路上我把此情況告知黃達夫院長（癌症權威及和信醫院院長，1939-）。診斷後，黃院長選擇了不嗜睡的抗組織胺和控制流鼻涕的藥物來治療。一方面可保鼻腔乾燥，演出時不會失去平衡感。爾後，類似此情事也發生過一次。著名的「貝爾格弦樂四重奏團」（Alban Berg String Quartet）來台演出時，首席小提琴家皮舒勒 Guenter Pichler演前感冒，高燒不退，鼻涕中不停出膿。為此黃院長採用了門診手術，在雙鼻竇下方開了小洞，清洗內腔所蓄的膿液，也給他止痛藥和抗生素，終使他能繼續世界巡迴演奏。為此我非常感謝黃達夫院長，黃院長夫婦極喜愛古典音樂，院長自小勤習小提琴，不亞於對醫學的執著。他習琴事師台灣早期名師李金土、楊春火、戴粹倫，並已達到專業演奏家的水準。他的音樂學養不僅是普通樂迷難及，更超越一般的音樂家，對古典音樂的歷史故事如數家珍。

當我知道巴瑞辛尼科夫是一位接近職業水準的高爾夫球業餘高手，隔天安排去「東方高爾夫球場」打球。我雖然設計過高爾夫球場，但已三十年沒打，只好硬著頭皮下去打。巴瑞辛尼科夫全場打了七十九桿，成績真好！我們聊到電影，戲劇，表示這才是他最大的興趣，也不在意扮演的角色。後來他在大小螢幕演出了連續劇、電影，及舞台劇。

另一位二十世紀最偉大的編舞家莫里斯貝嘉（Maurice Béjart，1927-2007）出生在法國馬賽，於1954年成立第一個舞團「明星芭蕾舞團」，後擴編改名為「二十世紀芭蕾舞團」。1987年在瑞士成立「貝嘉芭蕾舞團」，成為當代最知名、最成功的芭蕾舞團之一。他所創作《春之祭》、《波麗露》、《現代彌撒》等，皆為經典。八十歲時的最後一齣舞作《環遊世界八十分鐘》，未完成的就撒手人寰，由弟子們完成。也曾於2001、2005、2006年來台，他曾經跟我說他年輕時的一個軼事，二十多歲時一直想以《春之祭》編一齣作品。完成後，他親自寫信邀請史特拉溫斯基來看他的編舞。等了許久，終於等到史特拉溫斯基的現身。演出自始至終，作曲家不發一語，臉色沒有顯示興趣或批判的表情。演畢，貝嘉忍不住前去請益他的看法和意見，史特拉溫斯基沈思了半天，拋下一句：「繼續努力！」就走了。

2006年瑞士洛桑貝嘉舞團來台演出

2005年瑞士洛桑貝嘉舞團知名《波麗露》來台演出

行旅

第三章

旅行是生命的土壤，
踏足經歷過不同的文化滋養，
才會開出屬於你心中的一株花。

日本摘記

　　我一生踏遍世界各地，多因工作和采風。造訪最頻繁的是中國大陸，去北京、上海多達兩百多次，其次是日本、菲律賓、美國、歐洲等各大城市。性情使然，我對旅行中偶遇的人、事、物，總覺得是上天賜予的驚喜。所經之處的地理、自然景觀及歷史人文，越彌感珍貴。80年代是「新象」業務最繁忙的期間，飛行是我生活的一大部分。停留在機場和旅館的時間，多過台北的家。忙碌後的一覺醒來，不知人在何處，總要幾分鐘的清醒後，才能分辨此處是何處。

　　我的旅行，多是為了參加國際會議、文化參訪、藝術采風研究、洽談各國藝術展演、帶領「新象」籌組的藝術之旅、受邀擔任國際性藝術競賽評審，及多次的圍棋比賽等。每到一地，總會抽空參觀美術館或都市生態館，搜尋當地民族藝術和表演藝術，還穿插更多的有趣、深刻的特殊經驗。這些雖然多是『任務之旅』，但日本《萬國博覽會》之旅開啟了我的視野，美國之行讓我領略藝術經營之道，歐洲之行使我與世界大師接軌，而北國的新疆蒙古豐盈飽滿了我的心靈。

　　經歷世界浮光掠影後，讓我嚐盡箇中甘甜苦辣。難忘的是西班牙、塞爾維亞、布魯塞爾小酒館裡的吉普賽音樂，沈浸在整晚的熱絡喧囂與異國浪漫，可讓人抽離於現實化外。也曾在蒙古草原上，感受百馬奔騰的感官震撼；也在一彎綠月夜空下，享受一晚不消褪的沈靜和緩緩流變的星星。

一生唯一、一次與母親的旅行
箱根「雕刻の森」美術館引發我舉辦戶外雕塑展的念頭。

　　我一生中純觀光旅遊，僅止兩次。一次是前往日本大阪參觀1970年的〈萬國博覽會〉，開啟我的人生視野。另一次在同年，去東京陪伴母親、舅母和新婚妻子曼儂，到箱根富士山遊玩。這一趟旅遊，經歷七種不同的交通工具，上山下海體驗日本之美。

　　1970年秋天我為母親、大舅媽（楊何惠珍）、曼儂，籌劃一次日本之行，成為我與母親唯一一次的同行之旅。清晨一早，我們四人從東京搭乘東海新幹線前往西南邊的伊豆半島，先到臨海溫泉名勝熱海市，轉乘遊覽巴士經伊東市來到半島底部尖端的下田市，參觀據說是日本最大的海中水族館「下田海中水族館」。這是我第一次置身海平面下，隔看繽紛的熱帶魚群一波波上下左右穿梭游動，也看到罕見形狀的深海魚、大型魟魚、不同海域的各魚類及海豚表演。魚群穿梭的自在，想到莊子所言：「子非魚，安知魚之樂？」心想不知是魚看我們？還是我們看魚？我還在此地買了我從未見過、比手掌還大的活鮑魚。

　　晚餐後，我們搭乘越岳巴士趕路，巴士開上伊豆半島的中央山脈，延著崎嶇山脊的山路眺望遠景。巴士上除了我們四人，還有一對年輕情侶。忽然細雨紛飛，夜越深雨勢越大。司機因路滑而緩慢行駛，我預計趕至山下三島市搭乘最後一班火車，轉往富士山腰的山中湖村。我擔心因氣候延誤，軀前向司機提出趕路的要求。司機表示他十幾年已來回駕駛這條山路，趕路，只要乘客同意，他可以加快，沒有問題。徵求大家同意後，司機加快速度在海跋千餘公尺的彎曲山路快速行進，一路聽到舅媽因害怕不時大聲尖叫。總算在晚間十一點抵達三島市，我們順利搭十一點半的最後列車，抵達山中湖村長輩親戚家，已是午夜十二時半。

　　這位長輩親戚是位名醫，十年前應聘至山明水秀的富士山行醫並定居。醫生夫人是日本料理的高手，晚餐主食是我們帶來的禮物——活鮑魚。眾人圍觀她以俐落刀法迅速去殼，高舉鮑魚往砧板用力一摔，再切成生魚薄片，佐上芥末入口，好吃極了！

1970年大阪〈萬國博覽會〉。莊靈攝影並提供照片

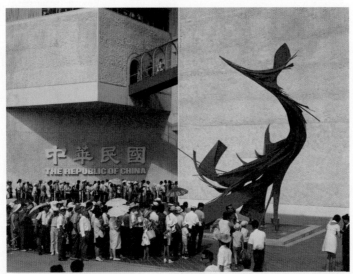

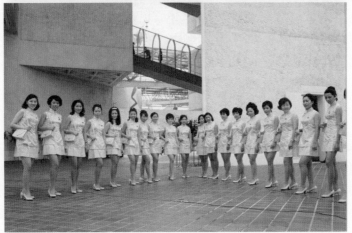

（上）中華民國館前楊英風雕塑作品《鳳凰來儀》。莊靈攝影並提供照片
（下）館內導覽仕女群。莊靈攝影並提供照片

　　隔天清早我們乘坐遊輪環繞著怡然成致的山中湖，靜享藍天湖紋，飛禽戲水。靠岸後轉乘「箱根空中纜車」通往溫泉勝地。從車箱遠眺山中湖，淺藍湖泊漸遠，轉眼遍綠山林環繞。抵達後搭乘電纜自動火車Escalated Cable Train直上箱根「雕刻の森」美術館，園區裡巧妙地運用崎嶇斜坡，嵌豎世界著名雕塑家如羅丹（Auguste Rodin）、亨利摩爾（Henry More）等作品。此刻景象，讓我興起策劃戶外雕塑展及雕塑公園的念頭。傍晚搭包車至八王子市，轉乘子彈捷運直達東京。

1970年〈日本萬國博覽會〉
〈萬國博覽會〉的參訪，啟發我創設「新象文化推展中心」的初心。這趟行旅，開啟我盡覽世界的視野，足跡自此遍及世界。

　　二十七歲，在父親的鼓勵下，我隻身前往日本1970年的大阪〈萬國博覽會〉，成為一次永難忘懷的經歷。

　　博覽會場館，集各國建築界精英所設計規劃。由在國際最負盛名的日本建築師丹下健三[1]負責的展場規劃、磯崎新負責廣場設施規劃等。藉此次的大阪經驗，我得以認識這些頂尖的藝術家與建築師。期間，我參觀了六十七個館，包括由建築師貝聿銘[2]督導、李祖原與彭蔭宣共同設計，場外展示著楊英風雕塑作品《鳳凰來儀》的「中華民國館」，館內兩位重要技術人員也是老友莊靈（莊嚴之子）和董敏（董作賓之子）。展示月球隕石的「美國館」。「法國館」內依人體線條與工學而設計的建築與各式家具。「日本館」以IMAX播放世界城市現代化與自然資源的影片。「北歐館」傳遞人類生物與自然界互相依賴的關係。「挪威館」以一個大型黑盒子呈現生態保育的重要性。我第一次在「中東館」看到中東「掛毯」藝術。在「波里尼西亞文化館」看到原始繁複的打擊樂器。在「阿富汗館」看到後來在2000年被塔里班政權炸掉的巴米揚大佛影像。令我大開眼界的是「捷克館」中雕塑大師賈科梅蒂（Alberto Giagometti，1901-1966）[3]的大型地景作品。

　　這次參訪，讓我感受日本渴求外來文化下所追求的齊頭式現代化、加上資本主義邏輯的加速擴張，日本政府耗費不貲地辦起〈博覽會〉，獲益的是日本全人民，效益至今仍在擴散中。從這點來看，臺灣需要有

遠見和勇氣的政府來辦類似的博覽會，提高民智與國際宏觀。

　　站在會場中央，讓我想起八十多年前，法國印象派領導人德布西（Achille Claude Debussy）二十六歲，參加法國慶祝民主立國百年所舉辦的1889年〈巴黎萬國博覽會〉。隔年，他首次接觸印尼珈瑪瓏音樂（Gamelan Music）及印度拉加音樂（Raga Music），並嘆為觀止。之後他在法國最具輿論影響力的《世界日報Le Monde》撰文讚揚：「原來西方人所追求的極致境界的音樂，在數千年前的東方，早已經存在。」從此扭轉了二十世紀音樂發展的方向與面貌，延伸至全球的藝術世界。

　　這篇里程碑的文宣，撞擊那時以歐洲為尊的藝術家、哲學家和政治家的思維。牽引著西方知識份子將目光焦點移轉至東方宗教、易經、冥想、哲學等，喚醒進而引發東方風潮的崇尚，及多元現代藝術的發展。與此同時，東方的伊藤博文、胡適等人從科技實用面看到西方快速進步，乃至於發展出『明治維新』、『五四運動』，大力鼓吹西方科學與工業，掀起東向西的風潮。十九世紀末與二十世紀初，東西方兩大思維開始交叉並行。

■ 註釋

1　丹下健三（1913-2005），著名日本建築家。曾任東京大學教授，1980年獲日本文化勳章，1987年獲第九屆普立茲克建築獎。代表作品包括廣島和平紀念公園、香川縣廳舍、東京代代木競技館、東京都廳舍、新加坡室內體育館等。

2　貝聿銘（1917-），出生於廣州，被譽為現代主義華人建築大師。麻省理工學院建築學士、哈佛大學建築碩士。代表作品包括東海大學路思義教堂、香港中國銀行大廈、法國巴黎羅浮宮擴建工程、日本美秀美術館與禮拜堂、盧森堡現代美術館、江蘇蘇州博物館等。曾獲美國建築師學會金獎、第五屆普立茲克獎、英國皇家建築師學會金獎等，今年是貝聿銘的百歲誕辰，在紐約盛大舉行。

3　Alberto Giagometti 賈科梅蒂（1901-1966），瑞士雕塑家、畫家。1922年於巴黎從雕刻家Antoine Bourdelle學習，1930年加入超現實主義運動。雕刻特徵在於以極致拉伸的人體雕像，寓意人與空間的關係。

訪美見聞

紐約紐約
在紐約，有機會，就去把握。沒機會，享受當下。
理想跟妄想，僅一線之隔。

　　紐約曼哈頓是個人文薈萃的活力城市，是現代文化的心臟，時時以各種的節奏跳動著。全球已難見如曼哈頓這樣多元的城市了！無論有錢沒錢，在此都可找到自己的生活品質和定位。

　　曼哈頓有我許多的藝術家老友，〈五月畫會〉的韓湘寧、〈東方畫會〉的夏陽、台灣首位「素繪」畫家江賢二、超寫實都會畫派姚慶章、臺灣現代攝影第一人柯錫杰、科技多媒體創作攝影家李小鏡、舞蹈家陳學同、名演員暨名舞蹈家江青等。他們幾人在韓湘寧工作室樓下一樓，合開一家名為「Oh！Hoso」的餐廳。他們都會集結辦桌以示歡迎我的拜訪，江青會花三天三夜燉了一鍋味美的雞湯；柯錫杰在天未亮之際，即赴魚市場挑購鮮魚做沙西米；其它人也拿出看家本領，大顯身手。之後我的紐約之行，成為他們聚會的最佳理由。這群來自台灣後聚集在紐約的藝術家，於七〇年代吸收了藝術養分，八〇年代發酵成為台灣藝壇的菁英。九〇年代回台後，翻轉滾動出台灣新世代的藝術新頁。

　　1975年拜訪「卡內基音樂廳基金會」（Carnegie Hall

1970年代紐約冬雪中的老建築與夏景中的新建築，柯錫杰 攝影提供

1

Foundation）、林肯文化中心（Lincoln Cultural Center）及紐約愛樂（New York Philharmonic），也和大師祖賓梅塔及總經理會商來台演出之事宜，是此行的主要目的，「紐約愛樂」終於在1984年來台演出。此行我最興奮的就是可以拜訪許多旅居紐約的老友們。我經過格林威治村/蘇活區的交界處，這也是攝影家的聚集重地。我想起好友柯錫杰也在這裡，卻不知他確實的地址。我站在五路交會的街口，心想一位亞洲攝影家應不難辨識。於是走進一家雜貨店，問老闆：「你知不知道有一位台灣名攝影家住在附近？」

老闆頭也不抬的說：「這一帶至少居住了三千位攝影家，我怎麼會知道他在哪裡！」隨手指了一下亞洲人聚集的大約位置。

當我找到柯錫杰居住的一棟老大樓，走進後，拉開老式的手拉門電梯上樓，公寓門一開，讓我著實驚訝不已。記憶中的他原有一頭濃密黑髮，忽地全變成白髮。他看到我的表情，說這一小區聚集了來自世界各地三、四千個來自各國的著名攝影家，雖然彼此可觀摩研習，但也是激烈的競爭。這裡就是紐約！

蘇活區（SOHO）的成立，是美國活化藝術主權策略下的德政之一，也是甘迺迪總統的文化遠見。蘇活原是工業區，不少舊倉庫改建為藝術住宅（Artist Building），成為文化藝術專區（Art Studio）。此區只租售給藝術家，少數房產的所有權屬於國家，但使用權專屬於藝術家，且規定十五至二十年內不得轉售予其它行業。這個政策讓藝術家們少了後顧之憂，也讓紐約成為藝術家的培養皿，成為世界藝術重鎮中的翹楚。美國沒有文化部，原因在於政府認為『文化』應是無限大的人文自然發展，也是基本言論自由的人權，應將文化留在民間，政府不得主導，更不能以政治力介入干涉。同時，廣設許多的文化獎勵及國家藝術基金會（National Endowment for the Arts）來補助藝術家及推廣。實質目的則是讓藝術界不停努力和爭取。我對此理念，深表贊同。

1 1984年於台北國父紀念館演出。祖賓梅塔 Mehta Zubin-by David Rentas簽名紀念照。照片由新象提供。

2 藝術家夫妻—柯錫杰與樊潔兮於紐約留影。

3 紐約70年代,夏陽。柯錫杰攝影提供。

4 紐約70年代,韓湘寧工作室留影。柯錫杰攝影提供。

5 留美舞蹈家江青。柯錫杰攝影提供。

中美斷交後美國之行
我和來自不同國家的代表相處過程和感受，可說是在美國結的一段「國際因緣」。

1978年12月16日早上，我受到「中原大學」土木工程系的王鎮華教授之邀請，前往台北中山北路上的「青年建築師協會」演講。這一天，是美國宣布與台灣斷交之日。消息一出，很多人拿著手電筒、火把走上街頭抗議。我在演講過程中，隱隱感覺聽眾們的焦躁不安，後來對大家說，不如我們也去參加遊行。大夥兒同聲呼應，之後前往美國的「PX」前抗議。我看見民情的悲憤、怒吼，民眾們丟雞蛋、可樂鋁罐、紙箱、番茄⋯⋯。

「PX」是以前美軍為越戰所設置在台灣的後勤駐點，地點位在現今的花博。裡面許多設施有大賣場、電影院、免稅品販售店等等。對面是較為斯文的「軍官俱樂部」（Office Club），前面有個播放迪斯可、搖滾樂等「士兵俱樂部」（GI Club）。機制下還有一個「美軍電臺ICRT」，播放古典音樂及最流行前衛的音樂。我們這個世代包括楊英風、許常惠、席德進、吳靜吉、黃春明、莊靈、林懷民、郭英聲、謝春德等，都是聽「ICRT」長大的。

我一生參加過多次的遊行示威，如烏克蘭、莫斯科、菲律賓、韓國、日本、波蘭、法國、美國，見證他們的群眾運動。台灣過去把美國當老大哥，斷交如背後捅上一刀，台灣群眾激發出遭背叛的憤怒。兩岸緊張情勢下，民眾們對斷交更是無法接受。在台的美國駐軍對於政治轉向的決定，莫可奈何，對於抗議，只好閉門以對，想不到此一舉動更是激怒群眾。過一段時間，美國與我政府訂定了《臺灣關係法》。也算是以另一種方式，認同台灣的主權地位。

「新象」創辦和中美斷交同在1978年。尼克森總統承認「中華人民共和國」政府，而原美國「國務院新聞處」改為「國際交流總署」（USIS）。在此刻，發出一份邀請函請我訪美。對此邀請，我有點躊躇。那時外交部長蔣彥士、外交部政務次長錢復找我商談。表示國家正處困境中，絕不能把美國當成敵人。雖然外交上我方採嚴厲措辭反應，但仍應靠民間關係來修補兩國關係，鼓勵我前去交流。「新象」因中美斷交，被迫調整和美國間的藝術交流。幾經思量，我

決定接受訪美的邀請。

「美國國際交流總署」以地主國身份邀請三大洲、九個國家的文化代表。分別有埃及「國家藝術總會」主席、波蘭《工人報》總編輯、南斯拉夫大學民族與現代音樂研究所所長、羅馬尼亞前駐美國大使的夫人（亦為聲樂家、音樂評論家）、愛爾蘭的「Art Council」（文化總署兼藝術振興基金會，類似文化局）局長、哥倫比亞「文化署」署長、委內瑞拉「國家藝術基金會」董事長等，我是其中唯一受邀的亞洲人。這一個月行程，主辦單位安排參觀華盛頓、紐約、舊金山、芝加哥、明尼亞波利斯、洛杉磯等城市，也拜會美國藝術界的能人異士與學者等。全程派了兩位保鑣隨行，想當然爾，這是美國政府刻意的接待。後來得知，他們二位是美國「CIA」特勤人員。

1980年是美國總統的競選年，也是全國矚目的焦點。我們行程第一站是首都華盛頓，預計參觀民主黨、共和黨的總部。投票是前一年1979年11月4日，選舉結果由共和黨的雷根（Ronald Reagan，1911-2004）當選，因此我們直接去了共和黨總部。有趣的是，華盛頓人口以民主黨員佔絕大多數，選舉結果讓華盛頓的大多數人難以接受。

行程中，我們面見喬治城大學政治系主任，他當場公開抨擊新當選的總統：「雷根多少歲了？已經很老了，你們還選他！他能夠安然度過四年嗎？那時他還能活著嗎？」當然他也重重批判了曾是律師的尼克森，認為從律師轉當總統都沒有好下場。那是我第一次感受到大剌剌的美式選舉語言。想想現今臺灣無極限的選舉語言，和彼時相比，真是有過之而無不及啊！

參與此行的國家文化代表們，半數來自社會主義國家，身分背景不盡相同。這是我首次和來自社會主義國家的朋友，近距離地生活了一個月。起初我們彼此不太打招呼，總有著陌生的距離，逐漸在早餐時聊天談話。第二個禮拜，也就是美國總統大選後，多數代表們在言談中不經意的透露出對民主主義的不以為然，認為美國大選不過是一場戲，而美式民主的唯一好處是讓民眾暢所欲言；提及被美國政府監聽時，我不置可否地說：「可能有、也可能沒有。」隨行的兩位保鑣後來也跟我們承認，他們是「CIA」的探員。看來我們這九位代表，等於是美國文化政治外交的白老鼠。

南斯拉夫及羅馬尼亞代表知悉我作曲上的專長後，也就開始與我

聊起天。談話中，認為台灣是一個深具法西斯色彩的獨裁國家。後來逐漸改變對我的觀感，開始拉近彼此的距離。南斯拉夫大學音樂研究所所長主動送我一套南斯拉夫現代音樂的專輯，並歡迎我去參訪。1988年，我前往南斯拉夫貝爾格勒，到處打聽卻始終沒找到他。羅馬尼亞代表是一位浪漫的藝術評論家，也是前羅馬尼亞駐美大使夫人。波蘭、南斯拉夫代表則較為嚴肅，波蘭代表則是一位具有文學造詣的總編輯。波蘭在現代音樂、戲劇、芭蕾舞的發展十分卓越，其中有一千五百多位工作人員的「華沙大歌劇院」，是我見過最厲害、最高效率、且分工精細的運作機制。劇院可在前一晚演出《天鵝湖》，隔日白天演出莎士比亞戲劇，晚上另演歌劇《飛行荷蘭人》。轉換效率之高，讓我大為驚訝。1989年的東歐各國還是由黨控制，但他們在運動及藝術的造詣成就之高，也令人驚奇與敬佩。

華盛頓甘迺迪中心美國國會圖書館
在此看到作曲家布拉姆斯《D大調小提琴協奏曲》、史特拉溫斯基《春之祭》的手稿，讓我十分激動。

行程中參觀華盛頓「甘迺迪中心（Kennedy Center）」，此地服務的義工多是愛好古典音樂的退休人士，其中曾擔任過市長、議員等公眾人士。義工們一律不支薪，卻分擔「甘迺迪中心」所有的相關執行事務，含導覽、賣節目單、票券等事務，且透過販賣周邊商品籌款。當晚在此聽了由義大利指揮家阿巴多（Claudio Abbado）指揮「美國交響樂團」的演出。我雖有阿巴多大師的親口允諾訪台之行，但久久未能成行。2001年，我與鋼琴女皇阿格麗希一起去東京醫院探望剛做完肝臟手術的大師，看到衰弱的他，我也不忍提起邀演之事。我藉此和美國「國家交響樂團」建立起初步的聯絡。繁瑣的邀演前期作業，耗費達四年之久，直到1983年終得以來台演出。

此行我順道拜會老友王曉祥、徐世棠，及駐美代表錢復，也參觀全世界館藏量最大的「美國國會圖書館（Library of Congress）」。此處藏書三千萬類種，涵蓋四百七十種語言，超過五千八百萬份手稿，是美國最大的稀有書籍珍藏館。除了看到作曲家布拉姆斯《D大調小提琴協奏曲》、史特拉溫斯基《春之祭》（Le Sacre du

Printemps）的手稿。也參觀另一專藏室，是維也納十二音的創始人、奧地利作曲家荀伯格（Claude-Michel Schönberg）的收藏專區。荀伯格最輝煌時期，曾被美國大學邀請講學。期間一位美國女士，把他在美國時期的手稿全買下來。荀伯格過世後，她又親去奧國收購他一生作品的手稿，爾後依她的遺囑將全數贈與「美國國會圖書館」。

　　館內另一珍藏是作曲家史特拉汶斯基二十九歲所創作的經典《春之祭典》。此曲以結構性曲式改變、突破傳統樂器演奏、大量地引用五聲音階、反節奏、複調性的多層重疊方式寫出這首曲子。1913年巴黎「香榭麗舍劇院」首演時，觀眾們難以接受，噓聲四起，還丟擲番茄。史特拉汶斯基不得不在後臺大聲數著拍子直到演完，成為音樂史上是一次最著名的不成功首演。

　　相對於貝多芬音樂的嚴肅莊重，史特拉汶斯基是大相逕庭的狂野。有趣的是，貝多芬的手稿飛舞凌亂，而史特拉汶斯基的手稿卻工整如印刷體般有序。貝多芬一生不拘形式的行徑，對照於史特拉汶斯基遵循社會禮儀、拘謹有禮。兩位大師在個性、書寫、音樂風格背道而馳，卻各自開創古典音樂的新紀元。

　　《春之祭典》隔年在德國演出，大獲歐洲樂界與觀眾讚賞，自此定位為二十世紀最偉大的樂曲。史特拉汶斯基曾居住在美國加州的比佛利山莊，期間發生一件駭人聽聞的八屍九命慘案。這是一樁令人髮指的宗教屠殺，被殺的人都是教徒，包括一位即將臨盆的女明星。身為鄰居的史特拉汶斯基大師驚嚇萬分，表示此地是人間地獄，急著移居紐約，但沒有足夠金錢租賃紐約的昂貴寓所。經紀人建議他把《春之祭典》的手稿拍賣，換取現金。史特拉汶斯基對於手稿的現金價值抱持懷疑，但他經紀人誇口說足夠在紐約買一戶豪宅。拍賣時，收藏家競相舉手，最後剩下兩家競標，一是「美國國會圖書館」，另一是「俄羅斯國家圖書館」。最後由「美國國會圖書館」以落槌價三百七十萬美金標走，俄羅斯的價金僅幾十萬美金之差距。看似是美俄的典藏之爭，卻是文化上的較勁。最終還是美國贏了！

　　我們後來參觀「華盛頓藝術推廣協會（Washington Art Society）」。這是美國第一個區域整合後的藝術協會，此組織集結文化同業的力量，形成一個互助、推廣、解決爭議等的平臺。協會發行一元一組的「藝術折價券」，鼓勵民眾以折價券的方式參與藝術活

動，於是家庭主婦、藍領白領從業階級，或是退休人士，開始熱衷地將手頭的剩餘零用金投入購取。計畫實施後，統計大華盛頓地區參與文化活動的人口提升近兩成。這個組織讓我開始構思，在臺灣籌組一個類似的組織「表演藝術聯盟」（1985年）。

明尼亞波利斯市「兒童劇院」
這座劇院的設計，不僅是丹下健三的代表作，也是表演藝術場館的歷史性楷模。

前往芝加哥途中，我們繞道明尼蘇達州的雙子城明尼亞波利斯市（Minneapolis）。車子一進明尼亞波利斯市，映入眼簾是公路旁一塊約五米高、二十米寬的大型招牌，上面是聖保羅室內樂團的總監小提琴家祖克曼（Pinchas Zuckerman）及樂團的照片。這是我見過美國最乾淨的城市，全城禁菸，居民多是北歐移民的後裔，百貨商圈與音樂廳、劇院連成一氣，有著濃厚的文藝氣息。雙子城的聖保羅市，以音樂取勝。明尼亞波利斯市，則重在戲劇。兩個城市隔著密西西比河，彼此輝映。而讓我印象深刻的是位於城區的「兒童劇院」（Children's Theatre）。

這座全美最知名的「兒童劇場」，由日本建築師丹下健三設計。貝殼外型的劇場，內部有一千多個席位，開幕以來演出場場皆滿。我們觀賞時，除了九個代表加上幾位陪同人士之外，其他觀眾全都是十五歲以下的小孩們。

「兒童劇院」創辦人John Clark Donahue，原是一位體育老師。他初到明尼亞波利斯市，在此地設置一個收容偏差行為的少年及兒童的中途之家。開始教導孩童們功夫、太極、做菜、特技體操等技術。中途之家營運至後期，經費短缺，無法收容更多孩童。明尼亞波利斯是信仰虔誠的城市，教會有強力的經濟後盾，主動表示支持。政府特撥出一塊空地，並提供物資，使中途之家得以延續。他們開始聘請老師，並建置「兒童劇場」。可敬的是，負責設計的丹下健三將他的設計費捐出來以表支持。

這座「兒童劇場」其先進功能如同一座完整的戲劇學院，尤以劇場後臺最令人驚豔。相對於臺北「國家戲劇院」各只有約左邊四分

之一、右邊三分之一大小的側舞臺，該劇院龐大的後臺置入道具佈景工廠（具備鐵及木工機具），以應道具就地的製作。劇院的演出檔次十分密集，劇組常常一邊演戲，後臺同時製作道具。換言之，前臺演戲，後臺可能正在鋸木材，兩端相隔五公尺，但演員及觀眾們卻聽不到後臺工廠噪音。如此高明的隔音運作應用，來自建築大師丹下健三高超的巧思。

全美國兒童的心目中，這座「兒童劇場」如同回教徒的聖地麥加、藏傳佛教的布達拉宮，是兒童們一生必往的朝聖所在。每場演出票必售罄，場場爆滿。演出票券需在半年前訂購，現場買票是一件不可能的事。

「國際交流總署」堅持我們一定去看看「兒童劇場」的演出。由於我們的參訪，大人們佔據現場十幾個孩童的座位，實在心有不忍。端坐在一群孩子之中，讓我們幾個大人覺得不安，卻又甚感光榮。一齣馬克吐溫的《湯姆歷險記》，演出畫面至今都還歷歷在目。其中四人在《夜晚四重唱》的橋段棒極了，特別引起小觀眾們和我們的共鳴！方塊舞與鄉村歌曲巧妙的交融，可見製作人的功力了得。

當天台上演員們都是小孩子，導演也是個只有二十歲左右的孩子，幕後有指導教授與專業師傅負責道具的製作。演畢，所有劇組人員到臺前接受兒童觀眾提問：「你們的槍是真槍還是假槍？」、「浪花是怎麼做出來的？」這些與觀眾對話的劇組人員，只不過比觀眾們年長幾歲，約莫高中、大學生的歲數。

我當下邀想他們來台，不過最快的檔期是五年以後。即使他們有極大意願去亞洲，但美國本土檔次已經演不完，前往他國巡迴實屬難為。我很遺憾沒能把《湯姆歷險記》帶來台灣，一直心想在台灣成立一個這樣概念的劇團。

芝加哥巧遇美國大文豪田納西威廉斯
舊金山的即興餐廳劇場

抵達芝加哥後先去看一座複合劇場中心，居然巧遇美國文學家暨大劇作家田納西・威廉斯（Tennessee Williams）。劇場裡，他看一齣戲，我看另一齣。中場休息在茶飲區，我們互聊起來，才得知他是大文豪威廉斯。那時我們談到各種如種族問題、金恩博士、台灣和美國戲劇發展近況等。可惜中場時間太過短促，無法進一步深談。

隔天，參訪令芝加哥人一直引以為傲、有一百五十年歷史的「芝加哥歌劇院（Lyric Opera of Chicago）」。這是美國第一座歌劇院，也是與紐約「大都會歌劇院」齊名的美洲兩大歌劇院。我們被安排坐在窄狹的上層座位欣賞歌劇。劇院總監是丹尼・紐曼（Danny Newman），他所撰寫的《如何訂票How to Subscribe》是表演藝術界皆知的工具書。內容敘述劇院運作，以及不同社會族群的行銷策略與文化活動參與的鼓勵策略，可說是表演藝術的行政管理聖經。「國務院交流總署」特意安排我和紐曼會面，彼此談到美國文化政策的面向。以交響樂團的補助來源為例，多來自各類基金會、州政府、地方政府、及愛樂者組成團體。補助超過樂團一般性開支的一半，票房超過50%便可維持樂團正常營運。相對在台灣，經營者必須拼至80%以上的票房，才能平衡開支。

抵達舊金山後，我們先去參訪中國城附近的「即興餐廳劇場」。演出後，製作人出來請觀眾即興地提出三個劇情構想，有人提出甫過世的「教宗」為劇目。五分鐘後，扮演教宗的演員現身，即興演起教宗。這個隨機命題的戲碼，即興拼湊道具詮釋「教宗」，還大膽地延伸討論教宗的性取向，及對同性戀者的看法立場。一連串的問與答，快速轉換，精彩至極。這種露骨的表現手法，凸顯出舊金山是同性戀者的重鎮。在這不大的餐廳得以見識如此多元豐饒的創意，提供我爾後建置「新象小劇場」的參考藍本。我心想，只要有心，蝦米也可成為大鯨魚。

1992年紐約聯合國大廳演講
這是我人生中，一次重要的記事。

　　1992年我應「北美洲國際文化交流論壇」(North American Performing Arts Managers and Agents-NAPAMA)與「聯合國教科文組織」（United Nations Education Scientific and Cultural Organization-UNESCO）的邀請，在紐約「聯合國」總部舉辦一次國際性的文化論壇。主辦單位有鑒於「新象」多年來在亞洲推展藝術的績效，隆重地邀請我到總部大會議廳擔任主題演講人(Key-Note Speaker)。這也是自1971年台灣退出聯合國二十年後，首次在大會廳邀請台灣人演講。

　　慎重思考後，我以《二十世紀之東西方文化思潮發展的不均衡現象》為經，從《文化的主副潮流之階級地位》為緯，談論《文化產業的差異》。也從《東西方美學教育與後殖民主義的偏見》，大力疾呼各國應重視此現象上的各種文化偏差，試圖喚起文化參與者的重視及應有的遠見。演講中我還舉例說明，東方現代社會多數人均知『畢卡索』為何人，西方社會卻鮮有人知『張大千』。二位大師的藝術成就在東西方可謂並駕齊驅，為何張大千不在歐美基礎教育中提及。

　　演講畢，引起熱烈的迴響。「國際表演藝術聯盟」(ISPA International Society for Performing Art)的創辦人海斯先生之一Patrick Hayes，還起立鼓掌、驅前致意表示他的認同。後又再邀我於紐約「五月花飯店」舉辦相關議題的論壇，廣邀紐約與其他各國具社會影響力的文化人士參加。。

歐洲藝術行腳

年輕時即嚮往歐洲與希臘文明古國，青少年期喜讀希臘哲學神話，將老莊、佛學、儒學相互比對。多次的歐洲之行，及早期的一次短暫停留兩天的希臘之旅，留下難忘的深刻回憶。為了雅典的風光民情，卻錯過祖母的九十大壽。

法國之行
歐洲文化的核心重鎮～巴黎

1979及80年夏天，結束第一屆「新象國際藝術節」一六九場的密集演出與三場展覽後。我兩度應「法國文化部」、「文化行動部」、「法國外交部」及英、德、西班牙、義大利等藝術經紀公司的邀請，赴歐洲考察及業務訪問。

兩次訪問，我去了倫敦、巴黎、尼斯、慕尼黑、漢堡、漢諾瓦、維也納、薩爾斯堡、羅馬、巴塞隆納、馬德里、摩納哥、雅典等。在巴黎的兩週半，每天十～十六 個小時密集拜訪各地藝術經紀人、公司以及各國文化機構。馬不停蹄地參觀美術館與博物館、欣賞演出、會談、研討會，收穫豐碩，更有幸會見到幾位大師和重要文化人仕。

我前往龐畢度中心旁的「IRCAM 」（現代音樂與音響研究中心），會見創辦人-音樂大師布列茲Pierre Boulez 。他師承密西安

Olivier Messiaen，是二次大戰後最具影響力的歐洲作曲家之一，也是指揮家、音樂學者。密西安曾說：「Boulez 天份極高，我給這位弟子打102分」。我當面向大師請益研討現代音樂的精髓及作曲技法。(日本於2005年大師的八十大壽，以向布列茲大師致敬為名，舉辦二十九場音樂會，邀請二十一個國內外一流著名交響樂團，交由大師策劃選曲、指定指揮家，他自己承擔半數指揮演出，內容由古至今，精彩絕倫，創下史上最豐富、最大規模的音樂祝壽響宴。令人永難忘懷！)

　　第二次拜訪，透過布列茲大師認識時任該中心聲學部門的主持人——著名聲學家徐亞英，也見到鋼琴家陳必先和她的指揮家夫婿Peter Earnest。四年後，建築師貝聿銘邀請徐亞英加入巴黎「大羅浮宮國家博物館」的設計團隊，負責聲學設計。我和徐亞英成為至交，經常在法國、中國大陸、台灣聚會。他曾拔刀為台灣「國家音樂廳」及各地文化中心診脈，「臺北小巨蛋」與近期的「大巨蛋」，都有他著力的痕跡。最重要的是，促成台灣最龐大的文化建築「衛武營國家藝術中心」中『音響之緣』。

巴黎龐畢度中心IRCAM（現代音樂與音響研究中心）　　　　　　　　廖倩慧 攝影

　　當時法國官方安排我參觀艾菲爾鐵塔附近的「電影圖書館」。館內先映入眼簾的是「皮影藝術」展覽，皮影收藏從亞洲古代至今如中國、印尼、印度、泰國等各國皆有。小如一根指頭，大則有整張牛皮大小。其它的展覽猶如歷史穿越時空地述說及體驗電影的起源、技術、器材、演進與歷史。

　　我拜訪法國電影公司Gaumont，參觀該公司的製片過程及組織結構外，總裁居依Guy先生放映即將於1980年全球首映的影片《Les uns et les autres》（臺灣譯：戰火浮生錄）。我對導演Cloude Lelouch於影片結尾在艾菲爾鐵塔前搭起一個大圓台，舞蹈大師貝嘉Moris Béjart以作曲家拉威爾作品《Boléro》（波列露）編作成一齣舞蹈作品，由首席舞蹈家Jorge Donn擔任主舞，視此為完美的昇華，成為影片的完美句點。我趁機向居依總裁，商請邀國際電影明星亞蘭德倫（Alain Delon）出席臺灣「金馬 頒獎晚會」擔任特別貴賓。也算順勢達成宋楚瑜新聞局長的託付。1981年亞蘭德倫來到台北參加第十八屆〈金馬獎頒獎典禮〉。身披超長白圍巾、一身帥氣的亞蘭德倫現身，觀眾歡呼，掌聲震耳。亞蘭德倫稍顯緊張，雙手不斷搓揉，頻頻回頭問我：「該我嗎？」我當即推他出場，他便瀟灑地揮手快步走出！

　　第二天，我拜訪貝嘉大師的經紀人，提出亞洲與台灣演出邀請。得知大師與「東京芭蕾舞團」（The Tokyo Ballet）創辦人佐佐木篤是多年好交，而我恰巧也曾邀請「東京芭蕾舞團」來台灣演出。有了這層關係，貝嘉表示要與佐佐木篤先生商量訪亞洲的適當時機再確定。隔年「貝嘉現代舞團」赴日本巡演，我專程前往東京拜訪兩位大師，終於獲得2001年來台北首演的首肯。可惜的是，大師本人因生病未能隨團訪華。著名的《Boléro》終於2005年在台灣演出，可惜大師及當年演出《Boléro》的Jorge Donn 先後去世，台灣觀眾始終無緣親睹大師風範。

　　每每我去巴黎，必和我的好友們台灣首位旅法攝影家郭英聲、巴黎音樂學院鋼琴系進修的鋼琴家楊小佩、前文建會主委陳郁秀和其夫婿盧修一，及在巴黎進修的表妹黃毓秀（黃崇仁姐姐）聚會。此行我還拜訪大提琴巨擘傅尼葉（Pierre Fournier）、低音大提琴家赫巴（F. Rabbath）、默劇大師馬歇馬叟（Marcel Marceau）、吉他演奏家朱梅（Jean-Pierre Jumez）、默劇家帕德爾（André Pradel）、華裔聲樂家

姜成濤等人。也和藝術家朱德群共進晚餐，討論開拓歐亞美洲經紀權之事宜。在「法國文化部」安排下，與畫家趙無極在「巴黎畫廊」（Galerie de Paris）會面。相談之下，他同意提供一件作品參加〈新象國際藝術節旅外華人繪畫展覽〉，由蕭勤代為送至台灣，在台灣第一次展示作品。1981年，趙無極應大華晚報資深記者麻念台的邀請，首次來台參訪演講。當時所洽談的節目，藝術家們也陸續在各屆〈新象國際藝術節〉演出。

花都巴黎一場終生難忘的音樂會與晚餐
歷史上，三位大師唯一的一次合作。

　　巴黎初秋一個風和日麗的晚上，我搭地鐵到老「巴黎歌劇院」和時任駐法國文化參事的好友趙克明會合。乘坐他的跑車前去「國會音樂廳」聆賞「巴黎管弦樂團」（Orchestre de Paris）一場稀有演出。壓軸樂曲是莫扎特三鋼琴大協奏曲(K.242)，由兩位前任音樂總監卡拉揚（Herbert von Karajan，1908-1989）、蕭堤（Sir Georg Solti，1912-1997）與時任總監巴倫波茵（Daniel Barenboim，1942-），共同擔任鋼琴主奏，卡拉揚兼任指揮。三位總監，都是指揮家，且是頂尖的鋼琴家，卡拉揚和蕭堤極少公開演奏鋼琴。當晚觀眾感受到台上音樂家深深投入的演奏中，三位一體諧和無間，穿敘於管弦樂團的協奏音群中。絕美音色從三人指尖流出，同三種色彩的線條，流溯于河流中終於大海。演奏畢，如雷掌聲頓時響起，全場起立致敬並見證這場歷史性的演出。

　　散場後已近十一點，我們倆人至市中心、塞納河畔的一家法國餐廳。進去時已高朋滿座，牆壁上掛滿大大小小印象派各大家的真跡油畫，原來這是百年前印象派盛世時藝術家常聚集的餐廳。我們猶如置身美術館中，享受美食。入座後，資深男性服務生端上一大盤生蠔，主食卻遲遲未上，只能耐心等待。兩小時後，主食終於姍姍送來，此時已經是午夜兩點。法國料理確是美味可口，但這就是典型的「法式夜生活」。

天靈地傑、人文薈萃西班牙伽傣儂尼雅
全方位劇場『Total Theatre』的驚艷

伽傣儂尼雅（Catalonia）位於西班牙東北，濱臨地中海，巴塞隆納（Barcelona）是其省會。歷史上伽傣儂尼雅人，數度尋求獨立，皆不成功。近年的獨立運動，已有近半數的伽傣儂尼雅人支持獨立，出走是早晚的事！伽傣儂尼雅地靈人傑，人才儕儕。歷史上著名的建築師高第（Antoni Gaudí）、藝術家達利（Salvador Dalí）、米羅（Joan Miró i Ferrà）、近代藝術家塔皮埃斯（Antoni Tàpies）、作曲家葛拉納多斯（Enrique Granados）、大提琴家卡爾薩斯（Pablo Casals）、聲樂家女高音卡芭葉（Montserrat Caballé）、男高音卡瑞拉斯（Josep-Maria Carreras）、鋼琴家拉蘿佳（Alicia de Larrocha），現代建築師波菲爾（Ricardo Bofill）等都出自此地。

1980年初，我應巴塞隆納的「可美地安現代劇團（Theatre de Comedian）」邀請觀賞《巴塞隆納的時空穿梭》首演。當我飛抵巴塞隆納，進城迎面而來的是街路掛著〈巴塞隆Theatre de Comedian歡迎您〉的旗幟。每個交叉路口貼滿劇團的圓形展演海報，路燈下也掛滿路燈旗，可見這個劇團已是巴塞隆納之光。『藝訊路燈旗』在歐洲各城市，已發展為百多年的常態，台灣則到九〇年代才始見於大城市。

我下塌在市政廣場附近的旅館，四層林蔭大道中有供行人漫步的長條廣場。當時正好遇上週末，高聳林木樹下擺了琳琅滿目的各類攤販，魔術表演及各式相命師，擺起了伽傣儂尼式的跳蚤市場Barzar。

散步後，我返回旅館打電話回台灣，國際電話須由總機接撥，每通三分鐘，十五美元。西班牙與台灣通訊不佳，時好時壞。終於接通時，我只聽到：「喂！喂！」幾聲，未及回應，對方：「怎麼搞的！」便掛斷。再次撥打，接通，又斷訊。每次連接總是要花上一、二十分鐘。前後兩個鐘頭，通話不到三句話，結帳核算為七通國際電話，卻需支付一百零五美元的電話費，當時每日房費卻只要三十五美元。後來與旅館執事與巴塞隆納電話局幾經論理，終於同意重新計核，對半收費。

　　隔天我準時赴演出場所「花之劇院」（Theatre de Fleur），這是一座在半山丘城堡裡的複合式劇場，由兩座巴洛克式建築修建而成。其中一座供歌劇、戲劇演出，另一座全方位劇場形式演出。附近是花圃商、花果商、花攤等成市的集散地，至今城堡外的馬路上依然花卉漾然，花市興暢。

　　當天「Theatre de Comedian」劇團在全方位現代劇場演出，硬體結構與一般劇院截然不同，有點像是大型室內體育館。前後兩端搭出大、小兩套舞臺和後臺，並配置電子與機械功能的設備。舞臺的大小可任由使用者的需求，即時變換。左右兩側是層次漸序、電子機械化操控分段收放的觀眾席，部分席位亦可變換轉為舞臺，瞬間成為四面舞臺。

　　《巴塞隆納的時空穿梭》劇目內容豐盈、劇情緊湊、舞臺設計精巧、變幻多端。每位演出演員均必備兩種以上的專業才能。劇情進行近四分之一時，黑暗中，觀眾席正中央的左右兩排座位悄悄移轉，在原本的通道空間撐搭起約五米寬的長型臨時舞臺，從一端的大舞臺逐步延伸到另一端的小舞臺，成為連接兩個舞臺的伸展臺。隨著演員移動的腳步，長條舞台逐段亮起多彩燈，即將接近後舞臺時，霎時全場燈熄一片黑暗。忽然，小型舞臺又忽地亮起多彩探照燈，打在激情唱跳的搖滾樂團身上。

　　不多時，搖滾樂聲漸小。前舞臺打起象徵午夜的燈光，全場進入一片寧靜。前景有零星夜燈的公寓群，後景是處高樓大廈的夜景。觀眾上端顯現別出心裁的空中舞臺，緩緩地撒現全場館頂，成為劇情中的主畫面，吸引所有觀眾的注目。一抬頭，上方映入眼簾是滿天星光與遠遠彎月。霍然，蝙蝠出現，各類佈景道具、真人扮演的飛禽等以直橫吊軌和懸吊的鋼索，穿梭過劇場的天棚。巧妙的燈光活現了空中舞臺的閃爍感，地板上打出一片流動的蔚藍，象徵著巴塞隆納港灣的地中海洋。

　　這是我體驗過最震撼的『全方位劇場 Total Theatre』！

雅典印象
希臘人有種文明古國的驕傲，卻又有種老大徒傷悲的失落。

　　法國後，我轉去希臘旅遊，順便瞧瞧古希臘劇場，以及哪些希臘民族藝術團體可邀請。

　　我在深夜十一點抵達雅典機場，申辦落地簽證。海關官員要我繳簽證費，那天是週末，只能在機場自動販售機購買一元美金的等值郵票貼上，可是我沒有希臘錢幣。這位海關官員得知我來自台灣，說：「喔！那是個海島（Formosa），我們希臘也靠海呢。」

　　他好奇地問了我的職業，說：「喔！你搞藝術的！這樣吧，我們交個朋友，以後我去台灣玩，你當我的嚮導。」

　　我說：「好啊，我一定招待你。」於是他送給我希臘錢幣去買郵票，貼在簽證處蓋章過關。深夜在陌生城市的海關，得到這位素昧平生的官員的協助，讓我對希臘人留下好印象。我留下名片，可惜爾後他並沒有到台灣來找我。

　　出了機場，外面一片漆黑，幸好還有最後的一輛計程車。在車上我和司機聊起我沒預訂住處，司機便帶我到他介紹的旅館。他說台灣來的真是稀客，也告訴他我是學音樂的，他說：「學音樂當然要來希臘，希臘是西洋音樂發源地嘛！」他說的沒錯，西洋音樂緣起於希臘調式，依序發展為羅馬調式、葛利果複音音樂，進而發展為西洋古典音樂體系。

　　愉快閒聊中，他帶我來到雅典市區山坡地帶。此區感覺像台灣的北投和九份，山坡下車站旁有一些不是高樓的歐式觀光旅店，有別於美式豪華旅館，較像滑雪度假區的旅館。司機帶我到半山腰上一間小旅館，一進大廳，看到一位櫃臺值班經理兼吧台服務。奇怪的是，這個畫面，至今仍栩栩如生存在我的腦海中。

　　在雅典停留兩天的時間寶貴，我放下行李，便下樓詢問此刻還有甚麼地方可以走走看看。值班經理告訴我附近有可參觀的地方，步行就能到。果然，轉過後山一看，沿著山坡齊列著一間間小小的店，就像九份或日本京都的舊市街。小店是餐廳、咖啡廳、酒吧、舞廳、希臘式夜總會、紀念品店，各家設計不同。相同的是，家家都

有人唱歌跳舞。整個街區過午夜十二點，依舊熱鬧。大家都在喝白酒（ouzo），這是希臘人最普遍常喝的白色清酒，有點甜，後勁卻很強悍。

我好奇的進出五、六家餐廳，最後來到一家有著廣場的音樂舞蹈餐廳。這裡的氛圍有點像陽明山土雞城，開放式的餐廳中間空曠，四周搭著棚，高高低低、錯落有緻的用餐區，設計充滿在地的趣味。客人們熱情的跳著俗稱『屠夫舞』的「哈塞比格」（Hasapiko）和「哈塞布什維格」（Hasaposerviko）。我被人群拉著加入，現學現跳，真是有趣好玩。這是我第一次跳希臘舞群舞，讓我想起老演員安東尼昆（Anthony Quinn）主演電影《希臘左巴》中舞蹈的畫面。

我到凌晨三點才回到旅館，值班經理還在。我請他隔天早上叫我起床。他卻說：「星期一早上，誰上班啊？沒人上班，你去睡覺吧！過中午再起床。」

還在喝酒的唯一客人聽到，大聲說：「訂甚麼飛機啊！明天的事明天再處理。這裡是希臘！」我們三人笑開了，他邀我坐下來喝酒聊天。

客人問我：「你是希臘人嗎？怎麼看起來又有點像東方人。」

我說：「我不是希臘人。你是歐洲人吧！但看起來不像西歐人。」

他說：「你說對了，東德萊比錫。」原來他是工程師，前幾年才冒著生命危險從東德跑出來。當他知道我來自臺灣，驚嘆的說：「我最敬佩台灣，了不起。為紀念我們今天的相遇，來！喝酒！」。

又說：「我要向你致意。」想了想，他從身上拿出一支鋼筆送我。

我一邊說不好意思，卻沒甚麼可以回贈。就把我隨行帶著的第一屆〈國際藝術節〉特刊，送一本給他。他翻閱後很驚訝：「臺灣有這些啊！那我更要敬你一杯。」然後又在身上找東西送我。

他說：「經濟好又熱愛藝術，你們這個國家太偉大！」但我身上真的沒甚麼可以回送。只好上樓去房間拿霍榮齡設計的第一屆〈國際藝術節〉大海報給他。他一看，又大加讚賞，說：「這海報設計得真好，我看我這輩子非得要到臺灣去不可。」

我們就這樣喝著酒、聊著天，天空發白才各自回房。酒的後勁極

強，我立刻昏沈睡去。迷糊中一陣電話鈴聲把我吵醒，還有人急促的敲著房門。原來我昏睡太久，完全沒有聽見台北家裡打來的電話鈴聲，原來是提醒我趕在兩天後到臺北參加祖母九十大壽的壽宴。我心裡一驚，原來我忘記歐洲和台北的時差，把時間算錯。顯然，我必須當晚搭上飛機才趕得上。糟糕的是，此刻已是下午三點。我匆匆出門，循著值班經理的指示找半天，好不容易在小巷子裡找到旅行社。但承辦的人不在，問半天才知道他根本還沒進辦公室。

下午四點他終於來了。四點是他每天的上班時間，早上是沒人上班的，而下午六、七點就下班。一天只工作三到四小時，他說：「我們跟你們有時差，你們早上有人上班嗎？」

我說有，他又說：「但你們上班時間又碰到我們吃飯時間，我看你明天再來吧！」

我焦急的說：「我希望能搭今晚的班機，真的趕不及，至少要搭上明晚的班機。」

他建議我從台北更改，但心想等他接到通知，差不多要到後天。我跟旅行社借電話打回臺北，最後訂到隔晚的班機，並多付五千元新臺幣的手續費。

旅行社承辦員不能理解的說：「來希臘哪有像你這樣趕著回去的，你不去小島走走嗎？」

我也只能苦笑著說：「下次吧。」就這樣我錯過祖母九十歲大壽，心裡覺得無比遺憾與愧疚，當然事後也被父親責備一頓。

前往雅典市政府廣場，聽到大家議論法國總統大選。報上刊登密特朗當選的消息。當年密特朗和席哈克二人角逐法國總統，他的當選讓大家覺得法國將成為社會主義國家。反對他的人民藉此表達不滿，有些法國人宣稱要移民到瑞士。密特朗執政後，啟動一系列經濟與社會政策改革，將很多機構收歸國營。密特朗規劃「戴高樂機場」，並推動十五年的〈大文化都市計畫〉。這是文化藝術公共建築的大型計畫，包含「龐畢度中心」（Centre Pompidou）、「拉維雷特公園」（Parc de la Villette）、「阿拉伯文化中心」（Institute du Monde Arabe）、「音樂城」（Cité de la Musique）、「新凱旋門」（La Grande Arche de la Défence）、「大羅浮宮計畫」（Grand Louvre）等十四項。世界馳名的「羅浮宮」玻璃金字塔入口，就是他大膽邀中

雅典衛城室外環型劇場。許博允攝影。

國建築師貝聿銘所設計。密特朗是法國左翼執政的象徵，蟬聯兩任總統的十四年期間，創下左翼執政最長時間的紀錄。他是法國近代最有貢獻的總統，很多原本反對他的法國人，反轉對他有諸多的正面評價和記憶。

市府廣場上看到希臘人悠閒的生活著，雖然經濟比其他歐洲國家落後，卻生活得自在逍遙。午後，我雇一輛計程車在市區觀光，雅典處處是古蹟廢墟，遍地都是傾倒的古希臘石柱。我到衛城（Acropolis）時間已晚，十五分鐘就要關門。我再三請求管理員放行，說我來自臺灣，明天就要離開，若不能上去參觀，終生遺憾。管理員終於通融讓我上去。

我爬上坡頂到後面「巴特農神殿」（Parthenon），居高臨下欣賞雅典黃昏。看著下方的「酒神劇場」，數千年神殿廢墟前的靜謐，我孤身想像著自己，把雙腳伸進地中海，讚嘆著海的蔚藍，幻想著希臘神話的情境，背後有諸天眾神列陣。

可惜管理員的催促把我拉回現實，我只好依依不捨地離去。

■ 註釋

4 IRCAM（（Institut de Recherche et Coordination Acoustique/Musique），法國前總統龐畢度建置的「龐畢度藝術中心」，邀請作曲家布列茲，於1970年著手創建一個現代音樂研究創作/聲響學的研究組織，1977年開幕，正式成為「龐畢度藝術中心」一個的重要的研究附屬組織，目前已是全世界最具權威性的音樂/聲響研究單位。

5 Pierre Boulez布列茲（1925-2016），法國作曲家、指揮家、理論大師。出生於法國蒙布里松。1940年進入巴黎音樂學院，跟隨梅西安、萊波維茲、作曲家奧涅格的妻子沃拉布爾門下學習。以無調性作曲家開始創作，並倡導「十二音體系」。1950年與施托克豪森、路易吉‧諾諾並稱先鋒派三大代表，以序列音樂為重。同年開始指揮生涯，演繹古典音樂，後擔任克利夫蘭樂團、英國BBC交響樂團、紐約愛樂樂團音

樂總監。在巴黎成立了聲學/音樂研究和協作學院IRCAM，成為世界首屈一指的現代音樂與聲學的研究單位，一生獲獎無數。

6 徐亞英（1934-），世界最權威的建築聲學家。畢業於清華大學建築系，在梁思成門下開啟建築聲學生涯，參與中國國家大劇院、北京人民大會堂的設計。1980年受邀赴法進入音樂聲學研究所IRCAM研究，1987年在巴黎成立事務所-Xu Acoustique，開始與建築大師貝聿銘、Frank O. Gehry、Paul Andreu、Christian de Portzamparc 等合作，作品遍及世界如巴黎音樂城、法國波爾多大歌劇院、羅浮宮博物館、盧森堡愛樂廳、巴黎瘋馬夜總會、里約日 盧藝術城、高雄衛武營藝術文化中心、海洋文化及流行音樂中心等逾兩百座文化建築。

7 Gaumont-「Le Gaumont et compagnie」，由萊昂高蒙（Léon Gaumont，1864-

1946）於一八九五年在塞納河畔創建，是世界第一個，也最古老的電影公司，初只生產放影片放映機，創建時比電影誕生還早五個月。1906年高蒙公司改制名為「Société des établissements Gaumont」集團，曾是世上最大電影公司之一。

8 Jorge Donn（1947-1992），阿根廷舞蹈家，畢業於科隆芭蕾舞學校，1963年成為「貝嘉現代芭蕾舞團」首席舞者，1979年首演《Boléro》而揚名世界，1989年被Konex基金會提名世界為佳舞者，後因愛滋病而病逝於瑞士洛桑。

9 Pierre Fournier傅尼葉（1906-1986），法國大提琴家，母親啟蒙學習鋼琴，九歲因罹患小兒麻痺症而轉學大提琴，1925年與法國Concerts Colonne Orchestra演出響譽歐洲，他獨到的音色溫暖圓潤而光澤多變，被世人譽為「大提琴貴族」。

10 F. Rabbath赫巴（1931-），當代法國低音大提琴家，作曲家，他出生於敘利亞阿勒波的一個大家庭，13歲時家人給的一個樂器，啟發閱讀法國低音大提琴家Edouard Nanny的一本著作。後赴法學習。1964年錄製第一張演奏專輯，開始獨奏家之路。赫巴開發創低一提琴新的演奏與教學方式，並撰寫成一部《Art Of Bow》謂為經典。

11 Jean-Pierre Jumez朱梅（1943-），法國吉他演奏家，出生於法國北部，後前往美國與羅馬鑽研吉他演奏，成為獨奏家，與世界重要交響樂團演出，是第一位前去中國大陸演奏的西方演奏家。

12 姜成濤，旅法聲樂家。出生於山東煙台，畢業於北京音樂學院，先至香港擔任劭氏影業公司幕後代唱，後赴法進入巴黎音樂學院，拜聲樂家Relrne Gilli門下，獲四個聲樂獎。1969年在台北中山堂舉辦獨唱會。

13 朱德群（1920-2014），藝術家，畢業國立杭州藝專。曾任教於中央大學與台灣師範學院，後遠赴法國深造，從寫實發展為抽象畫風，當選為法蘭西學院藝術院終身院士，與吳冠中和趙無極同被稱為『杭州三傑』。

14 趙無極（1921－2013），生於北京，法籍華裔畫家。因一幅米苐真跡而啟發，後師承吳大羽、潘天壽、林風眠。後移居巴黎進入大茅舍藝術學院。與賈科梅蒂（Alberto Giacometti）及米羅（Joan Miró）成為朋友。趙無極一生參展及獲獎無數，是法蘭西畫廊終身畫家、法國美術學院院士。與建築師貝聿銘、作曲家周文中共同譽為海外華人『藝術三寶』。

意外連連的蘇聯之旅

旅行中我常會有些不尋常的遭遇，飛行的驚險狀況遇到過好幾次。我兩次飛往菲律賓，遇到亂流Air Pocket飛機瞬間驟降。一位老先生在使用洗手間，因亂流洗手間門突然鬆開，他直接從馬桶上摔出來，趴在機艙地板上。

另一次亂流突來，一位端著咖啡的空姐正經過我身旁，手上的咖啡壺先飛出去，人撞上機艙頂，落下來時身體重壓在我擱在扶手上的手臂，倒在我身上昏過去。過些時間，她才甦醒過來。我的手臂經重壓後麻掉，久久才恢復知覺。事後想想，如果這位空姐直接撞上椅子扶手，後果必定不堪設想。但這些都比不上我搭中國國際航空班機，在外蒙古上空看到的驚險景象而迫降新西伯利亞機場。

迫降新西伯利亞
迫降在低於攝氏零下四十五度的機場，積雪中寸步慢行的步入航站，心情忐忑難安。

1988年2月，波蘭「文化部」邀請我前往華沙訪問洽談合作。我先赴北京再轉搭中國國際航空，搭乘剛剛問世的波音七六七飛越西伯利亞，過境莫斯科轉機前往華沙。出發時，北京是寒冬，飛經蒙古大戈壁沙漠時天氣突變，空中不時劈出閃電。那時我和一位英國嚮導在機艙後方聊天，幾位空服員正在備餐區煮水餃。言談笑鬧中，我看到窗外機翼上冒著煙，接著竄出火花。我連忙警示空服員，他們見狀趕快向機長報告。機長囑咐先不聲張，以免造成乘客的恐慌。沒多久，

另一邊機翼也燒起來。此時機長以鎮定平靜的口吻對全機宣布，由於飛機需要立即修護，將降落在蘇聯的新西伯利亞城。

宣布後，機長關閉飛機四個引擎，滑翔降落。此時全機的安危端看天氣的狀況。我們眼下的地面景觀，從黃沙進入一片白茫茫的雪地。整個降落過程約四十多分鐘，大家都十分緊張，感覺時間過得很慢，最後終於安全落地！空服員先是安慰乘客們，表示機長是全中國最優秀的航空駕駛，下機後，他們列隊在機艙口向乘客發給毛毯。我走在最後面，碰上機長和其他機員，機長用濃濃的鄉音說：「飛了這麼多年第一次碰到這種意外，算是撿回一條命。」這位機長一個月後及時退休，算是他航空生涯最後一次的國際任務。

從飛機迫降點到航站，需步行約兩百多公尺。只見一百多位乘客身披毛毯，或胸前抱枕保暖，踩踏著及膝的積雪奮力進行。當時室外溫度低於攝氏零下四十五度，積雪困步，寸步難行，大家一心只想儘快衝進航站。常聽人笑談酷寒之地，若在戶外小解會立時結冰成柱。我一時好奇對空噴吐口水，果然凌空立即凍成點點雪花。

新西伯利亞機場航站，面積不大，像個大廠房。一百多位旅客集中在特別開放的等候室，裡面有個小小的販賣部，架上的食品和禮品很快地被旅客買光。難得的好生意讓店員笑開眉眼，用俄羅斯腔調的英文說：「如果這種飛機意外多來個兩次，我們就發了。」

這個小機場對外通訊，只靠幾隻手搖式的老古董電話。我猶記得機場電話號碼是5247，電話號碼只有四碼，表示新西伯利亞州首府最多只有9999支電話。機場人員搖了半個多小時的電話，向莫斯科請求援助。據說全蘇聯只有兩位技師有波音飛機維修經驗和技術，當天是星期六休假，找不到人。機場開放兩支電話讓旅客對外連絡，一百多人排成兩條長龍。我原本委請排在前面的英國嚮導，請他倫敦的家人幫我跟台北轉報平安。結果他忘了，以致於我與外界失聯近三十個小時。我的家人從華沙邀請單位得知，機場沒接到人，且飛機下落不明，心急如焚。直到我們抵達莫斯科後，才通上電話。

等待救援時，旅客們開始攀談寒暄打發時間。我與一位大陸旅客閒聊，得知他是廈門大學「臺灣研究所」的所長。他知道我的名字之後竟說：「你有一首樂曲作品叫《寒食》。」讓我很驚訝。他說以「介之推故事為主題的音樂作品」很稀有，而「雲門舞集」以此曲編舞，他看過香港演出的評論。我沒想到在遙遠的新西伯利亞，他鄉遇

知音，竟巧遇這麼一位素昧平生，卻早已熟識我的音樂的旅途新知，真是好一位「台灣研究所」所長。

旅客中另一位大陸「新華社」駐莫斯科首席代表唐修哲，他是大使級外交人員，是大陸派駐蘇聯第二高職位。他表示再一年就退休，我若有機會到莫斯科可找他聚聚。隔年，我去莫斯科，便依約到中國大使館找他。他帶著我到佔地甚廣的大使館裡四處參觀，在大廳一處，他說：「你現在坐的位置，是當年毛主席和史達林見面時坐過的。你可是唯一一位進到我們大使館內來的臺灣人。」那一次在莫斯科相談甚歡，還相約北京再見。

我們在新西伯利亞機場，等候了十三個小時。機場人員連絡救援技師未果，轉而打電話給中國國際航空北京總公司，決定另派遣一架波音七六七客機和全組空服員接我們前往莫斯科。前後兩段飛行，加上十三小時的等候，這一趟旅途花近二十五個小時。

抵達莫斯科，我錯過往華沙的班機，須多等候一天。被安排住進機場旁的過境旅館，與一位希臘旅客同房，他因班機機件故障停飛而留宿一天。交談之下，才知道旅館有很多類似遭遇的旅客，想不到竟然有這麼多飛航狀況。

初訪莫斯科
那年是我第一次到莫斯科，卻是一次不預期的意外之旅。

由由於只是過境，沒有蘇聯簽證，我只能待在過境旅館。晚餐後閒步到大廳，無意中看到櫃臺前貼出的一張公告，稱：「無簽證房客可免費參加莫斯科市區一日遊。」我立刻去登記，承辦人員看著我的臺灣護照一愣，竟不知該如何處理（那時是戈巴契夫的蘇聯時代，鮮少有臺灣人去莫斯科）。他要我明早再來，我想可能是要請示上級吧。我原擔心趕不上發車時間，結果他半夜十二點前通知，我可以參加行程了。

第二天早上，三十幾位各國的過境旅客搭乘遊覽車，開始莫斯科一日遊。一位年近三十的蘇聯上尉女軍官，擔任隨車導遊。二月寒冷的莫斯科，整日天色灰濛濛的一片。處處可見蘇聯式的國宅或廠房的整區屋舍，此時覆蓋在白雪下倒也不顯得單調。市區還有一些古老俄羅斯建築，頗富人文情調與美感。由於我們沒有簽證，只能在車上沿

著大路遊覽，幾處特別安排的景點可下車參觀，包括紅場和位於高爾基大路的莫斯科國家圖書館。整條高爾基大路有八十幾家劇院與音樂廳，著名的波修瓦劇院（Bolshoi Theatre）就在此。（2002年在這條街上的杜布羅夫卡Dubrovka Theatre劇院，發生駭人的『莫斯科劇院人質事件』，五十多名車臣武裝份子挾持八百多位劇院觀眾和演職員，俄羅斯軍警與恐怖份子僵持數日，普丁總統下令強制闖進，最後造成一百三十人死亡，七百多人受傷。）

行經高爾基公園，遊覽車引擎忽然故障。我心想，真是什麼狀況都讓我遇上了！所幸車上有位醫生懂修車，和司機花一個多鐘頭把車子修好，得以繼續參觀行程。近傍晚時分，遊覽車上九位說阿拉伯語的旅客，忽然對著女軍官導遊一陣喧嘩。女軍官會說英語，但不懂阿拉伯語，而這群阿拉伯人不懂英語，雙方比手畫腳無法溝通。這時一位日本女士舉手說她會阿拉伯語，但英文不太好，我表示可擔任日語翻譯。於是阿拉伯人告訴日本女士他們的要求，日本女士用日語翻譯給我聽，我再用英文向女軍官轉譯。

原來是回教晚禱時間到了，他們要求停車下去祈禱！

女軍官不同意，表示沒簽證不能下車。之前還因引擎故障耽誤時間，她用輕蔑的語氣說：「車子不能為幾個異教徒停下來。」我聽了雖然反感，但也只能轉述。幾位阿拉伯人一聽就發火，他們說：「我們不能不祈禱，這是我們的生命。」車上其他乘客見狀，七嘴八舌的說：「就讓他們祈禱，停一下沒關係。」女軍官跟司機交談後，讓車子停下來，只同意阿拉伯人在車上祈禱。這時不知為什麼，阿拉伯人又吵起來。經翻譯才知道，他們在爭論起哪一方位才是「麥加」。

回到旅館晚餐後，一位阿拉伯人來敲門，請我到旅館大廳見他們的長老。大廳裡二十多位阿拉伯人，一位位階較高的長者透過翻譯，對我說：「我的朋友，因為你在車上幫我們翻譯，我們把你當作朋友。為感激你，邀請你與我們一起晚禱。我們決定要再做一次晚禱，車上的不算，原因是我們不能確定俄國人告訴我們的方位是否是真正的『東方』。」我得知，這一群阿拉伯人並非同行夥伴，而是來自不同國家，有利比亞人、敘利亞人、阿拉伯人，但都遵守著嚴謹的回教戒律。我雖非回教徒，感於他們的盛情，欣然加入。就在旅館大廳裡，我跟著他們完成我人生中第一次的回教祈禱儀式。首次莫斯科過境之旅，意外插曲不斷，總算在一場祥和的祈禱中結束。

再見蘇聯
社會中瀰漫著一種在壓抑中的躁動不安，脫序卻又充滿蓬勃的生機。

1989年為籌備〈蘇聯藝術節〉前往莫斯科。這個共產世界的老大哥，在不可抗拒的世界潮流中，從專制保守推向民主開放。我身歷其境，感受保守與開放兩大股勢力的相互拉鋸和激盪。那是一種在壓抑中的躁動不安，脫序卻又充滿蓬勃生機。

1990年，蘇聯波修瓦芭蕾明星群登上台北「國家戲劇院」的舞臺，他們以數百年深厚芭蕾的精髓傳成，感動了台灣的觀眾。這是「新象」首次邀請蘇聯表演藝術家，也是蘇聯藝術家首次來台。

「新象」在1991年首次舉辦〈蘇聯藝術節〉，正是蘇聯政局劇變的一年，意外的成為世界上最後一次以蘇聯為名的藝術節。

藝術節最後一檔節目——「蘇聯世界體操冠軍明星表演團」，12月12日結束演出。兩週後，「蘇聯最高蘇維埃」主席團主席戈巴契夫辭職。隔日通過最後一項決議，宣布蘇聯停止存在。歷時六十九年，擁有十五個加盟共和國的「蘇維埃社會主義共和國聯盟」，正式走入歷史。

莫斯科波修瓦芭蕾舞團

1　二次大戰後、任期最久最重
　　要的莫斯科波修瓦劇院
　　藝術總監Igore Gregovich
2　莫斯科花式溜冰團
3　小提琴家凡格洛夫
　　Maxim Vengerov
4　烏克蘭特技體操團
5　俄羅斯民族樂團
6　莫斯科市立室內合唱團
7　莫斯科室內樂團
8　烏克蘭奧得賽國家芭蕾舞團
9　俄羅斯大馬戲團
10　莫斯科國家芭蕾舞團
11　韃捷斯坦國立舞蹈團
　　來台演出《列茲卡金》
12　亞美尼亞共和國大提琴家
　　薩洛迪安來台演出
13　烏克蘭國家芭蕾舞團
　　來台演出《奧迪賽》

莫斯科國家愛樂交響樂團，（右上）小提琴家伊戈·奧伊斯特拉赫，（右下）鋼琴家拉薩·貝爾曼。

喬治亞芭蕾舞蹈家安娜尼亞希維莉與俄羅斯芭蕾舞蹈家菲德葉奇
Nina Annaniashivily & Alexei Fadeyetchi

機上巧遇蕭提大師

神情銳利、目光炯炯的蕭提爵士（1912-1997）原籍匈牙利，是二十世紀最偉大的指揮家之一。

神情銳利、目光炯炯的蕭提爵士（1912-1997）原籍匈牙利，是二十世紀最偉大的指揮家之一。

一次我從倫敦飛往莫斯科，機票委託倫敦旅行社辦理。旅行社負責人是位俄英混血的女士娥吉諾維希（Kristina Aljinovic），專門幫藝術團體安排機票。她每年參加「亞洲文化推展聯盟」（FACP）大會，結識各國藝術活動推動者。這一趟蘇聯之旅，一啟程就是一段奇遇。在飛機上，我驚喜地發現，指揮大師蕭提（Sir Georg Solti）坐在隔壁。心想，或許是娥吉諾維希女士的刻意安排。

飛航中，蕭提專心看樂曲總譜，後來才注意到我也在一旁觀看，他問：「你會看總譜？」我告訴他，我作曲且策劃演出，於是聊了起來。我們聊起一些共同的友人，像羅斯托波維奇、小澤征爾等音樂家。我跟他提起巴黎那場盛會，他說：「那的確是場生命中值得懷念的特別音樂會。」蕭提長期擔任「芝加哥交響樂團」音樂總監和指揮，他將帶領樂團在聖彼得堡（當時仍稱列寧格勒）演出，是美蘇兩國劃時代的破冰之舉。他邀請我到聖彼得堡參加他們的記者會。大師當前，機不可失，我自然也提出邀請他和「芝加哥交響樂團」來台灣演出。他表示興趣，交待樂團總經理續談。可惜這位總經理對此事並不積極。一直到1997年大師過世，終究沒能邀請他。

因為蕭提的邀約，我決定在聖彼得堡多停留一天。聖彼得堡是俄羅斯古都，一如京都之於日本。1703年由沙皇彼得大帝建城，藝術文化資產豐厚，也是北歐最多巴洛克風格建築的城市。鼎鼎有名的「赫米塔吉博物館」（Hermitage Museum），是帝俄時代的夏宮，典藏許多重要的藝術品。在世界藝術典藏的地位，堪與巴黎「羅浮宮」、紐約「大都會博物館」、倫敦「大英博物館」，並列世界四大西洋博物館。聖彼得堡雖是俄羅斯第二大城，但機場規模小、人多吵雜。海關排隊時，有美國旅客善意的提醒搭車時要小心司機敲竹槓，他們多採議價而不按表計費。我想起倫敦旅行社老闆娘也說：「你不要寵壞他們的計程車司機，他們會以五十美金起喊價，其實五美元就夠多了。」

出了機場，果然很多計程車排隊拉客。不出意料，排在最前面的司機以五十美元喊價，愈到後面愈便宜。最後我上了要價十美元的車。這位司機是個積極的生意人，行進中他沒閒著，後車廂打開全是酒，簡直是個伏特加酒行動專櫃，一路上跟我推銷伏特加酒。

他說，先生，你看要買哪一瓶，我告訴你多少錢。我沒買，下車時，他問我願不願意用一條香菸抵十元車資？我沒答應，付了車資，但還是拆一包煙送他。他很高興的打開後車廂做拿出一瓶伏特加回送我。

旅館位於離機場較近的郊區，仍須一小時的車程，到市區也還有一段距離。蕭提和「芝加哥交響樂團」的記者會在他們下榻的旅館舉行。我從旅館趕往市中心，到的有點晚，記者會已經結束。我跟蕭提大師聊了一會兒，他把當地主辦單位為他們安排的三位翻譯之一娜塔莉亞介紹給我。她是「聖彼得堡大學」藝術史研究所應屆畢業生，於是我聘請她前往莫斯科擔任我的隨行翻譯。。

與二十世紀三大指揮大師相遇，也是三個遺憾
卡拉揚、蕭提與伯恩斯坦

我與三位指揮大師有數面之緣。卡拉揚大師(1908－1989)會面三次，蕭提和伯恩斯坦(1918－1990)各一次。每次欲邀他們來台，可惜僅只親見大師風采，無緣請他們親臨台灣，至為憾事。

一位來自台灣、留歐、曾為摩納哥王子針灸治療的老友曾乾一，卡拉揚也由他針灸治療。卡拉揚因老邁和背脊問題，走路緩慢，精神不佳。但他上了台，拿起指揮棒，就像充飽電後地精神奕奕，大概有他的功勞吧！

卡拉揚去世前一年，我與他在東京見三次面。第一次透過原梶本(Kajimoto)音樂會經紀事務所創始人Naoyasu Kajimoto的安排，前往音樂廳後台的大師休息室。從入口到休息室，每個關卡站了兩位著黑西裝、帶白手套的男性工作人員，穿過一個個的門，感覺如面見皇帝般地隆重。我一見到卡拉揚，便提出來台灣演出的邀請。他那時認為台灣是個法西斯的集權國家，印象不佳，興趣缺缺，讓我敗興而歸。第二次也在東京，這次我更積極具體的提出邀請。他認為台灣經濟起飛，迅速思考後允諾了來台之行。可惜他的經理對來台之事興趣不

大，我只能等待進一步消息。這個承諾，一拖就是一年。之後聽聞大師病重，沒多久就辭世了。

另一位大師伯恩斯坦，是我最想邀請的指揮家。我幾次前往紐約，無緣見到。終於在1989年，在東京見到大師本人，當時他已年過七十，健朗依舊。當我提出邀請，他表示台灣是個活潑的國家，反問我為何沒有邀請他，他表示：「I would really like to go to Taiwan。」

二次大戰後，伯恩斯坦從1958-72年間擔任「紐約愛樂」總監，他與美國電視台「CBS」創建五十三集的電視古典音樂節目，與樂團拍攝名為《Young People's Concerts》。他以創新的概念詮釋古典音樂。其中一集，他帶領樂團在一個大型排練室，演奏家們將譜子放在地上，以行軍步行的方式踏出貝多芬第五交響曲《命運》著名的前四個音『扣響命運』。他將戲樂(Theatre Music)觀念移植到實用教學。他製作的節目對年輕的我，有諸多啟發，當我一見到伯恩斯坦，感覺如似親人。

我們在音樂會中場討論來台之事，也談到彼此皆是作曲家，聊至他所製作的電視音樂會給我的影響。他表示這個系列性的電視音樂節目，是他久經思考，以簡潔易懂、深入淺出的方式讓年輕族群領略古典樂之美。越談越多，直至下半場演出開始還欲罷不能。大師欣然允諾來台，也表現高度的積極，回應確定要來，可說是三位大師中最積極的一位。可惜經紀人表示一年內的行程已滿，只能等隔一年的夏天。正當我們積極作業下年度的行程安排，他忽然過世了。留下我滿滿的遺憾。

夜訪紅軍宅
我每到一個地方，必做都市探險，這還是首次造訪一般俄國人民家。

我每到一個地方，必做都市探險，這還是首次造訪一般俄國人民家。

1989年初，正是列寧格勒寒冬的白晝時節，晚上十一點的天空都還亮著。戶外沒甚麼活動，馬路上仍有零星的車輛。我在仍有著天

光的夜晚，前往市區一家小酒吧，點杯可樂，享受著片刻悠閒。櫃臺服務生看我是外國人，向我推銷起伏特加酒，一瓶只要兩、三元美金，我覺得便宜就買了幾瓶。

吧台坐著一位名叫亞歷山大的年輕軍人，看起來不到三十歲。我們閒聊起來，得知我來自台灣，他覺得很是稀奇，熱絡地邀我去他家作客。當時已過午夜，他要我到他家坐坐，直說：「很近，很近的。」雖然知道蘇聯有搶劫綁架的潛在危險，但我還是接受他的邀請去看看。

我們搭出租車前往，沒想到花近一個小時車程才到，抵達已是凌晨一點多。軍人和他的姊妹同住一棟類似國民住宅的一般公寓。軍人妹妹是位護士，姊姊是超市售貨員。三人住在不到十五坪的空間，小小的玄關隔成一間廚房、一間臥房和浴廁。我們坐在廚房餐桌聊天，算是客廳。屋子裏，除了廚房兼餐廳兼客廳，有四張椅及一張小桌外，幾乎沒有其他傢具。臥室木頭地板上舖一層墊被，作為通舖。冰箱裏，幾乎空無一物。每戶人家卻都有室內熱氣，應是政府全面的公共設施。此時姊妹都已返家，她們很意外哥哥帶了位陌生的外國人回來，但還是和善的招呼我這位不速之客。她們打開冰箱想東西招待我，但裡面只有半瓶水、將近一瓶的伏特加酒和半條大香腸。他們取出冰箱裡僅有的東西，靦腆的笑著說：「真抱歉，沒甚麼可以招待。」我拿出在酒館裡買的幾瓶伏特加酒。我們喝著酒，吃著切成小塊的香腸，聊起天來。

當時蘇聯老百姓很窮，上班族的月收入約二至三塊美金。街上掃雪的勞工階級大約一塊半到兩塊美金。日常主食是馬鈴薯、伏特加和香腸，但一條大香腸就要一塊美金。因此，人人都需要副業，後來才知道連部長級、市長級、局長、高幹官員們都有兼職。

我們用少量而簡單的英文交談，比手劃腳，卻也聊得饒有趣味。我問他們電費、瓦斯費等的民生細節，他也問我台灣的狀況。聊至凌晨三點，臨走前，軍人送我一張畢卡索繪畫的海報，那是他家牆上掛的唯一的東西，至今我還保留著。當時我沒帶禮物，就把我穿的襯衫脫下來送他。但因天氣太冷，他又回送我一件T恤。軍人下樓幫我叫輛計程車，跟司機談好10塊盧布，等於一塊美金的車資。司機見他穿著軍服，不敢亂喊價。我下車付車資時，又送他兩包香煙，他很高興

的收了。

　　隔天我搭乘預定的班機前往莫斯科，我的翻譯則是前一晚搭火車先行，說是第二天就到了。火車費用在我們看來很便宜，但對當地人而言，是一筆不小的開銷。我住進莫斯科的「Cosmos Hotel」，是家五星級的大型國際旅館。翻譯跟著我到房間，不到一分鐘，兩名俄國大漢和旅館經理來敲門，問女孩：「妳是做什麼的？」我說是我的翻譯朋友，大漢用不太流利的英文跟我說：「這是我們的事，跟你沒關係。」之後他們不跟我說英文。翻譯提高聲音跟他們爭辯起來，二名大漢查看她的護照證件，還要她去登記備案。

　　原來這三人中，有一位是情治人員，一位是旅館經理，官方對旅館管制嚴格。這位翻譯是俄國人，又是年輕女孩，據規定，沒有事先申請，她是不能住進國際觀光旅館。即使是規定，我仍覺得這兩人行為實在粗暴。最後，我的翻譯只得在旅館對面的民營小旅店住下。

　　「Cosmos Hotel」像一艘超級大郵輪，約有兩千多個房間。訪問莫斯科的頭兩年，都住於此。一樓大廳比台北「君悅飯店」大三倍，二樓有郵局、銀行、餐廳，一、二樓共有四家大型宴會廳規格的大餐廳。早餐時，看到來自世界各國的人在此用餐，來自各國的商旅被安排住在此。旅館裡到處擺放著吃角子老虎機器，一些常住客在旅館四處，進行黑市匯兌交易。此時正值隆冬，旅館大門外有上百俄國人在寒凍的戶外等候。這些等候者，有的來接人，有的等著做買賣，也有情報、金融、色情及走私的販子，很是複雜。沒有住宿房客的邀請，一般蘇聯百姓是不能進入國際旅館。到晚上，旅館裡出現一些鶯鶯燕燕。在好奇心的驅使下，我問其中一位坐在大廳等候處沙發喝飲料的女孩，才知道她賄賂旅館裡的工作人員，可自由進出方便找客人。她說：「我是外地進城的，一個人要供養很多人。」也意外在大廳認識一位情報販子，聽他說著種種離奇的境遇。蘇聯解體後，臺俄開放貿易往來，一些臺商來這裡參加商展。我在這裡也遇見過好友陳光雄建築師的未婚妻洪玲玲，以及一些台灣友人。有些音樂從業人也開始到那邊錄音，找樂手。飛機航班也開拓從香港直飛，俄羅斯的熱潮大約持續了五、六年之久。

　　1991年〈蘇聯藝術節〉前後兩年的時間，我一抵達莫斯科後，先去拜訪「國家表演局」（Gos Concert）數次。前共產國家都有一

種機構，名為「國家表演局」。在波蘭是「PARGAS」，捷克稱做「PRAGA」，中國稱為「中國對外演出公司」（簡稱CNNA），當時的蘇聯是「Gos Concert。分解為獨立國聯體後，俄羅斯改稱為「Rus Concert」。辦公室都是同一棟樓，該國所有表演團體國外演出之事，全都必須透過這一家公司安排處理。一開始我們也曾直接跟表演團體聯繫，但後來大都還是要轉到這個組織來安排一些文書繁瑣事務。

「Gos Concert」有自己專屬的整棟建築，就像歐洲各國的市政廳。幾個部門分處不同樓層，上千名工作人員分別處理不同表演團體到不同國家或區域的演出。蘇聯變局後，邀請表演團體不需要透過這個組織。各獨立國，仍設置類似的組織。很多「Gos Concert」早期的員工，都出去自組私人公司，或轉任外國投資者之俄羅斯總代理人或顧問。

動盪的局勢、不安的年代
幣值和匯率，動盪地讓人驚惶！

我在1988年第一次過境仍是共產社會的莫斯科，第二次去相隔不到一年。雖然是蘇聯時期，但政局動盪已非常劇烈。蘇聯解體後1991到94年間，我每年都去幾趟，並設立「新象」駐莫斯科辦公室，最密集的時候甚至連續三個月，每個月去一次。這幾年，我親眼目睹當地政治社會結構的改變所引發巨大的社會變化。

在那個由共產專制走向開放的年代裡，大家亟欲在變動中擺脫貧窮。賺錢這件事，變得迫切，且高於一切。1992年間我認識一位藝術學院戲劇系主任，月薪才三十五美元，算是高所得族群。八〇年代，一般大學教授平均月薪只有四美元，國營工作者每月三美元，工人只有二美元。相較之下，計程車司機賺最多，月薪有五美元。也因此，很多人會開著自己的車子兼差載客。俄羅斯街上隨手可以攔車，任何車輛只要肯停，雙方價錢談好，就可以搭乘。我曾經搭過一輛車，跟車主閒聊才知他的正職是某公家單位副部長級的職務，因為現實生活的壓力，平常順道載客賺取外快貼補家用。

匯率幣值與政治的動盪，環環相扣。1988年盧布兌美元有三種

計算方法，第一種是1：2，適用於外交官。觀光客是1：5.6，每天限量。還有另一種金盧布，五十元金盧布等於美金九十元，只在機場供觀光客使用。這是因為蘇聯愛面子，要讓盧布比美金幣值大。一年後我再訪，盧布兌美元匯率已經跌到1：26，不到幾個月又跌到1：90。1992年底，盧布跌破1：1000，之後每月跌百分之十，很讓人緊張。1994年「新象」邀請俄羅斯大馬戲團來臺演出前，匯率已經狂跌到了1：3000。

當時整個國家社會上下一昧追求錢，只要有錢賺，大家就一窩蜂前往。到處有吃角子老虎的機器，連攝影棚裡都會擺個幾臺，很像當年台灣到處是電玩機的盛況。很多民營餐廳變成酒吧，上空的、色情的，只要能賺錢都好。藝術方面，我感覺整個表演的技術品質和人才都在下滑。優秀藝術家被其他國家重金挖角。當然也有新的創作，看到有所突破的意圖，可惜多半只是偏重外在形式，而少了內在心靈的提昇。

除了向錢看的風氣盛行之外，治安趨於敗壞，在地人和外來客都感到危機意識的壓力。我第一次在莫斯科時，人們畏懼於威權，社會秩序尚好。戈巴契夫執政末期，情況開始改變。葉爾欽上臺後，政局改變，社會有些脫序，出現變動轉型時無法避免的震盪。政府撤銷祕密警察KGB的組織，阿富汗及東德駐軍也撤退。軍人返鄉後產生就業問題，有些轉變成另一種黑暗勢力，製造出很多社會問題。莫斯科持續了幾年的混亂情勢，是個不安穩階段的城市。

為邀請「馬戲團」和籌辦〈蘇聯藝術節〉。「新象」在莫斯科設立短期臨時辦公室，從台北輪派三位工作人員負責接洽聯繫之事。這段期間也結識幾位在俄羅斯做生意的台商，以及莫斯科留學的台灣學生。有一位年輕台商，是迪化街商家之子，原任職於外貿協會，因工作關係與東歐國家建立一些人脈和管道。俄羅斯開放後，他辭去公職，到莫斯科創業經營生活百貨。創業之初常常提著樣品到全蘇聯開發市場，辛勤的工作將事業經營的有聲有色。我們結識之後，每次去莫斯科我總會跟他聯絡，並邀其他台商聚餐聊天，也可深入瞭解蘇聯現況及分析未來趨勢。

1993年發生震驚國際的「莫斯科十月事件」，俄羅斯國會議長哈斯布拉托夫和副總統魯茨科伊聯手，與總統葉爾欽對立。葉爾欽下

令用大砲攻打國會，逮捕議長和八十多位國會議員，造成一百多人死亡、七百多人受傷。這次的政治衝突，對俄羅斯社會帶來極大的衝擊。

那一年我住在國會附近的「Republic Hotel」，國會大廈上的砲彈窟窿，清晰可見，怵目驚心。一如往常，我到莫斯科便打電話找這位年輕台商，但這一次卻怎麼樣都連絡不上。我還打電話回台北向他妹妹詢問，才知她哥哥已經失聯好一陣子了。感覺情況不太對，不免為他感到擔憂。兩天後，他突然出現，半夜十二點來敲我旅館房間的門。進門後，他神情警戒的把一包報紙包裹的東西放在我桌上，打開一看，竟是一把手槍。他說現在俄國很亂，要我帶著槍比較安全，我聽了著實吃驚。

原來他之前被搶，第一次在他住家門口，三個大漢挾持他進入家中，搶了一千五百元美金和一台電唱機。第二天他不敢回家住辦公室，又被另一群人闖進辦公室搶劫。驚嚇的他只好住到秘書家裡，因為不敢出門，就讓秘書代為處理公務。他在當地做生意，賺了錢，此時卻如驚弓之鳥般的感嘆精神壓力。聽到他的遭遇，更讓我感受到惶惶人心的緊張氣氛。我還是把槍還給了他，告訴他如果身上帶著槍，可能反而容易引人攻擊，更不安全。何況，真要遇到歹徒，我也不見得開得了槍。

有位取得莫斯科大學博士學位的台灣留學生，回國後進入「新象」工作。據她說，她在莫斯科讀書時被搶了三次。但搶劫不是最駭人聽聞的。我一位做寶石生意的表哥顏惠然，曾託我代表他去莫斯科俄國礦物局考察生意。礦物局人員帶我參觀礦石展示室，在那裡我認識了一位來參觀的蘇聯工業部副部長，又引介我認識烏克蘭文化部副部長及國際事務局長。1990年我在莫斯科打電話找這位工業局長，聯絡不上人。於是我打給烏克蘭國際事務局長打聽消息，他緊張的叫我不要再找那位工業局長。第二天一早，他帶著他的處長到我旅館來，叫我快換掉電話號碼。因為這位工業副部長和情婦，前一週被黑社會殺手槍殺了，屍體丟在Cosmos旅館附近的莫斯科河裡。

這就是1990到92年間莫斯科的情景。來自外國的援助，到不了需要的人民手中，很多人因此趁火打劫，整個環境、政局面臨變化、金錢物資缺乏等的嚴重紛擾，時時處在那樣緊張不安的氛圍之中。

蒙古新疆采風之行

「人」的生存成長，過程除了天生的生理本質外，影響最大的就是大自然現象及生活環境。而人類傳統文化的累積及制式教育的框架下，成為前人選擇的集合體。即便人文科學的發展日益精進，效能倍發，讓現代人的旅遊越來越方便。但多數人仍習慣耽溺於東西方之間的往來，而疏於南北方文化的交流。尤其是常居於溫熱帶的台灣人，對於寒帶地區連綿的大沙漠、大草原、大高山的環境與文化歷史，相對地陌生。新疆蒙古之趣，起始於遙想中的風情。基於多次的音樂、舞蹈、戲劇藝術工作與采風，我開始與蒙古國及北方布里雅共和國的政經界接觸，也就逐漸的熟捻起來。

小時候，祖父曾提到許家祖先之中有蒙古血統，不知是否因此北方蒙古對我產生了高度的吸引力，延伸至新疆和中亞地區，樂此不疲。我從小喜愛世界各地的民族音樂，也自然地驅使我到世界各地都會鄉野，探訪采風。民族音樂乃是千百年的沈澱積累，是民族成長和演化過程的另一章。箇中音樂的元素基因融入理論系數，使得民族音樂的演化，呈現了人文歷史與自然生活環境的痕跡，及音樂理論的融匯。其中尤為至貴的是，音樂中所展現人類演進的人文精神性。

曼儂在1989年就已和許常惠老師去了新疆，後來也去了蒙古。而我自九〇年代末期後，才開始頻繁地前往新疆、蒙古。基於多次的采風，後來開始有業務相關的行程，也與蒙古國及更北方的布里雅特共和國的政經界熟稔起來。我曾組織一次新疆文化之行、三次蒙古文

蒙古草原上舞者的曼妙舞姿。周正瀚攝影。

化之行，邀請各界的多位好友同行。十多次內外蒙古及新疆之行後，逐漸和該地的藝術家及文化、政治各領導人，建立起良好的關係，安排他們的表演團體到亞洲各地、中國大陸和台灣演出。

獨樂樂，不如眾樂樂，於是我邀請親朋好友們參加2004年新疆之旅、2006年【蒙古大汗國】成立──八百年慶典及內蒙古錫林浩特〈那達慕大會〉之旅、及2009年蒙古大戈壁沙漠及貝加爾湖之旅。

受邀至新疆喀什擔任節目評委
當地人有兩種時區的生活習慣－『在家用新疆時間，上班用北京時間』。

自古以來，喀什（Kash Kur）因其地理位置之特殊性，成為絲路上文化、宗教、政治、軍事、經貿、交通運輸的重要樞紐。喀什有中國最大的清真寺，古巴領導人卡斯楚前去訪問時，就在這清真寺舉辦盛大的祈禱儀式。

1271年馬可波羅也曾在停留一年，百年來的匯集而成為中西交會的重鎮。1898年東歐諸國政治轉變，蘇聯解體，世界的政治態勢急速轉換，也影響了中東、中亞的穩定，因此凸顯了新疆邊防的重要性，其中尤以喀什為重。

彼時喀什文化局長協助軍方與自治區的高級將領們，舉辦了一次大型調演。為突破過往新疆民族性的藝文制式框架，破例邀請我這位外來人士參加節目決選的評審團。這次評選主審召集人是負責新疆的安全，中國七大軍區之一掌管西部總部的蘭州軍區轄下烏魯木齊軍區內最重要、也最險厄的「喀什邊疆軍區」總政少將，由新疆文化廳與喀什文化局協助辦理。演出團體多是喀什市，及新疆西區各級地方的民間演出團體。

當時我從烏魯木齊搭最後一班機飛往喀什，凌晨三點抵達。一下飛機就覺得氣氛有異，機場內熱鬧吵雜，機場外圍一片漆黑寂靜。來接機的文化局長向我解釋，昨天發生了爆炸事件。喀什警察局長和他的三位隨車人員，被疆獨份子炸死。警察與軍隊因此十分緊張，路上必有臨檢。果然，驅車前往市中心的途中，沿路停放戰車，每個路口都要熄火檢查。對外的說法是軍方進行軍事移防，但實際起因是爆

炸事件。爆炸後，安管由軍人接管，由於邀請我的單位是軍區總司令部，去喀什的路上還算順利。

進城後，文化局長帶我去當地人常去的小館子宵夜。當時三月底的夜半格外寒冷，館子大門還以厚布擋風雪。從冷清的街道掀開布簾進入，餐館內喧鬧不已，幾乎客滿。即使已凌晨三點多，仍多人流連在此。原來，中國大陸實施統一時區，即使當地已凌晨三點，實際的時間才剛過午夜。

隔天上午我身著一套菲律賓服裝，戴上一頂在市集裡買的維吾爾族帽子，前去拜訪老城區黨委書記。陪同的文化局副局長是漢人，他以維吾爾族語向中年女書記介紹我。書記一聽到我是台灣人，驚訝的說我看來像是喀什人，卻不說我像是新疆人。她表露出一份當地人的傲氣，算是趣事一樁。

喀什老城區，是著名的古蹟觀光步行區。外觀乍看雜亂無章，建築像是堆疊出來的土方，土牆土頂一氣連結，進入後才發現每棟房子的建造都是因應使用需求而細心規畫的。樓高三層的是有錢人家，皆以獨特美感設計出線條和天井。屋內房間接著房間，由彎彎曲曲的走道串連著，轉來轉去，起起落落，別緻有趣。屋內也有針對極端氣候，可調節為冬暖夏涼的機制。許多房子出租給當地的藝術家們，民間藝人的進駐，讓房子外表多了些民族氛圍的修飾，讓此地變為重要的觀光區。

下午來到在喀什軍區內，劇院所舉行調演前置的評審大會。喀什邊防軍區，屬新疆軍區，他們均受蘭州大軍區的指揮。這兩小時的節目，是準備給將領們的晚會。由於喀什是最大的邊防軍區，最高的階級是二顆星的少將，一顆星是准將。依此估算，在場聚會的所有將領們加總起來達二十四顆星星，包括蘭州大軍區總司令，可見軍方對這次調演重視至極。

這次的評選，就像藝術家們的狀元考試，參加的演出團體無一不戰戰兢兢，藝術家們都希望藉此機會得以進階。原計四個鐘頭內評審完畢，但由於每個團體採用不同的燈光音響器材，營區劇院的電力供輸不堪負荷，連連跳電。軍方緊急派人到城裡找修理技師，演演停停，花了八小時的時間。等候之餘，我在軍區到處逛逛，和藝術家們聊聊天。軍營中的軍人不認識我，看我閒逛，就前來盤問。對於一位

台灣人進入軍區擔任評委，他們覺得不可思議。

等候時，我向文化局打聽一位珍貴的彈撥樂器演奏家。日本「NHK電視臺」於1960至70年代到新疆拍攝《絲路之旅》，曾介紹一位被當地人奉為『女神』的新疆音樂家。時隔三十年，這位音樂家已去世了。我向局長表示，想拜訪她彈撥琴的音樂家弟弟，以及看看那個時代留下來的文物資料。但遺憾只拜訪了其他老一輩撥彈專家，未能遇見這位一代傑出音樂家，至今恐怕也都離世了。

烏魯木齊大巴札
琳瑯滿目，各族民俗生活物皿，暢活熱鬧。

現今烏魯木齊大巴札是兩千年由新加坡華人與烏魯木齊合資，自舊市區的老巴札，改建為六棟傳統伊斯蘭風格的混凝土大樓。大巴札的中央廣場經常有走鋼索等馬戲表演，賣的東西從傳統的食材小吃到各色用品如服飾、織品、雕刻、地毯、樂器、刀劍、乾果、五金、器材、藥材與水酒等，其中和闐玉的商家總是吸引了多數觀光客。我經常去大巴札，有次還被扒手神不知鬼不覺地偷了錢包。

巴札建築中有一座新建的清真寺和一間劇院，有一個專屬「大巴札歌舞團」，長期表演新疆傳統歌舞。「大巴札歌舞團」的Arken團長，原是「新疆歌舞團」的團長，負責音樂；另一位舞蹈家鐵爾曼卡德爾，負責舞蹈的部分。團長Arken是一位男高音，畢業於上海音樂學院。他從北京舞蹈學院、中央音樂學院聘請鐵里曼‧卡德爾（舞蹈總監）多位教授，在「大巴札歌舞團」訓練出一批批優秀的年輕舞者和音樂家，成為其他團體相爭延聘的演員。

新疆頂尖的「新疆歌舞團」，一次在「烏魯木齊劇院」表演。其中一位音樂家的弟弟是疆獨分子，中場時突然衝上舞臺宣讀起疆獨宣言，Arken團長因此被停職。後來查出他是清白的，雖無太大的懲戒，但他決定轉而接受「大巴札歌舞團」的延聘，從事商業演出。我每次赴新疆都會與他敘舊，每當Arken得知我的再訪，才會陪我重新踏進「新疆歌舞團」的大門。年輕學員們都出來鼓掌迎接他，可見當年他對歌舞團的用心是被尊敬的。

另一次，Arken團長和鄯善縣當地的局長開著吉普車，陪我去達

板城附近的山裡找老舞者。時機不巧，遍尋不到。回程在鄯善縣的公路上遇到大颶風，局長建議停車。但有經驗的司機堅持不停，說我們正處在山谷中，一旦停下來，車子會被颶風打翻。司機加足馬力，奮力前行。衝出山谷後，時間已晚，我們只好到附近先找落腳處，最後在鄯善縣的小旅社過夜，等天亮繼續前進。

達板城現在是油田的工業城，過去是個戰場，數十萬人曾戰死於此。此地乃一險境，路上景致給我的感覺像是美國的大峽谷，我想像印地安人埋伏在某個山壁後方，突擊旅人的感覺。然而這也是唐三藏西行取經的路線，現在都成為現代化的公路了。

新疆《木卡姆》藝術，是新疆人的靈魂
當之無愧的人類文化遺產

《木卡姆》（Muqamh或Makam）藝術在中東音樂史書中記載，西元九世紀末即有阿拉伯音樂家法拉・比（AL. Fradi）編著了《音樂大全》。改造古代龜茲國的五弦琵琶為「烏德」（Oud），又把波斯及阿拉伯音樂從九律擴大為十七律，成為《木卡姆》樂式的最早期定律者。十一世紀初，阿拉伯哲學家伊本・西那（Ibn. Sina）也是一位名醫，更把法拉比的樂理推進，組合融入更多的歌曲，組成十二套曲。

十六世紀，新疆絲路上的葉爾羌汗國王后阿曼尼沙，召集了大量音樂家，大規模的整理了新疆的《木卡姆》，而匯聚成當今《新疆十二木卡姆》的典範。實際上，中國隋代的《九部伎》至唐代的《十部伎》，當中的《龜茲樂》、《疏勒樂》、《高昌樂》皆應與《木卡姆》有所關連。

2005年11月25日「聯合國教科文組織」公佈了第三批〈人類口頭和非物質遺產代表作〉（簡稱人類非物質遺產）。《新疆維吾爾木卡姆》（由中國申報）及《蒙古長調民歌》（由蒙古國、中國聯合申報）均被選列為重要遺產。這不僅給維吾爾族極大的鼓舞，也肯定了穆斯林傳統藝術對人類文化的貢獻。

多數人對《木卡姆藝術》覺得很陌生，但在北非、西亞、中亞，尤其在阿拉伯世界的族群中，《木卡姆》是音樂、文學、歌舞的聖典。《木卡姆》盛行於二十多個國家，從北非摩洛哥、利比亞（稱之

為Nuba）、乃至中東的伊拉克、伊朗（稱之為Dastgah）、土耳其（稱之為Makam）等。日常生活中時時可聞，與在地人的生活息息相關。

《木卡姆》可以視為許多「調式」（Mode）的結合，也可分析為一種曲式（Musie Form）的範式。從新疆維吾爾的《十二木卡姆》來看，大致分成三部份。首部《瓊乃額曼》（中國古代稱為「大曲」，二部為《達斯坦》（敘事曲式），三部是《麥西熱甫》（歌舞組曲）。《隋書・音樂誌》記載，「大曲」也可涵蓋亦即整個《木卡姆》。

《木卡姆》的文詞、詩歌內容廣泛，如愛情故事、英雄事蹟、歌頌經典、人物、或抒情詩詞等。音樂旋律，則有古代流傳的傳統音樂及不同族群的民間樂曲。樂式上，不僅是從北非漫延至新疆的文化結晶，就如同西洋的《葛利歌聖歌》（Gregorian Chant）、唐代的《雅樂》、印尼的《伽瑪朗樂》（Gamalan）、印度的《拉伽音樂》（Raga）等深具人類啟發意念、結構緊密及韻延豐綿的樂源，延襲至今。現在有專精的樂士，匯創成套曲，舞蹈則是匯集民間各地方的舞式。二十多年來，我持續以十年的時間數度赴新疆考察、研採新疆歌舞樂。我參訪了烏魯木齊、庫車、阿克蘇、喀什、伊犁，乃至麥蓋提等地二十多個專業歌、舞、樂團。其中以「新疆木卡姆藝術團」最為嚴謹，若單以《木卡姆》音樂而言，該團當為新疆首屈一指之代表。

中國大陸知名民族音樂學家、作曲家周吉教授，生前在多所學院教書。他原籍江蘇，卻熱愛新疆《木卡姆》。1964年他第一次勞改下鄉到南疆，聽見維吾爾族音樂，就此著迷。多年來孜孜不倦地拜訪南疆北疆，深入各地進行田野調查，采風收集並錄音。為了深入研究《木卡姆》，還特別學習維吾爾族的傳統音樂和語言、文字，成為《木卡姆》音樂學和理論研究的指標學者。他知道我多年來對《木卡姆》的研究和熱愛，請我協助向「聯合國教科文組織」申請事宜。我們共同討論將《刀郎木卡姆》、年度《木卡姆》大會集結成為申請資料，將《中國新疆維吾爾木卡姆藝術》一舉被選為〈人類口頭和非物質遺產代表作〉。

《刀朗木卡姆》藝術
是純民間的藝術

　　新疆喀什地區的莎車縣、麥蓋提縣、巴楚縣及阿克蘇地區的阿瓦提縣，是新疆《刀郎木卡姆》分布的主要地區。其中最主要的兩個重鎮，一是麥蓋堤縣，另一是莎車縣。

　　2004年我組了一個新疆文化考察團，帶眾親友去新疆各地如烏魯木齊、土魯番、庫車、阿克蘇、莎車、喀什、高昌古國、達阪城、火燄山、鄯善、哈密、克孜爾千佛洞等地。其中的重點之行，是前往麥蓋堤縣參加『刀郎大會』。同行的有一向支持藝術的表姊顏智美和親家戴端洲夫婦、同學周啟超及友人包江儀、棋友何杭青與饒樹人、攝影家謝春德、服裝設計師洪麗芬、新象同仁詹曼君與莊淑娟、次子許維城等。台灣文化政府單位派了隨團的台中「中山堂」館長陳寶雲、「中正文化中心」鄒鳳芝和夏曼青、〈民生報〉林英喆主任、〈聯合報〉記者黃俊銘。

　　當時新疆正修築高速公路，前往麥蓋堤並不是一件容易的事。原計過午可抵達，想不到一路顛頗。不僅眾人坐的暈頭轉向，時間上也一延再延。巴士路經一條小河，輪胎竟陷進泥沼中動彈不得，開車的師傅趕緊找人把車子拖出來。

　　等待時刻，遇到對向開來的日本「NHK」採訪團隊。詢問後才知道他們風聞村子將有個重要的《木卡姆》演出，這個特殊盛會是專為特定重要人士舉行，不許外界拍攝，他們建議我們別去了。後來又遇到一批北京中央電視臺的團隊，氣憤地說這場盛會是給一批特殊的台灣人演出，也叫我們別去了。我聽了，無言以答，悄悄地指示司機儘快趕路。

　　經過一番延誤，我們終於接近目的地。一進村莊，映入眼簾的是一列騎馬勇士們，為首是一位高大的飼鷹人，放出老鷹在天空展翅盤旋以示歡迎。在騎士馬隊的伴護下，車行過了兩邊都是白楊樹的溪河，過了橋進入村裡廣場。我原以為村莊安排是一個小型的《刀郎木卡姆》演出，看到的卻是千人的歡迎隊伍。迎面而來的是麥蓋堤縣及村莊黨委書記們、文化局長、文物部長、長老、村長和村民等，都盛

裝以待。村民早已殺了一頭大白羊、七頭大黑羊，以示隆重。一臉皺紋權威嚴肅的九十歲長老，親自迎接，慈祥又隆重介紹自己是「新中國之後的第一代村長」。

眾人擁簇著我們四十人來到廣場。麥蓋堤村長慎重地對我獻上一盅象徵尊榮的羊眼睛，眾目睽睽下，等我接納入口。我心中雖有些忐忑，還是把羊眼睛進入嘴裡，味道嚐來如濃濃奶酪。我用力嚥下後，全村一聲歡呼，《刀郎木卡姆》宴會正式開始！

村裡的男女老幼在廣場上跳起舞來，器樂演奏家們全是村中的耆老，棚下歌者拿著樂器，忘情地唱起《木卡姆》歌謠。村民們跳著流傳下的傳統舞蹈，純真樸實且直接。這不是歌舞團班制式的表演，是當地人民慶賀歌舞，真實且純粹的《刀朗木卡姆》！我赫然發現表姊顏智美，被村莊婦女及小孩們團團圍著開心起舞，他們喊她『美麗的大媽』。這群來自台灣的賓客，也拋開拘束，隨著熱情的村民一起唱起歌、跳著舞、大口吃著羊肉。隨團報導的台灣採訪團，由民生報文化版主任林英喆領軍，包括中天電視台、年代電視台、三立電視台、中國時報、聯合報、民生報、大成報、Taiwan News。中國大陸新華社、陝西、吉林媒體等，也加入考察，不亦樂乎地全程錄影。直到天色逐漸暗下來，燈火燃起。週到盛情的諸多安排，讓我們驚喜感動，長憶繞樑。這些難忘的鏡頭，後來在三家電視台，一播再播。

在呼荷浩特的六十誕辰
次子許維城帶給我的意外驚喜

2004年6月上旬，我率次子許維城、詹曼君副總經理和中國時報的「時藝公司」李梅齡總經理，四人聯袂應邀赴參加在「北京大學」舉辦的〈世界蒙古文化研討會暨文物展覽〉。三天後，轉往內蒙古呼荷浩特。一方面參觀兩處民間大宗蒙古古物收藏家們的珍藏，其中有金、遼時期的古物、兵器等。最得意的發掘是據考證為1290年的蒙古「火冲砲」，比官方的「元大都博物館」所藏的1300年「火冲砲」還早十年，收藏家多是金融業及建設業的蒙古人。

另一行程是應「內蒙古曲藝舞蹈團」邀請，深入洽談國際演出的事務及現場驗選曲目及舞碼。他們場地有兩處，一是城中區蒙古包造

新疆麥蓋堤縣『刀郎木卡姆大會』。謝春德攝影

117-030500-0008-001-130p

1　1989年曼儂去新疆。
2　樊曼儂、許常惠夫婦、曾永義夫婦、院長夫婦、維吾爾族、
　　哈薩克族　等音樂家們於「烏魯木齊藝術大學」合影。

新疆高昌古國的盡頭。始從一世紀，此地已是絲路必經之地，佔據最重要的要道，也是連接中原、
中亞、歐洲的樞紐長達一千多年以上，歷經 「高昌郡」、「高昌王國」、「西州」、「回鶻高昌
王國（長達 400 年）」、「火洲」，於西元 14 世紀毀於戰火！謝春德攝影。

型的公演劇場，另一是設在從廢棄「賽馬場總部」改裝成的藝團總部。此處有全團的宿舍、幾間中小型鍛練工作坊、一大間兩面環鏡的排練場地及辦公室、倉庫等。總部另一半，屬於「國家摔角隊訓練總部」集訓及教學場所。有趣的是，總部大樓的頂樓卻是共同經營管理的「蒙古 Bar-B-Q 烤肉夜總會」。在這之前的三年期間，我已數度赴內外蒙古采風、訪察研討，也和「曲藝舞蹈團」有十多次的互動。其團長達格塔，年輕時是廣播電臺主播兼宣傳主管，退休前擔任蒙古文化廳副廳長。夫婿德力，是中國首位扮演『成吉斯汗』的電影演員。他們倆和許維城，瞞著我籌辦了一次別開生面的生日派對。當晚有愛爾蘭踢踏舞、柔媚的波斯肚皮舞、曲藝團說唱呼倫貝爾的曲調，壓軸的是兩位男女舞者配以蒙古舞團，再合以蒙古長調、呼麥、馬頭琴的大匯演，最後獻上生日蛋糕與壽麵！

意外驚喜的六十生辰宴，居然是貼心的次子為我在蒙古歡慶！

烏蘭巴托成吉思汗【蒙古大汗國】
八百周年《那達慕大會》

來自世界各地，不同的途徑、不同的交通工具、眾人齊會烏蘭巴托體驗八百年前的蒙古盛會。旅程中經歷六個機場的起飛降落，另類的人生際遇啊！

2006年是成吉思汗建立【蒙古大汗國】八百周年，全世界的蒙古人不約而同地以不同的《那達慕》慶祝他們奉為精神偉人的英雄。全世界的蒙古人都以朝聖的心情，紛紛前往。其中荷蘭的馬術俱樂部及協會組騎馬團，一群英國的馬術騎士一起由阿姆斯特丹出發，沿途經過俄羅斯，翻越阿爾泰山脈，以三個月的時間騎行萬里，趕至烏蘭巴托。一群來自加拿大的薩滿教信徒，也不遠千里跨越阿拉斯加及西伯利亞飛來。另一支從泰國出發的重機車鐵騎隊，由清邁沿著滇緬公路一路入雲南，穿越中國大陸北上內蒙古呼荷浩特，轉進烏蘭巴托前來參與這個盛會。

八百年前的盛夏，西元1206年，時值四十四歲的成吉思汗大統蒙古各部族。包含乃曼、吉蔑、韃靼、大蒙古、米爾科、族布、溫尼

特、克勒特等部族及汗國、宣佈建立【蒙古大汗國】（西洋稱之為「蒙古大帝國」）。

　　成吉思汗，名鐵木真。「成吉思」古蒙語意為大海，「汗」為帝王之意。他生於西元1162年，27歲，也就是1189年，即位「大汗」。一生歷經百餘次的戰爭，消滅了四十多個國家政權，以近17年的時間統一蒙古。最後在攻打西夏時過逝，時為西元1227年。逝後三子窩闊臺繼位，嗣後輾轉由四子拖雷的兒子忽必烈繼承大帝時入主中國。大都城從「卡拉赫林」遷至帝都「汗巴里」（汗，大汗之意，巴里，都城之意，位於現今的北京市地區）。從成吉思汗到忽必烈，蒙古人統制的大帝國分為：金帳汗國、白帳汗國、察合臺汗國、旭烈兀伊利兒汗國、及中國的六大地區等，成為人類史上最大版圖的帝國。成吉思汗創設了《那達慕》大會的慶典形式，目的是為舉才及鼓舞士氣，如同漢人科舉之制。《那達慕》主要競技有三：柔術、箭術、馬術。此後，《那達慕》大會慶典就成了蒙古汗國最重要的節慶大典。

　　我共邀約五十位好友，包括文學家陳若曦及好友李錦姬、余範英與友章慈育、表姊顏智美與女兒及公婆、物理學家胡小川一家三人、周啟超與子攝影家周正瀚、《漢聲》雜誌創辦人黃永松、仁寶企業家許勝雄與許勝豪兄弟一家六人、臺大「建築與城鄉研究所」所長夏鑄九、王安電腦總工程師沈祖源與樊曼文夫婦、長子許維烜與長媳繆詩丹和親家繆振衡夫婦、中視副總經理曠湘霞及夫婿徐偉初教授、中國時報總編輯林馨琴及夫婿陳秋坤教授、作曲家錢善華、好友何杭青、前後兩任台北市文化局長李永萍與謝小韞、力廣公司總經理黃淑美、文化工作者葉玫、兩廳院行銷部經理劉家渝、新象同仁陳筱茹與張治倫等。採訪團有華視、中天、東森電視台，共同前往參加這個重要的慶典。由於參加的時間不同，行程安排不易，過程起伏。部份從桃園出發，胡小川等人從北京開車，兩位從美國舊金山飛到首爾。曼儂的妹妹豎笛家和妹婿從美國波士頓啟程，另一位從拉薩，一位從廈門。大家齊聚到呼荷浩特會合。

　　台灣一行人，分成兩批出發，一批往韓國首爾－烏蘭巴托。而另一批二十五人包括我，從桃園－香港－深圳－呼荷浩特-烏蘭巴托。抵達深圳時，被告知華北因為嚴重冰雹而停止起降。因此在深圳延遲

1　多位台灣攝影家在大草原上拍攝蒙古女舞蹈家。
　　許博允攝影。
2　內蒙古曲藝舞蹈團的男舞蹈家們飛奔舞在大草原上。
　　周正瀚攝影。
3　成吉思汗建立大汗帝國八百年《那達幕》紀念慶祝大
　　會上八百位蒙古角力大賽的總冠軍與我留影。
　　周正瀚攝影。

4	5	
6	7	8
9		

4　與周啟超合影，該地於明朝時期，官兵們
　　在此屠殺全部當地藏傳佛教的僧侶喇嘛。

5　曼儂1989年去外蒙古，照片樊曼儂提供。

6　我與蒙古長調歌唱家、八角四弦琴演奏家
　　及編導。周正瀚攝影。

7　我與蒙古呼麥兼馬頭琴唱奏家(右)、
　　蒙古曲藝演唱家(左)。周正瀚攝影。

8　我與舞樂表演藝術家在希林浩特，那達
　　慕大會之後的午夜歡慶會上齊舞唱。
　　周正瀚攝影。

9　與眾好友在內蒙古留影。

了幾個小時，後搭上海南航空公司的航班。飛機在跑道上等待過久，全體空服員做起機上體操、唱起歌、跳起舞。我和同機朋友們生平第一次看到機上空服員唱歌跳舞，不由得笑了出來。這個可愛的插曲，讓大家忘了疲累，跟著他們高歌一番，心情終得稍稍排解。

當我們從深圳啟程，剛飛越黃河，不料又下起冰雹，只得立即緊急改降山西的太原機場。當時已是晚上九點，原訂全員下午四點在呼荷浩特會合。我們卻還停在太原。

我們在太原機場吃泡麵充飢，這時機場人員宣告明日才能飛。我心裡頓時涼了一截，心想隔天就是大會慶典，真是一個始料未及的災難！忽然間，天公作美，冰雹停下來，漸漸放晴。不到一個鐘頭，航空公司宣布可以起飛了！

彼端的呼荷浩特機場，好友胡小川一加三口已由北京一大早抵達呼賀浩特，等待與我們會合，其他人也陸續抵達。當地有我事先安排盛裝來迎接的「內蒙古戲曲舞蹈團」在機場等待，以及安排大伙兒與「舞蹈團」在機場外的蒙古餐廳聚餐。天色漸晚，仍不見我們的蹤跡，機場、航空公司、餐廳等人員等得過久，逐一準備下班。我以手機聯絡胡小川，請他與各方人士協調因延遲產生的諸多問題。原本他是來參與盛會的團員，真是感激他在一團混亂中協助解決了許多問題。當機場人員幾乎全部離開前，晚上十一點半，我們終於抵達了！「內蒙古戲曲舞蹈團」的40多位演員、舞者與音樂家們，仍然盛裝列隊，從國內海關排到國際出境海關，贈送每人哈達，並舞樂歌唱，相迎相送。眾人感動。會合後，顧不得吃飯，全員小跑步到出境海關，辦理手續。還好機場不大，我們迅速地搭上前往烏蘭巴托的蒙古航空專機。

所有人經過一整天的折騰，著實疲憊不堪。有人還生著病，我心想，這些朋友應該在心裡一直罵我。還好蒙古藝術家的熱忱，接送讓大家消氣不少。

抵達蒙古烏蘭巴托已是凌晨三點。大家迫不及待地想去旅館休息，怎知海關以簽證過期為理由，不准入關。原來，簽證有效期限是晚上十二點前，我們因氣候延誤，抵達已是凌晨三點。即使我百般解釋，海關副主任堅持不放行。此時我再也按耐不住，和負責的副主任大吵起來。溝通許久，副主任表示一人要收取五十美金的簽證費。不

合理的敲詐，讓我火冒三丈。爭吵不休下，理屈詞窮的副主任索性將辦公室鎖起來，轉身離開，留下一臉愕然的我們。此時機場主任出現，我先解釋一番，也搬出一些我認識的蒙古高官們。後來副主任出現，他們關起門以蒙古話吵了起來，最後主任英明抉擇地蓋下了章，讓我們通過海關。這一路經桃園、香港、深圳、太原、呼荷浩特到烏蘭巴托機場。幾經折騰，終於可以入境了！

當天是〈世界杯足球大賽〉的決賽。少時是足球隊的我，抵達飯店後，顧不得整日未眠與舟車勞頓，吆喝了有共同興趣的六位同伴，到飯店附近一個有大螢幕電視的酒吧，擠在一群外國人和蒙古人之中，看著法國和義大利隊打世界足球的決賽。酒吧裡塞滿了來自各國參加盛典的觀光客，人擠人之間，渾然不知我的護照皮夾被偷走了。後來有人撿來，一看，錢不見了，但護照還在。這一天，我經歷六個機場、大冰雹，身在異國北方與一身的疲累，和陌生人觀看世足賽，加上失而復得的護照，真是柳暗花明又一村。

2006年蒙古國《那達慕》大會慶祝建國八百週年，特別以八百支馬頭琴的大樂團、八百人長調大合唱、一百二十人的呼麥吟唱及八百頭大賽馬為號召，在7月11日于首都烏蘭巴托舉行。加上古代《那達慕》三技藝：柔術、箭術、馬術的大競賽，吸引來自世界各國的嚮往者。裝扮成十三世紀的蒙古武士、騎兵、文武百官、王妃、使女都身著絢麗獨特的服飾，頭戴各式樣的咕估帽，參加開幕式。現場還有巨型蒙古包以及牛、馬、羊、駱駝等，重現成吉思汗帝國的風光。

慶祝節目有傳統蒙古歌舞、騎兵繞場、驍勇的蒙古摔跤、射箭和賽馬比賽。還有八百騎兵重現成吉思汗的作戰陣容，騎士手持長矛、大刀、弓箭做勢比劃。數百駿馬飛奔的隆隆震響，陣容甚壯。

接著，眾人聆聽八百人長調大匯唱，頓時如沐天上飄降的聲浴，悠遠綿長的弧線型波折聲冉冉而來，猶如時空的遁化，遠古開闊的冥想，引吟而生。在文化的傳襲上，長調的吟唱者，女聲遠多過男者。自然高音域的飄盪，餘音盪裊，融入古代蒙古華麗的女飾，更是繽紛齊飛。現場許多蒙古的女士頭帶特有的『咕咕帽』，是古代蒙古貴族婦女嫻淑身分的表徵，微有弧型的長圓桶頭飾，讓人驚豔。

中國內蒙古大、小各旗、盟均舉辦不同規模的《那達慕》。我和

攝影家謝春德、周正瀚、葉垂青及「上海藝術中心」經理林宏鳴，及上海、福建、廣東各地記者參加7月24日在錫林浩特「東烏珠慕沁旗」慶祝建旗五十週年的《那達慕》大會。他們以五千人長調大合唱為號召，然而現場竟然以錄音及對口虛唱，實為遺憾。當時在俄羅斯境內在西伯利亞地區的「薩哈共和國」，仍有四十五萬人口的蒙古部落「雅庫德」族，在聯合國文教組織UNESCO的支助下，特派一團百人民族表演藝術團，專程至烏蘭巴托參加『那達慕』大會，並作首次的國際公演。

《呼麥》《長調》相輔相成，
《馬頭琴》融成了三位一體的三重奏
《呼麥》是人聲樂中，最善於運用咽喉的發聲法。

聯合國「人類口述和非物質遺產代表作」的評選，從2001年開始，每兩年一次，一個國家一次只可申報一項，可多國聯合申報。自2001至2005年，中國崑曲、古琴藝術，日本能樂、文樂木偶劇、歌舞伎、韓國《王室、宗廟及神殿歌舞》、《潘索利》說唱、江陵端午祭、菲律賓《伊富高人的哈德哈特聖歌》、烏茲別克的《博伊桑》樂、新疆的《木卡姆》、蒙古與中國聯合申報的《長調民歌》、高棉的皮影戲等，總計九十項入列。我認為最為獨特的是《呼麥音樂》（Khogemi），由一人同時發出雙重或多重聲音，且產生共鳴現象的

蒙古馬頭琴大樂團

奇妙之技。

　　此項稀罕的奇技，橫跨蒙古、俄羅斯、中國三個大的政治區域。在俄羅斯境內更是含蓋了圖瓦共和國、布里雅特共和國、薩哈共和國及西伯利亞地區等區域，哈薩克共和國東邊位於阿爾泰山脈的群落，均有族群能唱《呼麥》。或許是政治情勢的複雜影響了聯合申報的契機，終於在2009年9月30日在阿聯舉行的第四次會議，破天荒打破一國一次只能入選一件世界非物質文化遺產的規定，一致通過將《呼麥音樂》文化列入為聯合國人類口述和非物質遺產代表作。同年也入選了中國大陸二十二項的文化遺產，成為入選項目最多的國家。

　　人聲通過喉嚨、口腔都同時只能發出一個音高的聲音，有人以從口腔的變化產生共鳴音，或部份經由鼻孔同時發出兩個以上的音高或其他『變化音頻』，但多無法持續太長或聲音極為微弱。然而《呼麥》卻能經由氣管、咽喉同時發出同等音量的複合音，聲音的穿透力又強又遠，打破了其他民族的發聲原理及所謂西方的《美聲唱法》（Bel Canto）。

　　《呼麥》的發聲法、技巧及其風格，尚未被完整的研究整理。在過去二十年的研究，只發掘六至七種唱法。而我在本世紀提出有關其論述，也隨著時間持續增加及演變中。從整體探討，大致可分為八種風格及唱法：《呼》（Khögemi，喉鳴）、《卡基拉》（Kargyraa，虛聲帶唱法）、《西奇》（Sygyt，哨音唱法）、《勃班納地》（Borbanadyk，滾動式唱法）、《契蘭迪克》（Chylandyk，蟋蟀唱法）、《敦楚克塔》（Damchuktaar，閉嗩喉聲法）、《伊澤哥勒》（Izeulgoleü，馬蹬式唱法）、《康濟普》（Kanzip）。

　　蒙古男性以低沉的聲音緩緩勻出，接著滾動式的濃厚喉聲，一陣一陣的氣韻，隨著演唱者運氣的節奏迅即籠罩全場。一個人的獨鳴可掩蓋多人的合唱，甚至穿越其他的聲音。其魅力已傳遍世界樂壇，其聲音的厚度及強度始終讓科學家不解。近幾年的採訪研究當中，開始有不少女性開始投入呼麥的練唱，但其力道尚未帶勁。此外演練長調的男演唱者，也有增加的趨勢。雖有傳聞西藏喇嘛的《梵唄唱頌法》引進，影響了《卡基拉》的演唱法。但我認為恰恰相反。由於薩滿教（shamanism）的存在，早過佛教的誕生，應該是圖瓦的《呼麥》唱法，才真正地影響了西藏的《梵唄》。

　　《呼麥》在不同的區域、族群各有特色，合音、泛音的音程也均有區別，產生的音色也會因生活習俗及環境狀態而各異。如位於大戈壁沙漠的游牧民族的《呼麥》，聲音較乾澀。蒙古大草原的《呼麥》，音色比較圓潤。蒙古人潛在的精神力受到大自然的挑動，不論是馬鳴的聲響、沙漠、草原的風吹草動，都應是《呼麥》啟發的原生力。

　　由於《呼麥》在圖瓦話為Xoomen、蒙古語發音為Xoomnn。古蒙古話為Khögemi，意為咽喉。若將《呼麥》改名為《喉麥》，以中文的譯音也很恰當。

　　《長調》（Urtyn duu），意為悠長的歌曲（Long Song）。源自遊牧文化和地域特徵的獨特演唱形式，以草原人特有的語言述說著蒙古民族對歷史文化、人文習俗、道德、哲學和美學的感悟。流行於阿爾泰山脈、貝加爾湖、蒙古國、及中國內蒙古阿拉善、錫林郭勒、呼倫貝爾等大草原。《長調》體現了蒙古民族遊牧文化的特點，並與蒙古語言和文學等息息相關。歌詞內容多描寫草原、駿馬、駱駝、牛羊、藍天、白雲、江河、湖泊等。唱法以真聲為主，感嘆自然、謳歌母愛、讚美生命、訴說愛情。把蒙古民族的智慧及其心靈深處的感受，表現的淋漓盡致。

　　《蒙古長調》演唱藝術，展現出長調悠揚的旋律、繁複的波折音，以及只可意會的內在旋律，代表了蒙古歌唱藝術最高成就的藝術形式。一個完整的演唱樂段，往往從低音區到高音區，再降到低音區。有時一支《長調》會出現多組的回複過程，再加上些微變唱。長期居住在草原、沙漠、高原的族群，發展出極為悠長、曲線型的藝術現象，甚是奇妙。

　　天、地的廣闊是《長調》形成的潛在原動力。其主要特徵是歌腔舒展、節奏自如、高亢奔放、字少腔長。不少樂句都有一個長長的拖音，再加上特殊的發聲技巧稱作〈諾古拉〉。從西洋古典音樂學的角度，可歸列成顫音或裝飾奏。可是這並非一般單純的泛音效果或緊密急短促音程的裝飾奏。而是衝擊了和聲變奏的效應，甚且產生了完全四度、完全五度的合聲共鳴效果。也有少數二度、三度的出現，唱起來豪放不羈，一瀉千里，獨樹一格。

　　千百年來，蒙古歌唱家口承心授，代代相傳的藝術形式，隨著族

群及生活環境而有分佈上的區別。現狀分別幾個區塊，包括蒙古烏蘭巴托及其附近的中央區、蒙古西北區、貝加爾湖一帶及南西伯利亞、圖瓦及東阿爾泰山脈，內蒙的呼荷浩特、錫林浩特區域、呼倫貝爾區域，以及新疆北邊的哈納斯湖一帶，都存在不同的音形及演唱方法，後來甚至傳到東歐幾個如保加利亞北部。

馬頭琴 Morin Quur
從唐宋時期流傳至今的弦樂器，是蒙古人的靈魂。

2002年3月的〈國際演藝會議暨展示會ISPA〉〉在北京召開。這是〈ISPA〉首次移到亞洲召開的年度大會，由中國理事代表人陳紀新籌劃組織。期間最受人矚目的音樂節目，是來自蒙古的「馬頭琴大樂團」。由五十位穿戴蒙古民服的馬頭琴演奏家，演奏的蒙古名典《白駿馬坡》。與會人士，從前段方興未艾的議論中，倉促入座。舞台上只聞細微的弦樂群聲，低盪而來，重複緊密的樂句，逐漸加強聲度及力度持續達兩分鐘。由緩而急，由最弱至最強，滾滾而來的聲音，幾至衝爆整個會場。衝至最高潮時，嘎然驟止。全場屏息的聽眾，頓時鴉雀無聲。瞬即轉而六把中音弦樂聲，潺潺流出，涵沙溫雅的旋律上下交替。長長的聲線交織在厚實低渾的和聲群上，吟隱中，時而飄入音箱自然共鳴產生的泛音，安逸極了，也美極了！我認為，人類也好，動植物亦是，長期居住於大草原平原、大高原、大山脈、大冰河等環境的族群，方可醞釀出如此悠遠綿長的曲線型音樂的藝術現象。

酒會時，有位歐洲的樂評家描述：「蒙古馬頭琴齊奏時，五十把琴音準的整合，連柏林愛樂都瞠乎其後。誠如傳聞，每聽馬頭琴樂團的演出，其磅礴的氣勢，總讓我追幻十三世紀蒙古騎兵雄風。」

蒙古族的拉弦樂器中，馬頭琴最具代表性。馬頭琴又稱為「潮爾」（Zau Hor）、「胡琴」、「馬尾胡琴」、「弓弦胡琴」或「莫林潮爾」，是蒙古族最喜愛演奏的弓弦樂器。得此名，乃因在琴首雕著馬頭造型。我曾參觀製琴工廠，作業臺上有許多半成品及特殊工具，牆上也掛滿了各式馬頭琴。我發現還有馬頭小提琴、馬頭大提琴。製琴師告訴我，那是歐美人特別訂作的。隨即拿起一把小提琴拉

奏起來，只不過他把小提琴夾在雙腿間，就如同拉馬頭琴的姿勢。一曲〈匈牙利舞曲〉應聲而出，可見烏蘭巴托的文化產業已和國際接軌，不過是用蒙古肢體語言。

馬頭琴的製作，以硬木為柄，音箱（共鳴箱）有長方型、倒梯型。常用有兩種尺寸，大琴為低音琴，琴長一百二十公分。小琴為中音琴，琴長七十公分。音箱兩面繃羊皮、馬皮、或駱駝皮，皮面繪有各種圖案。定弦一般為兩條馬尾弦，現代琴師亦有嘗試其他材質，但感覺均無法與馬尾相比。有一說，該馬尾的等次，常以泡過多寡與多久『馬尿』有關。甚至是健壯的馬或弱馬，其音響及音色均不同，真是奇妙。

演奏時，弓在弦外，如同西洋大提琴。定弦有數種，常使用的有三種，正四度A和D、反四度D和A，現在的蒙古國及圖瓦共和國均習慣上述兩種定弦法。五度定弦D和A，較常在中國內蒙、東北、新疆、甘肅地區。這現象是因漢人音樂家（約在1956年）為了提高激的演奏感覺，而推薦成習。

馬頭琴除了群奏、獨琴外，也是伴奏《長調》與《呼麥》最主要的樂器。也是〈說書〉的主要伴奏。蒙古的《短調民歌》、四胡琴、

內蒙古曲藝團——馬頭琴合奏。
謝春德攝影。

施明德先生與夫人陳嘉君於大戈壁沙漠留影。
周正瀚攝影。

（上）我與內蒙古呼麥與曲藝演唱家們。
（下）戈壁沙漠玩沙、溜沙。
　　　周正瀚攝影。

1~4　那達慕大會，模擬十三世紀大戰萬馬奔騰的情景。
5　　蒙古婦女華的姑咕帽。
　　　周正瀚攝影。

蒙箏、甚至鼓樂等，馬頭琴均是最佳夥伴。蒙古族其他拉弦樂器尚有弓箭胡（Nüummon Hor），也有以駱駝膀胱製成的膀胱胡（Soh Hor）最為希貴，盛行以貝加爾湖東邊的布里雅特共和國最多。總之，馬頭琴是蒙古民族最具代表性的樂器，也是草原圖騰文化的藝術體現。蒼勁、深沈的音色，奏出蒼茫悠遠的歷史深情，也呈現萬馬奔騰的大地呼喊。

蒙古馬、塞外小白花與草原的綠月夜
風清蒼月的景象，收攝了人們的心神。

一起旅遊的好友仁寶集團董事長許勝雄的弟弟、瀚邦科技董事長許勝豪，他的子女告知當天是他們的結婚紀念日。得知這個消息後，我們一夥兒到草原及自然生態的蒙古馬山坡區上採集了隨處可見的點點小白花，成為一大束白花。當晚的晚宴，許勝豪將藏起來的花束，拿出獻給愛妻，大家也一同為他們歡呼慶祝。她驚喜之餘，感動到流下眼淚。

頸粗大頭的蒙古馬，成長在環境惡劣的蒙古高原。勇猛有力，更有超強的耐力，可久戰馳騁，是成吉思汗得以橫跨歐亞征服世界的重要助力之一。純種蒙古馬曾經幾近絕跡，十九世紀時僅剩下約兩、三百匹。後來分一半運至荷蘭一個種馬俱樂部，在當地細心撫育近百年，才得以保住血脈。這個俱樂部在八百年慶典時，由一百多位騎士，騎了一百多匹的蒙古馬組成遠征團，從荷蘭一路騎到烏蘭巴托。據說這群馬進入蒙古境內時，一向溫馴的馬匹們居然在草地上狂奔打滾，高興的模樣彷彿知道自己回到了家鄉，實屬奇特。多年來，蒙古的「野馬養育區」，嚴格禁止人們進出。在特許下，我們整團驅車前往養育區邊界，遠遠地拿望遠鏡眺望。一眼可辨識出馬群中英挺的馬王，警覺地昂首偵測和巡視，其他的馬兒或玩耍或漫步，隨著馬王緩慢移動。

離開現代社會，來到無際的草原上，偶而看到一兩個當地的小孩開心的騎馬，心中甚是感概。羨慕他們的天大地大，發自內心的快樂滿溢在笑臉笑眼中，而我們的快樂卻是要花錢買來。

　　幾晚住進草原上的蒙古包，曠遠草原上的夜晚，純淨渺遠的天空總是佈滿了星星。天空晶瑩高遠、渾圓的紅色大月亮，讓大夥驚嘆不已。幾天後的一個靜爽夜晚，星空中居然出現了一抹不可思議的綠色月亮。一環環淺綠、深綠的氤氳色層繞著核心的月球，高掛天空。大夥兒全都沉靜下來，像是努力將這樣的蒼青明月烙印在腦中。在蒙古廣闊草原上這樣的一個綠月夜，如許景象總不時在我的腦海閃蹦，不曾散去。

當我想起這幅畫面，就會想起庫車民族的一首情歌：
像月兒一般的美人啊！
妳的腰就像柳兒一般的細，
妳那紅紅的笑臉,就像蘋果一般的紅！
像月兒一樣的美人兒啊！
妳在等情人吧？
妳的心好像火焰般的燃燒著吧！
像月兒一般的美人啊！
沒看過玫瑰的小鳥，是不會知道春天的美麗；
妳就像夜空裡明媚的月亮，
而妳胸前的寶石，就是雲間閃閃的星星！
只是此刻卻是綠色的青蘋果！

大戈壁沙漠、貝加爾湖與布里雅特之行
沙煙氤氳的幻覺、明鏡湖水傍山景、布里雅特的女買辦

2009年6月底，我再次邀請好友們旅行，包含施明德先生一家人、張伯明夫婦、葉大慧、桑梓強、潘方仁董事長、何美慧、畫家王維妮、楊憲宏一家、葉玫等前往大戈壁沙漠、貝加爾湖與布里雅特。從台灣出發，先抵達蒙古的烏蘭巴托，隔天乘坐小型包機南前進大戈壁沙漠。先是住進當地民營的蒙古包。該地一年日曬多達兩百多天，這類民宿的蒙古包，採用以太陽能取電的設施提供餐點，衛星電視及熱水器發電等設施。民宿也提供旅遊使用的特種吉普車及貨車。當地從地井泉挖出的泉水，甜美可供飲用，以地泉水洗澡甚是冰涼舒適。晚宴還安排了兩次馬頭琴與長調、呼麥，演出當地的民俗音樂。

次日，我們前往大戈壁沙漠。行進中環視遠方的漫天與大地，隱隱呈現介於藍灰墨、淺綠不同層次的無垠景象。行駛路段少有馬路，更別提柏油路，多數是行駛在泥土、草原、沙礫中。司機在沒有定位系統或雷達，沒有迷路。偶而會有車子走過留下的車痕，司機說這也是他的重要指標之一。

平坦無際的大戈壁沙漠如此廣大，而使人渺小。忽然一陣黃沙襲來，讓視覺的焦聚混淆。陽光折射下的漠地景色，變幻出各種深淺色彩，閃爍變幻，這是人在沙煙氤氳中所產生出的幻覺。眼中景象，卻是真實立體化的美境。遠處的天際點，看似近在咫前，實際卻是足足開了六個小時的車程距離，才抵達遠方聳立的天際邊。迎面而來的是，如鋸齒般綿延的斷崖。遠方連成一氣的天際與地平線，褐土沙丘的地表，總不時地閃爍出一道道或灰、或綠、或藍般塊狀幻影，有些也紛疊成型。久久的遠處，出現一部在沙丘上移動的車，總覺得可以很快的與它會合。司機卻說：「兩部車之間至少有兩小時的行車距離。」

終於抵達幾層樓高度的沙丘，大家興致一來爬至頂玩起滑板。我也湊興在最高處翻筋斗，滾得一身沙。他們笑稱我是『最年老的頑童』，心想，真是感謝替我動心臟手術的台大醫院林芳郁院長。他的妙手，讓我起死回生，可享受在大自然的大沙漠上，爽快地翻了大筋斗。

　　住宿的蒙古包旁還有一座迷你型博物館，展示著沙漠民族使用的器皿、狩獵武器、各類工具以及該地的動物骨頭標本。金融家好友桑梓強在此買了一對巨大的鹿角，不料經過蒙古邊境的海關，堅持扣留下這對鹿角和新主人。海關人員開始大肆地調查，我趕緊聯絡時任蒙古國家安全顧問(現任國會議員)的巴奇美Bachimeg。由她親自出面簽署同意書，與我聯合保證，海關才將人放行。然而這對大鹿角，仍被留下來繼續接受調查。歷經半年的調查後，最終運送至上海。

　　隔天眾人前往大戈壁冰河，或騎馬，或步行進入長年結冰的冰河谷。載著我們的馬兒，在無人指示下，竟然知道閃過脆弱的冰穩穩地帶著我們前進。令人百思不解，馬是如何如何判斷冰層的安全性？無人知解。當時6月近三十幾度，冰河未溶解的冰塊晶瑩剔透，溶成大小不一的巨大抽象形體。一座座大型半透明的冰雕，巧奪天工，有些如一頭有巨嘴多角的蛟龍，其型態令人嘆為觀止。此奇景至今徐徐如生，永瀅腦海。

　　我們下馬行走在浮冰上。為了想要超捷徑，我從一塊浮冰跳到另一塊。兩塊浮冰有近兩公尺的間隙。一躍，沒踩穩而摔了一跤，滑滾跌落至另一塊離我兩公尺遠、高達三公尺的冰上，衝上前面同隊的何美慧，連她一起摔倒在大冰上，我的腰因此受傷。

　　最終前往世界盛名的『燃燒的峭壁』「巴楊扎格戈壁（Bayazag Gobi）」。此地如同炭火般的磚紅陡峭，曾挖掘出世界最早的恐龍遺骸。考古學者們後來在此找出大量、七千萬年前的恐龍骨頭化石遺骸。我站在制高點，望著腳下這一片千萬年前的戈壁，如同站在一個千萬時光長流的小據點，侏羅紀公園影像立現眼前。

　　回到了烏蘭巴托後，我們一行人坐上火車，預備穿過蒙古邊界前進布里雅特共和國。這個行走首都烏蘭烏托／西伯利亞／蒙古主幹線，是至今少數僅存的的古老火車。車廂分為貴賓艙和經濟艙，由於有限數量的貴賓艙無法讓全團的團員入住。我和其他男性友人擠在一個經濟車廂內。和當地庶民共座，反而見識了許多有趣的事。

　　經濟臥艙，有四人左右上下鋪。火車即將開車前，我們臥艙進入一位當地蒙古的中年女性乘客，這位看似臃腫的大媽，不黯英文，比手畫腳地告訴我們，她表弟與我們的導遊住在另一間經濟艙。我們試圖和她商量換艙，但她堅持不肯，只好作罷。之後，大媽開始脫下一

件件的外衣，脫超過十件後，只剩下貼身的衣服。原來層層外衣裡，塞滿了許多東西。我們這時才明白。她是一位跑單幫的女商人。她取出行李箱的件件物品，酒、電器用品、雜物等，開始藏在臥艙的各角落及在臥舖內的上下四角。轉眼間，這些物品都藏置妥當。她絲毫不在意我們驚訝的眼神，同艙身為律師的葉大慧有著職業本能的謹慎，認為這位大媽的舉動不單純，表示他不離開艙房，不與我們前往餐車。

　　火車來到邊界的車站，等待俄國邊防檢驗入境證，旁有一個只有鐵欄杆窗口的福利社，這是個沒門、無法讓人進入逛逛的福利社。買東西只能透過有鐵欄杆圍著的小窗口，窗內坐著一位面無表情的女性售貨員。任何想買的東西，只能以手指出物品大概的放置方向。售貨員也可精準地拿出顧客要買的東西。在那裡我買了一條肥滋滋的大香腸，大夥兒都笑我不買紀念品，反而買了這個。然而，緩慢行進的長途火車，經過十幾個小時後才抵達烏蘭烏托。途中我把香腸拿出來和大夥兒分享，在這個慢速搖晃的沈悶旅程中，香腸吃起來居然異常的美味。

　　當火車抵達過蒙古國與西伯利亞邊界的檢查站，邊防巡邏隊上車來做例行檢查。怎知火車一停，竟超過一個小時。兩位男女軍官來到我們的艙房，表情嚴肅地到處檢查。年輕軍官先檢查上下舖木箱，敏捷地一躍翻到上舖，仔細地查看每個角落。他們一一翻出藏的滿滿的物品，大媽和巡防隊員一起去車長室，以一連串的蒙古話，邊哭邊大聲地爭辯了約二十分鐘。

　　火車過境進入布里雅特共和國，已近天亮。入境後，眼前出現一位標緻纖瘦的年輕女子，笑咪咪地和我們打招呼，仔細一看，原來是昨夜同艙的大媽。她是往返蒙古與布里雅特跑單幫的買辦，卸下身上十幾層衣物及大堆酒與雜貨，從臃腫的大媽搖身變回苗條的年輕女子。她拉著行李愉快地下了車，看來這位跑單幫的女子已經和巡防人員達成協議。這種生意模式，在此已成一個長期的共存生態。

　　有趣的是，她臨去秋波，爬上我們共乘的臥舖夾層中取出兩瓶洋酒，對我們揮手回眸一笑。我心想，道高一尺，魔高一丈。

蘇武牧羊的北海
街上處處看到，由單眼皮東方輪廓和綠眼珠混血兒女們所組成的家庭。

　　布里雅特，是十九個目前俄羅斯尚有自治共和國其中之一，是不同支蒙古族和俄羅斯民族的混居之地。嚴格來說，現居的俄羅斯人超過人口總數的一半，蒙古族後裔的布里雅特人約四成，其餘的百分之七，則是四十四個少數民族。這個國家沒有天然地震颱風等災害，也沒有顯著的政治危機，因此巡守鐵路公路邊防的士兵，也較寬鬆有禮。

　　布里雅特是個古老的社會，也是成吉思汗母親的故鄉。土地面積比台灣大了近十倍，人口卻只有一○五萬。十九世紀末至二十世紀初，此地移入大量的俄羅斯農民，因此許多人有著蒙古人的名，卻有俄羅斯的姓，或蒙古人的姓，冠上俄羅斯的名。

　　烏蘭烏德市長久聞施明德主席的傳奇，特地為他舉辦一個大型的歡迎晚宴及演出。我原以為這只是一個官方性質的晚宴，餘興節目中一位以鼻腔與口腔同時使用的雙腔《呼麥》音樂家，讓我大為驚喜。十多次來去蒙古，我從未見過以這種方式演出的《呼麥家》，他同時以鼻子吹鼻笛，用口腔唱呼麥，如此難得一見的演出是意外的收穫。

　　晚宴列席的一位文化部長，瀟灑俊挺又年輕有為。他主動邀請大家參觀成吉思汗物品的博物館。那一年烏蘭烏托市與滿州里市結為姊妹市，該博物館是文化交流重點之一。當地市政府為了慶祝，特別舉辦了一個白天的節慶市集Bazar。原以為是充滿蒙古民族色彩的市集，一到現場，卻如同進入一個西方歐洲中古世紀的慶典，是個相當有歐洲氣氛的巴洛克市集。當地街廓佈滿了繽紛的淡彩橘紅黃旗幟，與各種植物豆殼的雕刻。西歐的雜耍，使得慶典比歐洲更具歐洲風情，恍如置身十四世紀的中古歐洲！這個幻覺，一直到蒙古馬頭琴的演奏聲揚起，才讓我們再次回神。這就是個典型的「西方遇到東方」城市。

　　原本預計官方拜會後，我們一行可啟程前去貝加爾湖。布里雅特國會議長卻臨時想宴請施主席吃飯，全團只好分為三小團，分成三個方向行動。

1
―――
2 │ 3

1 夕陽中的貝加爾湖。周正瀚攝影。
2 冰河底層深處一景。周正瀚攝影。
3 大戈壁沙漠內的冰河入口處。周正瀚攝影。

　　貝加爾湖是世界上最古老的淡水湖，也是世界最深、最清澈的湖泊。湖的總面積達三萬一千七百七十二平方公里，約是台灣九成的面積。崇山峻嶺環繞，湖岸線延綿，也有如海洋般的潮汐，當地傳說湖裡有百年湖怪。涼風徐徐中，我們踩著湖畔的細沙，處處散佈著沖刷成各種形狀的石頭，倒映在如鏡般的湖水山景，令人讚嘆不已。此地冬天溫度達零下二十～三十度，談及兩千多年前的蘇武，被放逐到這個冰封北國常達十八年，是否也會被這般景緻所吸引？不知他如何熬過這漫漫寒冬。而蘇武離開時，已是白髮蒼蒼。

　　湖邊有一座座像是夏令營的布里雅特木房子，讓我想起成吉思汗出生地達達勒（Dadal）的民宅。大家還去了貝加爾湖畔泡泡溫泉，同行的潘氏企業潘方仁董事長，等大家離開才進去泡。接著兩位年輕白人女仕也順勢進去，原來這個溫泉開放給男女共浴。等了許久，不見潘董事長出來。原來是他生性害羞，遇到男女混浴，竟緊張地不敢站起來。我笑說他是老來入花叢，他還神回我：「是這些女孩子誤闖森林。」

　　我與潘先生在貝加爾湖撿了一些石頭，由於我們不諳此處有生態保護條例，沒有特許是不得拿走任何大自然相關的物件。潘先生的石頭，在烏蘭烏托的海關被全數沒收。然而，我走陸路返回蒙古國，海關沒檢查行李，有幸保存了這些美麗的石頭。之後，我將手中的兩塊貝加爾湖石，轉送給潘先生留念。

　　隔天我和楊憲宏一家搭車過了邊境到恰克圖市，這是蒙古第二大城，也是蒙古的工業城。我們走進一家餐廳，帶著冒險心，點了生馬肉。熱情的店東還端出一大盤生馬眼，招待我們。大大的馬眼吃在嘴裡，有點像優格加上皮蛋黃。所謂「食物之於文化」，必反映民族文化環境與生活習慣上。

第四章——

滾動台灣文藝復興

對於這條藝術之路，

套一句美國詩人 Robert Frost 的話

「一條人煙稀少的路

The road less traveled by」

業師 許常惠

　　幼時來自父親家族音樂上的薰陶與耳濡目染，加上青少年時期有系統的賞析，培養出我對古典音樂的熱愛與素養。即使如此，我的一生不曾進入正統學院習樂。我與音樂，總有自我培養的思考途徑與想法。真正影響我進入專業音樂專業，是許常惠老師及曼儂二人。

　　我與他們的因緣，可說是音樂與人生的巧結。

臺灣現代音樂文化的開創者
歐洲西方高度東向的文化思潮，激起許老師對本土文化尋根的反思，毅然投入本土新音樂的推動。

　　許常惠出身於彰化書香世家，中學曾赴日本就學兩年，回國後，進入師範大學音樂系。二十五歲時，他帶著一把小提琴，隻身乘船遠赴巴黎。一心追尋傳統古典音樂的許老師，在他五年的留法生涯期間，受到現代音樂思潮的衝擊，領受法國印象派作曲家德布西（Achille-Debussy Claude）的全音階世界、匈牙利作曲家巴爾托克（Béla Bartók）的民族音樂采風及其旋法音樂的宇宙，進而研究法國作曲家密西安（Olivier Messien，或譯梅湘）的節奏技法及全方位音樂空間。當時西方高度東向思潮的席捲下，許老師終於在三十歲那年

許常惠老師

毅然返台，全心投入於本土新音樂的推動。

我和許老師相差十五歲，青少年時期開始跟著他學琴。加上後來在工作及生活上的多年相處，至他七十一歲逝世為止，我們之間有著長達四十年、亦師亦友的恆久情誼。

十六歲時，觀念裡認為古典樂的主流是小提琴和鋼琴。父親透過大表嫂陳淑惠的引介，帶著一股熱忱開始跟著許老師學習起小提琴。順著這樣的機緣，我從音樂賞析正式進入創作領域。許老師年方三十，剛自法國留學回國，開始漢人音樂的考究，大力號召朋友及學生投入台灣原住民音樂的採集。除了日據時代接續第一位撰寫東洋音樂的先驅、日本音樂學的開宗大師田邊尚雄（1883-1984）的山地采風，許老師匯同兩位音樂史學者──留歐的老同學史惟亮先生（1925-1976）及留日的呂炳川先生（1929-1986），全面性地採集原住民原音。此舉不僅保存了原住民音樂，也成為台灣本土音樂的重要資產。音樂教育上，他獨排眾議將印象派後的現代音樂，納入正規音樂教學體系裡，打開閉關自守的學衙。音樂理論上，他引介新音樂、前衛音樂，打破當時台灣西洋古典音樂一言堂的閉鎖教學。

許老師曾敘述一則他留法期間與市場一位肉販間的軼事。對方得知許老師在「巴黎音樂學院」及「索邦大學」主修小提琴與作曲理論，約他參加音樂聚會。許老師好奇前往，發現這位肉販的閒暇娛樂，是和友人組成弦樂四重奏，演奏具職業水準。許老師驚訝於巴黎尋常市井百姓，居然具有這樣的音樂功力，不免興起『那我還學什麼小提琴』的感嘆！許老師雖然主修小提琴，卻不視樂器演奏為音樂學習的唯一，認為學器樂者不注重理論是錯誤的觀念，對音樂理論的探究十分重視。

學樂者，須先通理，唯技術是法，才能通情。

演奏家對樂曲的詮釋，只憑天份才氣與直覺感受琢磨，辛苦並難以深刻。但如果依照樂譜成規演奏，又顯得太過僵化。

許老師教授小提琴時，總會從分析樂曲著手，也從作曲家的創作脈絡思路、組合、內容、聽眾和演奏者之間互動等一一分析，這些觀念對我啟發甚深。我學琴半年後，便決定追隨他學習音樂理論。

加上對既有樂曲的不滿足，心理總想透過音樂表達自我思想與情

感，我開始嘗試作曲！作曲教學，許老師有著與他人不同的態度和觀點。他根據學生的特質，開導式地因材施教，造就他的學生能在寬廣音樂領域中，各有所成。

許老師認為理論可教，但作曲無法教，只能引導。

　　1958年，許老師自法返台後所帶來的音樂新觀念，在當時落後日本及歐美的台灣音樂環境，掀起極大的震盪，也啟發廣大的年輕人及對新音樂的熱情。許老師不僅成為學生偶像、樂界明星，甚至是媒體寵兒。更重要的是，他開啟台灣音樂文化現代歷史的新頁。

大師羅斯托波維奇、許常惠與我在台北合影。許常惠基金會提供。

四十載亦師亦友
弱冠之年的磨練，開啟我爾後四十年藝術行政生涯的不悔之路

　　我是許老師的學生年紀最輕、也是唯二兩位非專科出身的學生（另一位是丘延亮）。學習過程中，並不只『課授』，我也幫忙做一些事。他覺得我的文筆不錯，加上我的高度意願、速度快，輕鬆地勝任他所交代的工作，自然就成為他的助理。許老師為了不讓自我學術固化，常會邀請同好及學生開發研究新境界。我和曼儂曾與許老師共同研討及翻譯法國現代音樂大師密西安的《我的音樂作曲技巧》及《印度音樂語法的奧妙》。

　　作曲家密西安在印度待過一段時間，著作《我的音樂作曲技巧》中，他談及印度節奏和作曲的複雜，及西洋技巧的比較。作品名為《月亮上的血》（Turangalila），樂曲配器中運用東方樂器搭配西洋管弦樂器。一次許老師在台大演講以《月亮上的血》為講題，討論密西安的作品和音樂概念。那場演講叫好又叫座，講題獨特新穎，且深富哲意。如明星般的許老師，吸引許多聽眾擠滿了演講廳，體驗另一種全然不同的音樂世界。當時我負責資料的準備，也在現場播放唱片。年輕的我，能在許老師的演講中擔任助理，內心別有一番特殊感受。

　　那一段歲月經驗，不僅讓我吸收新音樂的知識與觀念，也認識了當時的樂界前輩和同儕。許老師除教學、研究外，也持續樂曲創作與發表作品。同時，他號召組織了「製樂小集」。在他的鼓勵下，我和多位年輕音樂工作者組成「江浪樂集」。之後許老師其他學生也分別成立「向日葵」、「五人樂集」。新一輩的年輕作曲家，在這些平台積極發表新創作，一時蔚為風氣，成了台灣現代音樂創作的主流。

　　我與許老師四十年人生歲月的共處共事，是緣分，更多是理念。我認同他的，不只音樂，還有突破社會框架的毅力勇氣。回想當年追隨許老師為舉辦音樂作品發表會，到處奔波、碰壁。但個性一柔一剛的我倆，總是鍥而不捨的勇往直前。

　　日後我與許老師，在音樂推展工作上的聯手更不曾間斷。如在國內催生音樂著作及使用權組織，創始「現代音樂研究會」、「中國現代音樂協會」、「中華民國作曲家協會」使其成為台灣最強化的音樂

組織。在國際上，發起「亞洲作曲家聯盟」領導亞洲音樂菁英。三十年來的突破，催化了亞洲音樂回歸自然攝取本源的意識，方得與歐、亞、美音樂水準並駕齊驅。此外許老師設立「中華民俗基金會」，與研究唐朝音樂的日本知名音樂學權威，也是當時東洋音樂學會會長岸邊成雄（1912-2005）共同發起國際性的「亞洲民族音樂學會」，對傳統的保存及研究發揮相當能量，有幸我也參與其中。

瀟灑酒中仙
音樂、文學、醇酒佳釀是許老師三個最愛，總能催化許老師的率性瀟脫。

許老師對台灣現代音樂發展的影響與貢獻，早有其歷史定位。私下的他，總是一派儒雅浪漫。許老師自小受詩詞文學和東西藝術的薰陶，青少年時一心想成為文學家，他所推崇的羅曼羅蘭、紀德、波特萊爾等，都屬自由派思想的文學家，深深影響他偏向社會主義與浪漫主義。雖然許父安排他習樂，深厚的文學根底豐富他的創作維度。他初始的演奏與創作，皆與文學有關；一以文字，一採音符，兩者在構思和內容情感的表達，有異曲同工的趣味與深度。許老師在法國的八首作品，逾半採詩詞入歌樂。回臺後的創作，更廣採當代文壇諸多文學家和詩人的作品，如瘂弦、陳庭詩、余光中、鄭愁予、張曉風、朱天文、趙二呆等人的詩詞文句。

我對許老師的推崇，一方面是他代表台灣人文素養與氣質，既有家傳本土的文化傳承，又受西方及日本文化的薰陶，融合歐洲風韻及中國人文氣息的台灣仕紳。我向來認為台灣數百年來，本就是多元文化的混血所造就的豐富內涵，實非狹隘的本土主義者所能領會。許老師就是這種多元文化薰陶之下的優質典型。

許老師從十多歲開始飲酒，成年後，幾乎每餐必酒。酒後陶陶然的他，侃侃而談，談他過往的學生時代，談創作與感想。或許是酒精放鬆了綑綁約束，酒後的思考總是趣味盎然。比如他從不同角度談對作曲家或樂曲的另一種感觸，相對於他在課堂上樂曲作品的理性分析，酒後論樂多了一些揣測、或身同其感的大膽假設，感性地探究隱

而未現的背後意涵。此時沒有定論的看法，反而較顯真切。

　　一年，我與許老師兩人前往京都參加〈亞洲作曲家聯盟〉年會。出發時我們在機場免稅商店一人買三瓶酒做為送給與會其他代表的禮物。到了京都，許老師到我旅館房間問：「你那三瓶酒還在嗎？我要送人。」我說：「你不是也有三瓶？」許老師說他都喝掉了。其實他在飛機上就開始喝，到了旅館遇到其他國家代表，都是熟識的朋友，他會說：「來來來，這瓶酒送你，我們現在就開來喝吧！」就這樣跟大家熱絡地喝起來。結果我們帶去的六瓶酒，大半是被他和朋友們喝掉的。

　　好酒的許老師，酒量不錯，醉後不喜歡大家離開。酒酣耳熱之際，他總會開懷暢意地哼唱台灣歌謠《六月田水》，或拿起小提琴演奏孟德爾頌的E小調小提琴協奏曲。晚年許老師不勝酒力，家人顧及健康，嚴格控制他喝酒。如今許老師已仙逝，但我常常憶起他一派瀟灑的飲酒趣事和真情率性，令我莞爾，也懷念不已。

許老師、李致慧師母及曾永義教授在巴黎塞納河畔合影。

1. 1997年FACP聚餐，從左到右，許常惠，
   我，菲律賓音樂學院作曲系主任R. Sandos，
   菲律賓大學音樂學院院長J. Maceda。
2. 留學巴黎合影，許老師學生群喝酒，左到右蕭
   勤，楚歌，柯錫杰，許常惠。
   許師母提供。

播種新音樂

　　1960年的台灣，處在專制政治主導社會的運作下，單一絕對的意識形態控管著人民思想與創作。『自由』，在人類史上是永不會被馴服的原純自然野性，是四處竄流的內在革命。所謂『民主』，置入藝術文化中的躁動，便成為『創新』。自由野性，才是人類社會進步的動力。六十至七十年代的台灣，處於西方殖民文化全面覆蓋的狀態，也是一個被壓抑、始躁動的年代。藝術家們亟欲掙脫被支配壓抑的環境，激發出一股熱情。稀薄微弱的文化覺醒，開始出現新思維、新聲音、新身影，我視為『台灣文藝復興』的濫觴。

　　許常惠和史惟亮兩位，是台灣新音樂的重要推手。過去台灣音樂界多受日本東亞系統，以及大陸來台音樂家帶來的俄、歐系音樂影響，這些前輩音樂家前者如譽為「台灣合唱之父」呂泉生（1916-2008），後者如重要中國近代音樂教育家黃自（1904-1938）、早期和聲學對為法最有貢獻的教育家蕭而化（1906-1985）。直到許常惠和史惟亮兩人返台，才帶回了歐系主流現代音樂思潮。許老師留法，史老師留德，兩人風格極為不同。台灣後來的音樂能夠較為多元的平衡發展，跟他們兩人有極大的關係。尤其是許老師，留法返台後，主張台灣音樂家應該尋找自己的聲音，藉由教學與創作大把灑下新音樂的種子。「製樂小集」、「江浪樂集」乃至於後來的「五人樂集」、「向日葵樂集」等團體，都是在他的推動下促成，成員幾乎是他的學生。許老師除了因材施教之外，與學生有師友相繫的濃厚情感，產

生一種時代性的影響力。台灣現代音樂作曲家人才輩出，許老師啟發教學及推動，功不可沒。史惟亮任省交團長及教職，也影響眾多後輩晚生，和許老師可說是嚴謹與浪漫的對照。只是深感遺憾史老師的早逝。他們二人的啟動，真正的開啟了屬於本土化的藝術，包括視覺藝術、鄉土文學…等。

製樂小集
受到十九世紀末「俄國五人組」¹以及二十世紀初「法國六人組」² 的影響。許老師借鏡他山，在1961年發起成立「製樂小集」。

「製樂小集」是個鼓勵新音樂創作的平臺，沒有固定會員的一個柔性組織。邀請作曲家在此發表作品，多以客卿的角色，對作曲家沒有會員約束力。「製樂小集」與其他三個樂集不同之處，真正的成員只有許常惠老師一人，但有較為清楚的會員人數。

「製樂小集」定期舉辦作品發表，由許老師邀請作曲家提供作品。初期發表會中偶爾可見呂泉生、前淡江中學校長長陳泗治這些老一輩的日據時代音樂家的作品。許老師特別欣賞《杯底不可飼金魚》的作曲家呂泉生。他尤其喜歡找一些過去被埋沒的，或者非科班主流的創作者作品。他總希望能為這些人提供一些機會，這是他特殊之處。然而「製樂小集」意在革新，帶動新觀念，除了這些前輩作品之外，他和史惟亮的作品，或年輕一代作曲家的作品成為主要的發表內容。「製樂小集」自1961至1972年間，總共舉辦八次作品發表會。

這些作曲家除了史惟亮，還包括陳茂宣、侯俊慶、陳澄雄、陳懋良、戴金泉、李泰祥、馬水龍、賴德和、溫隆信、沈錦堂等。他們成為半世紀來台灣樂壇重要的音樂創作者及推動者。相較之下，同時期中國大陸，正經歷艱困的文革時期，作曲人才的產出停滯。後起優秀作曲家屬於1980年後的一代，如譚盾、陳怡、周龍、瞿小松、陳其鋼、葉小剛、何訓田、郭文錦等，他們都在六十歲以下。這期間停滯近二十年，顯得台灣在創作上的發展，比中國大陸熱鬧許多。

江浪樂集
許老師對我說：「臺灣應該要有第二個作曲家團體，你們年輕人該出來了。」

　　許常惠老師於1963年春天，在台大做完一場劃時代的現代音樂分析後，開始聚集起學生丘延亮、陳振煌、陳茂宣、梁銘越、李如璋、張邦彥和我，決定成立一個團體。知名藝術評論家顧獻樑教授，為我們取名為「江浪樂集」，意涵著長江後浪推前浪的期許鼓勵。

　　「江浪樂集」的成員都是許老師作曲的學生。其中丘延亮和我是非音樂科班出身，他是蔣緯國將軍的小舅子，當時和陳映真一起研究馬克思主義。後來他因政治思想言論被捕，坐了五年的牢。師大音樂系畢業的陳振煌位泰國僑生，他的學長陳茂萱，曾擔任師大音樂系主任和音樂學院院長。陳茂萱出身北港，個性閑逸，父母喜愛音樂，讓七個子女分別學習不同樂器，一家人成立了台灣第一個家庭室內樂團。他們也是第一個移民維也納的台灣家族，與兄弟姊妹在地經營起中國餐廳。另一位梁銘越，是古箏大師梁在平的次子，也是藝專第一屆畢業生，和李泰祥都是藝專交響樂團的小提琴首席。李如璋，是一位礦油行老闆；他雖是許老師的學生，卻比許老師年長，因對作曲有興趣而加入我們。自己也寫過幾首曲子，參加我們第一次作品發表，與我們聚會過一兩次後就失去聯絡。張邦彥曾在大陸書局發行的雜誌任總編輯，留日回台後才加入「江浪樂集」。

　　「江浪樂集」成立第一次的作品發表在「國際學舍」舉行，第二次在台視〈樂府節目〉。這是首次我發表生平最初創作的兩首作品：「班婕妤詩的《怨歌行》」、「李白詩的《夜坐吟》」。第三次在中國廣播公司演奏廳。戒嚴時期當局對文化藝術箝制，創作並不容易。好在當局主事者對於抽象的音樂不在行，也不在意，才沒有如文學上的嚴格控管，我們更可以自得其樂。「江浪樂集」持續兩年多，陳振煌後赴法留學，丘延亮因白色恐怖入獄，張邦彥專心編輯工作，梁銘越去美國留學，之後並任教於馬里蘭大學，大家也就這樣散了。

　　「江浪樂集」後出了「五人樂集」、「向日葵樂集」。「五人樂集」是由師範學院和藝專第一代夜間部學生組成，多是社會人士再次

進修。以劉五男[3]、李奎然為首，還有徐松榮、王重義、盧俊政等五位作曲家。「向日葵樂集」比我們晚兩年成立，成員是馬水龍、溫隆信、賴德和、沈錦堂，都是來自國立藝專的班底。也因許常惠老師的鼓勵，而發起成立的作曲家組織。其中「五人樂集」辦了一次音樂會，「向日葵樂集」辦了兩次，同為許老師的弟子，以及現代音樂創作者，因此常常見面交流。

政治力下的現代音樂環境
所有發生的人事物，顛覆音樂創作方向，形成中國現代音樂的主流。

1965年的春天，一些文學家、詩人、電影導演如白景瑞等陸續歸國。大伙兒決定發起成立「現代藝術協會」，邀請「東方畫會」、「五月畫會」以及文學界的王文興，「製樂小集」、「江浪樂集」、「向日葵樂集」、「五人樂集」等成為基本成員。原擬定三次在「耕莘文教院」開會，但戒嚴時期組織集會都是違法的，許多人開始受到警告。第二次籌備會時，丘延亮因研究馬克思主義觸犯執政當局禁忌，被認定有思想和意識形態的問題，與陳映真同期被捕，許常惠也備受到壓力和警告。當時我正值二十，和丘延亮組織內最年輕的成員。我們一腔熱血，沒有退卻，更無畏政治力。但年長的前輩們有所顧忌，眾人得知聚會可能有被逮捕的危險，導致第三次的會議門可羅雀，成立「現代藝術協會」的計畫便告瓦解。

戒嚴年代，集會是被限制，也不能以私人名義辦任何活動。活動，都須以協會名義主辦。為了將來得以參加「國際現代音樂協會」，許老師再次召集作曲家預備成立〈中國現代音樂協會〉，由我擔任執行秘書。申請時被內政部退回，原因是台灣已有〈中華民國音樂協會〉（汪精輝任理事長、許常惠是理事之一）的存在。據規定，全國只能有一個音樂協會，內政部要求我們併入「中華民國音樂協會」之下，殊不知這是一種國家控制民間協會的手段。

當時透過「音樂協會」申辦音樂會，都須另外付費。一開始是幾百元，到了1970年收費變成兩千元。當時「實踐堂」的兩百座位，

平均票價四十元，最高票房總計也只有三千元左右。兩千元成為一筆沈重支出，讓我們十分不滿，想藉著成立「中國作曲家協會」擺脫這樣的難題。但成立協會不是件容易的事，所以改用「研究會」名義申請。「中國現代音樂研究會」就此成立，大家聚在一起，把酒論樂。

成立「中國現代音樂研究會」與「中國現代作曲家協會」
雖然過程艱辛顛簸，內心卻十分滿足。

「中國現代音樂研究會」成立在位於南京西路、辜偉甫先生於1964年創辦的「榮星保齡球館」，「製樂小集」、「江浪樂集」、「向日葵樂集」、「五人樂集」是基本成員，對外邀請音樂人共約二十多人加入。成員中，還有康謳教授（1914-2003），並擔任第一任會長，會址也登記在康謳教授的家。後來陳澄雄、李泰祥、曼儂都參加。研究會成立後做了不少事，發表多場音樂會。每次聚會通常會有人提出新作，談創作構想和作曲方法並演奏發表。這個組織於1969年更名為「中國現代作曲家協會」。之後「亞洲作曲家聯盟」（ACL）於1971年創立後，隔年增設了「亞洲作曲家聯盟中華民國總會」，同時登記「中華民國作曲家協會」，為方便加入「ISCM」（International Society for Contemporary Music[5]），1988年底正式設立「現代音樂協會」。當「中國現代作曲家協會」始運作時，政治情勢已有變化，法令開始鬆動。即使如此，仍須社會賢達與民意代表們為協會做擔保，保證沒有傷風敗俗的活動。

記得一次，我舉辦芭蕾舞和現代音樂作品發表會，「警備總部」聲稱這場演出可能涉及妨害風化，要求現代舞的舞者穿上褲襪。當時我請託藝專校長，也是北市交響樂團首任團長鄧昌國先生（1923-1992）為我們出文擔保。

回顧台灣新音樂的啟始時代，年輕的我們個個熱血奔騰，充滿了打拼的精神，傾全力突破各種限制。互相激勵下，我們建立彌足珍貴的革命情感。

台灣音樂著作權的推動
『作者權法』與『表演權法』緣起於巴黎香榭大道上的一家小餐廳。

　　七〇年代的台灣，音樂學者背景的丑輝瑛立法委員與許常惠教授開始推動「音樂著作權協會」。初始遭內政部駁回，事隔兩年，內政部同意籌備「音樂著作權協會」。第一任理事長由丑輝瑛立委擔任，許老師任協會副理事長兼籌備主任委員。

　　1986年，我曾到「法國音樂作曲家作詞家著作權協會」（SACEM-Société des Auteurs, Compositeurs et Éditeurs de Musique）總部拜訪。這是一棟座落在塞納河岸邊的白色現代建築，歷年來都是由大作曲家擔任主席。80年代電腦開始普及，音樂著作權也因之而迅速倍數成長。

　　1987年是作曲家拉威爾（Joseph-Maurice Ravel，1875-1937）著作遺產權（逝世後五十年）的最終一年。協會以《Boléro》為著作權為範例，按下電腦，收到全球每日的著作權權利金，自動地按比例分配給拉威爾的眾遺產繼承人、演奏人、演奏團體、經紀人、不同版本的樂譜出版社、唱片公司⋯及所有相關法人等。電腦化效率的分配，鉅細靡遺，協會「SACEM」只分配到13%。

　　法國於1791年率先頒布『作者權法』與『表演權法』，確立『著作權』與『表演權』的基本概念。法國是世界上最早建立智慧專利的國家，「SACEM」的創立，緣起於1847年巴黎香榭大道上的一家小餐廳Les Ambassadeurs café-Brasserie，與一位長期在餐廳吃飯的法國劇作家及詩人Ernest A.J. Bourget（1814-1864）。他就積欠已久的帳單與餐廳老闆起了爭執，原因出在這家餐廳多年演出他與伙伴的作品與音樂，卻從未支付任何費用。一氣之下，他告上巴黎的地方法院。1847年9月8號法國高等法院判決，餐廳需要支付給劇作家與其他作曲家們，多年未付費演出的賠償金～八百法郎。這個決定性的判決，喚起全世界對於著作權的警醒。也開啟劇作家Ernest A.J. Bourget與兩位作曲家Paul Henrion、Victor Parizot、出版商Jules Colombier共同設立「SACEM」。協會的管理，層層緊密有序，其中整層樓還聘

專家進行『抄襲、模仿』的評鑑比對。（國際公例法規以音樂的一小節為準則，但超現實主義的作品，另以個案由專家討論辯證，投票決定之）。

此後各國開始設立『著作權』組織平台，德國的「GEMMA-音樂演出與錄製版權協會」（Gesellschaft für musikalische Aufführungs-und mechanische Vervielfältigungsrechte）、日本「JASRAC-音樂著作權協會」（にほんおんがくちょさくけんきょうかい），也曾於八八年拜訪美國紐約「ASCAP-美國作曲作者出版協會」（The American Society of Composers, Authors and Publishers）的總部，也與「SESAC-歐洲作家與作曲家協會」（Society of European Stage Authors and Composers）多次書信來往。據了解，許常惠老師於2001年逝世前，台灣已經登記多個音樂著作權協會。

二十一世紀初，馬水龍前來找我提及他被推選任「著作權協會」理事長，他有心整合幾個協會並聯合積極加入國際組織，於是我們聯袂前往東京。在當時「日本作曲家協議會」主席三枝成彰的引介下，拜訪日本「JASRAC」理事長、秘書長與幾位專家，展開研究協商會議。方才知道台灣內政部登記的「著作權協會」，無一合法取得國際授權。可能台灣不是聯合國會員，無法登上國際著作權平台。政府當局對「著作權」瞭解淺薄，且不熱衷輔導進入國際著作權平台。加上國內各協會間因利益而分歧，始終無法聯合作業。馬水龍後因忙於校務教學和作曲等事物，卸任協會理事長後，我們就此打住。

■ 註釋

1　Могучая кучка俄國五人組，由非音
樂科班出生的作曲家鮑羅定（Alexander
Borodin，1833-1887）、穆梭斯基
（Modest Petrovich Mussorgsky，1839-
1881）、林姆斯基・高沙可夫（Nikolai
AndreyevichRimsky-Korsakov，1835-
1881）、巴拉基雷夫（Mily Alexeyvich
Balakirev，1837-1910）、庫宜（César
Antonovich Cui，1835-1918）組織，共同
致力於俄羅斯國民音樂的發展，又稱五人
樂派。鮑羅定流傳於世的作品有歌劇《伊
果王子》、交響詩《中亞細亞草原》等。
穆梭斯基，作曲風格具獨創性，《展覽會
之畫》與《荒山之夜》是其經典作品。林
姆斯基・高沙可夫，任教於聖彼得堡音樂
院，並任聖彼得堡俄羅斯交響樂團指揮。
巴拉基雷夫，雖未正式學習作曲，卻是首
位以交響樂形式表現民族音樂的作曲家，
庫宜擅長藝術歌曲，曾任音樂評論，作品
流傳較少。

2　Les Six法國六人組，發起於歐洲
反對印象主義的氛圍下，積極提
倡新音樂，成員包括杜列（Louis
Durey,1888-1979）、奧內格（Arthur
Honegger,1892-1955）、米堯（Darius
Milhaud,1892-1974）、塔芙耶爾
（Germaine Tailleferre,1892-1983）、普
朗克（Francis Poulenc,1899-1963）、奧
里克（Georges Auric,1899-1983）。

3　劉五男，曾為內湖國小老師，並夜讀藝專
事師許常惠席理論作曲，與當時擔任「文
星雜誌」主編的李敖有交情，他們二人一
個批判政治，一個藝文評論。因捲進《文
星雜誌》政治事件而出走，前往寮國，北
越侵寮時，一度陷入寮共控制地區，三年
後他幸能逃過戰火，期間曾經回臺，後旅
居東南亞後。

亞洲音樂新環境與新情勢

「亞洲作曲家聯盟」（ACL）與
「國際現代音樂協會」（ISCM）

在政治社會夾縫中的奮力潛行

　　過了幾年，法令再度更改。1971年12月在中山北路青葉餐廳的一個晚上，許常惠、日本藝術經紀人鍋島吉郎和我三人敘餐，談論發起「亞洲作曲家聯盟」（Asian Composer League）。後來決議邀請日本作曲家協會主席入野義朗、日本藝術經紀人鍋島吉郎、南韓現代音樂協會會長羅運榮教授以及香港作曲家會長林聲翕教授等，在臺北召開「亞洲作曲家聯盟」籌備會議，1972年正式成立。「聯盟」開始積極緊密的活動，成為亞太地區歷史最悠久、重要的國際文化組織。第一屆在香港舉辦，二屆在京都，第三屆在馬尼拉，第四屆在台北，第五屆在曼谷，第六屆在漢城……。

　　許多聯盟成員希望可邀請中國大陸加入，藉此機會進入中國體系，但屢試未果。中國大陸至今一直沒有正式加入，只被邀請為演講學者。

　　與此同時，我和許常惠老師提出台灣加入「ISCM國際現代音樂組織協會」的想法。全世界作曲家多加入這個深具指標性的組織，為了不被邊緣化，我們積極爭取加入。

　　1988年「ISCM」與「ACL」合併在香港舉辦大會，中國大陸也申請加入。當時主席Zygmunt Krauze[6]本與我原有深厚的交情，他排除了來自各方的政治壓力。猶記得奧國秘書長極力支持中國的加入，多方人馬為此爭辯，最後決定暫時擱置提案。休會期間，許老師和吳祖強、馬水龍和我試圖尋求一個解套的途徑，雙方在理念上實難達到政治立場上的共識。

1　1976年11月25日亞洲作曲家聯盟第四屆大會，全體於總統府留影。許常惠基金會提供。
2　1975年於菲律賓馬尼拉舉辦第三屆ACL亞洲作曲家聯盟大會

東南亞民族音樂
影響現代音樂方向、技術與內涵

　　〈大阪世界博覽會〉及1971年〈亞洲作曲家聯盟〉後，我結識眾多亞洲現代音樂最傑出的菁英作曲家們，如日本的作曲家三枝成章、池邊晉一郎，菲律賓的卡西拉葛博士（Dr. Lucrecia R. Kasilag）、民族音樂學者瑪瑟達（José Montserrat Maceda）與山度士（Ramos Sandos），韓國的李誠載、白秉東、吳淑子、泰國的蘇恰利特庫（Samtaw Sucharitokur）、柬埔寨的契納立・翁Chinary Ung、印尼的Kamar等人。

　　東南亞民族音樂影響了全世界的現代音樂，最早可鑑於法國作曲家德布西引發西向東的風潮。二十世紀中葉，美國作曲家Harry Parch（史上創造出數千新樂器的作曲家）受印尼Gamelan 銅鑼銅片打擊樂器的啟發，創造出四十三音鑽石木琴。再者，二十世紀極為盛行的極素樂（Minimulism）的元素，也是從亞洲音樂衍生而來。

　　菲律賓前總統馬可仕任內，曾下令全國廣播電臺於週末的一天下午五點～六點，播放作曲家瑪瑟達（José Montserrat Maceda）的大型作品，以一種特殊的播放演出—將瑪瑟達的作品拆成二十四個聲部，分別在二十四個廣播電臺同步播放。這個概念藝術，從民族藝術集結了打擊樂、機會音樂、極簡主義、情境音樂的融匯，至今也只有菲律賓曾做過。

　　以上諸多事件，彰顯印度、印尼、乃至菲律賓與泰國等民族音樂，與現代音樂的發展有著兼容並蓄的同軌連結，東南亞音樂隱性地影響了全世界現代音樂的發展。尤以發展數千年的印度Raga與印尼Gamelan，以其縝密繁複的組織結構和原創性，對現代音樂產生出巨大的影響。

　　為鼓勵創新藝術概念，我分別成立台灣「亞洲音樂新環境」、1977年在日本的「亞洲音樂新媒體」、菲律賓「亞洲新音樂藝術節」，同時進行不盡相同、但本質相同的『新音樂運動』。1989-1990年，我舉辦了三次《今日中國音樂的聲響》系列音樂會，邀請全球傑出華人作曲家參與發表作品。

與日本現代音樂友人的淵源
日本是亞洲最早將西洋古典音樂技法與系統理論美學，導引入社會與教育體系。

　　作曲家，在日本備受音樂界尊重，多數重要音樂學院校長也都由作曲家擔任，這是緣起於歐洲音樂教育制度的影響。日本作曲界約有十幾個團體組織，統合成立了一個「日本作曲家協議會」[7]。1970年大阪〈萬國博覽會〉，每個日本企業館各自聘請一位名作曲家，主導處理聲音相關的藝術。彼時人才濟濟，創作豐富，作曲家們也相互較勁互動。

　　同年，「日本作曲家協議會」假赤坂見附的「東急飯店」舉辦了參與〈萬國博覽會〉的音樂家酒會，我也榮幸地應邀參加。此次，我認識具代表性的作曲家柴田南雄[8]、三枝成彰、武滿徹[9]、黛敏郎[10]、諸井誠[11]、松村禎三[12]、入野義朗、芥川也寸志[13]、別宮貞雄[14]、池邊晉一郎、團伊玖磨、三善晃[15]等當代承先啟後的重要人物。

　　1971年「日本現代音樂學會」邀請台灣作曲家發表作品。這是第一次台灣現代音樂在日本的正式演出，許多重量級的音樂大老們都受邀前來，對台灣現代音樂的作品首次表示肯定。

　　日本現代音樂是亞洲國家中發展最先進，也最早與西方現代音樂文化有所接觸。第一代現代音樂作曲家們以柴田南雄、戶田邦雄、入野義朗最具代表性。第二代有『三劍客』與『三和會』美名的：團伊玖磨、黛敏郎、芥川也寸志。芥川，是知名文學家芥川龍之介的三兒子，他的指揮尤為著名。此後，我開始與作曲家團伊玖磨有頻繁的來往。鄧昌國先生也邀請他在台灣演出歌劇作品《夕鶴》，我們開始有許多的互動。1973年我的作品《中國戲曲的冥想》在京都發表時，他們也紛紛從各地前去京都欣賞。

1　三枝成彰。
2　池邊晉一郎。
3　黛敏郎。照片由三枝成彰提供。
4　1970年與日本作曲家合影，前排由左至右別宮貞雄、作者、馬水龍、
　　入野義郎，許常惠（後排右一）、黛敏郎（後排左二）。

作曲家團伊玖磨
許家與日本團家族有四代的淵源

　　前輩好友、日本作曲家團伊玖磨（1924-2001），出生於東京。祖父團琢磨（1858-1932）是知名實業家與貴族男爵，曾任日本四大財閥之首三井集團——三井三菱集團的總管以及理事長。1932年3月5日（昭和七年），在東京日本橋三井辦公室入口處，遭到右派激進份子暗殺，成為日本近代知名的政治事件——血盟團事件。他父親團伊能，是「東京帝國大學」文學教授，也是日本太子汽車總裁。團伊玖磨於1942年進入「東京藝術大學」學習作曲，與黛敏郎、介川也寸志結為現代音樂『三和會』，定期發表作品。團伊玖磨一生創作大量的作品，計有七首歌劇、七首交響曲、十八首管弦樂作品、二十多首室內樂曲、合唱、管樂、童謠、歌曲、電視配樂等眾多作品。團家身為日本貴族的富裕後代，在東京灣擁有一小島，園內飼養著孔雀和鱷魚。團伊玖磨自在台品嚐過「青葉餐廳」的蜆仔肉，視為美饌珍品。1971年後，繁忙工作之餘，每季總飛來台灣，找我齊去品嚐他心愛的蕃薯稀飯和蜆仔肉。

　　團伊玖磨的獨子團紀彥，是日本十大名建築師。團紀彥雖也有音樂天份，但自認無法超越父親的成就而改學建築。他獲選為「桃園機場第一航廈」改建、「日月潭遊客服務中心」的建築師。由於父親的淵源，我義不容辭地協助他在台灣的工程，傑出父子二人與台灣甚有淵源。

　　1971年我與許常惠、馬水龍到日本發表作品，團伊玖磨熱情地邀請我們吃鐵板燒。離開時遇到台灣華僑抗議退出聯合國的遊行。團伊玖磨一看，感嘆的說：「台灣人真可憐！」

　　當時日本電視媒體，分為左右兩派討論要不要承認中國大陸的外交關係。中國大陸彼時正處於四人幫、紅衛兵時代。「日本NHK電視台」特做專題節目，從學校、幼兒園等面向剖析中國與日本當時社會狀況。其中一段吃巧克力糖、溜滑梯的日本小孩，與手持槍棍的中國小紅衛兵的比對，甚是震撼。

　　終究，日本基於政治考量，於1972年正式承認中華人民共和國，於9月29日建立外交關係。

日本家喻戶曉的作曲家黛敏郎
人文關懷、思維作風相近的前輩

　　戴敏郎，於70年代在日本做一系列有關大自然、文化、藝術、哲學類型電視節目。他也是第一位和製作團隊到南極拍攝日本捕鯨人，探討北極臭氧層破洞等問題的製作人，在曾媒體上介紹印尼伽瑪朗（Gamaleon）與印度拉珈（Raga）等民族音樂。

　　我十分羨慕日本電視台製作內涵深度的節目，我心裡也有意在台灣做類似的節目。黛敏郎得知後，豪爽的說：「哎！不需花這麼多錢做節目，我和電視台講好版權轉讓。你可以拿我的節目，把我的頭改成你的，改說中文，節目就是你的。省了大筆銀子！」兩人說著說著哈哈大笑起來。 黛敏郎於1977年因病去世，我心想的節目也就沒有續文。我對他的大作《涅槃》（Nevana）特別欣賞，每次見面都少不了切磋作曲技法、結構與內涵意念。戴敏郎的作品氣勢磅礡，我還特別介紹給林懷民。

　　多年來，我與眾多日本作曲家們，總保持良好的互動。我常常去日本，參加他們作品發表的首演或其他的邀請。多年下來大家也年紀漸長，有人因病、因年紀提早離世，去日本成為參加他們的告別式，令我感嘆不已。1980年初期，「紐約愛樂」為紀念黛敏郎，以一週的時間演出他的作品，並與「大都會歌劇院」聯袂在「林肯中心」演出他的歌劇作品-依三島由紀夫作品同名的《金閣寺》。

與三枝成彰近半世紀的情誼
特殊情懷、惟我獨行、引領風潮的三枝成彰

　　大師入野義朗教授的兩大弟子，日本現代音樂才子～三枝成彰、池邊晉一郎，二位和我，從1970-1990年代三十年間，協力在國際間推廣「亞洲現代音樂」。建立起多達四十七年的友誼。

　　1975年夏天，第三屆「A.C.L」大會暨藝術節在馬尼拉舉行，開會地點在機場旁的「Philippine Village Hotel」，演出地點是「C.C.P.」。藝術節最後一場演出，曲目是三枝成彰於1970年創作、無文辭的六女聲部Madrigal a cappella的作品《六声のためのマドリガル》（女聲牧歌）。演出的聲樂家們由兩側後台、前台的兩側門，及觀眾席兩後側等六個不同方向進場。邊行進、邊交錯出聲，逐漸往前台移動，樂聲上下前後交錯疊落，強弱大小如雨落聲盤，凝聚、鬆緊、捲、放、對比、快慢亦此起彼落。全曲能量緊繃，現場觀眾的情緒與氛圍隨至曲終。彼時全場鴉雀無聲，數秒後才爆出如雷轟動的掌聲。當年三十二歲的三枝成彰，以玉樹臨風的姿態揮手答禮。散場時，幾位亞洲的年輕作曲家邊討論，邊步出大廳，迎面而來的是數百位年輕樂迷，意外地湧上，將我們團團圍住。樂迷們要求和三枝握手簽名和合照，八成都是女性觀眾。後來我們談起此事，一面為三枝成彰賀喜，卻意外被馬尼拉有如此眾多深諳現代音樂的群眾而興奮，深受鼓勵。

　　隔天，菲律賓年度最大的颱風，突然急遽轉向直襲馬尼拉。主席卡西葛拉博士情商當地旅館，將總統套房贈送給「亞洲作曲家聯盟」作為歡送餐敘。那時外面風雨交加，屋內有百餘位世界各國的音樂家們，熱鬧烘烘。宴會直到半夜，大夥兒玩起藝術捉迷藏，歡慶持續直到隔天。第二天中午，尚有四、五十人酣睡在偌大的套房裡。這兩三天的相聚，成了爾後凝聚「A.C.L.」亞洲作曲家們長達四十多年的核心效應！

　　三枝後於1997年發表大型歌劇《忠臣藏》，於「名古屋劇院」首演。這是一齣描述四十七位武士赴湯就義的歌劇。這四十七位劇中武士，分由各男高中低聲部擔綱。配角們，由男女各種聲部細分成十

個聲部，加上合唱團等各種組合。浩蕩的場面是日本武士及浪人持刀劍搏鬥，最後震撼的場景是四十七位武士集體切腹自殺。數十種彩色光充盈全場，輝映出淒美悠靈的莊嚴肅穆，交響數層優美的合唱歌聲配上吟頌。雅美的主旋律層層抑揚潛勻，悲情昇華至冥空，幕落。全場鴉雀無聲，燈光漸暗至無光。霍然，舞台光全亮，全體演員暨聲樂家們已一字排開向觀眾致謝，震撼的掌聲持續十餘分鐘。

會後歡迎酒會在名古屋站前的「國際大飯店」舉行，我才知當晚的觀賞者有前後任的四位日本首相：鳩山友紀夫、森喜郎、中曾根康弘、小泉純一郎等。以及五十八位日本參、眾議院議員們、日本天皇二皇子伉儷、及上百位日本政府官員。名古屋並非首都，貴賓們大都當天驅車專程前往。其他參加的還有來自歐美的國際賓客們，數十位包含「巴黎歌劇院」、「舊金山歌劇院」的藝術總監及「米蘭歌劇院」、東歐歌劇院代表等，均專程飛到名古屋見證，並當場向三枝邀請演出。顯示出三枝的成就，及對他的崇敬。另一面向來自日本政府官員、民意代表及民間，均對高雅文化的敬賞。日本社會上下雅然重之，顯現『形而上時代社會』的質與量，讓我感嘆『禮失而求諸野』。反觀我們的官員與政治人物，對表演藝術的冷淡，及認知匱乏。同處一星球、時代，卻有如此大的反差對比。

我三次受邀出席歌劇發表首演，次次盛況空前。2013年他創作一齣創新、頗具爭議性的中型歌劇。這齣歌劇以吟頌、獨白與聲樂交叉混合為呈現手段，赤裸裸地掀開二次大戰日本「神風特攻隊」的事績。創作的起源，來自他數十年來明察暗訪的鄉野調查，研究後深覺多數「神風特攻隊員」極可能不是真正出自『自我的意願』。

歌劇劇情取自一位尚存世間的「神風特攻英雄」的未婚妻。她回溯與夫訣別的前一晚，也是他二十歲生日的前夕。未婚夫離去前，抽了一根煙，對她深深地行個禮，默默的離去。這個未燃完的煙頭，被未婚妻珍惜地保留下來。三枝聽到她的經歷，決定以這兩位的悲淒故事，做為歌劇開場。歌劇的序幕，就是兩人離別前夕的簡單對白，蘊含了深沉無奈的悲哀。首演後，立即引起社會正反兩極化的議論紛紛。

他的另一首作品《動亂》，是1979年創作以中提琴與鋼琴的雙協奏曲。這是一部敘述七〇年代「都會游擊隊」，反對政府開闢「成

田機場」的電影原著音樂。優美的旋律交錯於渾厚的管弦樂群，在在穿透人心。

三枝成彰，是一位以逆向思考與融匯自我感觸，感性理性並重的『前行者』。同時代人們，多追求『形式』『技巧』。他總多著墨於物象的自然性與科學性，當凡人們意圖標新立異時，他卻講求悠美曲弧，甚至復古。多是寡穿越眾！

三枝自八〇年代起，一直擔綱電視節目製作人，也主持數家電視台的熱門節目（最頻繁時每週有七個節目）。他是一位家喻戶曉的人物，民調上居全日本名人排行第二。三枝的工作繁重，我們的聚會吃飯，只能安排到晚上十一點後。與他走在街頭，不斷有路人圍來致意或要求簽名拍照。百公尺遠的距離，往往走上二十分鐘。日本過度偶像化的現象，居然還有崇拜者探聽他喜愛的酒、食，甚至模仿他的穿著、飲食，連抽的煙、服的藥也隨之仿效。

三枝的收入，來自他多年從事的兩件事。一是他為著名漫畫家、也是好友手塚治虫的系列電影──《原子小金剛》（鉄腕アトム）作曲。另一是他創建名為「May Cooperation」（五月音樂公司）。他組織起傑出的學生們，創造起尖端流行趨勢的音樂並灌製演奏唱片。一週，即可發行一張CD，其效率之高令人稱道。這兩項版稅，給他每年上億日幣的收入。反觀他嘔心瀝血的歌劇創作，卻相對獲得稀少實質財務上的回報。

與三枝成彰合影。

池邊晉一郎天生為《音樂而生》
天賦異秉，五歲即能「作曲」，才華可媲比美莫扎特。

　　池邊的祖父母是傳統戲曲「能樂」藝人，耳濡目染下，他從小就展現過人的天份。他先畢業於「東京大學」美術系，後才全心投入音樂生涯。曾任武滿徹的助手及「日本作曲家協議會」主席、「東京大學」音樂系教授。

　　池邊的創作數量，冠於所有日本作曲家。放眼現世樂壇，恐也少有人出其右者。他音樂舞台劇的創作，達八十餘部作品。其中以『莎士比亞 』為題的戲劇作曲，多達二十七部。其中《王子復仇記 ～哈姆雷特》，依三位不同期的導演，寫出三部不同風格的劇樂。另外還創作七部交響曲、五部歌劇，曾為八十部電影、五百部戲劇、一千齣電視劇創作原著音樂。最負盛名及代表性的是為黑澤明電影作品《影武者》、《夢》、《八月狂想曲》等創作電影原著音樂，以此獲得奧斯卡金像 。黑澤明後來先委託池邊為電影《亂》（改編自莎翁另一部名著『李爾王 』）電影作樂。但彼時，他正在全力寫作自己的交響曲，他向黑澤明舉薦由我為這部電影創作。池邊當時積極安排我與大導演會面，我也為此立即飛往東京。不料，黑澤明先生病倒在美國舊金山，需修養數月。因此，我錯過與電影大師合作的機會。隔年大師康復後，重新啟動電影《亂》的製作；音樂創作，也改聘由前輩作曲家武滿徹擔綱。

　　池邊晉一郎的學術講座，名遍全日本。各大學、社區、社團及各地藝術節及藝術博覽會，爭相邀請他擔任主講人與策劃人。我三度邀請池邊訪台發表作品及講學，他出席「基隆藝術節」，並指揮了自己的管弦樂作品。1980年末，我與池邊多次研討深奧的印度音樂，諸如『旋法音律』之古、今運用的比對，從社會風俗關係、精神能量，與印度（Raga）音樂治療間的特殊關係，尤以風行於低層社區多次探討。他談到幾次印度采風之行，親字走訪小城鎮大小街巷的平民廣場，目睹一些飢民數天未進食，僅飲水充飢，卻可以安詳群聚，聆聽街頭音樂家們演奏Raga音樂。對此我印象深刻，然而，這在印度卻是常常得見之。

■ 註釋

5 ISCM國際現代音樂組織協會International Society for Contemporary Music,1922年成立於奧地利薩爾斯堡,迄今在世界五十多會員,年年在不同國家城市舉辦的「世界音樂日」音樂節,以發揚新音樂為該組織的精神宗旨。

6 Zygmunt Krauze,（1938-,波蘭作曲家,曾擔任ISCM的主席,於1988年將ISCM首次與亞洲作曲聯盟結合,共同委託許博允為香港中樂團,以非西洋樂器創作交響作品《天元》。

7 日本作曲家協議會,前身是成立於1962年的日本作曲家聯盟,為日本最崇高的音樂組織。

8 柴田南雄（1916-1996）,日本作曲家、音樂學者。畢業於東京帝國大學植物學科、文學部美學美術史學科。曾任教於御茶水女子大學、東京藝術大學。著有《現代音樂》、《音樂的理解》等多部音樂學著作、音樂評論與翻譯,以及管絃樂、獨唱曲、合唱曲等創作,深入研究世界民族音樂與日本傳統音樂。

9 武滿徹（1930-1996）,出生於東京,是一位自學而成的音樂家,音樂風格受到多方影響如日本傳統音樂,電子音樂,德布西與梅湘等,最著名的弦樂作品《安魂曲》以及導演黑澤名電影音樂《亂》,成為世界最著名的日本作曲家。

10 黛敏郎（1929-1997）,聞名於世界的日本現代音樂作曲家,畢業於東京藝術大學與巴黎音樂學院,除了為多齣電影作樂,也為九六四年東京奧運開幕式寫曲,代表作品《涅槃交響曲》,至今仍是日本電視歷史上最令人懷念的製作人。

11 諸井誠（1930-2013）,日本現代音樂作曲家,音樂評論家,前輩作曲家諸井三郎之子,1970年代為「日本作曲家協議會」總秘書長。

12 松村禎三（1929-2007）,出生於京都,日本知名作曲家及詩人,曾任「日本作曲家協議會」秘書長。

13 芥川也寸志（1925-1989）,日本作曲家,畢業於東京音樂大學研究科, 曾任日本作曲家協議會委員長。創作風格受到俄羅斯後浪漫學派的影響.

14 別宮貞雄 （1922-2012）,日本作曲家,畢業於日本東京大學物理系,後至法國巴黎音樂學院拜在梅湘門下學習作曲,回日本後擔任桐朋音樂學園大學校長。

15 三善晃（1933-2013）,曾留學法國巴黎,日本現代音樂作曲家,東京藝術大學校長。

臺灣首次跨領域藝術展演

1970年混合媒體藝術展
第一次的成功，亦成絕響。

　　1970年初『多元媒體』（Multi-media）出現，與『Mix-Media』兩者雖意義相同，但『Multi-Media指稱機器、科技媒體的運用，而『Mix-Media』則指不同藝術元素的結合，包括形體藝術、聲音藝術、空間藝術、次文化等。

　　1969年，我、李泰祥，與創立歷史最悠久亞裔舞團的旅美舞蹈家陳學同三人，在臺北「實踐堂」舉辦一場音樂與舞蹈的聯合作品發表會。當年我們只有二十五、六歲，有著豐沛的創作靈感和熱情動力，及積極的發表慾。陳學同當時是文化學院舞蹈系的學生，他以我的室內樂作品《孕》編舞。為精簡人力和省錢，我和李泰祥作曲、演奏，負責後臺拉幕做效果。排練期間，我們倆還為拉幕方向不一，而吵了起來。

　　隔年，旅美詩人葉維廉返國講學。我邀請畫家顧重光、攝影家亦是設計家的凌明聲等幾位好友，共同發起《混合媒體藝術展》。大家經過十多次研討，創作實現結合音樂、詩、畫和舞蹈的展演，在臺北

「中山堂」舉行。內容包括我和李泰祥的音樂作品、陳學同的舞蹈、葉維廉的詩，由同為詩人的商禽（亦名羅硯）、瘂弦、楚戈（1931-2011）、辛鬱（1933-2015）、管管（1929-）等人的錄音朗誦，與顧重光的畫，視覺設計師凌明聲的舞臺設計。為期兩天的展演，掀起極大的震撼與迴響。那是台灣首次跨領域的藝術展演，當時報章雜誌報導和引發討論，餘波迴盪藝壇多年。

這次展演，共有五首音樂作品的發表。我和李泰祥各有兩首，第五首是兩人共同的創作《放》，這是根據葉維廉的詩而作曲，取詩中《放》字為曲名，英文名為《Release》，後為更抽象意味，又名為《作品Work》。一般而言，作曲家的共同作曲不是件容易的事。我們兩卻在三天三夜內，迅速地完成了。我和李泰祥，住進我祖父位在北投的溫泉寓所。浸泡在氤氳的溫泉中，開始討論。李泰祥認為，曲子以短音開始較好，我認為，長音更佳。想不到，從第一個音，兩人起爭執，僵持不下。後來以『非常長的短音』為解決之道。這個音符，意念上是長音，但切成為很多的連續短音。長音，在高度解析下，是由多個連續短音所組成。這樣的處理，符合我和李泰祥對長、短音的論述。從第一個音，建立好共識，接下來就順暢地快速完成。這可能是當時臺灣唯一的、聯合創作曲，至今未有第二次共同創作的作品出現。

正式演出時，《放》與陳學同的舞蹈同步呈現。全長九分鐘的曲子，融入人聲的吟誦詩句，由我和李泰祥朗誦第一段，後由詩人羅硯、楚戈、辛鬱、管管時而同聲、時而異聲部的對位，朗誦吟唱。詩人如同樂器，詩句如歌。我們藉由每位詩人各自獨特聲音的韻味，呈現多層次聲音效果，達到有別於聲樂家演唱的效果。同時，以中國詩的韻味，加入變幻的節奏感，情化力量豐富感情。樂器的使用上，我和李泰祥有共識地邀請李鎮東演奏胡琴。他是當年中國樂器演奏家當中，最願意嘗試創新突破、有高度意願與前衛音樂合作的一位演奏家。現場錄音灌錄製成CD，發行了五千張。

我和老友李泰祥，之後也曾想再合作寫曲，卻沒有實現。中國大陸常有集體創作的作品，如《梁祝》、《黃河》等，這種現象在其他國家比較少見。

這次「混合媒體藝術展」在當時引起相當大的騷動。「時報

周刊」社長簡志信（1935–）和時任聯合報資深記者楊蔚（1927–2004）時任記者，兩人撰寫大篇幅文章報導。葉維廉將《放》寄到美國「加州大學聖地牙哥分校」（UCSD）[16]的音樂研究院。對方收到後，提供一年的學術研究獎金給創作者，但只有一個名額。最後，我把這個機會讓給李泰祥。他抵達並參加聖地牙哥分校樂團，擔任演奏長。也因此次赴美，他的人生起了極大的轉變。

1971年底，中央社記者范大龍積極引介剛從美國回來的林懷民和吳靜吉。第一次見面，是吳靜吉回台的第二天，我們聊起剛赴美國旅居紐約陳學同的合作經驗。

那一日的夜談，我和林懷民、吳靜吉具體談論第二次「混合媒體藝術展演」計畫。名稱未必相同，但概念和精神則是延續的。計畫內容包括吳靜吉的戲劇、林懷民的舞蹈、我和溫隆信的音樂（當時李泰祥已赴美）、凌明聲的舞臺視覺設計。凌明聲推舉當時華視設計部主任聶光炎[17]參與這次活動，開啟了我與聶光炎的機緣。但我們之間更密切的合作，卻是往後延續的二十年。

我曾在華視製作並主持，由鄭淑敏監製的節目〈藝術與生活〉，聶光炎擔任美術場景設計。這樣的合作共製十二集，之後「新象」主要的舞台劇製作如《遊園驚夢》、《蝴蝶夢》、《棋王》、《不可兒戲》、《樓蘭女》等舞台設計，均出自聶光炎之手。

「欣欣傳播公司」董事長蔣孝武（1945–1991）和執行副總、也是楊英風弟弟楊景天（1928–），非常支持這項計畫，答應贊助全部經費，並迅速地提撥二十萬新臺幣。這份美意，後來因雙方對贊助的認知，有所落差而起了變化。原因出自錄音花費，比原先預期多出三倍以上，而演出所需的舞臺、服裝、設備等，則需另一筆經費。當我們向「欣欣傳播公司」再度提出，楊副總表示需要一些時間處理。我們幾經考慮，最後婉謝這份企業贊助的美意。「欣欣傳播公司」所提撥的二十萬，都已花在錄音上，於是幾人湊足錢，原封退還。

演出在即，第二筆經費無著落的情況下，加上其他關鍵因素，如董事長蔣孝武是蔣家，而林懷民父親林金生先生時任內政部長，使得事情產生敏感性。台灣處於戒嚴時期，隱伏了不可知、不可控的變化因素，為了不讓整件事變質，大家決定終止展演計畫。

無意之舉 孕育有意的「雲門舞集」成立
第一次「混合媒體藝術展」的成功，讓大家很期待第二次的合作。

第二次混合媒體藝術展演計畫《六二藝展》，雖然夭折。但林懷民仍然決定發表他的舞蹈作品。1973年，他成立了「雲門舞集」。舞者多是文化學院舞蹈系第二、三屆的畢業生。「雲門舞集」創立時，沒有自己的場地，只能向蘇淑惠老師借用位於中山北路上的舞蹈教室練舞。林懷民徵得我們同意，使用之前錄製的曲子，這也代表大家都對「雲門舞集」創團的支持。

1973年適逢史惟亮老師新任「省立交響樂團」團長，他以樂團名義主辦「雲門」的創團首演。此次演出以中國人現代作曲家的作品入舞，這些原為《六二藝展》寫就的曲子，其中包括我的五重奏、李泰祥的三重奏、溫隆信當年甫獲「阿姆斯特丹國際作曲大賽銀牌獎」的作品《眠》，也在這次演出中被編成舞蹈。還有史惟亮、許常惠、賴德和、沈錦堂，及旅美作曲家周文中的作品《山水》。我的五重奏作品《中國戲曲的冥想》完成於1972至73年間，林懷民以此曲編成《烏龍院》的舞碼。

「雲門舞集」在「中山堂」的創團首演，造成一陣轟動。時任副總統嚴家淦（1905-1993）先生也到場，坐在二樓貴賓席觀賞。「雲門」創團之初，我們這些朋友們在幕後給予大量的協助和支持，吳靜吉任顧問，曼儂擔任「雲門」第一任音樂總監，前後達十年之久。「雲門」的《小鼓手》、《薪傳》等早期舞碼，音樂部分由曼儂選曲、推薦作曲家、製作錄音等。「雲門」的初期成長，我深深感覺吳靜吉和樊曼儂的貢獻，至為關鍵與重要。這一點，在有關「雲門」的報導或林懷民的書中，鮮少被提及。吳靜吉對「雲門」的貢獻，在於提供精神層面、創作方向、戲劇元素運用的建議和靈感。音樂，是舞蹈的枝幹，是輸血的動脈，從這一點看來，我認為擔任「雲門」音樂總監十年的曼儂，貢獻尤其廣大。

我自己也曾在「雲門」教導幾個月的音樂概念課程及音樂實體經驗，教授音樂本質、要素和節奏。當時第一期雲門舞者多是舞蹈系畢業生，在那個相對保守的社會，他們對華爾滋、吉魯巴等簡單舞式卻

很生疏。這些起源於歐洲、南美非洲民族舞蹈演化而來的交際舞，當時他們跳起來，拘謹又靦腆，節奏感也稍嫌弱一些。

早期這批「雲門」舞者包括王雲幼、鄭淑姬、吳素君、葉台竹、林秀偉、吳興國、陳偉成、劉紹爐等人。林懷民為他們開各類課程，他找來當時藝文界才情出眾的奚淞、蔣勳、辛意雲等才子學人來授課，算是給舞者們後博士班同層級內容的課程，提供養分來充實舞者的內涵。這個灌溉餵養的培育過程，孕育出這些創團舞者，日後分別在舞蹈和戲劇專業領域中開闢一席重要之地。不僅成為界內的佼佼者，且是時代的代表性藝術家。

「雲門舞集」成立，對台灣藝術生態產生相當大的影響。林懷民不只成就了他個人的藝術造詣，也積極有效的培養後輩。台灣現代舞能發揮編舞創意，林懷民和「雲門」子弟兵居功厥偉。現代舞在台灣的發展，雖比日本晚很多，成就卻是後來居上。如今已成為亞洲現代舞的主幹。林懷民較之亞洲其他國家的舞蹈先驅，更具有國際聲望。多年來，「雲門」在台灣也培養質量高超的現代舞觀眾，這也是為什麼歐美現代舞團較喜歡來台表演的原因之一。

此外，林懷民對台灣現代音樂的推廣有不少貢獻，這在過去對「雲門」的報導，甚至對林懷民本人都鮮少被提及。林懷民的舞蹈作品，大量採用國人作曲家的創作，並且支付版稅。在那時『著作權』相關法令及單位尚未立法、國人對版權問題還處在模糊輕忽的年代，這樣首開先例的舉動，實屬難能可貴。作曲家們對於林懷民給予的尊重，深覺溫暖和感動。由於「雲門」舞蹈作品頻繁的演出和巡迴，讓台灣現代作曲家的作品被廣大的群眾聽見。此外，「雲門舞集」的發展，也促成台灣劇場技術人員專業化的產生，這個重要契機，培養出許多劇場的設計人才。

「雲門舞集」首次受到國際職業規格的邀請演出

馬可仕總統與夫人不遺餘力地推動菲律賓藝術文化，影響源自馬可仕夫人及艾奎諾女總統的老師卡西拉葛博士。我與卡西拉葛博士（Lucrecia R. Kasilag）也有著深厚的情緣，長期和菲律賓有多方面的往來。我向她推薦「雲門舞集」，那時「雲門」已成立六年，但卻未曾

「雲門舞集」成立之初，（左到右）白先勇，蔣勳，我與奚淞。照片由新象提供。

（左到右）林懷民，我與張照堂。照片由新象提供。

去菲律賓演出。於是在卡西拉葛博士的邀請下，「雲門」於1979年7月前往「菲律賓文化中心的Folk Arts Center」演出，此行可說是「雲門舞集」國際職業演出的里程碑。長久以來，台灣表演團體出國演出，多以宣慰僑胞為主，地主的主辦單位不支付任何相關費用，交通運費、食宿、以及演出酬勞等，還都需自行負擔。相較之下，菲律賓願意以專業邀演的規格，邀請「雲門」，不僅負擔來回機票、當地吃住交通，並支付每場兩千美金的演出酬勞。這樣的條件在當時亞洲表演藝術市場上，極受禮遇。台灣，也因現代舞而提昇國際藝術的地位。

1979年在菲律賓文化中心的菲律賓Plaza Hotel 游泳池畔。從左到右，我與雲門第一期團員吳素君，鄭淑姬，洪丁財，臥者是羅曼菲。照片吳素君提供。

■ 註釋

16 UCSD，是一個研究東方音樂很重要的學術單位，美國洛克菲勒基金會以一百萬美金贊助音樂研究院的計畫，計畫主持人則是得過普立茲獎，被譽為美國十大作曲家的Roger Reynolds。

17 聶光炎（1933-），舞台設計大師，從事劇場舞台設計二十餘年，作品包括「遊園驚夢」、「蝴蝶夢」、「棋王」、「那一夜，我們說相聲」、「樓蘭女」、「西遊記」、「牡丹亭」、「鄭成功與台灣」、亞太影展頒獎晚會等，對國內設計後進有重大影響，第三屆國家文藝獎戲劇類得

第五章——

創作之路

《境・會・元・匀》

音樂與音樂的對話

　　1962年〈台視樂府〉節目首次發表我的作品-兩首歌樂（聲樂與鋼琴），一是《怨歌行》，以西漢詩人班婕妤所創作的樂府詞賦。另一作品《夜坐吟》，擷取李白同名作品，依詩詞內容意境創作。

　　我開始逐一發表室內樂《孕》、《勻》、《四象》、《會》，及我開刀後心有所感寫出小提琴與鋼琴編制的小提琴鋼琴二重奏《心》、《天元》、《木管五重奏》、《五人五笛》、兩首三重奏、《琵琶協奏曲》、1995年弦樂四重奏《潛》、2015年由王藝作詞的作品《風狂》、2017年打擊樂／弦樂四重奏《點‧面‧線‧體》作品等。

　　1975至78年間，是我密集創作、也是作品發表最為頻繁的階段。年少時，我愛鑽研老莊哲學，洞察道德論中宇宙生命的實現以及成就法則，以純粹的自然化運思，透過冥想表現出與天地萬物之間的親和關係，具體表現在這段時期的作品之中。其他作品如《中國戲曲冥想》、《寒食》、《琵琶隨筆》、《生‧死》、《境》、《遊園驚夢》、《放》、《代面》、《樓蘭女》、《瘋狂》等作品，與演奏家、舞蹈家與戲劇家等合作。

《琵琶隨筆》部分手稿。

《琵琶隨筆》與王正平
一個小節、一種樂器，成就一個萬有宇宙。

這首1975年的作品，全曲僅只有一個『小節』。

緣起於1972年，南胡家李鎮東向我推薦琵琶家王正平，沒多久，我們在台北重慶北路的錄音室相遇。他正在裡面錄音，於是我靜靜地欣賞他精穎細緻的技巧，昂然氣勢的凝注，不禁想起白居易《琵琶行》中的《大珠小珠落玉盤…》字句浮上心頭。

當時我們沒有交談，但我腦中已開始醞釀一首琵琶的作品。70年代的國樂演奏家們，侷限在演奏的傳統，對現代音樂有著不知如何著手的陌生，從而對現代音樂的排斥。我希望可以此作品，激發他們進入現代音樂的領域。半年後，又再次巧遇王正平，這次會面，我們切磋關於可發展的可能性。兩個月後，我將完成版交付給他。從構思、摩研琵琶，查閱古籍到開始下筆寫作，經過一年多的時間，直至1975年才真正完成。

琵琶，雖不是源自中國的樂器，卻是集結小提琴、吉他、豎琴三位一體的撥弦樂器。這首《琵琶隨筆》的呈現，琵琶演奏家可注入自己的詮釋與想像。我想呈現的是集結作曲家、作品、琵琶家三位一體的成果，因此命名《隨筆》。

琵琶，是媒介。作品思維，則經由冥想中的清境、入境、心境、直到入定的開竅。從個人關照，到無限的宇宙觀想。從ppp到fff，梳理時空與自我的關係。一小節之內，是零到一的旅程，是空無虛實「一體」的完整。

《琵琶隨筆》仍保留住中國傳統的音樂元素，但我將琵琶演奏技法，發揮到另一極致。我如大躍進般的突破樂器演奏的極限，也打破琵琶樂曲慣用的書寫模式。技巧運用上，採彈、挑、提、抓、勾、抹、剔、滾、搖、分、擫、扣、掃、拂、琶音、雙彈、雙挑、雙輪音等，在琴身上做出拍、輪、彈、敲奏琴板。匯合其他技巧，如琴弦勾起彈回相、品的彈跳、絞雙弦後撥彈拍打。後以古書記載上從未出現的『扭軸』，做為結尾高潮的技法。層次上，突破所有已知中國樂器的技法，全面挑戰更高難度。

　　琵琶是一個完整的『體』，我從點、線、面、體的序列，以單一和弦主題開啟，以最低限的技巧變化出最大的極致。從拂、抓、掃、撥、上下輪、拍等八種漸次、漸強變化著單一和弦。我讓琵琶家在時間、技巧、密度、強度，以心之所至，隨著內化進行演奏著。以單一和弦的聲響，呈現同中求異的最大轉變。

　　這篇原譜的手稿，如同一頁捲軸的符號草書。我縝密計算和弦、音距、和聲、節奏對比、即興與技法，在紙上有秩序的逐一擴張。整首作品，融入唐代雅樂「序」、「破」、「急」曲式，如同一條無形鏈帶，隱隱地貫穿整首作品，形塑出不同與往的聲響結構。

　　王正平在1975年首演這件難度極高的作品，他透過前置的靜心，小心謹慎的處理單一和弦的技法轉換。從輕薄柔弱的拂，以平滑不留痕跡、無縫銜接的轉換右手技法，在時間關係裡推算出漸層的力

琵琶家王正平。照片由許博允提供

度與密度。吐納間，從虛無逐漸堆疊、演繹出渾厚滿溢的張力。起承轉合間，傳達無我、有我之間的遼遠，演譯出無邊天體的萬有宇宙。『扭軸』技法，王正平一邊扭弦軸來改變音律，一邊演出。他的演出謂為經典，從發表後至今已演出逾千次，也成為各地琵琶家的必演曲目。其演奏難度，被外界稱為對琵琶家在技巧與心智上的挑戰。

戲曲學家俞大剛（1908-1977）和推動台灣劇場的先驅的姚一葦（1922-1997）兩位當晚也在現場聆聽，激賞地跳起來，還稱譽這首作品是現代版的《十面埋伏》[3]。梁在平大師說：「喻為千面埋伏，甚至萬面埋伏也不為過。」

許常惠常在演講中，以這首《琵琶隨筆》為現代音樂範例。多年來，即使有多位兩岸琵琶名家如在美國的閔小芬、吳蠻、在日本的中日琵琶家劭蓉，相繼演奏和錄製此曲。而我近期個人出版的作品集，仍選擇王正平的演出版本。

王正平在講學或為文中，談起他的看法：「《琵琶隨筆》運用許多創新的技法，強烈的張力與對比、細膩的音色轉換、大膽的音程跳躍、傳統的指法賦予非常態的語法等等，將琵琶的表現力推向另一個嶄新的範疇。其中的拍弦技法，影響後來的作曲家。《琵琶隨筆》這首七十年代的作品，至今仍保有現代感及感染力，無異已成為現代琵琶獨奏曲的經典。」對於這位深具時代性的演奏家，在世時珍惜這首我的作品，讓我永恆感銘在心。更要感謝他所給予的建議與切磋讓作品完成。

王正平常與我談起到我的自傳，催促並期待這本回憶錄的出版。遺憾的是，等不及出版，他在幾年前離開人世，空留無限的遺憾。

他首次和最後一次演奏《琵琶隨筆》，我都親臨聆賞。1975年的首演，2007年的香港、2009年上海，及2005年在國家音樂廳的演出，相隔三十年階段性地的不同詮釋，我和王正平也各有不同的喜好。

我始終覺得，他的首演充滿衝擊力，應最接近我的原創想法，他歷年演奏及移居巴西的種種經歷。他個人認為2005年的演奏，注入他三十年的生命精鍊，方是他咀嚼生命的沈澱後另一個形而上的表現。

王正平過世後，一天深夜我再次聆聽他2005年的錄音，從他爐

火純青卻內斂的演奏，終於體會出多年修為內在隱藏的詮釋，不禁讓我眼眶潤濕。我與這位老摯友，雖有著不同的觀點和性格，從這首作品中分別以作曲家和演奏家不同的掌握和觀點，異中求同。在互敬中擦撞出另一種火花，使我們成為彼此的再創作夥伴。

《境》～
John Cage、「岡田知之打擊樂團」、
麥可蘭德與「朱宗慶打擊樂團」
集心境，意境，情境，環境，會至境界！

1976年我在台北創設「亞洲音樂新環境」。隔年秋，三枝成彰呼應地在東京發起「亞洲音樂新媒體」，邀請我、李泰祥、溫隆信和菲律賓大學的山度士（Ramon Santos）院長到東京發表新作。《境》，就是此次由三枝成彰委託我創作的作品。

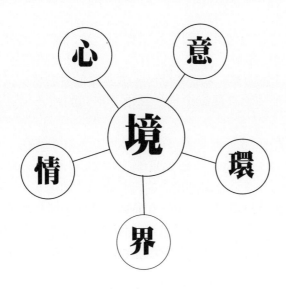

　　曲子素材以人聲與金、石、絲、竹、匏、革、土、木 為主軸（中國人喻為「八音」，以樂器質材的本源為類別。有別於西洋以管、弦、打擊等發聲聲源為類別。兩者角度不同，中國古人以自然環境觀，西洋古人以功能聲態觀。）

　　《 境 》，我採用一百多件擊樂器，分佈于 金、石、絲、竹、匏、革、土、木 八音類，及數位不同聲部民族特色的獨唱家與60～120人之五個聲部的合唱隊，每位人生演唱者也同時手持不同素材（八音）。的風鈴，分擔觸擊樂的演奏。

　　曲序，以八次不同組群打擊樂器的重垂音群，以等時、等間的方式嵌入各類擊奏組群。密集綿延互貫強、中、弱，輕、中、重，急、舒、緩，層層疊連，錯落有緻。八音類的音色配置、變化，襯透出多型多彩，輕則晶翠、清晰，重而亮麗、渾厚。人聲群組合，徐徐濛濛，輕輕灑入，面面交織呈現獨唱家們各別的吟唱線條，交錯刻突全曲。曲中，由點、線、面……逐漸入高潮……凝放形而體……冥響自然回歸寧靜………。

　　獨唱家們旳演唱以民族特色為主，在音高與技巧上更需要他們的特殊唱法與音色。本曲尤重視『環境』因素，可因演出地理的不同，邀請不同的民族聲樂家擔綱，更可即興地加入些許民族樂器的配合演奏。

　　我於2005年在台北「國家音樂廳」、2006年於上海「東方藝術中心」、2008 年於「香港文化中心」，分別邀請蒙古「呼麥」、「長調」、「馬頭琴」等音樂家、台灣「原住民歌者」以及次子許維城的演唱，共同擔任獨唱家們的演出。不同的組合，更加彰顯其曲境！

　　《境》在1977年世界首演的三天前，我和李泰祥、溫隆信三人一起飛往東京。抵達後立即驅車至「NHK電視台」的大攝影棚排練。三枝成彰邀請全亞洲最頂尖的打擊樂團「岡田知之打擊樂團」擔任主奏，人聲部份則是「NHK合唱團」擔任《境》樂的首演。指揮岡田知之先生，與我是舊識，他是「日本藝術大學」的教授，徒生遍及全日本，也擔任「NHK交響樂團」的首席打擊樂器家達四十多年之久，是「日本打擊樂協會」主席。岡田先生表示《境》是他平生演奏使用最多樂器類別、最多樂器數量的曲子！

　　演奏會當天見到許多日本音樂界的大前輩，柴田南雄、入野義朗、武滿徹、黛敏郎、諸井誠，還有許多政商名流包括前首相鳩山友紀夫，都是座上賓。

　　「新象」創設邀請第一個演奏團隊，也是第一場國外演奏家音樂會，就是「岡田知之打擊樂團」。《境》樂是1979年2月18日在台北「國父紀念館」音樂會的壓軸樂曲。由於《境》的編制龐大，岡田先生攜帶整套樂器隨行，卻只有七位日本演奏家，因此我還增加朱宗慶、陳揚、連雅文等三位台灣擊樂家協奏，人聲部份也由台灣音樂家擔任。這個緣份，促成岡田知之與朱宗慶亦師亦友之情。

　　1979年，台灣國際機場只有台北松山機場。機場設備簡樸，但接機近又方便。當時支持國際藝文活動的行政院長孫運璿、外交部長蔣彥士、次長錢復、育部長毛高文、次長李模、國際文教處長李鍾桂、副處長鮑幼玉等，非常支持國際文化交的活動，尤其在台灣退出聯合國及與美國斷了邦交的艱困時刻，特許我親至機艙口接機，並給予藝術家們特別禮遇。戒嚴時代，「岡田知之打擊樂團」攜來台的樂器包

1979年「岡田知之打擊樂團」來台於國父紀念館演出。
照片由許博允提供。

羅萬象，琳瑯滿目，海關人員打開每件樂器檢視，算是大開眼界。

　　這場演出，從籌劃、雙方會務核對、演練準備、排練、現場樂器進出場及舖設、位置、時間、順序、輔助器材、燈光大小、角度等，岡田反覆演練到熟稔為止。過程中，他對於捆綁的繩子、貼布、支架、墊布板的大小、長短、質材，都不厭其煩地再三解說功能及要求精確落實。

　　演出終場後，「岡田知之」團隊立即收整數百件樂器，前後花不到十五分鐘，效率之高令人瞠目結舌。當時一群表演藝術新鮮人的「新象」員工，也大開另一種眼界，著實上了一大課，由衷敬佩。

　　1973年夏天，我和妻、子搬家到北投長春路一街的半山坡上，認識住在山坡下的美國音樂家麥可‧蘭德（Micheal Ranta）。我們時爾聚會研討音樂，針對是民族音樂與現代音樂從樂派技術、理論分析、型態內涵至音樂思想，無所不談。

　　1974年夏天我完成作品《生‧死》後立即至「麗風錄音室」錄音。打擊樂由蘭德師生四人和我擔任，電子合成器操作由蘭德為主，我為輔。人聲，則由我和蘭德分部雙主聲。結尾（Coda）更以合唱團輔以我自創的梵唄，節節昇華…。

　　隔年夏天在士林「美國學校」圖書館，蘭德協助我錄製王正平首度演奏我的新作《琵琶隨筆》。年底，「美國新聞處」邀請我和蘭德共同演講《二十世紀美國三大作曲家對現代藝術的影響》，並演奏約翰‧凱基John Cage與魯‧哈里森Lou Harrison合作的《Double Music》，朱宗慶、陳揚、連雅文等三位也參與協奏。之後，蘭德與朱宗慶等師徒四人均參與「亞洲音樂新環境」的系列演出。

　　蘭德是位獨樹一幟的作曲家與打擊樂家，曾在德國教授打擊樂及研習電子音樂，熟諳各類電子音樂。他推崇二十世紀三位美國現代音樂大師哈里斯‧帕奇（Harris Parch）[4]、約翰‧凱基（John Cage）[5]、魯‧哈里森（Lou Harrison）[6]。1984年「新象」邀請「模斯‧康寧漢舞團與約翰‧凱基」在台北國父紀念館演出三場，另外一場約翰凱基大師講座！（這場講座我特別安排賴聲川擔任翻譯）我為此，更在前一年1983年專程飛到紐約與兩位大師討論演出形式與內容，就此和大師結了緣份，最後一次見面則是於1988年8月在紐約林肯中心一起敘餐。

　　約翰凱基開始接觸並深受中國易經的影響，以一次紐約宴會時空下的所有聲響現象，以偶發事件Chance Music「匯」成為一件概念性的作品。談及，不外歸於四類：

- **有組織 有意向**　　- **無組織 無意向**
- **有組織 無意象**　　- **無組織 有意向**

　　1975年在菲律賓馬尼拉舉辦的第三屆「亞洲作曲家聯盟」（ACL）年度大會議暨藝術節大會，魯‧哈里森擔任大會的貴賓及主題演講人，我則是台灣的會議代表人。我和大師真是有緣，不僅會議座席、國宴席位均比鄰而座，哈里森大師談起曾旅居台灣，專程向梁在平先生研習古箏，因此兩人話情更為親切。

　　馬尼拉藝術大會的一週，我們屢屢談藝論樂，也聯袂出席菲律賓音樂大師荷西‧瑪瑟達（José Montserrat Maceda）的樂宴，參觀他數

1975年與作曲家Lou Harrison（左）合影

約翰‧凱基

十年採風收藏的民族樂器。大家把酒論樂，交流現代音樂的新思潮。
魯‧哈里森性情溫和，生活行為不拘形式，進出 何場合都是便服輕
履，就連參加在馬拉坎南宮的國宴也依然如此。

　　蘭德深切喜愛台灣的生活環境及人情世故，當他居留簽證到期，
必須以正式的工作約聘方能取得簽證留在台灣。他請我幫忙此事，我
即刻向「中國文化學院」音樂系主任鋼琴家吳季扎教授推薦，他面露
難色地表示，各音樂學院均無打擊樂專業的設立。後來拜訪剛從歐洲
回國接任糸主任的聲樂家唐鎮教授，商討創設打擊樂課程，及聘任麥
可‧蘭德為師之事。同時，正式向教育部申辦開闢打擊樂專業課程。
可喜的是，教育部同意委由「中國文化學院」統籌試辦跨校打擊樂專
業教學，台灣教育史上首屆的打擊樂專業教學誕生了！條件是，招入
三位以上學員，三位是：朱宗慶（國立藝專）、陳揚（文化學院）、
連雅文（文化學院）。朱宗慶和陳揚不同校、但同屆學生，連雅文是
低屆越級學生。由於學校一時無法籌備教學所須的打擊樂器，只得借
用蘭德的樂器，因此教室就是蘭德在北投住家的客廳。

　　1976年夏天，朱宗慶、陳揚從學校畢業，不久陳揚隨我研習現
代音樂理論作曲，也加入我和曼儂的「環境音樂製作所」工作。年齡
比較小、低一個年度的連雅文，隔年才畢業，之後考入「國家音樂廳
交響樂團」（NSO）擔任首席打擊樂器家至今。

　　1978年底，「新象活動推展中心」成立後，隔年在台中設立辦
事處，邀請朱宗慶主持其事。不到半年，台中的推廣成績斐然。正當
計劃把活動效益擴展到更偏遠社區時，朱宗慶提出赴歐洲深造的規
劃。1981年他進入奧國維也納音樂學院進修，成為第一位赴國外專
修打擊樂器的台灣音樂家。傑出的音樂才華加上孜孜不倦的努力，隔
年1982年迅速地拿到《藝術家文憑》，也正好與早期至維也納留學
的小提琴家黃維明（1961-），同時從維也納音樂學院畢業。

　　朱宗慶返國後，成立音樂史上華人的第一個打擊樂團「朱宗慶打
擊樂團」，後進一步創辦「朱宗慶打擊樂教室」，全省遍地開花，
影響台灣音樂的學習環境。此番作為和歐洲的「卡爾沃夫教學法」
（Carl Worff）與「柯大宜教學法」（Kodály Method）有異曲同工
的效果。1993年還創建「國際打擊音樂節」，三年一屆，至今已舉
辦九屆。邀請國際近百團傑出的打擊樂團，演出發表近千首打擊樂

曲，不遺餘力推動打擊樂，全球幾乎無人出其右者。之後他陸續出
任「國家音樂廳暨劇院」藝術總監、「臺北國立藝術大學」校長。
如今，朱宗慶接任「國家表演藝術中心」董事長，統籌北中南最具
指標性的表演藝術場所。

2017年岡田知之與夫人來台訪問，與我和朱宗慶在台
北重逢，留下這張珍貴的留影。照片由許博允提供。

《天元》
從『盤古開天』意念起

　　1922年創立的「國際現代音樂協會」（ISCM）是世界上是最早、最重要的作曲家組織。1972年創立的「亞洲作曲家聯盟」（ACL）則是亞洲最早最重要的作曲家組織。1988年11月在香港聯合舉辦〈世界作曲家大會與音樂節〉及年會，這次盛會是由當時的「ISCM」主席波蘭籍的克勞茲 Zygmunt Krauze與「ACL」總秘書長的林樂培先生（人稱『香港新音樂之父』）共同籌劃主辦。決定以一首『突破非典型西洋管弦樂器團』編制的創新交響樂曲，作為聯合盛會的大會與音樂節主題交響樂曲。

　　經Krauze主席與林樂培總秘書長研商後，共同委託我創作大會樂曲。當年我以中國管弦器樂為作曲編制，寫作《天元》交響曲。

　　世界首演在「香港文化中心」，由關廼忠指揮「香港中樂團」。爾後，現場實況錄音也連續在歐美數十個廣播電臺播放，引起許多迴響和討論。1990年4月「香港中樂團」再度訪台時，也由關廼忠指揮《天元》在台北「國家音樂廳」首演。2005年12月由陳秋盛指揮「台北市國樂團」演出。

　　『天元』是宇宙的起始點、中心點，也是深藏在潛意識內最原始與本能的核心起點。中國謂之『盤古開天』的抽象意念，依典故：「太初之時，沒有天地萬物，宇宙間盡是渾沌之氣。天地在混沌初開之際，孕育盤古，而盤古的肢體孕育出太陽、月亮、繁星、山岳、草木泥土、河流和海洋等。」樂曲首音的起韻即意謂著『天元』延綿渾渾聲勻，凝氣孕育音堆成形，聚滙以茲成體，疊疊聲部徐徐急急交錯激響流盪天地，如山川大洋與日月繁星的對話。點描躍越之音色聲塊，繽紛暢飛循環於宇宙，一元而復始！繁衍生出萬物具象！從無到有！

■ 註釋

1　《怨歌行》-新裂齊紈素，鮮潔如霜雪。裁為合歡扇，團團似明月。出入君懷袖，動搖微風發。常恐秋節至，涼飆奪炎熱。棄捐篋笥中，恩情中道絕。關於原創作者，歷史學家有兩種考證的說法，一是出自斑婕妤之手的詞賦，另一是西漢一位無名氏為詩人斑婕妤所創作的樂府詞賦。

2　《夜坐吟》-冬夜夜寒覺夜長，沈吟久坐坐北堂。冰合井泉月入閨，金缸青凝照悲啼。金缸滅，啼轉多。掩妾淚，聽君歌。歌有聲，妾有情。情聲合，兩無違。一語不入意，從君萬曲梁塵飛。

3　《十面埋伏》，琵琶樂曲，又名《淮陰平楚》。與《春江花月夜》並稱為琵琶古曲中一文一武的代表樂曲，最早出現於明代，流行於嘉靖、萬曆年間。以激烈震撼的琵琶獨奏描述楚漢相爭中，項羽被十面埋伏的漢軍包圍之情景。

4　Harry Parch哈里斯‧帕奇（1901-1974），美國現代音樂作曲家，音樂理論家，樂器發明家。少數二十世紀微分音音樂作曲家。一九四九年的著作《Genesis of a Music》成為微分音樂的重要論述。

5　John Cage約翰‧凱基（1912-1992），美國作曲家，概念性音樂（Concept music）、具象音樂（Concrete music）、機遇音樂（Chance Music）、環境音樂（Environment Music）的啟發人，精研易經，禪宗，也是菌菇的培植家，也是電子音樂的先驅。

6　Gea 魯‧哈里森（1917-2003），美國現代音樂作曲家，本身研修多種東方樂器包括古箏、蕭，笛等。創作風格與一般西方作曲家迥異，幾齣作品注入中國日本 韓國東南亞之民族樂器及印尼爪哇的民族風格，加入Gamelan的配器，自成一格。

音樂與舞蹈的對話

　　早期林懷民的新創作，採用我的作品如：《中國戲曲冥想》～（舞碼：《烏龍院》）、《寒食》～（舞碼：《寒食》）、《生‧死》～（舞碼：《哪吒》）、《琵琶隨筆》～（此曲編作兩支舞碼：《夸父追日》和《星宿》；1985的《夢土》一百分鐘的舞蹈，串連多段我的音樂包括《生‧死》、《代面》、《變》、以及我為舞臺劇《遊園驚夢》所作的一小段古箏胡琴演奏。

　　那段期間，他編舞選用的音樂，多以我既完成的曲子來編舞，創作前都會跟我分享討論他的編舞理念，我也常常給予意見。

音樂《寒食》～ 林懷民舞作《寒食》
羅硯『介之推』之《寒食》

　　我的許多創作，多是經過長達十年的構思醞釀而後完成譜曲，《寒食》便是一例。1963年值十九歲，偶而聽到日本人在蒙古采風錄音的《成吉思汗頌》，驚艷不已。曲中鏗鏘的吟誦，讓我想起小時候聽說書、鐵板快書、京韻大鼓的人聲、日本能劇的「說相」，至今仍環繞我心。此後我一直想在作曲中運用『吟誦唱』唱腔。十多前我赴蒙古地區，對蒙古音樂進行深入研究。蒙古音樂以特殊吟唱如：長

寒食/林懷民舞。王信攝影。
雲門舞集提供。

調唱腔（Ordan duur或Long song，蒙古的一種歌曲形式，意為悠長的歌曲）與呼麥（Xoomen）唱法。相較於漢人曲韻中對『點』的強化，蒙古吟唱呈現的是『線條』或『帶狀』、『面』的鋪陳，因此力度更為弧線型的渾厚。

1973至74年初，我寫《寒食》，落實東方人聲吟唱的創作構想。

吟唱的詩詞題材上，卻是幾經思考與取捨。原想以『盤古開天』故事為題，但覺得過於神話難以描繪。也考慮『大禹治水』，他三過家門不入的表現，非我所認同。屈原，面對有志難伸的困境最後選擇投江，在我看來又太過於無奈。我原想邀林懷民寫詞，他聽完我的想法之後，認為詩人羅硯的奔放格局，更符合我的作曲構想。

羅硯與我原是舊識，聊後決定借鑒『介之推』的故事。我對『介之推』生平有些模糊，羅硯對此有所補述。中國《寒食節》的典故，來自這位剛烈的山林隱士。他以侍奉老母的理由，拒絕晉王再次入朝為官。晉王為逼他出來，放火燒山。剛烈的介之推，寧可火燒殉死也拒絕出山。晉王為此而悲悔不已，乃欽訂此日為《寒食節》，禁火烹煮以茲紀念。

雖然我覺得介之推有點迂，相較於其他幾位歷史人物，他堅守原則、不受威脅利誘的頑固，勝過他人的做作。從這個角度看，他的迂，反倒令我欣賞。

我將作曲構想告訴羅硯，一週後的一天，半夜十二點他來電話了。電話中，念起他完成的詩句：

話說從前，話說戰國，三月三，初春的繁花，忽然演為溝火。
綿上的天空有如謀士的臉，紅了又黑，黑了又紅。
鳥驚呼，花驚呼，獸狂奔，葉紛飛，只是沒看見那隱者。
遲飛的燕子，自濃烟中射出，突又跌入 茵茵的草叢，
炙傷的肢翼，鼓動著，一如駢脇的晉王 揮舞著兩隻下臂，
呢喃早已化作了哀鳴
介推，（介推），介推，出來吧！
逃亡中，我曾吃過你股上的肉，

你無言的血，仍在我脈管中流動

出來吧，介推

風起東南，北立的晉王，已耐不住襲來的燠熱，

燭天的火光中，夜降臨

無人知曉，焚盡後的山林，邀來了早到的黎明，

山谷中有一泓清水，溪流旁有一株老樹

枯樹上掛著一個燒焦了的人

餘煙在紛紛的細雨中 冉冉上升

文詞在電話裡的聲音，帶出豐富的畫面。緊湊的節奏，讓場景的變化充滿各種情緒。過去十年來隱藏在我腦海中的各種聲音，隨著羅硯的吟誦不斷湧現，真是太棒了！

我心想：「就是它了！」

一邊說：「這詞我要了。」

立即著手作曲，一個多月後就完成這首《寒食》。後來考證介之推是春秋時代的人物，詞中「話說戰國……」是錯誤的。戰國與春秋差距雖有百年，但仍不離我原先設定的遠古主題。「戰國」兩字的鏗鏘音律，更符合這首作品的能量，因此我與羅硯兩人也就將錯就錯，沒有更改，以後附加解說就是。

這首曲子中的詞句吟誦，是以音色粗獷的男聲呈現，音域達三個半的八度音階，吟唱難度相當高。吟唱者必須是複合型聲樂家，要有西洋聲樂技巧，也需具備東方發聲法概念。記譜時，為求其準確度，我在譜上標示出每個音的唱法，以線條指示力度，吟誦真假聲的變換等。同時，我採圖形如曲線、量形和文字，做為音高、語調表情等輔助記號，務必要讓演奏（唱）家能瞭解，並且準確掌握。

這首作品于1974年在臺北延平南路的「實踐堂」發表。《寒食》首演是鋼琴版，曼儂推薦鋼琴家王瑞玲彈奏，聲樂家張清郎則擔任人聲吟唱。張清郎對這首曲子表示高度興趣，我告訴他吟誦時要帶一點蒙古吟唱、京劇聲腔和日本能劇的韻味，他的演出可謂經典。之後此曲在上海、韓國漢城（今日首爾）演出，也都由張清郎擔綱。

這是國內第一次以人聲吟唱作為全曲表現手法的音樂作品,曲子發表後,得到來自音樂界和觀眾的熱烈迴響。

林懷民立即問我要這曲子來編舞,由於還未完成器樂編制的部分,所以暫時沒允諾。後來我改寫器樂版,為呈現古老東方的韻味和意境及更為鏗鏘的強烈對比,我捨弦樂而選用所有的管樂和打擊樂器,加入包括我一直想用的古代打擊樂器:磬、臯鼓、建鼓;還有小喇叭,法國號,低音管、長笛、豎笛、雙簧管、伸縮喇叭、鋼琴等這些西洋管樂器。

從寫曲、發表到改寫,我高密度的精力投注。配器編曲進行到最後階段,我卻病倒了。眼看錄音在即,曼儂接手幫我完成最後一段的結尾(Coda)。嚴格說來,這曲子算是我與曼儂合寫的作品,也是我們之間的一個紀念。

我對林懷民說,這首曲子的創作意念在於人的氣節,一種遠古人物才有的氣節。人聲包含三個角色:說書人、介之推和晉文公,但全由一個人來吟誦。音樂裡中西樂器的融合,讓整體表達更多元豐富。整首曲子蘊含著『顏色』的意念,類似法國作曲家拉威爾的《波麗露》,以單一音樂主題來表達各層色彩的作法,只是這首曲子的顏色是單色。林懷民認為,運用一大塊白布為主要元素。我責認為,白布需要有足夠的長度,方能象徵介之推的約束和包袱,長長的布最終將他纏裹至死。這是林懷民和我討論最多次的一支舞,編成後,契合我創作樂曲的初衷意念。這也是林懷民繼《山水》,親自獨舞的唯一作品。

林懷民在1985年3月18日跳《夢土》舞作,編入《寒食》,自此不再站上舞台,成為他最後一舞。《寒食》,1981年吳興國在歐洲演過一次,之後無人演出過。

夢土/趙傳安攝影。
雲門舞集提供。

《生‧死》～雲門舞集《哪吒》
創作的過程，由修習禪宗和冥想給自己許多力量。

　　1974年夏天作的《生‧死》，創作靈感源自奚淞的小說《哪吒》。小說中哪吒『割肉還母、剔骨還父』情感意境，生命思索的態度，以及生死同時進行的雙時空交替轉換，進而形成的四度空間。種種內涵對我都充滿吸引力，尤其是後者。整首作品以此概念作曲，如擺脫柵欄般五線譜的桎梏，死與生是一體兩面，生後而死，死後再生。從無、到有、到幻滅，交替輪迴，是一種生命的切換，也可以是另一個虛實空間的消逝與再生。樂曲分為五段：《生、死、生、死、生》，也可以是：《死、生、死、生、死》。每一段，是生也是死。我想表達的是宇宙混沌初開、生命開始，從無到有到無，也是另一個空間的消逝。最後一段，以梵唄頌唸：南無南無……；一個結束，無垠是一種昇華，更是另一個生的開始。

　　林懷民以我的作品《生‧死》編舞，以奚淞原著的《哪吒》為名。文本詞彙不僅是大戰海龍王，更是一種心象的影。林懷民以自己的方式詮釋父母子之間的關係，編織入舞碼。在「中山堂」演出時，造成一陣轟動。

　　我覺得奚淞筆下的哪吒隱含著寬大、對眾生富有高度憐憫心，也意寓佛的境界和宇宙，及四度時空的交錯。而林懷民的詮釋，將人世間情感錯綜以肢體呈現，故事角色的心理情節與情感交織，較多深入的著墨。

　　這首曲子創作過程非常有趣。1974年夏天，林懷民推薦我前往陽明山一處他常去的溫泉旅館，閉關一個月寫曲。

　　我住進後，整晚通宵創作，白天泡溫泉睡覺，黃昏散步到山林間。有時一天泡個三、四次，有時多達六次。十坪大房間的榻榻米上，堆積出越來越多的曲譜，我播放一些別人覺得怪異的音樂，有些是自然界風吹雨打、熱帶雨林、蛙鳴鳥叫的聲音，惹得旅館員工開始懷疑著此地青蛙怎麼變多了？在他們眼中，我的行徑不似一般人。

　　曾經一位櫃檯小姐比劃著描述，林懷民常在旅館玄關做出一些奇怪的動作，如朝天蹬腿、伸臂、抱柱，地上打滾等。我告訴她，這是現代舞。即使是現代舞，她仍覺得很奇怪。

一個月的閉關，遇上兩度颱風。深夜創作時，我置身在山林風雨的呼嘯中，狂烈卻又動靜蒼茫的心緒充斥著。進入最後階段的創作，「雲門」演出在即，錄音時間眼看就要到了。林懷民心裏十分著急，又怕我發脾氣責怪他打擾，於是情商他的父母打電話給我。每隔幾天，林伯伯或伯母就會打電話來，總是客氣和藹地關心要不要送食物。我自然也感受到截稿的壓力。

錄音前一天，終於在凌晨四點多完成，我直接打電話到林家，沒料到是林伯伯接起的電話。還好他一貫早起批公文，一聽到曲子完成，高興地說：「啊！你終於寫好了啊。」我拿起曲譜立即驅車趕去，抵達時還不到清晨六點。時值夏日，林伯伯穿著輕便的居家短褲來開門，說：「你再不來，林懷民就要死給你看了。」雖然作曲過程我持續跟他敘述曲子內容，請他先行編舞。距離演出時間越來越近，難怪他著急，想來真是不好意思。

林懷民非常喜愛這首全長三十分鐘的曲子，除把音樂編入《哪吒》，《夢土》也選用其中約二十分鐘的音樂。《寒食》和《哪吒》這兩部舞蹈作品相較之下，我個人偏好後者。林懷民的編舞如同寫一部小說，除了故事性，他也善於運用情感元素。但作曲人比較抽象，著重抽象精神和情感層面的表達，《寒食》這支舞的珍貴在於不具太多的故事性，而是自我面對與思考。相較之下，深得我心。

林懷民為這個作品，向「洪健全基金會」簡靜惠董事長尋求幫忙。基金會以委託創作的名義，提撥五萬元的贊助金。在當時這不是一筆小數目，但錄音卻花費二十多萬。原因在於樂器的編制過於龐大，全首由六組樂器群組合而成，有九個聲部的弦樂，四個聲線的長笛、雙簧管、豎笛、巴松（低音管），也有鋼琴與其他四十多種打擊樂器，以及中國樂器如胡琴、塤、古箏、琵琶、揚琴、簫、笛、嗩吶、把烏等，還有貫穿全曲的人聲（單聲、多聲、群聲），並採用電子儀器如三個迴聲器（Echo machine）和混合器（Mixer）。預算上遠超乎我們的預期。

《生・死》是一首跨思想、跨元素、跨領域、跨器材的作品，混合傳統音樂元素及以聲音效果的處理。在樂曲中加入以混合器處理的特殊音效，融合了具像音樂（Concrete music）及電子音樂

（Electronic music）的概念。也就意涵著宇宙中所有能夠產生的聲音，都可以成為音樂元素，成為台灣第一個引用這種概念的曲子。

這樣高難度的錄音，還真的要感謝擊樂家麥可‧蘭德的精湛演奏。錄製時，朱宗慶、陳揚、連雅文等也參與其中。我採用蘭德自製的兩部「回聲混和器」（Echo machine mixer），他對我表達對此曲的喜愛，說：「這是破天荒的創作，世界上從來沒有過這樣的曲子。所有的組合都是創新，我學了這麼久的打擊樂，是第一次演奏這樣的曲子。你雖然沒專精學習過打擊樂的專業演奏，可是你沒有包袱的運用了我想像不到的一些樂器。」

還感嘆的說：「人啊！學得太專業，就有了包袱的障礙。你可以完全不受束縛的作你想作的曲子。」 我回：「沒錯，但我需要像你這樣技巧精妙出色的演奏家，來完成這曲子的演出。」

我在《生‧死》中除了運用中國和西洋的樂器，以及既有的打擊樂器所能發出的聲音之外，還『尋找』和『製造』出許多特別的聲音如：玻璃打碎的聲音，再以回聲混合器放大，變成了巨如海嘯的聲音，變出一個極佳的效果。這過程中，選用什麼樣的玻璃、如何打破，就必須做了很多揣測和實驗，任何小的因素都影響著製造出來的聲音效果。回聲混合器，可把聲音放大五倍、十倍，甚至百倍，或放慢聲音。可將一個尖銳音，轉變成低沈的聲音。高低音和聲音的重度不同，或大小都會產生變化。也讓木頭的聲音，轉化成鐵的聲音。反之，鐵的聲音，可接近成為土的聲音。

這首曲子中我加入了自己的呼吸聲，及心臟跳動的聲音。在《生‧死》一個極度高潮的樂句過後瞬間沉寂，這時出現心臟的聲音，那種韻律和感覺，如同生命誕生的那一刻。當心臟停止跳動，生命就此靜止了。我想讓所有的聲音元素，都成為一個原生細胞，藉由回聲混和器做各類的融合，轉換其本質。

而這「混合器」也可以是「離合器」，雖然當時臺北的錄音室裡也常運用混合與離合作用，但只能做到簡易的效果。回聲技術，就是將錄音帶的聲音做多次重疊複製。把單人聲音複製成一整個合唱團，整個合唱團可成為同一個人的音色，形成出最和諧的音質。我想將最現代、具機械技術的聲音，及環境聲響、最自然的兩種極端聲音，融合在一起來形成《生‧死》。

　　即便在今日，這首曲子的形式和內容，因為太無極、無限，而顯得少有。我冀求在無限中找出次序，讓次序回復到自然和無限的狀態。

《中國戲曲的冥想》～雲門舞集《烏龍院》
我以此作品，回應了祖父在我童年記憶中，潛移默化的深刻印記。

　　中國戲曲自古在各地方產出不同的戲種。聲音價值上，始於「隋代的九部伎」和「唐代的十部伎」，及之後寅化出去的陝西秦腔、川劇、江杭越劇、河北（南）評劇、廣東大戲、台灣歌仔戲等支派，都融入濃厚的地方特色。地方戲曲題材上，從上古的史詩、傳說到近期的民俗演義、故事，如狸貓換太子、楊貴妃等典故，是戲劇的取材來源，但也因為這些世俗題材的親民度，久而久之，使得人們就不再重視戲劇的靈魂及音樂的內涵。反觀這種現象，使我沉澱，希望透過冥想來瞭解戲曲的真實精神，並探討其源頭。

　　「九部伎」、「十部伎」的藝術內涵，和中國的「雅樂」有著十足的關聯，「雅樂」是集大「曲」於一體，並從中附鑿一些習慣性的音樂語言，加上情節與呈現方式，進而產出不同的戲曲程式。既然名為「程式」，在演奏及韻律上便有其規律性與不規則性，互相穿插，演變出一些效能，逐漸凝聚、沉澱出中國戲曲的元素，而歷代戲曲才子們逐漸地淬煉出戲曲的精髓，使得戲曲內涵更顯豐富。

　　1971年舉辦台灣首次跨領域的「混合媒體藝術展」，這次成功的經驗，也給我強烈的動力撰寫《中國戲曲的冥想》。這是一首鋼琴融入弦樂四重奏的五重奏，也是自認最具個人代表性的作品。

　　1972年秋天動筆，73年2月初完成。於1973年在台北首演，同年受到第二屆「亞洲作曲家聯盟」邀請至日本京都演出，後受到「聯合國教科文組織」（UNESCO）邀請，遠赴巴黎的「龐畢度中心」的「IRCAM」演出。當時日本一位樂評家給了一段相當有趣的看法：「這首音樂有最長的滑音（Portamento），音樂的畫面像是浮游在外

太空的動漫。」

殖民文化意識下，歐美民眾皆認為中國京劇、戲曲都是難登大雅之堂的呆板民間藝術。殊不知中國戲曲，如同歐洲歌劇的總體藝術。不同在於，中國戲曲不以舞臺技術、佈景裝置來堆疊出戲劇效果，反而多以人物心智活動、情緒、故事性鋪陳。整體表現既抽象又意象，有中國文人核心的價值。這件作品的發想，是我以中國崑劇、京劇以及日本能劇為依據。從具象視其抽象意義，透過冥想發掘戲曲的本質與靈魂。重新組合，節拍、速度、韻律、音色等要點，重新詮釋戲曲生態，也藉此昇華了戲曲的內在精神。

這首曲子，重「曲」多於「戲」。

「戲」包含詩歌文學、故事性、演員、舞蹈、舞臺等戲劇性的基本元素。

「曲」是戲曲中如講唱般的敘事手法，注重音樂、唱腔、音質與節奏等。戲曲人物著裝的各式行頭，如手拿扇子成為人體四肢的延伸。舞臺空間上以人物的流動線條，彰顯能量與張力氣勢。說唱時間上，即興地發揮出自由的延展性。此外，崑曲唱腔如詩似歌的轉折，舉手投足的身段線條與眼神氣韻。日本能劇中飽滿的能量，人物歌舞、伴奏唱唸、叱喝聲成為溝通的傳遞媒介。人物肢體、戲服與特殊舞蹈動作，呈現出僵硬線條與陽剛體態，情緒反差與能量具足的精魄。

中國戲曲唱腔在現今的演出已被一致的模式化，而此獨角戲仍可自由即興。伴奏樂師與吟唱主角，默契落在節奏和語節的融合。人物動靜間的步伐、轉身、體態等形與聲，釋放成戲曲的精煉。編制上是弦樂四重奏加入鋼琴的五重奏組合。戲曲外在「形」昇華為「意」，人唱與樂奏的聲線，轉換為滑音（glissando），有變化的滑音是唱腔與身段的隱喻。京劇的豪氣、崑劇的婉約及日本能劇的精魄，以另一種符碼輪替出現。四重奏大量地、擴張著演奏變化的滑音，穿梭交織，是特意呈現與西方歌劇不同的音樂性。鋼琴成為兼具文武場意涵的擊鼓樂器，有秩序、即興地主導。偶而閃現出後浪漫情懷的抒情，營造出虛擬戲臺的空間感，交織繪出一面寬廣縱深的戲曲場景。

《中國戲曲的冥想》發表後，林懷民有感而發地編作了一齣大戲《烏龍院》。劇情擷取自《水滸傳》中的宋江、閻惜姣與張文遠三人

間愛恨情仇的糾纏與衝激，以具象的手法呈現這齣意象的作品。劇情
描繪性格峻烼的宋江，面對被自己溺愛的閻惜姣與張文遠私通之情，
憤怒的驅使下，狠手親刃二人。佔有慾引發的妒與恨被具體地鋪陳在
舞臺上。

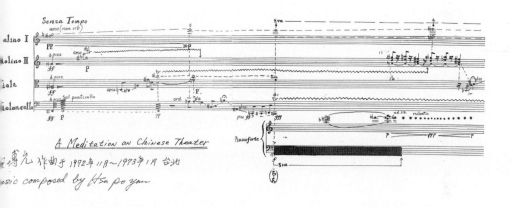

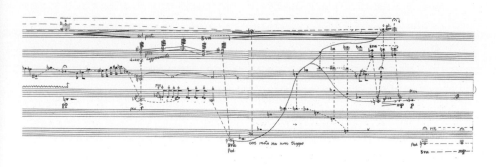

《中國戲曲冥想》部分手稿

音樂與戲劇的對話

　　美國奧斯卡金像獎中的獎項「原著音樂」（Original Score），是獎勵作曲家們以音樂跟電影影像結合，來強化內容的敘述性。亦把意念聚合轉換成為隱喻的傳遞媒介，也可作為潛伏的暗示，是音樂之於戲劇最大的功能。

　　過去的戲劇音樂常充滿摹擬性，術語上稱為「模進」。方法是以同一套模式進行，讓音樂在戲劇影像的結構，仍屬輔助的配角。然而，音樂是功能強大的媒介，可藉由音色、響度、節奏的轉換，來改變整體的張力。亦可是潛移默化、起承轉合取向的重要媒介。音樂與戲劇可相輔相成，也可相互對話，其奧妙一直吸引我對戲劇音樂的興趣。

　　然而電影和戲劇截然不同之處在於，電影需完整的事前規劃，講究幾分秒的精準。相對於歌劇、中國京劇等現場演出，無一次需如影印般的精準複製。演員或舞者演出時因生理、情緒的不同，在對白或肢體的掌握就有所不同。而這些不可控而造成的效果，才是舞臺戲劇迷人之處。因此創作戲劇音樂時，作曲家需顧慮到現場演出必然的誤差，而保留時間彈性，讓導演、編舞家、演出者有更多自由運用的彈性空間。戲劇音樂的變化性多，考驗著作曲家及現場演出者的機智。與寫好樂譜、固定型式的演出略有所異。賦予即興性的變化，使得戲劇音樂深具吸引力。

推手背後的推手～吳靜吉
與他不謀而合的投緣。
心理學是吳靜吉的現實人生,戲劇才是他的靈魂。

　　國際知名心理學家,也是我國『現代小劇場之父』的吳靜吉,和我結下的緣分要從林懷民講起。

　　他們二位與余光中、施叔青等在同一年先後從美國歸國。一天,林懷民和吳靜吉兩人聯袂來到我位於伊通公園的家。認識吳靜吉之前,我跟李泰祥等其它作曲家在創作上僅著墨於現代音樂,並沒有深入到戲劇領域。此後臺灣劇場界因為吳靜吉的出現,引起許多的騷動,開始現出曙光。

　　吳靜吉帶著許多夢想和冒險精神去紐約,當時紐約正值一波新文藝復興的浪潮。70年代,他在現代舞大師瑪莎‧葛萊姆[7](Martha Graham,1894-1991)的門下習舞,成為第一位台灣弟子。

1　2　3

1　年輕時的吳靜吉。
2　近年的吳靜吉,依舊風采奕奕。
3　新象成立36年展覽合影,(左至右)我,吳靜吉博士,洪麗芬服裝設計師,曼儂。
　　照片由吳靜吉博士提供。

　　吳靜吉常笑說自己學習時年紀已經太大，目的只不希望自己未來感到遺憾。同時他也投入前衛的「La Mama」實驗劇場[8]（La Mama Experimental Theatre）。他住到紐約曼哈頓茱莉亞音樂學院附近，旁邊居住的都是知名的音樂家。他也曾跟一位女高音學聲樂，目的是學呼吸和吊嗓子。

　　吳靜吉回國後，受聘到「政治大學」教授心理學，也在姚一葦教授的介紹下到「世界新聞專科學校」（現名世新大學）電影科教授《創造心理學》。他的教學經常將戲劇融入心理學，不將課文內容寫成一篇劇本照本宣科，而是以一種行為藝術，也是一個個獨立作品上課。

　　在「世新大學」上課時，校方規定須專人點名，吳靜吉跟助教和主任說，他的課不必點名，他負責學生的出席。一天，創辦人成舍我先生經過課堂，一看奇怪了，怎麼椅子上半個人都沒有。走近一看，原來學生們全部躺在地上，吳靜吉正在教他們如何『放空』和『想像』。成舍我先生心想，怎麼會有人這樣教課，實在太前衛了，從此不派人點名。吳靜吉認為人應要有探索自己的本能，不要被壓抑。他在政大的課程中，也常常將戲劇技巧融入心理教學。此舉對當時保守的教育界，投下一枚震撼彈。

　　我們認識後，常跟小說家、畫家、戲劇家、音樂家們聚會，閒聊中激發出許多火花。他的心中有一股無法澆熄的熱情，覺得未來台灣的文化有無限的可能。對於未來的發展心中還沒有譜，於是我邀請他來參與混合媒體的藝術展演。

　　1984年「神鼓童」[9]來台演出，他對我說：「你看，從人類最原純的面向來看，神鼓童的群眾多是女性。」他指出：「擊鼓時，人的汗、肌肉、肌理及光影產生無窮盡的變化，尤其背部是最漂亮的。擊鼓者一腳踏出去時，可以看出臀部肌肉的震動，就如西洋繪畫中對男性肌肉線條的描繪，男人的裸體是很美的。」

　　「實驗劇展」的姚一葦教授，找了吳靜吉指導「耕莘實驗劇團」。他以「La Mama劇團」的訓練方式，融入教育心理學，進行前所未有的訓練。如要求男女演員相互按摩來放鬆、熟悉自己的身體、或互飆髒話、或討論最私密的經驗等，練習情緒和聲音上的傳達。當時參加的團員有卓明、金士傑、杜可風、劉若瑀、管管、王振全、王

墨林、李元貞、黃承晃等人，經過吳靜吉的啟蒙指點後，現在都成為界中翹楚。

1972年他應邀在南海路的「美國新聞處」演講《什麼是現代劇場？》，同時排練一齣《三分之一的人生》短劇。唯一的女演員～李昂扮演記者，坐在轎上被抬出來，表示記者是社會上被重視的角色。1982年為「行政院文建會」主辦第一屆〈國家文藝季〉，他導一齣《那大師傳奇》，以宣敘手法呈現這齣如散文般的作品，嚴謹中充滿輕鬆的寫意。我覺得臺灣表演藝術史的兩齣經典作品，境界至今無人能及，一部是《遊園驚夢》，另一部就是吳靜吉的《那大師傳奇》。

吳靜吉在「蘭陵」的訓練方式比較放鬆、自由，他鼓勵弟子獨立。和「雲門」講求鍛鍊、紀律和團隊合作的作風全然不同。吳靜吉出版《蘭陵劇坊的初步實驗》，談肢體的覺醒和自我意識的解放。他將心理專業運用戲劇上，總能剖析人性百態。在我看來，吳靜吉像是一位璞玉啟發者，他的弟子們金士傑、卓明、《優人神鼓》的劉靜敏、《屏風創作班》的李國修、《紙風車劇團》的李永豐等人，現在各擁有一片天，來自於他放手讓他們闖蕩的緣故。

看多好萊塢肥皂劇中心靈醫師的角色，常常讓我想起，如果這個角色換成吳靜吉，劇情必定更豐富好玩。吳靜吉面對台灣表演藝術界的姿態，從不是距離性的觀望，而是自己的投入，或扮演直觀的意見提供者，亦或是一位來無影去無蹤、卻有影響力的影武者。這樣的潛移默化，影響台灣表演藝術界，就此產生了蝴蝶效應。

吳靜吉早年常穿著一襲短打唐衫及白色絲巾，後來成為一位時髦的都會紳士。他在產官學研各領域的影響力，豈三言兩語所能道盡。「臺北藝術大學」籌備期間，創辦校長鮑幼玉常常徵詢吳靜吉、姚一葦、林懷民和我的意見。我們如同籌備小組委員，從學校制度、內容、結構，甚至教授人選上著手共同建構。我強力建議音樂學院，首要從科學面及自然界切入，重視世界民族音樂，以學理，功能及創作做剖切教學，也共同討論到院長系主任等的任命人選，或行政管理上體系的運作等。

吳靜吉對音樂、舞蹈、文學、出版各界的新人後輩們，總是有文人相重的氣度，不遺餘力的提攜。他一路給予「新象」長達四十年的支持，催生「蘭陵劇坊」的誕生，其後輩學員、團員至少創辦出十五

個戲劇團體。李國修的「屏風表演班」、「明華園」自屏東潮州北上發展、「雲門舞集」草創期的資助，「遠流出版社」的成立、賴聲川的「表演工作坊」、劉若瑀「優劇團」與「優人神鼓」的成立，吳興國、林秀偉與魏海敏的「當代傳奇」以及李永豐的「紙風車兒童劇團」、原始及現在的「表演藝術聯盟」等，和文化環境保護協會推動的「文化獎助條例」等。國際「亞洲戲劇節、「亞洲文化推展聯盟」等，也都有他著力的鑿跡。然而他卻從不在乎、更不彰顯自己的成就。

「新象」成立後面對各類藝術行政的疑難雜症，他是我常徵詢他的對象，加上他是一位心理學家，在人際關係的意見更顯珍貴。從他回國、「新象基金會」的成立，擔任起「新象」的第一位董事，幾乎無役不與。我也因為他，開始靜心創作《代面》，近代台灣戲劇史上重要的劇作《慾望城國》、《蝴蝶夢》、《棋王》、《樓蘭女》、《代面》、《遊園驚夢》等，都有著他的身影。

吳靜吉的個人特質傾向幕後鴻儒，我常戲稱他是台灣藝文界真正的『藏鏡人』。這個黃俊雄布袋戲的關鍵人物，外在充滿了娛樂性，內在卻充滿儒道文化的精髓以及俠義精神。實質上，他對台灣藝術文化的發展，全心投注了他睿智的關懷。

他以自身實現，在國內外各種平臺上合縱連橫，卻有著將成就歸與他人的胸襟。他不只一次對媒體說：「先退讓，就有機會溝通。」現實世界裡他是一位幽默睿智的人，有他在的地方，總是笑聲不斷，神秘的『藏鏡人』，落地變成逗趣的『哈麥兩齒』。我對這一位如此稀有的老友，莞爾卻也永遠的心悅恆愉。

蘭陵劇坊《代面》
戲劇的魅力，也是張力所在。

「代面戲」，或稱「大面戲」。起源應始於漢代之「象人」，沿魏晉六朝至唐代而益臻複雜。杜佑《通典》：「大面出於北齊，蘭陵王長恭才武而貌美，常著假面以對敵。……勇冠三軍，齊人壯之為此舞，以效其指麾擊刺之容，謂之〈蘭陵王入陣曲〉。唐舞樂有「大

蘭陵劇坊1983年作品《代面》劇照

面」，謂出於此。」清末民初文人王國維，於《宋元戲曲史》說：合歌舞以演一事者，實始於北齊，顧其事至簡，與其謂之戲，不若謂之舞為當也。然後世戲劇之源，實自此始。

在日本唐代雅樂的保留劇目中，《蘭陵王》是箇中精華。不論是樂曲結構、聲音層次、音色的豐富性上，其龐大的氣勢，可謂最經典之作。在中國古樂，也是至上的作品，好比「佛經」、「聖經」般崇高，是雅樂中的「盛典」。我以前在日本聽雅樂《蘭陵王》的樂曲演奏，非常震撼。那是中國唐代時移傳植的樂典，我認為是樂曲之極致。當吳靜吉邀我為這齣劇譜曲，我立即爽快的答應。

《代面》，是「蘭陵劇坊」1983年的作品。以南北朝為景，重塑出中國版的『伊底帕斯（Oedipus Complex）』情節，融合古典劇本與意象劇場。導演是卓明，劇本係由蔣勳根據歷史故事改編而成，由林麗珍編作舞蹈。歷史記載北齊的蘭陵王，生來有著一副異常俊美的外貌。在蔣勳的劇本中，蘭陵王接受老臣的建議，自毀面容成猙獰，戴上面具統御大軍的大將。

《代面》的每個角色皆有其特殊性及背景，角色之間的互動複雜，內心有各種複雜如天人交戰的、表裡不一的、果斷的、激烈的卻又暗藏隱憂，要如何將每種情緒以音樂傳達，對我是一種挑戰。

我為《代面》戲劇音樂創作出一個鐘頭的作品。一段有關祭祀的序曲，以簡素的樂藝主義譜曲，也就是俗謂的『極簡主義』（Minimalism），我稱之為『素樂』。原作長約十多分鐘的音樂，實際演出時，只採用五至七分鐘的音樂。原因在於音樂輔佐戲劇、舞蹈，需保留一些安全係數的音樂時間，好讓臨場的演員有從容可變動的彈性時間。同時，素樂的重複主題也有其寬容度，不論在音量、聲部上，可讓現場音效人員，來因應戲劇或舞蹈即興變化的調節應用，無需如電影音樂般的嚴謹準確。

這個創作主要有三個面向，一是片段過橋，二是情緒講究，三是營造氛圍、情勢，來強化情景、對白等劇情情節。我有意地將《蘭陵王》雅樂的元素，抽取置入創作之中，成為劇中的情緒變化之間的配置。音樂的力量，以對比方式展現，在強烈、急速的情境裡呈現清雅的音樂，隱喻著風暴前的寧靜，並凸顯舞臺畫面的張力。有一段演員行步在斜面舞臺，此時音樂適時地扮演輔助的角色，加上光線線條，

與音樂魅力來充實所需的力道，呈現出應有的戲劇張力與飽和度。

　　製作過程中，由於我和導演、編舞家，在前置沒有充分的交換意見，發生理念相左的問題。導演和我在情境上有著不同的認知與看法，導致無法討論音樂的長度等細節。演出前，發生舞蹈長度比音樂短很多的時間落差。他們決定要把音樂剪掉，這跟我預期的相差甚多。我當時斷然拒絕，認為應由他們補上動作才對。可是離演出日期已近，臨時編不出來，情況變的十分緊張。導演認為音樂需修改，但我認為不宜，原因在於音樂的整體性沒有經過前置的醞釀，是無法展現應有的氣勢。最後還是由製作人吳靜吉出面協調，就讓音樂在黑暗中先呈現數分鐘後，等舞台光線緩緩亮起，舞蹈隨後由緩而急出，方能順利演出。

當代傳奇劇場《樓蘭女》
音樂之於戲劇，如同靈魂之於形體

　　1993年「新象」邀請日本「蜷川劇團」來台演出經典作品《樓蘭女》。「蜷川劇團」借鑒希臘悲劇《樓蘭女》的劇本及合唱手法，重新詮釋。林秀偉與吳興國觀看這次演出，啟發他們創作「當代傳奇劇場」版的《樓蘭女》。

　　希臘悲劇《美狄亞》（Medea），杜撰自數千年前樓蘭古國（位於現代新疆）的公主故事美狄亞。為了愛情，她不惜與大宛王子私奔。私奔途中，她親刃自己的兄長，並在艱辛的逃亡過程中，生下一對兒女。幾年過後，王子見異思遷而愛上郡侯千金，導致美狄亞因愛生恨。在妒恨與報復之心的驅使下，不惜手刃了自己的親生兒女。

　　「當代傳奇劇場」製作的《樓蘭女》，由吳興國及魏海敏擔綱演出，於1993年在「國父紀念館」首演。結合新舊元素，對「當代傳奇」而言，是一種讓他們敬畏的挑戰。吳興國與魏海敏二位皆擁有深厚的京劇與現代舞底子，融合東西方肢體語言，成了無可取代的優勢。「當代傳奇劇場」擺脫傳統京劇形式，採用古希臘劇場的「合唱隊」（Choruos）手法，融入現代劇場營造出類的劇場語彙，從而孕

當代傳奇劇場《樓蘭女》。
照片由當代傳奇提供。

育出《樓蘭女》一劇。該劇由吳靜吉擔任製作人，白先勇、鍾明德擔任藝術顧問。主要編劇、編舞由林秀偉擔綱，李永豐、羅北安擔任副導演，聶光炎負責舞臺燈光設計，葉錦添負責服裝造型設計，我則負責作曲。

新疆自古共有三十六個國家，其間經歷複雜糾結的歷史，與希臘神話眾國之間彼此競合的過程頗有相似之處。戲劇的場景設定在兩千多年前的新疆樓蘭，從一口古老棺材裡的一具乾屍，以及背後的一段加以揣摩的傳說開始，賦予樓蘭的古典故事，編就這齣《樓蘭女》。至於戲劇的詞，是依照中國大陸翻譯希臘神話「美狄亞」的文本而來。

一具乾屍，因一場祭祀而復活了，揭開《樓蘭女》的序幕。開始話說從前，故事緣起。音樂，在這齣劇中化客為主，音樂和戲劇間的比重相當，主客相襯地融合，也隨時互換。開場後，呈現小孩追逐蝴蝶的寧靜景象場景，我以南絲路蒙古族的民謠，象徵無邪的純真。劇情從古代君王莊嚴的描述，到歡樂的橋段，不停地變化著。我則以電子及具象音樂，結合擊奏樂器融合交錯營造出驚恐的意象。以環繞音效的手法，讓聲音充斥了整個劇場。

《樓蘭女》的戲劇張力和《代面》有其異同之趣，內在思想的掙扎有著異情同念之處。由零點導入音樂，和《代面》出場音樂融入也有異曲同工之妙，逐步加入打擊樂器、電子合成器，及具象化聲音的複合式音樂。藉由科技智能，延展出聲音的極限，製造出強烈的戲劇性。

由於《樓蘭女》是以群體轉換的型式呈現，劇情中的哀戚、雄壯、憂傷、破壞性的憤恨，都是在瞬息間轉換。因此佈景、燈光、服裝上的變換成為主要重點，也是情趣所在。音樂與戲劇在劇中是主客體融合，時時化客為主。起承轉合點上，音樂扮演重要的角色。音樂有時是立體，有時是單線條、複合線條的旋律，有時清淡，時又濃濁龐雜。這些對比變換，很適合古希臘劇場合唱隊的戲劇元素。當畫面無法承載戲劇張力時，我以複雜配器的打擊樂器來支撐。我也創作幾段男女主角舞蹈與演唱曲子，及幾段歌樂。當樓蘭女變成蛇蠍女，我以環繞音效來創造萬蛇出洞的效果。現場觀眾被音樂所包圍，隨同音樂埋沒其中，聲響轉達到最激烈的昇華高點。

　　《樓蘭女》結束在年幼孩童生命的不幸犧牲，我以西藏密教梵唄音樂為主軸襯底，呈現這段悲淒的橋段。藉由藏傳佛教的頌經，撫平不安不幸的靈魂。梵唄禪頌中加入打擊樂器和迴響器，局部採用合成器結合多媒體，鋪陳出一股抽象，融入意象化的聲響，牽引劇情直到結尾。小孩死了，美蒂雅離開了，頡生身心俱疲。全劇結束在殘酷後人性的悲淒，靈魂昇華至無垠的空靈。

　　然而人散曲不盡，靈魂音樂，終究要回到凡間。當舞臺布幕落下，燈光亮起，我仍讓梵唄禪頌持續著殘響在劇場中。意喻著人終將歸於塵土，只有大自然可見證生命的來去。

■ 註釋

7　瑪莎葛萊姆（Martha Graham），美國編舞家，被譽為「美國現代舞之母」，於1926年創立瑪莎・葛萊姆舞團，是美國第一個現代舞團；1948年成立瑪莎・葛萊姆當代舞蹈中心。

8　La Mama實驗劇場位於外百老匯重要發源地的紐約下城，由藝術總監Ellen Stewart於1961年創立，大力支持創新與前衛的製作。

9　神鼓童（kodo，意為心動脈動），成立於1971年，是鬼太鼓座（Ondekoza）的創始人田耕的弟子發展而成，以發揚日本擊鼓藝術為己任，團員們駐於日本海的佐渡島與世隔絕數十年，每天長跑訓練，也集體參加美國波士頓跑馬拉松，跑完還現場演出，造成轟動，聞為名全球的日本鼓樂團。

當代傳奇劇場《樓蘭女》。
照片由當代傳奇提供。

當代傳奇劇場《樓蘭女》。
照片由當代傳奇提供。

第六章——

新象

托爾斯泰的《藝術論》：「藝術是不快樂或遣悶，

藝術是偉大的事業。」

然而我認為，藝術是可快樂、可遣悶，

藝術是偉大的生活。

1977年新象籌備時許博允。阮義忠拍攝

「新象」緣起

　　「新象」成立前的年代，台灣最多的演出活動是京劇（當時稱平劇、國劇），一年可多達四百多場。主辦單位是國防部、聯勤總司令部及陸、海、空三軍，地點多在「國軍文藝活動中心」。其他是歌仔戲、藝霞歌舞團等。其他辦理音樂活動的單位有張繼高先生主持的「遠東音樂社」、「中華民國音樂協會」、「臺北市立交響樂團」、「臺灣省立交響樂團」。演出場地多是在「中山堂」、「中油公司」禮堂、延平南路「實踐堂」、信義路「國際學舍」、南海路「國立臺灣藝術館」。「新象」成立後，半數以上的演出活動都在「國父紀念館」，成為台灣第一個密集大量舉辦和推廣各類表演藝術活動的民間單位。李登輝先生任台北市長期間，市府開始舉辦〈臺北市藝術季〉，實際承辦的單位是「臺北市立交響樂團」，每年舉辦音樂季，之後才擴大為各類表演藝術的藝術季。

　　「新象」成立前，台灣表演藝術環境和市場尚在萌芽階段，那時人們常常自嘲台灣是一片藝術文化沙漠。我從日本、菲律賓、歐洲、美國和其他社會主義國家，體驗『藝術就在生活』的文化底蘊，看見人們欣賞一場好演出後所流露的喜悅，讓我心生羨慕。香港那時已有年度國際藝術節：1975年〈香港藝術節〉及〈香港亞洲藝術節〉。他們籌劃初期，香港文化署署長陳達文曾邀請我前往講課，並給予一

些專業意見。相較於彼時的香港，台灣顯得貧乏，但我相信台灣有潛力和意願接受、欣賞並享受藝術。源於對藝術熱愛和分享的渴望，才有了「新象」的創立和經營。

　　在狹隘的環境下，大量引進國際表演節目以及推廣國內藝術家和團體，需要勇氣與不顧一切的衝動。「新象」成立第二年，舉辦二十三檔五十三場國內外表演藝術節目和一檔攝影展。第三年舉辦第一屆〈國際藝術節〉，共三十八檔一百六十九場演出，外加繪畫、攝影和雕刻展覽三檔。演出城市遍及台北、桃園、新竹、台中、嘉義、台南、高雄、屏東、台東、宜蘭。規模在當時絕無僅有，即便時至今日也未見超越的記錄。至今近四十年，「新象」舉辦上萬場的活動，積極促成台灣與國際的藝術文化交流。總計與全球一百多國來往，參與的藝術家超過兩萬多人，觀眾逾千萬人次。不只在台灣八十八個城市鄉鎮一百五十多個場地展演，也在亞洲的菲律賓、日本、香港、澳門、韓國、泰國、馬來西亞、印尼、新加坡、中國大陸，美洲的美國，歐洲的英國、法國、比利時、馬其頓、希臘、土耳其、西班牙、義大利等地推展台灣藝術家的作品展覽與演出。

　　1980年前，舉凡亞洲國家欲邀請歐美一流的藝術家或團體，總要透過日本。原因是日本表演藝術市場在一次世界大戰後已臻成熟，可提供足夠的演出場次和資金，及國際級的演出場所。「新象」成立後，積極與亞洲各國結盟，並與「菲律賓文化中心」聯合發起並促成「亞洲文化推展聯盟FACP」的成立，目的在於活絡亞洲各國文化藝術交流及建立表演藝術市場網絡。1981年10月「英國皇家愛樂」首次由「新象」安排亞洲巡演，演出地點包括台北、馬尼拉及香港。「新象」不但讓台灣與國際藝術接軌，也引介國內藝術家站上國際舞臺，讓東方與西方藝術家交流。

「新象」40年邀請各國藝術家來台舉辦逾萬場次演出。

1. 俄國大提琴大師羅斯托波維奇Mstislav Rostropovich。
2. 指揮大師祖賓梅塔Zubin Mehta與維也納愛樂
   Wiener Philharmoniker。
3. 美國鋼琴家格拉夫曼Gary Graffman。
4. 西班牙鋼琴家拉蘿佳Alicia de Larrocha，
   1984年在台鋼琴獨奏會。
5. 笛家艾特肯Robert Aitken，1983，2001年。
6. 美國艾文尼可萊斯舞蹈團Alwin Nikolais1979，
   1985年來台演出。
7. 巴西嘉年華Brazil Tropical Carnival，2003年。

8. 大紅燈籠。
9. 小提琴家亞倫羅桑Aaron Rosand，
   1979，1981，1983，1985，2000年在台獨奏會。
10. 馬其頓兒童劇團
    Macedonia Theatre for Children and Youth，1999年。
11. 法國大提琴家傅尼葉Pierre Founiier
    1980，1981，1983年來台。
12. 法國大提琴家薩提琴家托特里耶Paul Tortelier
13. 美國舞蹈家模斯康寧漢1973年留影
    Merce Cunningham1973- by Penny Brogden。

14.美國舞蹈家艾文尼可萊斯Alwin Nikolais。
15.西班牙次女高音家柏崗札Teresa Berganza，
　　1983，1986，1994年。
16.台灣長笛家樊曼儂。
17.瑞士長笛家葛拉夫Peter-Lukas Graf。
18.蒙古馬頭琴大樂團。
19.阿根廷鋼琴大師阿格麗希Martha Argerich，
　　2000年來台。
20.1983，1991，1993年法國長笛大師朗帕爾
　　Jean-Pierre Rampal來台演出。

21.俄國鋼琴家雅布隆絲凱亞Oxana Yablonskaya，
　　1981，1982，1983年在台獨奏會。
22.希臘歌手娜娜 Nana Mouskouri，
　　2005年《永恆的娜娜》。
23.蘇聯波修瓦芭蕾舞團。
24.法國默劇大師馬歇馬叟。
25.印度塔布拉鼓大家Alla Rakha。
26.長笛家阿朵里安Andras Adorjan
　　1982，1984，1986，1991，1999，2000年演出。
27.拉脫維亞小提琴大師基頓克雷曼
　　Gidon Kremer，1986，1989年來台演出。

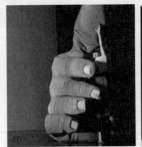

28. 美國小提琴家艾薩克‧史坦 Issac Stern。

29. 台灣小提琴家林昭亮Lin Cho Liang。

30. 義大利男高音里契特拉Salvatore Licitra，
2004，2005，2006，2008，2010年來台演出。

31. 日本鬼太鼓Ondekoza，1996，1998，1999，
2002年來台演出。

32. 喬治亞芭蕾舞蹈家安娜尼亞舒薇莉 Nina Ananiasvili。

33. 默門香默劇團。

34. 中國小提琴家呂思清1993來台演出。

35. 1980年日本岡田知之打擊樂團來台演出。

36. 麒派名家劇展，2003年。

37. 台灣明華園。

38. 印度薩洛琴。

39. 羅梅洛吉他家族。

40. 2009年法國香堤偶劇團Compagnie Philippe Genty
《直到大地的盡頭 La Fin des Terres》在台演出。

41. 1995年俄國大提琴家麥斯基Mischa Maisky來台演出。

42. 俄國鋼琴大師阿瑁肯納吉。

43. 莫斯科花式溜冰團Moscow Bobrin Ballet
Theatre on Ice 1994年來台演出。

44. 激情探戈Tango Passion，1997年。

45. 莫斯科市立芭蕾舞團
    Moscow City Ballet-1992，1993，1996來台演出。
46. 1991年蘇聯超特級芭蕾舞群來台演出。
47. 委內瑞拉卡拉卡斯舞團
    Ballet Nuevo Mundo de Caracas。
48. 俄國鋼琴家普雷特涅夫Mikhail Pletnev。
49. 美國STOMP《打著玩》，2000，2002年。
50. 中國北京舞蹈學院青年1993年來台演出。
51. 中國大陸上海話劇藝術中心《正紅旗下》
    2003年來台演出。
52. 2010年電影百年音樂劇《電影之歌》。

53. 瑞士長笛家仁格利Felix Renggli。
54. 百老匯音樂劇《真善美》1992年來台演出。
55. 陳學同現代舞團1980年來台演出。
56. 北京人民藝術劇院《茶館》。
57. 法國小提琴家杜梅Augustin Dumay，
    1996年來台演出。
58. 英國藝院Academy Of Ancient Music，1984年。
59. 法國音樂劇《鐘樓怪人》Notre-Dame de Paris，
    2005年來台演出。
60. 1981年台灣首次《雷諾瓦》油畫展
    Renoir Exhibition，1981。

61. 美國茱莉亞弦奏四重奏Juilliard String Quartet。
62. 2000年跨世紀千禧崑劇菁英大匯演。
63. 法國音樂劇《小王子Le Petit Prince》2007年。
64. 台灣旅義單簧管家李逸寧。
65. 匈牙利愛樂交響樂團，Hungarian State Symphony Orchestra, 1990年來台演出。
66. 柏林廣播交響樂團 Rundfunk-Sinfonieorchester Berlin，1994年。
67. 韓國小提琴家鄭京和Chung Kyang Wha，1995在台獨奏會。
68. 北京人民藝術劇院《天下第一樓》1993年來台演出。

69. 1986年塞內加爾國家舞蹈團 Ballet National du Senagal來台演出。
70. 美國億默國面具默劇團Imago The Mask Theatre Ensemble，1988，1999年。
71. 葛拉斯Philip Glass，1996年在台鋼琴演奏會。
72. 戲劇《不可兒戲》1990，2012年。
73. 英國室內管弦樂團 English Chamber Orchestra
74. 上海京劇院2001年來台演出
75. 奧地利豎笛家奧登薩默Andreas Ottensamer 2013年來台演出。
76. 1985年澳洲默劇團諾拉蕊Nola Rae Mime來台演出。

77. 1983年波爾瑪利亞大樂團Paul Mauriat Orchestra
　　來台演出。
78. 《新世紀之音》多明哥多民演場會，2002年。
79. 國鋼琴家尤利安娜・阿芙蒂耶娃Yulianna Avdeeva
　　來台演出。攝影Harald Hoffman。
80. 英國藝院Academy Of Ancient Music，1984年。
81. 喜多郎。
82. 美國小提琴家黎奇Ruggiero Ricci，
　　1980，1984年來台演出。
83. 日本默劇大師箱島安。
84. 布拉格交響樂團Prague Symphony Orchestra，
　　1989，1997年。

85. 中國鋼琴家李堅，1989年來台演出。
86. 德國萊比錫布商大廈管弦樂團
　　Gewandhausorchester Leipzig，1995年。
87. 日本舞踏山海塾Sankai Juku，
　　1994，1996，2005，2008年。
88. 日本劍道櫻月流O-GETSU-RYU，2005年來台演出。
89. 美國魔妙秀MOMIX,2005年。
90. 巴黎麗都歌舞秀LIDOS，2001年。
91. 日本古典傳統舞蹈《菊之會》
　　The Kikunokai Dance Troupe, 2003年來台演出。
92. 1986年梯子劇場La Compagnie de L'Echelle
　　來台演出。

93. 俄羅斯馬戲團
    The Russian International Circus，1994年
94. 加拿大玻璃樂團Glass Orchestra，1989年
95. 法國萊茵芭蕾Ballet du Rhin。
    1986，1997年來台演出。
96. 美國百老匯音樂劇
    《西城故事West Side Story》，2006年
97. 上海崑劇團1992，1994，2000，2010，2013年
98. 捷克黑光幻妙劇團Ta Fantastika，1986年。
99. 上海崑劇團《長生殿》，2010年。
100. 《遊園驚夢》 1982，2011年。
101. 2008年白先勇戲劇《金大班的最後一 夜》。

102. 蒙古草原傳奇。
103. 蘇聯波修瓦劇院芭蕾超級明星舞群
    Russian Ballet Superstar from The Bolshoi，1990年。
104. 柏林愛樂木管五重奏
    BerlinPhilharmonic Wind Quintet，2013年。
105. 捷克龍偶劇團Drak Puppet Theater，
    1997年來台演出。
106. 愛爾蘭踢踏舞《舞動世紀》2000年。
107. 戲劇《不可兒戲》1990，2012年。
108. 《蝴蝶夢》The Dream Of Butterfly，1986年製作。
109. 泰國羅摩亞那傳統舞蹈團《侾舞Khon》
    RAMAYANA，2006年。

敲開水泥地播種

　　「新象」創辦時，我期許建置一個有功能、效率化的藝術行政機制。對藝術的『飢渴』和『分享』是最原始的動力。我希望給臺灣創造一些『有意思』的活動，意為將遠古遠古，到未來未來具前瞻性的文化展演，帶進台灣人的生活之中。詩人楚戈和我構思如何為這個機制命名，兩人苦思至深夜。後來各自想一個字，他提『新』，意謂日益求新，我想『象』，代表藝術各面向，及人的心象與自然的寰宇景象，二字結合為「新象」（New Aspect）。兩人覺得意念甚好，就此拍板定案。

　　當時前輩張繼高先生曾在《聯合副刊》撰文，認為藝術欣賞應是學而知之的行為，文化藝術的推廣應循序漸進。質疑我的作法是事倍功半，認為這是一種冒進的舉動。文中指出：「「新象」精緻的表演藝術就像在水泥地上撒種，發芽都不可能，更甭說開花結果。」當時甫獲得國家文藝獎的作家林清玄和我觀念相合，就義務地擔任起《新象藝訊》的主編。

　　我要對繼高先生的說法提出我的想法，由林清玄執筆，以《敲開水泥地播種》為題，陳述：「再硬的水泥地底下也是一片土壤，只要敲開水泥地，一樣可以撒種，收成指日可待。」繼高先生是台灣五〇至八〇年代古典音樂的標竿，他的學精養豐，總有精闢見血的真知灼見。但是彼時的分歧之見，在報紙上展開激烈辯論，在當時的文化圈

掀起一陣熱烈討論。我和繼高先生本是舊識，彼此心儀而成為忘年之交。繼高先生數次參與我們的工作，如與我同往菲律賓協商俄國大提琴大師羅斯托波維奇（Mstislav Rostropovich）和美國國家交響樂團來臺演出，及美國公共電視網（PBS）衛星即時轉播之事，1995年東德萊比錫布商大廈管弦樂團（Gewandhausorchester Leipzig）及指揮大師寇特‧馬蘇（Kurt Masur）首次來台演出。演奏會全程在中正紀念堂廣場以巨大螢幕播放，獲得潤泰集團尹衍樑總裁的全額贊助。是繼高先生和我共同策劃達成。

「新象」啟動
每天要為隔天找錢，成為我的日常生活。

籌備「新象」的那個年代，沒有「文建會」、「兩廳院」、「國家文藝基金會」等政府文化機構。對藝術活動，政府管制多、又無扶持推動。我有幸得到諸多好友的支持，包括企業家蔡辰男與蔡辰威先生、名作家殷張蘭熙女士、黎昌意先生、「外交部」部長蔣彥士與次長錢復、「教育部」次長李模先生、「國際文教處」處長李鍾桂、「社教司」司長謝又華、邱復生先生等。「新象」成立時，榮譽董事長及創辦人是我的父親許伯埏，董事長樊曼儂，歷任董事有：申學庸、鮑幼玉、劉塞雲、樂茝軍、吳靜吉、鄭淑敏、劉炳森、劉倫、陳哲宏、辛意雲、張裕泰、許玉暄、許維城。

我的原始構想是以策劃、製作和推廣因『人文及自然』而產生的各類藝術活動為主要業務項目。也因為四十年前的社會環境，藝術表演較其他人文活動，爭議性、限制和阻力相對較少。

初期「新象」也籌辦體育活動，曾計畫邀請匈牙利乒乓球奧運冠軍隊、瑞典女子體操、「美國職籃NBA」冠軍隊及「美國職棒大聯盟MLB」來台舉辦表演賽。當時也獲得美國駐臺大使安克志（Leonard S. Unger）大力支持，美國新聞處處長克拉克（Robert Clark）協助促成此事。可惜正當著手籌劃時，美國宣布與我國斷交，導致計畫全盤中斷。在兩岸對立的年代裡，美國提供的各種資源和協助，一直是台灣所倚賴的穩定力量。斷交後，台灣社會瀰漫著一

股悲憤與躁動，及對外交局勢的憂慮不安。原本準備加入「新象」，並協助籌措資金的友人們因此而紛紛退出。面對這意料之外的變動，籌辦「新象」的初衷與外在壓力的權衡下，我仍決心繼續完成計畫。1978年，在父親的支持和資金挹注之下，「新象活動推展中心」終於成立了。

創始頭兩年，我們只安排個別節目的演出。第三年開始舉辦第一屆〈新象國際藝術節〉，從時間、年代、文化族群全面性角度切入，從藝術形式內容、世界地理區域以及文化歷史來規劃。於是，1980年第一屆〈新象國際藝術節〉，2月8日第一場，在「國父紀念館」展開歷史性〈中國傳統之夜〉演出。邀請台灣最具代表性的六大傳統藝術－北管曲牌音樂「台北靈安社」、閩南民謠陳達、客家民謠賴碧霞與羅石金、山東魯聲「魯聲國樂社～劉鳳岱」、南管音樂「台南南聲社」、蘭嶼精神舞「蘭嶼雅美勇士」。演畢，全場觀眾欲罷不能地為台灣本土文化藝術家們，激情起立鼓掌。

皆因台灣歷史上沒有如此的生活經驗，當時有人認為短時間密集安排近四十檔的節目，對觀眾多到太難消化。我的想法是，各類別節目會有不同屬性的觀眾。以這樣的角度來分眾，節目雖密集卻不算多。藝術節的整體行銷推廣有集中火力的效益，觀眾不容易錯過演出。分眾的觀眾群，也開始嘗試跨界觀看其他不同或相關項目演出，從而發掘另一個視野。

除了台北舉辦演出外，「新象」也跨步邁向其他城市。一是各縣市文化中心成立，具備表演場地的基本條件，另一也因為有些國際藝術家會因為表演場次數量，決定是否接受邀演。就這樣，一次前所未有的大規模藝術展演活動在全台展開。巡演的各城鎮帶動藝術初體驗的熱情，傾力敲開水泥地，卅輛撒下藝術的種籽。想望的藝術之都，就要從此萌發。

那一年的藝術節，觸發了一些人、一些事、一些氛圍及一些熱情。卻也讓「新象」虧損六百多萬，為此我賣掉祖母給我僅有的一棟房子。沒有銀行願意貸款給文化工作者，大部份款項來自請親友依循環利息借貸，天天跑三點半，少則幾十萬，有時超過幾百萬。但這並沒有讓我有一絲卻步，總覺得自己動力飽滿，一路向前奔馳。讓我覺得滿意的是，「新象」創下許多我國文化史上的第一次。

1980年第一屆中國傳統之夜
1　素人藝術家陳達
2　賴碧霞
3　魯聲國樂社
4　蘭嶼的達吾族群的「勇士精神舞」
5　南聲社

與拉維香卡之緣份
論亞洲音樂聖典瑰寶之源

　　印度最廣為世人所知的兩種樂器，一個是西塔琴（Sitar），另一是塔布拉鼓（Tabla）。據研究，西塔琴源自伊朗，爾後歷經上千年的演化傳入印度。在印度上百種弦樂器中，西塔琴是屬於歷史較短的弦樂器。經過數百年的演化，約在西元1892年形成現今的模樣。

　　二十世紀的印度音樂家，必需提到西塔琴大師拉維香卡[1]（Ravi Shankar），以及演奏塔布拉鼓首屈一指的阿拉朗卡（Alla Rakha）[2]。

　　拉維香卡與英籍猶太裔小提琴大師曼紐因[3]（Yehudi Menuhin）在1967年共同發行一張專輯《West Meets East》。後來於1971年與倫敦交響樂團合作《Raga音樂協奏曲》現場演出錄音，並發行專輯《Concerto For Sitar & Orchestra》。唱片中，他與阿拉朗卡的默契實在是太好，琴音猶如恆河的波光粼粼，又像滿天的熠爍星斗。節奏轉換的瞬息百變，非一般習慣於西洋固化節奏模式的樂團可輕易跟上。畢竟倫敦交響樂團不是等閒之輩，前半段似乎努力地在跟隨樂曲的節奏，雖有慢一點點，中段後，雙方逐漸熟悉，構築出一場無比美好的音樂交會饗宴。

西塔琴大師拉維香卡。照片由新象提供。

印度西塔琴與拉維香卡
業務會議時我對同仁大聲嚷嚷：
「就算跳進印度恆河，也要邀請拉維香卡來台灣演出，因為這是我一生夢想之一！」

　　我於1979年初，去日本拜訪友人神原世詩朗（1926-，神原音樂事務所創辦人）。他提起邀請拉維香卡的亞洲演出，我熱切地表明共同邀請的意願。而拉維香卡對來台的邀演，居然也興奮地立即答應。同年12月，拉維香卡終於來到台北，於「國父紀念館」演出兩場，成為第一位來台舉辦音樂會的印度音樂大師。

　　當時我安排他住在「圓山飯店」，第二天下午我們互相聆聽彼此的創作音樂，他對我的《琵琶隨筆》以及王正平的演奏特別激賞，還說：「東方的音樂，是如此的至美啊！」當下我立即聯繫王正平前來和拉維香卡會面。兩位亞洲樂器的頂尖高手，見了面，彼此惺惺相惜，互相切磋。這場歷史性的會面可謂是「台印撥弦大師的面對面」。可惜我再也找不到當年三人在圓山飯店所攝的照片。

　　意想不到的是，12月18、19日在「國父紀念館」的兩場首演大爆滿。拉維香卡的琴聲與阿拉朗卡的鼓聲在空間流轉，全場觀眾沉浸在如天籟般的音符中，聽得如痴如醉。他們用樂器對談，也用心對彈。我不禁讚嘆：「此樂只應天上有啊！」他的音樂印證『琴瑟和

西塔琴大師拉維香卡與塔布拉鼓大師阿拉朗卡，
於1979年12月18、19日在「國父紀念館」演出。

鳴」所描繪的默契與存在感受。老友畫家席德進（1923-1981）欣賞後感動不已，就地在二樓走道門口即席手繪一幅拉維香卡與阿拉朗卡的演奏素描。

　　拉維香卡當時邀我作一曲西塔與琵琶二重奏作品，我一時激動就允諾下來。後因龐大的行政工作，始終無法靜心創作。後來他數度詢問進度，我仍是無法完成。前兩年，二位大師相繼去世，令我不勝唏噓。當年囑託付的創作始未能完成，深為懊惜。

　　三十年後的2008年，「新象」邀請香卡大師的衣缽傳人，他的女兒安納舒卡Anoushka Shankar（1981-）來台演出。大師首次訪台時，她還未出生呢！黑髮披肩的她，不僅得到父親神乎其技的真傳，更有美麗和優雅氣質。

亞洲音樂世界的兩大聖典瑰寶——
印度喇咖Raga音樂與中國雅樂

　　全世界音樂學者最敬佩及推崇的是隋朝《九部伎》與唐代《十部伎》的雅樂時代。現今日本宮廷與民間所保存的《雅樂》，即源自隋唐朝廷。然其音律之定因多可追溯自中國古代商周時期管仲的《三分損益法》。我一直深愛印度音樂，除了和大師深入探討印度音樂博大精深的系統，又經數十年對此深入研究與著述。

　　印度音樂，必需宏觀地從歷史縱橫軸，回顧這個複雜的民族樂為起始。據學者理論，印度音樂可追溯約四千八百多年前，多以師徒口傳心授傳承下來。也因此，文史資料無法證實正確的時間起點。印度龐大領土，歷經無數次的外族入侵，外來文化（如希臘、波斯、蒙古、阿拉伯文化）也在此地產生悠遠的影響。歷史上的外來政權，歷經千年的衝突磨合，終與當地文化水乳交融，孕育出豐饒的印度文化，而繁複的印度音樂為其中之最。

　　音樂，在印度尤為重要。音樂，不只是音樂，融入哲學、科學、身心靈、藝術，宗教、天文、醫療與生活，彼此轉換運用，從而產生許多炫目的旋律，其細膩的程度令人難以想像。印度音樂因地緣、民族區分成一北印度，融入多元外來音樂元素的《印度斯坦尼音樂》（Hindustani）。二為南印度本土的《卡納提克音樂》

（Carnatic）。南北風格互異，為兩大地域性區塊的音樂風格。印度東、西方兩遠端的音樂，也具多元多樣性。然而在階級嚴明的印度社會，從闊綽尊貴的富人到一貧如洗的窮人，聽的卻都是相同的音樂。音樂成為印度無貴賤階級的無形珍寶，是人間必需品，更是洗滌心靈與情緒的潤滑劑。

印度音階組成稱為《Swara》，組成的音階為Sa/Re/Ga/Ma/Pa/Dha/Ni（每種唱名也代表不同的天神及顏色）。這和西方的音符Do/Re/Me/Fa/So/Ra/Te近似，但不等同。印度音程稱為《Suruti》，西方在鍵盤上細分出十二個微分音程。印度凡間音階，則分出二十二個較微分音程（唯每個微分音的進程並不相等）。深入地剖析，可以發現音階分為兩個段式（用西洋術語來說，就是將八度音分成兩半，各四度音）。一半九個音高（Pitch），而另一半有十三個音高。音階共有二十二個音，全濃縮在一個倍數音頻（Octave）裡。相對於全世界採用的西洋七聲音階、十二聲音階，世界上最多人口運用（包含中國）的五聲音階、七聲音階、十二聲音階，印度音樂系統愈顯複雜。慣於聆聽十二音的聽眾，會感覺印度音樂如同在聽『微分音』，再加上常出現的《滑奏》、《旋法音階》、《旋律體系》（Raga），以及複雜的《節拍體系》（Tala），炫目到應接不暇。

印度文《Raga》，原意是熱情、色彩與情感。其理論建立在所謂的《旋法音階》之上。《Raga》可謂是印度古典音樂的基本調式，《Tala》則是旋律的種子和元素。《Raga》是由特定音符組合起的旋律，多半是五個到七個的音符所組成的基本旋律，做出自由的變化，引領聆聽者的情緒和感情。

《Raga》有趣之處在於依季節、時間、情緒而變化，也分『陽』與『陰』性，時辰性，甚至形成結合天文、地理的音樂，也探討到音樂治療。傳統上，依時間、季節、情緒來選擇演唱或演奏的《Raga》。需嚴格遵循規範，不容混淆。《Raga》在固定的旋律型，加入抽象情境，依即興技巧、演奏長短、速度等種種的掌控。因此一位音樂表演者，也必是創作者，才算是稱職的印度音樂家。

《Tala》源自梵語，Ta是坦安達瓦（Taandava），濕婆（Siva）的宇宙之舞，象徵宇宙生生不息的節奏。La是指濕婆神妃帕巴底（Parbadi）的分身的舞蹈拉西亞（Lashia），合稱《Tala》。

《Tala》，近似西方的節拍。Tala在印度音樂是『節拍週期中固定的拍子』（Rhythmic Cycle Containing a Fixed number of beats）。《Tala》的複雜在於不按「小節單位拍」來計算，可組成上千種變化。故印度《Tala》可以等值區分，也可不等值區分，成為其複雜面。《Tala》與西洋的「音高」（pitch）與「節奏」（Rythem）有所不同。雖然也是「音高值」，但實質上是『音子』，是印度音樂的基礎元素，再從中產生各種變化。《Tala》提供精準《Raga》旋律的架構基礎。兩者成為印度音樂的兩大支柱元素,也是印度音樂之所以迷人之處。

中國音樂體制與法則VS.西洋的律制語調性
中國明代音樂理論家朱載堉 VS 法國科學家梅森 Marin Mersenne

不同於西洋音律聲源及量度，中國的樂律是另一個古老音樂系統，以《三分損益法》所得出的。樂律記載於《管子·地員篇》。記載云：「凡將起五音，先主一而三之，四開以合九九，以是生黃鐘小素之首，以成〝宮"；三分而益之以一為百有八，為〝徵"；不無有三而去其乘，適足以是生〝商"；有三分而復於其所，以是生〝羽"；有三分而去其乘，以是生〝角"。」一般稱之為五聲音階。《三分損益法》為中國古代聲音的定律之法。係利用黃鐘等十二律管，各有一定尺寸，發出一定頻率之音高，三分損益就是把這些律管減短（損）或增長（益）。三分損一是將律管分成三節，減去一節，剩下三分之二的長度發出的音高則為另一律管之音；三分益一則是將原本的三節，再加長一節，其所得之律管長度發出的音高即為另一律管者。其所得出的十二個音，雖然彼此間四度、五度及八度音（皆以西洋音樂術語表達）的相對關係是絕對等比的。但在八度之中，各半音的音高位置則並非是等距的，因此中國古樂極少在音樂上做轉調。

明代音樂家朱載堉（1536-1611），是我認為中國有史以來最偉大、也最重要的音樂理論家。他提出中國古老音律多從天文地理，及參考曆書轉化而來，音樂系統近似於現代鋼琴所用的音階。他可謂『東方的達文西』。朱載堉是明太祖朱元璋的第九世孫，是樂律學家、音樂家、數學家、舞學家、樂器製造家、物理學家、天文學

家、散曲作家，也是世界上第一位定出《十二平均律》之人。他在明代萬曆12年（1584年），首次提出《新法密率》（見其著作《律呂精義》、《樂律全書》），以複雜的數學計算及樂器的實際實驗，最先算出以比率=1.059463094359295264561825。精確到小數點後二十五位數，將八度音等分為十二律，且實際製造出相應的律管及絃樂器。相較於荷蘭數學家兼軍事工程師西蒙‧斯特芬（Simon Stevin，1548-1620）提出的類似理論要更早些。法國科學家馬蘭‧梅森（Marin Mersenne，1588-1648）直到1638年所出版的《和諧音概論》，於書中才出現1.059463這個數字。在此之前西方無人知道這個數字，比朱載堉晚數十年。且朱載堉可精確計算到小數點後二十五位，可想一位五百多年前的音樂理論家，如何計算出這些數字，不禁令人嘆為觀止與敬佩！

中國早在商朝以前就有《五聲音階》，分別為宮、商、角、徵、羽（西洋為Do、Re、Mi、Fa、So）。後又增加『變徵』、『變角』兩個半音，形成《七聲音階》。在《七聲音階》的基礎上，又產生十二律。但其相鄰兩律間的音程不一致，朱載堉的《十二平均律》徹底解決此問題，因此易於樂器的演奏與製造。

十六世紀末，義大利音樂理論家札利諾Gioseffo Zarlino（1517-1590），以計算方式提出《十二平均律》。但當時《十二平均律》的理論未成氣候，但人們已察覺純律轉調出現的大全音與小全音的差異。為改善此狀況，札利諾又提出《中庸全音律》，把大、小全音加

1 畫家席德進作品拉維香卡與阿拉朗
  卡素描。照片由新象提供。
2 拉維香卡女兒安納舒卡Anoushka
  Shankar。照片由新象提供。

以折衷平均，解決鍵盤樂器和弦諧和的問題。

十八世紀，由於五度相生律、純律及中庸全音律在歐洲普遍開來。此時《十二平均律》尚未成為鍵盤樂器的主要律制，因此約翰·塞巴斯金·巴赫（Johann Sebastian Bach）、巴赫的學生基恩伯格（Johann Philipp Kirnberger），以及拉莫（Jean-Philippe Rameau，亦為和聲理論的重要奠基者，他於1722年著《和聲學》及於1726年著《音樂理論的新體系》），以漸進式地逐步採用《十二平均律》。直到十八世紀中葉，巴赫的次子卡爾·巴赫（Carl Philipp Emanuel Bach），成為《十二平均律》的主要推動者。隨著管風琴、古鋼琴的出現，十八世紀現代鋼琴雛形的產生，至十九世紀，《十二平均律》已成為樂器的主流律制。

印度幻影舞來台演出與院長孫運璿
大千先生點出印度幻影舞來自蓮花手

除了兩度邀請拉維香卡來台以外，我亦數度邀請數個印度音樂團體，如1979年印度新德里「斯里蘭藝術中心」的「印度古典舞蹈團」（Dance And Music Of India）。當晚突然來了一位令我驚喜的觀眾，台灣史上最重視支持文化藝術的行政院長孫運璿先生，院長居然還是自行購票進場。

全團得知孫運璿先生的蒞臨，團長與榮譽顧問決定要加演一個片段，由一位隨團已封舞十年、八十幾歲的大師父，加演五分鐘的橋段。這位瘦小的老先生，是舞團創始人的恩師及榮譽總顧問。他身著傳統白色印度服，在舞臺上將雙手圍成一個圓圈，將右腳抬至胸口高度，然後將腳斜斜、慢慢地穿過圈圈，突然迅速地翻滾一圈後，霎時已用左腳站立起來。跳個兩三步，轉身消失在舞臺上。前後不到五分鐘的演出，但這驚奇的演出讓全場目瞪口呆！孫院長立即站起來用力鼓掌，全場觀眾也給予熱烈的掌聲。

演畢到了後臺，所有的印度團員圍繞著這位傳奇者老，臉上盡顯崇拜，就連藝術中心的院長也不例外。我們何其有幸能親眼看到封舞許久的老藝術家的演出，見證到這令人嘆為觀止的珍貴一刻。我特別為此演出，前去請教水墨大師張大千先生，鮮少人知道1949年後，

1　1979年孫運璿院長前來欣賞「印度古典舞蹈團」。
　　照片由新象提供。
2　「印度古典舞蹈團」來台演出。照片由新象提供。

大師曾居住在北印度大吉嶺約九年之久。大師對於印度音樂、舞蹈皆有相當深入的理解。大千先生指出，中國京劇的蓮花指，是從印度四大舞蹈的《幻影舞》[4] 轉化而來的。

　　大千先生居住印度的期間，經常被邀請去欣賞印度古典舞，對其涉獵頗深與精妙的領會貫通。印度舞蹈團來台時，大千先生親自現身演前記者會，暢談他對印度舞蹈的心得。他曾說，印度舞的腰骨和手指動作的美麗之處，相較於知名的泰國舞蹈，印度舞柔美許多。大千先生認為印度女子傳統服裝「紗里」，僅由是一塊如紗的布衣捆裹女體而成。捆繞在女子軀體上，一片布幻化成美麗線條的一件衣裳，美的可以入畫，正所謂的『天衣無縫』，舞動起來真是『飄飄欲仙』。此一緣分的體會，自然地潛移默化至大師爾後的《仕女圖》。

　　「印度古典舞蹈團」到台灣後，我安排部份團員住在「國賓飯店」，也有部分住在附近林森北路巷子內的商務旅館。他們晚上出來閒逛時，覺得附近街景像極了加爾各答的街廓。林森北路巷弄內的眾多小攤販賣的商品，也讓他們充滿親切感，彷彿兩國的庶民文化是如此相近。

■ 註釋

1　Ravi Shankar拉維香卡（1920-2012），印度國寶級音樂大師，印度傳統音樂作曲家、西塔琴演奏家。政府授予印度最高公民榮譽，並封為永久國會參議員。巡迴世界各地推廣印度音樂，曾獲三座葛萊美獎。1960年「披頭四」喬治哈里遜拜他門下學習後，亦獲三座葛萊美獎。1999年被授予印度最高公民榮譽，並封為永久國會參議員。知名的爵士女歌手諾拉瓊斯是他的女兒。

2　Alla Rakha阿拉朗卡（1919-2000），十一歲拜在旁遮普派大師Mian Kader Baksh的門下，開始達六十年以上Tablav鼓的學習訓練，後成為此派大師，也是拉維香卡長年的音樂伙伴。

3　Yehudi Menuhin曼紐因（1916-1999），英國猶太裔小提琴家，1982年擔任英國皇家交響樂團首席指揮，創立曼紐因音樂學院及設立曼紐因國際小提琴大賽，是鋼琴家傅聰的岳父，被譽為二次世界大戰後的十大小提琴家。

4　幻影舞(Chhau Dance)流傳在孟加拉灣一帶，從影子、影像、臉譜為概念演化而來，也有部分從武藝轉換而成。演出主題大都以傳說、民間故事或是濕婆（Shiva）的故事為主，演員們戴著面具跳舞，模仿自然界的鳥獸動作；而音樂主要是以管樂器，佐以各種鼓為伴奏。這類舞蹈通常在地方區域性的藝術節以及祭祀時演出。

意猶未盡的戲劇人生

　　我是個閩南孩子，但祖父從我四、五歲就開始帶著我聽起京戲。我活潑好玩，更喜歡一個人到處跑，臺北的大街小巷幾乎都闖過。自己還跑去看野臺戲或歌仔戲，特別喜歡到後臺看他們的演前後的作業。有趣的是，與一些不同背景的人看歌仔戲、一起感受，更可結交到不同的朋友。

　　戲劇之於我，從小小年紀就紮根，對野臺戲，感情特別深。

　　每逢農曆5月13日，佃農們進城從圓環為基準，幾個廟如「恩主公」、「清水公」、「關帝爺」同時擺開好吃的流水席。七爺、八爺從「龍山寺」遊行前，我參加的子弟戲上場，是我人生的第一次戲劇經驗。

　　小學就讀的「日新國小」，五年級演大戰魔王救公主的《王子》，六年級穿上紅衣演《吳鳳》；這些經驗，讓我體驗到戲劇的魔力，讓自己變成另一個人，以全新的身份進入另一個時空，給我另一種的滿足與感動。

　　英國導演彼得布魯克（Peter Brook）曾說：「一部戲就是遊戲。（A play is a play）。」因為有這種經驗，讓我對戲劇痴迷。一旦開啟，就成了無法停止的意猶未盡。

崑曲
大陸有一流的崑曲演員，台灣有一流的崑曲觀眾。

　　崑曲是中國地方戲曲較早萌芽的戲種，自六百多年前發展至今。特色是一面唱唸，一面舞蹈。角色，或老或少、或男或女、或文或武，都是在極簡的佈景前，以肢體身段為筆，以舞臺空間為畫布，聲音線條以瞬間即逝的手法，在變化中創造出抽象的景象。崑曲豐富詞藻文辭，充滿文學性的燦爛，也有揪心的戲劇性，為中國戲曲中的極致。因此被稱為『萬戲之母』或『百戲之祖』。

　　崑曲，是曼儂的最愛。她認為崑曲是優美深邃的中國傳統藝術。1980年第二屆〈新象國際藝術節〉，邀請到紅極一時、有『青衣祭酒、台灣第一旦』之美稱的徐露（1941-），《牡丹亭》的《遊園驚夢》中飾演杜麗娘和劉玉玲飾演的柳夢梅。當時台灣京劇的名伶們，京崑不分家，師姊妹三人的演出堪稱『珠聯璧合』，令許多戲迷至今仍懷念無比。1984年，崑曲《牡丹亭》中的兩折戲《春香鬧學》與《遊園驚夢》，由兩大名角徐露、高蕙蘭及鈕芳雨，也動員了一百位花神演員共同主演。徐露的一句「良辰美景奈何天」，加上聶光炎創新的燈光設計，及王童《蝴蝶夢》的服裝設計，讓多少人為之陶醉，從而成為死忠的崑迷。

　　1966年文革後，崑曲瀕臨存亡危機。許多資深演員都感嘆年輕人多不來欣賞崑劇與崑曲。於是「新象」開始拯救崑曲的行動。曼儂說：「一切都是為在傳統裡開出新花」。要走出困境，絕非一蹴而就。

　　香港因返鄉政策，早在1986年的〈亞洲藝術節〉引進五個崑曲團在香港匯演。1987年兩岸探親開放，1992年文化交流開。「新象」第一次邀請上海崑劇團（簡稱上崑）來台，開創中國大陸與台灣在崑曲交流的先例。在這之前，我分別去中國大陸幾趟看劇團演出，「上崑」大場面的演出和劇目，非常震撼。看到《長生殿》的演出，每一個片段都極為好看，實為國家一級演員，人才濟濟，文武雙全，武打場面更是精彩。

　　「新象」之後連續地引進其它崑劇團來台，讓欲振乏力的大陸崑

劇團有了新的契機。在我們的推廣之下，台灣培養出大量的崑劇迷。「上海崑劇團」後，「新象」接力地引介大陸五大崑劇團-「浙江崑劇團」、「北方崑曲劇院」、「蘇州崑劇院」、「江蘇崑劇團」、「永嘉崑劇團」，是台灣觀眾的熱情喚起崑曲藝人的信心。

崑劇團的演員們可演所有的戲碼，讓我們見識到他們的真實力。各種角色、戲譜都是信手拈來，隨時地就演。他們表示一周內可以演上十幾場不同的戲，期間也可夾雜不同的戲別。相對於西洋歌劇，聲樂家們不可能在一周內唱不同的歌劇，兩、三齣歌劇就已經是極限。

1992年10月「上崑」第一次來台，演完已經11月。曼儂在12月底悄悄地和香港古兆申博士（1945-）組團，林懷民和蔣勳也加入，一起前往南京「江蘇崑劇團」，欣賞被譽為『崑劇祭酒、崑劇皇后』的張繼青團長（1938-）所主演的《朱買臣休妻-馬前波水》。後去「浙江杭州崑劇團」，演出結束後，她即去後臺向團長、有『崑曲巾生魁首』的美譽汪世瑜團長（1941-）提出來臺演出的邀請。多數的崑劇團，在文革後逐漸凋零縮減或拆散。對「新象」十分陌生，即使曼儂向他們表示「上崑」已來過台灣，汪團長仍半信半疑。但也表示「上崑」雖是龍頭老大，但「浙江崑劇團」也有自己的風格。

後來我接到汪團長的來電，詢問來台演出的真實性。我表示要他們演「遊園驚夢」，他一聽更覺得驚訝，說：「遊園驚夢很冷門的，觀眾一聽是遊園驚夢，三分鐘就走。」

我跟他說：「我們這裡不會這樣。」但他仍不相信。

1993年暑假，曼儂帶著台灣媒體赴北京參訪，向大陸國臺辦前副主任唐樹備先生，晚宴時提出台灣觀眾對中國大陸崑劇團演出的熱愛與尊崇，也是媒體評選出最棒的表演文化交流團隊，唐先生聽了很驚訝。

大陸流行的地方戲曲中，最受重視的是京劇。江南則是平易近人的滬劇如小百花。都是讀書人看的崑劇，則因複雜的詩化文藻，和一般人有距離。也因崑曲有著抒情寫意的唱詞與故事情節，與現代人的生活節奏相距甚遠。造就崑劇在表演藝術的定位，顯得模糊。

1997年「新象」已把中國大陸六大崑劇團一一邀請來台，文建會同意請各團名伶們到劇校演講教學，在臺播下崑曲的種子。中國北方崑劇團與南方崑劇團的唱腔詩流，因地緣而有所差異。也因地緣，

『現代崑曲之母』樊曼儂

與日本關係良好。中國大陸崑劇團在日本可演長達兩個月之久，市場價值直逼定目劇。而香港因地便和政治優勢，最早邀請崑劇團加入〈亞洲藝術節〉。雖然深知崑曲在文學上的深奧和華麗，卻沒有在台灣表演市場的熱絡。當香港「文化公署」發覺這個現象，便力起直追。

中國大陸的文化政策，和兩岸文化節目的喜好動向與兩岸政治有連結的關係。二十世紀末，崑劇團輪流到香港、台灣到日本巡迴演出，儼然形成一個序列性的崑曲衛星城市。開始引起大陸文化單位的注視。

為了不讓崑曲斷了根，曼儂、曾永義、洪惟助、賈馨園和其他藝文人士，邀請各地方崑劇團隊來台灣演出，也和香港文化界與學術界串連起來。台灣崑笛家徐炎之先生（1898-1989），早期更是騎著腳踏車，到各中學、大學社團無償的教導崑曲，務求將這珍貴的遺產種子留根地傳承下去，對台灣崑曲傳承有巨大貢獻。

多年的努力後，崑曲終於在2001年5月18日成為「聯合國教科文組織」總部「人類口述和非物質遺產代表作」（The Proclamation of Masterpieces of the Oral and Intangible Heritage of Humanity），讓我們雀躍不已。「聯合國教科文組織」多保障建築類型的項目，鮮少著墨在表演藝術、口述文化。難得將崑曲列為選項，不僅獲得評審的一致通過，且拔得頭籌，成為入選十九項的首選。自此，崑曲不僅得到中國大陸中央的重視支持，也得到企業的共襄盛舉，在華人世界掀起一陣『崑曲熱』。舊有的崑劇在各劇院一演再演，也帶動許多新創作。「新象」《青春版牡丹亭》也在曼儂與白先勇的製作下應運而生，一演再演逾兩百場。這一路走來，曼儂為崑曲付出的貢獻，讓她被海峽兩岸文化界尊為『台灣現代崑曲之母』。

《遊園驚夢》

湯顯祖：原來妊紫嫣紅開遍，似這般都付斷井頹垣。
良辰美景奈何天，賞心樂事誰家院。
朝飛暮倦，雲霞翠軒；雨絲風片，煙波畫船──
錦屏人忒看的這韶光賤。
──第十齣〈驚夢〉

這般花花草草由人戀，生生死死隨人願，便酸酸楚楚無人怨。
──第十二齣〈尋夢〉

　　1984年「新象」〈國際藝術節〉，邀請京劇名伶徐露、高蕙蘭與鈕芳雨共同演出《牡丹亭》。原版《牡丹亭》有四季花神以及月下老等五個角色，徐露要求舞臺上要有一百多個花神來呈現不凡的氣勢。但那時台灣沒有劇團或劇校，劇團多屬於軍方資源。因此我們向國防部懇請借調團隊來支援，軍方配合地找聯勤、飛駝、海工等。當時軍中的命令一下，各單位傾全力配合我們的製作，包括戲服的支援等。「新象」僅需負擔便當、車馬費等小筆開銷，實為輕鬆。對當時只能在「國光戲院」或「國軍文藝中心」演出的傳統戲曲劇團，藉這次機會登上〈國際藝術節〉的平臺，到「國父紀念館」兩千六百位觀眾前面演出，他們都躍躍欲試。

　　意外的是，京劇名伶徐露唱崑曲演出的票券很快售罄。我們才發現有這麼多人喜愛崑劇！那時沒有崑劇團隊的情形下，這場座無虛席的演出，讓我意識到台灣觀眾深知崑曲獨到之處。也因為這樣動心起念，才將白先勇的小說轉變成為一齣舞臺劇。

　　白先勇小說《遊園驚夢》，是他大學時期的作品。他以官宦子弟的視角，寫下記憶中家庭中圍繞的人物們。小說主角是崑曲女伶藍田玉，在秦淮河月臺以杜麗娘的角色演唱《遊園驚夢》，軍事將領錢鵬志一聽驚為天人，極力追求娶得為夫人。然而將軍年事已高，錢夫人卻僅二十歲，戀上將軍的參謀～俊挺的鄭彥青，與錢夫人因而發生超友誼的戀情。錢夫人的妹妹月月紅，後將鄭彥青搶去，讓錢夫人情傷不已。不久，共產黨在中國大陸的國共內戰中勝出，錢鵬志撒手西

《遊園驚夢》由大師張大千提字。
照片由新象提供。

歸。在一次桂枝香（竇夫人）宴會中，重逢舊故。有人清唱起崑曲「遊園驚夢」，使她觸景生情，滿懷感傷。故事中的人物描繪出移居台灣的政要及夫人們，感傷於風華不再，傾權一時的政治權力也已沒落，只剩退休後聚在一起票戲取暖的聊寞。充滿人生如戲的萬般諷刺與無奈。

當白先勇提出想以此小說改編成一齣舞臺劇，各界的朋友們紛紛舉雙手贊成。首當支持的是「中國時報」的余紀忠董事長及大女兒，也是「中時晚報」發行人余範英女士。而前清華大學校長沈君山（1932-）、重要文化推手高信疆（1944-2009）等人也前來協助籌備。我們的好友「聯合報」創辦人王惕吾（1913-1996）的媳婦張寶琴（聯合文學發行人），表示全力支持。「聯合報」副刊總編輯暨詩人瘂弦，以及時任「中國時報週刊」社長簡志信也加入參與。

劇本完成後，開始為舞臺劇製作傷腦筋。白先勇原先邀請導演楊世彭一起改寫成劇本，後因楊夫人有孕，改由台灣現代電視先驅的黃以功（1948-）擔任導演。製作經費涵蓋場地租金、衣服、道具、舞臺燈光音響等，當時最貴的票價是兩百五十元新臺幣，即使場場爆滿的情況下，也無法支付所有的製作開銷。

「中國時報」創始人余紀忠（1910-2002）與王惕吾創辦人的「聯合報」，分別拿出五十萬資助製作費。「皇冠出版社」的平鑫濤也出錢，加上其它捐助，共得到約三百萬元的總製作費。由於黃以功的緣故，「新象」獲得「臺視電視台」提供半年免費使用的排練室。白先勇找了國際巨星盧燕（1927-），以及影劇圈最精練的演員們如歸亞蕾、錢璐、胡錦、崔福生、劉德凱、徐炎之、曹健、王宇、陶述、吳國良、孟滌塵等。難得的是，這些硬裡子的演員們，為藝術皆不領演出費，僅領每天兩百元的車馬和餐費。我們後來把劇中的戲服送給演員們，作為紀念。當時錢璐覺得硃紅色的戲服不夠亮眼，還自掏腰包訂製一件黑緞、亮珠片戲服，在台上顯得漂亮又搶眼。

當時的台灣社會氛圍與經濟處於國力上揚的階段，此劇消息一出，所有藝文圈、新聞媒體人士們都有志一同的支持，我真實地見證那個將個人利益置之度外的的年代，為藝術奉獻的情懷！曼儂說：《遊園驚夢》的演出沒有失敗的條件。我想，眾人的齊心才是《遊園驚夢》真正代表的意義，將觀眾們吸引回到劇場，讓奄奄一息的台灣

戲劇起死回生。

經過一年多的籌備，《遊園驚夢》終於搬上「國父紀念館」的舞臺。這是「新象」第一齣大型多媒體的舞臺劇，白先勇和曼儂擔任製作人，黃以功擔任導演。整齣戲圍繞著三位女角而轉，盧燕飾演的錢夫人優雅高貴，歸亞蕾的竇夫人溫柔嫵媚，胡錦的天辣椒豔麗潑辣。徐炎之為崑曲段落演奏笛聲，聶光炎擔任燈光設計、王榕生的服裝設計、書法家董陽孜揮毫如雲的書法、攝影家張照堂的影像、謝春德的攝影、鈴鹿的髮妝，我負責作曲。同仁李慧娜擔任製作行政事務的執行，王夢超擔任總務，加上「中國時報」與「聯合報」兩大報系共同支持。這個編導製作團隊，造就一場空前絕後的夢幻群英會。張大千大師還為此劇，題筆寫下《遊園驚夢》四個字。

正式演出時，我創作以土塤吹出一段悠悠的哀怨主題，伴著女主角一身華麗的舊衣從暗處入場，口中喃喃地唸著：「身著一身富貴衣服，但已經是十多年前在南京做的衣服。」盧燕所飾演的錢夫人，曾被譽為『崑曲皇后』，而她憶起封嗓是她曾在舞臺上唱著《遊園驚夢》時，看見她心愛的參謀劉副官和結拜的妹子調情，當下，她的嗓子瞬間就失聲了。

多年後，錢夫人重唱這一段曲，在不堪往事裡悲從中來，感嘆良辰美景奈何天。也看一位如花開鮮豔的美麗女子，卻因歲月如花謝地凋落，感嘆女人的悲哀。曾傾權一時的將軍，在政治的無情替換和權力旁落後的落寞中嘆息。眾人在杯盤飯菜中，互相取暖。分離時，感嘆何時再相聚。燈光淡出，影像轉而呈現的臺北市正在興建的林立高樓。這齣戲是在「國父紀念館」演出，取景的影像是紀念館對面正在興建的大樓，觀眾們看了不禁都會心地哈哈大笑。

演員們的唱作俱佳，各個身懷絕技。每人隨時都可來一段崑曲，如崔福生演的將軍，一上臺就來一段霸王別姬的大花臉，氣勢之大，真是厲害。胡錦的國劇身段，來自母親馬驪珠的教導，她淋漓盡致的演出和舞臺魅力，嫵媚或潑辣勁兒更是無人能比。胡錦可唱戲，也有身段動作，唱起崑曲好聽又好看。我非常佩服這些上一輩演員的真硬功夫，如同以前的中國器樂家，可彈琵琶、拉琴、也可吹簫吹嗩吶，十八般武藝樣樣俱全。

即使我一生從事現代音樂的創作，對這齣懷舊的劇碼，仍鑿力在

崑曲的優雅細膩，擷取其韻味，卻不依照既定的曲式模式。在樂器使用上，我以東、西方的管樂和弦樂為基礎，穿插在七段記憶中的崑曲，較為輕鬆清爽。轉換場景的過橋如主角上場前女僕打掃的畫面，加入一些輕鬆愉快的現代音樂，以中國樂器為配器，融入古韻的現代音樂手法來譜寫成為背景音樂。其中中國樂器的笙、蕭來演奏洛可可風格的旋律，既可帶出戲劇節奏感，也交代出那個時代的華麗。單聲旋律的崑曲加入和聲，然而崑曲多數是呈下行的旋律，加入滑音（Portamento）可彰顯其性格。滑音在西方音樂裡面被視為附屬的裝飾奏，但在崑曲裡卻成為關鍵性聲響的主角，賦予一種音樂性的繪影繪語。

聶光炎是這齣戲的大功臣。他是一位既嚴謹又浪漫的藝術家，常帶著舞臺模型到排練場，說明設計構想、提醒演員出入場需注意的事項。他利用庭園、亭臺體現中國古典建築的結構與意念，也傳遞現實、回憶、夢境、意識流動等心理空間。他將古典藝術美再現於現代詮釋，典雅而燦麗，將明鈍、蒼涼與傷懷，高明地以舞臺技巧設計來呈現。

這個龐大計劃是我們的夢想之一，製作過程曲折艱難，苦苦樂樂，真是難以一語道之。當時事事離不開政治，戲劇也是。隨著這齣戲的名氣越來越大，各方壓力也逐漸浮現。我和白先勇到處奔波，見招拆招。根據當時劇本審查的法規，教育部與文建會組織的委員會，投票決定劇本的內容。一部劇本，要完整通過，其艱難程度令人難以想像。

我當時的直覺上，劇本審核必定無法過關。白先勇果然為了劇本被改，憤而發飆了。我們兩人跑去「國民黨文工會」斡旋，他們表示劇本中國民黨的前將軍退敗到台灣，將軍夫人與副官掛來勾去，間接地影響到國民黨將軍的形象。

白先勇說：「我忠貞愛國，寫的也都是有事實根據，你們為何要阻擋？」他們打躬做揖地安撫白先勇，要他息怒。後來雙方各讓步一些，終究讓劇本過關。

「新象」因此劇需徵選三位新演員，百多人踴躍地參選。我們慎重地組織評審委員，投票後選出孫維新、陳燕真、王志萍三位。現為天文物理博士的孫維新，剛服完兵役，擔任助教也準備出國念書，

1 《遊園驚夢》劇照。
2 《遊園驚夢》劇照，胡錦在劇中的身段。
3 《遊園驚夢》歸亞蕾與盧燕劇照。

由他飾演一位情場老手的副官。陳燕真，是師大崑曲社社長，唱做俱佳，表現最為突出。她對崑曲有無限的熱情，之後留任「新象」及「中國時報」工作。她拜上海崑劇院的名師梁谷音華文漪為師，結婚後定居美國洛杉磯，遺憾後因癌症未及中年即病逝。

猶記當時在臺視排練場，從下午排戲到晚上。原負責《新象藝訊》的編輯群和美編部門，也轉調為《遊園驚夢》專案製作小組，由李慧娜擔任組長。時任國際事務聯繫的王孟超，也被轉調擔任總務，此後與戲劇結下不解之緣。這齣戲，事多繁瑣，每一次的排練，都是他追著大明星們發三百元的車馬費、簽收領據。二十多年後，這個曾經的打雜新手，擔任最新版《遊園驚夢》的舞台設計，也是青春版的《牡丹亭》的舞臺設計，目前已是戲劇界舉足輕重的人物。因緣際遇，真是難以預料。

製作過程雖然曲折，但演出和宣傳的聲勢盛大，十場近三萬張門票在一個月就全數售完。第九場的演出，遭遇颱風來襲。當時政府已經宣布颱風假，怎知颱風只是輕輕的掃過。但「國父紀念館」館方為配合政府指令，因颱風閉館。「新象」辦公室接到觀眾電詢問演出與否，我們只好宣布下午五點做出最後決定。經過內部開會，一致決定不取消。怎知「國父紀念館」下午關門，我急著找童啟祥館長，終於在中國飯店找到他。他表示如期演出很困難，需要管理委員會和臺北市政府的一致同意。

1982年，「國父紀念館」管理委員會的主委是何應欽將軍，市長是李登輝，馬鎮方擔任市府秘書長。我們分兩路，白先勇跟樊曼儂去找馬鎮方秘書長說明；我去天母半山找何應欽將軍。那時候，我搭車去何將軍官邸，一路往山上風速越大，信心也開始動搖起來。抵達時，何將軍正在午睡，我開門見山地請求他的支持。

他這樣說：「我願意支持你，但你自己好好考慮喔！確定可以演嗎？」

我點點頭，戰戰兢兢的離開。四點左右風雨慢慢緩和減弱，與此同時，時任時任市政府秘書長的馬鎮方正在世華銀行開會。在白先勇和曼儂的請求下，他首肯打電話給童館長，同意此劇的演出。

下午五點正，辦公室的十二支電話同時響起。許多觀眾遠從宜蘭、花蓮、中壢冒著風雨來，人們撐著傘在「國父紀念館」外面等著

進入，遠遠望去一片多彩的傘海，甚是壯觀！

聶光炎說：「散場時，瞠眼望去，雨天中密密徐徐，一朵朵的雨傘飄然起伏，又飄飄而去，是劇場人心目中的安悅。」

當晚兩千六百四十三個座位，無一虛席，連走道也坐滿人。後來清查，只有四個人沒來。當時有人說，我們運用特權。之於我，從官僚體系觀點來看，也許是特權。但當權者懂得將權力活用在藝術上，實屬高瞻遠矚。加上我們鍥而不捨，解除危機的韌性，可謂兩相得益。

這齣戲沒有吊人胃口的懸疑，或爆點、諷刺，或有哭有淚有笑的戲劇性，反而有很藝文的優雅，像是一部流動的散文。對有深刻人生歷練的觀眾而言，更有深層的意會。劇情與這些老一輩演員的現實人生，有著人生如戲，戲如人生的吻合，格外的真實和令人心動。

無論如何，這齣戲贏得社會上這麼多人的帶動，「新象」得以恭逢期會的統籌。《遊園驚夢》可以說是「新象」演出史上的一座高峰。這樣的好戲，於2011年兩度由魏海敏、徐貴櫻與胡錦等聯袂在國父紀念館再現演出，依然轟動。

套一句錢璐劇中的一句臺詞：「這樣的好戲，一個人一生只能看到一回罷了。」

《蝴蝶夢》

聶光炎：「劇場藝術是千千萬萬個折磨，換取片刻的迷人。」

1986年4月首演的《蝴蝶夢》，是由奚淞的原作改編而成。編劇是奚淞、白先勇、胡金銓、樊曼儂共同執筆，由我擔任總策畫人、謝家孝、白先勇擔任監製顧問、王童擔任美術設計、胡錦、張復健主演，邀請電影導演胡金銓（1932-1997）來執導。

奚淞取材源自戰國時期「莊子試妻」的寓言為小說《蝴蝶夢》的情節。在這齣舞臺劇，奚淞改以莊周與四個女子，構想是以春夏秋冬象徵的四個女人，觀看莊子，織入現代社會的背景實況渲染而成的劇本。我個人覺得充滿浪漫色彩的詩意。當胡金銓看過另一個大陸作家的版本後，決定修編加入釋、道、儒的元素來詮釋。

曼儂認為劇情變化，反而更加豐富了轉折迴旋。她與白先勇研究後，決定將這兩種劇本融合為一，扭轉整齣劇最原始的概念。

製作過程，一開始大伙兒是志同道合。後來是大同小異，接著各取所需、互相較勁，發生許多爭議性的過程。如劇本第一幕的撰寫，胡導演當時白天拍戲，晚上改劇本，承受很大的壓力。我記得為了宣傳，找《中國時報》作一篇專訪。可是胡金銓禁止外人參觀排練，與記者弄得不甚愉快。劇本第二幕的主要構想，由樊曼儂口述，再和奚淞、白先勇、謝家孝討論後著手開始。由於第二幕以舞蹈動作為主，也較短，找舞蹈家林秀偉編一段舞蹈。她將武打動作融入舞蹈之中，動作多，台詞少，很快的就完成。第三幕的編寫，胡導演的健康開始出現問題。白先勇出面協助，回循奚淞的小說改編而完成。後來白先勇先行回美國，落得第四幕沒有著落。我和曼儂商量後去說服奚淞，由他回頭重新執寫。因而有小寡婦上墳、巫師作法、木桶起舞、莊周化羽、楚國王孫的假意、劈棺田氏的真情等等劇情。

幾經起伏轉折，這齣劇在千呼萬喚中終於順利推出。除胡金銓是白先勇推薦之外，音樂作曲是由我聘請和胡導演合作多次的吳大江擔綱。女主角胡錦、男主角張復健。舞臺設計是聶光炎、王童負責服裝設計、行政執行鄭遠芳。製作人由白先勇及樊曼儂擔任，他們當時最重要的工作是共同編劇及協調劇本修飾為主。我在這齣舞臺劇，參與

製作，又兼管財務、劇務、排演、宣傳、演出、銷售、總務、燈光、舞臺技術等。種種的細節和危機處理，過程的艱難與曲折，實為少見。

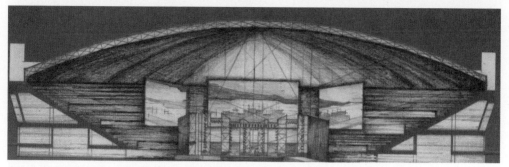

聶光炎之舞台設計圖（上）《蝴蝶夢》，（下）《棋王》等。照片由新象提供。

　　猶記得演出前三天，胡導演臨時要求男主角的戲服需加一件大披風。擔任服裝設計的王童，需在短短的時間內趕工縫製。但披風上的圖騰，實在無法如期繡出。王童想出以廣告顏料，在披風上繪出一隻美麗的仙鶴，後臺工作人員七手八腳地拿吹風機把顏料吹乾，順利地讓男主角披著上臺。

　　即使製作前期的風風雨雨，胡錦在這齣劇中一人分飾花娘和田氏兩角。她將人物性格表現的活靈活現，加上張復健和楊懷民等其他老牌資深演員的演出精彩，胡金銓導演的諷刺喜劇手法下，六天演出場場爆滿，博得滿堂彩。欲罷不能的狀況下，在同年2月又加演四檔，並由台視錄製轉播。

《棋王》
華人世界的歷史首演「百老匯音樂歌舞劇」

　　1987年的《棋王》不僅是台灣本土製作的第一齣大型音樂劇，也是全球華人製作史上首部百老匯音樂歌舞劇（Broadway Musical）。《棋王》從前一年開始製作，原著是被譽為『台灣科幻小說之父』張系國（1944-）的同名長篇小說。白先勇看到原著後，覺得是個很不錯的故事題材。由於當時市場流行科幻小說的故事，而《棋王》的內容影射當時台灣股票市場的瘋狂、夜市及科幻等題材，符合社會議題的色彩。

　　張系國與我同年，屬猴，心性上頗為相近。《棋王》製作開始時，已長住美國多年的他，偶爾才回台灣。這齣《棋王》，以七〇年代經濟起飛的台北城市為背景，描述一個圍棋天才兒童的奇幻遭遇，成為一部交織著想像世界的幽玄和現實社會的詭譎的音樂劇。張系國表示這是他寫作以來，自覺最滿意的長篇作品，也親自將原著改編成為舞台劇本。

　　由於那幾年我被「新象」的業務壓得喘不過氣來，實在無暇創作。這齣劇諷刺現實人生與奇幻想像的異景，音樂取材上要融入如探戈、倫巴、華爾滋、佛朗明哥等類型，掌握上有其難度。我想起老友李泰祥是箇中高手，就委任他音樂的譜寫。顧慮到票房的壓力，我還

徵求張系國，將三毛加入製作群內。我建議由她寫兩首合唱的歌詞，由李泰祥譜曲。李泰祥又把台灣恆春民謠《思想起》，以管弦樂改編成為描繪夜市的背景音樂，以「錢、錢、錢、錢、錢」唱詞為開場的音樂，描述劇中股票市場荒誕的熱鬧。

尋找導演的過程，也幾經波折。我先是找香港的徐克導演，他飛來台北和我討論他想修改的內容及手法，提出將大陸所寫作的另一《棋王》，與臺灣《棋王》併在一起，還要將舞臺劇跟電影同步製作。原著編劇作家張系國和我，都不贊成合併。加上時間與想法配合實屬高難度，與徐克的合作只好作罷。吳靜吉博士推薦正在台大擔任客座教授的名導演華倫[5]（Stanley A. Waren），他和編舞家太太（Florence Waren）來自美國紐約，有許多歌舞劇的執導及編舞經驗。我邀請他們夫婦的參與，也找林璟如擔任服裝設計，由我和吳靜吉擔任共同製作人。

選角的過程是另一不可控的多變。男主角（劇中電視主持人角色）由當紅的齊秦擔任。戲中棋王的角色，原想邀請本曾獲全美國圍棋大賽冠軍的圍棋高手沈君山博士，更符合《棋王》的概念，可是他以不會唱歌推辭。後來邀來人高馬大的聲樂家曾道雄，也因此，在演唱的風格增加歌劇詠歎調的唱腔。

怎知有男主角，女主角卻面臨難產的窘境。女主角必須精通現場演、唱、舞。敢於接此戲的人，鳳毛麟角。終於老友張艾嘉，願意挺身而出，挑起大樑。早期我認識張艾嘉時，她才十九歲，洋溢著聰慧的才氣，進入戲劇界後迅速成為名演員、名導演。巧的是，那段期間她沒有安排其他工作，爽快地答應下來，讓我落懷。

演出場地原訂於「國父紀念館」，但館方表示地震導致屋頂損壞，需要封館整建，取消我們的檔期。只好另覓地點，重做打算。換場地後，困難事一樁接著一樁。聶光炎原先專為「國父紀念館」設計的八角形舞臺，搬到「中華體育館」無法使用，也產生舞臺和演員的比例錯置，以及製作經費大增的難題。

聶光炎先把八角形的舞臺前緣切掉，改成為六角形舞臺。如此一來，保留住好的視野座位，也神奇地省下將近一百萬元的製作經費。但是燈光等費用，卻大大增加。場地變了，觀眾座席數從兩千六百激

增到七千五百，票房成為另一個憂慮。為了解決票房，我想到人潮聚集的環亞百貨、西門町前面唱歌宣傳。為此我打電話給當時的台北市長許水德先生，他說：「好啊！你們可以先來市議會唱。」我們隔兩天真的去議會唱。許市長莞爾地認為歌詞描述台北交通混亂，表示有些不妥，我只好回答：「混亂過後，還是繁榮嘛。」

這是台灣第一次現場演出的音樂劇，也是華人世界的首創美國紐約百老匯式的「音樂歌舞劇」。導演華倫是這齣音樂劇最重要的靈魂人物，他的個性外柔內剛，祥和也堅持原則。他的專業和穩重，顯現在前置作業的應徵、訓練、對白設計與動作等，加上嚴格控管的紀律，使得過程中的大小事都照著預定行程，讓大家見識美國專業嚴謹的作業方式。現在戲劇界名人的李永豐，也是吳靜吉博士的得意弟子。經由推薦擔任副導演，後來常常對外說：「作華倫的助手，是這一生很大的收穫。」

《不可兒戲》

隨著舞台劇得風潮 1989 年邁向戲劇高峰

此外，我另邀旅美戲劇家楊世彭擔任『不可兒戲（The Importance of Being Earnest）』導演，他原是《遊園驚夢》的導演，因故請辭。這齣由余光中教授以王爾德（Oscar Wilde）劇本所翻譯改編的『不可兒戲』，有機緣請來劉賽雲、劉德凱、周丹薇、賴佩霞、鄧安寧、毛學維等多人擔綱演出，舞台再次邀請聶光炎先生設計，大受歡迎，至今仍為人津津樂道。

■ 註釋

5 華倫（Stanley A. Waren），哥倫比亞戲劇博士，紐約著名歌劇導演。
馬丁西格戲劇中心
（Martin E. Segal Theatre Center）的創辦人，並先後於臺灣大學、上海戲劇學院、紐約婦女國際藝術中心等單位擔任客座、顧問等職。

《不可兒戲》由劉德凱、賴佩霞、劉塞雲、毛學維、周丹薇共同擔綱演出。

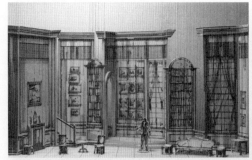

聶光炎之舞台設計圖（左上）《不可兒戲》舞台手稿，（右上）《蝴蝶夢》，（下）《棋王》。
照片由新象提供。

《新象藝訊》與展覽

　　當前沸沸揚揚的文創議題來看，「新象」三十多年來，開發出數量可觀的文創產業。除了後轉型為「新象國際文教基金會」的「新象活動推展中心」，還有《新象藝訊》週刊、藝術生活講座、「新象藝術中心」、「新象」藝術之旅、「新象」藝術經紀、音樂遊輪之旅等。我們舉辦各項演出活動、推動藝文推廣教育及藝術生活，提供多向交流平臺，提昇社會大眾對這項產業的認知與了解，促進產業發展和提高產值。

　　我的理念是讓藝術活化整個社會，讓文化消費和物質消費平起平坐。

那些人、那些事
德不孤 必有鄰

　　若說「新象活動推展中心」是活化社會的前鋒，《新象藝訊》則猶如後勤部隊。「新象活動推展中心」的初期與《新象藝訊》發行的那幾年，「新象」有幾位重要員工。讓我懷念的是曾任節目部組長的姚若僩。他在職時專職處理「紐約愛樂」來台之龐大業務。後來不幸罹患白血病而住進榮總。住院期間，來電表示因全力承辦「紐約愛

歷年《新象藝訊》

樂」事務，希望可親臨欣賞。在當時一票難求的狀況下，我立即送兩張票到榮總給他。實際上，醫生認為他的病況危急，不宜離院外出。我原想將票卷給他留作紀念，但此場演出在台造成轟動，處處一票難求。演出前三天，我接到蔣彥士先生與吳大猷院長來電，期盼可購得兩張票。當下的我，窘迫地連手邊一張票都沒有。在萬般無奈下，我含悲請求姚克儉讓出這兩張極為珍貴的票。他的體貼，及顧及體力不宜外出，表示希望我善用這兩張票。我心中有諸多不忍，特地向蔣彥士表示這得來不易的票卷及背後故事。蔣彥士立即指派秘書送花向姚克儉致謝，姚母當時激動得落下眼淚。「紐約愛樂」演畢離台後不到一週，姚克儉就撒手人寰。

「新象」草創時，辦公室設在台北建國北路上的住家。工作人員只有沈依婷、張石明、葉靜霞三人，鄭遠芳、尹之雄隨後加入。建築師黃永洪設計出純白弧形的辦公室、兼藝廊的第一個正式「新象總部」，座落在南京東路的白宮大樓。第一場活動是在「耕莘文教院」舉辦的〈法國艾洛瓦 Elloy 電子音樂展〉，「菲律賓大學」音樂系主任山度士（Santos）的〈作曲及民族音樂講座〉，及第四屆「亞洲音樂新環境」現代音樂發表會。藝廊舉辦〈張杰畫展〉及〈郭英聲攝影展〉。之後擴大業務，活動倍數驟增，精英人材陸續加入包括霍榮齡、唐弘媚、呂文成、蔡惠媛、姚克儉、蘇昭英、王櫻芬、葉麗美、鍾秀梅等。

一年度二十四項成功的活動，驅使1980年台灣第一個〈國際藝術節〉的誕生。「新象」從開春後三個半月內，二十幾位工作夥伴的努力下完成四十三個項目一百七十三場密集活動。同時出版發行十五萬份的《新象藝訊》週刊。

八〇年代文化產業，尚未進入電腦作業。臨時舞台的搭建、入場券的手工拼版印刷製作與販售、節目冊設計與製作、後勤作業等都需仰賴人工作業。勤奮，成為重要的要訣。

彼時擔任總務主任的張石明、趙國宏、票務組長的葉麗美、打字排版的鍾秀梅，都是關鍵人物。每年為期三個多月的〈國際藝術節〉，有為數三十萬的入場券，讓他們須以辦公室為家，以票庫為臥房！人稱張石明『拚命三郎』，連風雨交加的颱風天，也經常騎著摩托車，冒著風雨進出十餘趟，令人感動與不忍。

　　曾經手工蓋過一百多萬門票章（教育局章、演出場所章、稅捐處章）的葉麗美，被譽為『百萬小姐』。而後移居上海擔任樂器公司總經理的趙國宏，近廿年來一直義務協助「新象」在中國大陸的事務。退休後在台東經營花果園民宿的鍾秀梅，經常攜帶水果北上慰問老同事，持續擔任義工！

　　「新象」歷任主設計師都相當傑出，設計首屆與二屆〈新象國際藝術節〉總海報的首任設計總監霍榮齡，曾一舉獲得〈紐約國際設計大賽獎〉金牌及銀牌獎。九〇年代分別出任《聯合報》副刊美術主編的樊孝昀及《中國時報人間副刊》美術主編的張治倫，都曾任「新象」主設計師數年，王漢堂、何宗仁、沈幗禎、范維媛之後各自成立「設計工作坊」，以及現任的視覺設計副理劉吉峰。

　　「新象」歷任公關業務部的鄭遠芳（新象副總經理，創設社會中途站）、程正南（旅居德國經商）、宣聖芳（留學日本後任台視駐日代表）、鮑佩鄰（新象協理）、周虹嬌（新象副總經理），每位都為「新象」帶來仟萬元以上的贊助金。

　　歷任節目部主管企畫的沈依婷（新象特助，台視主播）、唐弘媚（新象主任，旅美世界日報總編撰）、蔡惠媛（新象副總經理，「牛耳藝術」創辦人、富邦銀行基金會執行長）、姚克儉（國際事務組長，中央社編譯、經商）、蘇昭英（新象執行秘書，文建會主委機要秘書及行政院辦公室主任、國藝會執行長）、王櫻芬（新象機要秘書，留學美國，台大民族音樂研究所所長）、黃國俊（新象特助，留學英國並長年義務協助「新象」英國事物。擔任「英國同鄉會」會長，曾任國策顧問及「資策會」主管）、李慧娜（「新象」協理，現任「創作社」社長）、鍾莉文（新象主任，旅美經商）、詹曼君（新象副總經理，現任「力晶集團」文教基金會執行長）、陳錦城（新象特助，國藝會執行長）、沈世華（旅美）、廖蕙芬、鄭雅麗及現任經理蔡昀修等人，是「新象」近四十年來企劃數千項目上萬場次節目的發動機。舞台技術方面，早期的侯啟平（中國文化大學戲劇系老師、兩廳院督導）、林克華、詹惠登（台北藝術大學教授、總務長）王孟超（台北藝術大學教授、台北藝術中心籌備主任）、黃惟馨（中國文化大學教授）等，目前也都擔當表演藝術產業的相關重要職位。

　　《新象藝訊》以藝文情報為前提、教育為基礎、推廣為方針，負

責深化的教育養成，並有匯集同好的聚眾功能。「新象藝術中心」則堪稱是多功能的藝術旗艦。

四十多年前，歐美藝術重鎮都有專屬的藝術刊物。日本有《PIA》、《City Road》週刊、紐約有《村聲》（Village Voice），巴黎有《Paris Scope》。倫敦有旬刊、雙週刊。德國有樂旬刊及月刊。這些刊物內容含括所有藝文情報、評論、報導，且有相當大的發行量，多則每期超過百萬份，反應出城市對文化的關注。在亞洲，除了日本東京，其他城市沒有此類型的刊物。「新象」成立後，我決定開辦《新象藝訊》週刊，也因此讓我們引領於亞洲。

家庭手工業的「客廳即工廠」，是台灣早期經濟重要的一環。1980年創刊的《新象藝訊》也是以手工業的規模開始。這是台灣第一本以藝術為主的週刊，無人有把握成功發行，但我勢在必行。當時我們租下八德路二段小巷弄裡兩間老式公寓的一樓，加入小庭院，約四十坪。在不到三十坪的空間裡，硬是擠進了編輯部、美編部、總務、發行部門和一臺老式的鉛字排版打字機。因為是週週出刊、限時報導，一切需依靠手工，可想見雜誌社日夜繁忙的情形。

《新象藝訊》起初是三大張對開報紙規格，第一期就印十五萬份。初期內容以〈新象國際藝術節〉的節目為主要報導架構，後增加一整頁各種現時活動資訊及時程列表。除提供各地藝文活動時間表及訊息之外，還有報導、座談紀實、學術和評論文章。多元內容的質與量，在1980年代藝文類刊物中堪稱僅見。那時候台灣活動沒那麼多，週刊能整合提供這樣功能性的訊息，大家都覺得很新鮮。不過，《新象藝訊》除音樂、舞蹈、戲劇、民俗曲藝之外，還納入了電影及視覺藝術的相關報導。相較於報紙，《新象藝訊》的內容更為豐富和深入。

從第一期到十三期，採免費贈送。第十五期開始，增加為八大張十六個版面，並改為每份零售十元。第七十七期《新象藝訊》出革新版，菊八開三十二頁成冊，彩色封面。這個版本，持續到第111期停刊為止。《新象藝訊》訂閱，最多曾達到五千多訂戶！

《新象藝訊》的出版，間接刺激日本《PIA》雜誌的創刊。《PIA》的創辦人Yanayi比我年輕，當他看到《新象藝訊》後，覺得日本表演藝術環境比台灣更成熟，更有條件發行這類刊物，於是他著

手創辦《PIA》，後成為日本最暢銷，也最具影響力的藝文刊物，每週發行可達百萬份以上。後又擴及電視、電影、生活嗜好、旅遊、房地產、運動、求職、服裝等內容。爾後，他被日本人譽為『資訊之王』。

　　表演藝術產業，重要的一環是表演場地，對整體藝術生態的營運和發展具決定性的影響。日本有三千多個表演場地，單單東京都有超越兩百二十座場地。各項表演節目的地點和時程很早就能預定，且最遲半年前就開始售票。有了這樣的環境，提供精確藝術情報的刊物，才具備發行條件和市場需求。這一點卻是我們一直望塵莫及，台灣不但表演場地少，藝術行政環境及市場行銷運作系統都還在起步階段。表演訊息的準確度、市場的需求都無法與日本相比。可嘆的是，時至今日依然如昔。四十多年來，台北的專業表演場所如牛步緩行的建設，如開倒車的現象。

　　《新象藝訊》在大環境條件不足下，活躍地經營兩年又兩個月。中間經歷兩次轉型，仍不敵財務資金的壓力，在出版第111期後，終究還是停刊了。台灣文化產業發展，算是坎坷而遲緩。遺憾的是，過去我們總如老牛拖大車般地單打獨鬥。如果政府能以振興實業，以輔導科技業的同等規格資源挹注於文化產業，台灣社會的人文素質必定遠遠超過現況。

　　四十年前的台灣社會，藝文大環境遠不如歐美日本成熟，以致於我們的推廣業務如披荊斬棘。所幸在各行各業，遇到能夠認同和接受我們理念的貴人。

　　《新象藝訊》之所以可成功發行，我特別感念《中國時報》集團總經理余建新先生。記得那時我們在台北仁愛圓環的財神酒店二樓見面，他剛從海外留學歸來。我們談到《新象藝訊》的構想和資源需求，他只簡單說一句：「好的，我支持你！」便慨然免費提供了第一期到十三期所需的紙張和快速印刷，解決週刊出刊時效的問題。

　　有了紙張和印刷的贊助，接下來面對的是派報的問題。《新象藝訊》是週刊，部分內容兼具新聞時效性，出刊後必須在兩天內送到讀者手中。我們向學校和補習班借大教室，每週出刊十幾萬份的龐大報量，總要動用到三十多人來處理。大家分據教室課桌椅，抽報、套疊、摺報，手工一貫作業，一眼望去有如家庭手工廠。當時有工讀生

及家庭主婦，只因喜愛藝術文化，不計較酬勞多少前來幫忙。多年之後，我常在不同場域遇見有人上前與我相認並聊起當年。這些年輕熱情的藝術志工，不少人如今也已是一方專業場域的佼佼者。負責發行的張石明說：「有個女孩她要求比別人高兩倍的工資，她說她比別人有效率。」這位年僅十八歲的年輕女生現場示範。她帶著自備工具，那是自己研發的兩座三層架子，分放在左右，兩邊各三疊報紙擺上。只見她飛舞的雙手交錯起落，彷彿特技表演，動作速度之快讓大家看傻了眼。同樣時間內，她一個人竟可完成別人數倍的工作量。

寄送名單的搜集也是一大工程。三十年前最大宗的通訊名單來源就是電信局那本又厚又重的黃色電話簿。加上青商會、婦女會、扶輪社、獅子會、同濟會、學校、醫師公會、建築師公會、律師工會和醫院，以及幾百大企業和企業家等等，都被我們拜託提供名單。起初是主動寄發，後來陸續有收件者回應，有些回填表格成為會員，就這樣一步一步地累積起來超過十萬份名單。《新象藝訊》改為八開彩色封面，並增加為四倍版面，改採收費訂閱，每份十元新台幣。正式訂戶大約有五千多人，零售也約五千份。這在藝文環境還不成熟的時代，算是不錯的成績。

《新象藝訊》發行的兩年多，工作相當辛苦卻充滿樂趣與欣慰，是我覺得愉快的一段時光。當時工作人員多半是三十歲以下的年輕人，全憑一股傻勁全心投入。大家有如一家人般凝聚高昂的工作能量，經常沒日沒夜的辛苦工作。但每週捧著從印刷廠送來有餘溫的雜誌，內心滿足就像農夫收耕一樣，經過親手的播種、插秧、灌溉培育後方能開心享受豐饒的收成。雜誌社歷任的編輯群都相當年輕，包括唐虹媚（旅美紐約任「世界日報」主編）、劉蒼芝（「楊英風工作室」執行長）、陶馥蘭、蘇昭英、何宗仁、蔡惠媛、陳萬源（「獨家報導」總編輯）、李蓮舫（後任教師）、李慧娜、蕭惠卿、石啟瑤、張石明、美術編輯張復山（獨立設計師）、李兆琦（獨立設計師）、樊孝昀、沈幗禎、秦宗慧（獨立設計師）等人之外，還有剛從民生報文化主任退休的管執中先生、時任《中國時報》主筆與時報雜誌主編的林清玄兩位資深媒體人，也曾在初期應我的邀請，毫不遲疑地擔任起義務性的編輯顧問、主編及主筆。

《新象藝訊》創刊後由於有較大的版面和文章篇幅，加上內容能

1 「新象」歷年團隊成員攝於敦化南路辦公室。
2 趙耀東先生來訪位於信義路三段「新象」辦公室與同仁合影。
3 「新象」歷年團隊成員攝於南京東路三段辦公室。
4 「新象」歷年團隊成員。攝於八德路三段辦公室。陳建仲攝影。

夠領先報導、深度探討,以及展演後評論乃至於各方意見的交流和論
戰,後來反而成為報社記者借鑒的新聞和找尋議題的參考。

藝術與色情之爭——封面裸照風波
藝術與色情的分野論戰在媒體上持續多年。

　　八〇年代初台灣處戒嚴時期,民風閉塞保守,對於藝術與色情的
論斷自有一套社會道德標準和法規監控。「文建會」於首屆主任委員
陳奇祿主委(1923-2014)任內,在「國父紀念館」舉辦的一次畫展
中,兩幅裸體作品被館方撤畫,陳主委為此大為光火。在此之前,
「彰化銀行」也曾以歐洲古典裸畫印製成火柴盒而遭取締,彰銀只好
主動更換畫面。「國父紀念館」館長以此為例,模糊藉不合時宜的法
規強制撤畫。媒體對此已有大篇幅文章報導,討論『公開展示裸體
是否有違善良風俗?』不久之後,1982年「新象」主辦美國現代舞

「丹尼斯韋恩舞團」（Dennis Wayne Dance Company）在「國父紀念館」演出時，又因其中一支舞作男舞者全身裸體表現，再次受到館方阻撓，要求舞者更改舞碼或著衣。但編舞家和身為主辦單位的我，都堅持維持原作呈現。那一段演出，其實是舞者裸體置身於投影畫面中，閃爍燈光下看起來並不明顯。幾番溝通後，館方勉強同意，條件是必須從觀眾的角度看不清楚裸體。

直到1986年，塞內加爾、大溪地等民族表演藝術中，「新象」都還因表演者裸露，經過數度與教育部、外交部、警總等交涉會談，並召開社會學者徵詢研討會，最終採取跨部會會議討論，並同意讓我以十分鐘闡述後，最後閉室投票，最後九票獲得七票。

所有申辦過程審核仍經最高主管單位估核，政府有關單位包括文建會、外交部、警政署、國防警備處、新聞局、教育部、國民黨文工會、台北市警察局等部會審核通過核准，也持續引來有關單位關切並拍照蒐證，此次成為全世界中華人政府給予正式核准，得以公開在大會堂演出上空藝術活動（新加坡有關政府單位並未核准公開演出，香港單位要求轉在夜總會形式場所演出，遭演出團體拒絕）。

《新象藝訊》也發生過類似事件。《藝訊》改版為彩色封面之後，曾經在第七七期、八四期和一〇二期三次以裸體圖像為封面，引發一陣不小的風波。第七七期是《新象藝訊》週刊革新版第一號，適逢引進雷諾瓦畫作與「國立歷史博物館」合辦展覽。當期便以雷諾瓦知名畫作裸女像為封面。八十四期刊登的是現代攝影先驅柯錫杰所拍攝的一位女性舞蹈家的背面裸體像，一〇二期封面則是「美國舞蹈家摩根」展現力與美的照片。而以裸體攝影作品為封面的這兩期雜誌，首先引來新聞局的關切，連續發出兩次警告公文，按當時的出版法規，一年內被警告三次就得停刊。法規不仁，但新聞局承辦人員較為開明，私下好心建議，暗示如果還要刊登裸照最好再等一年，因此我們隔一年後，第四次刊登李小鏡的裸體攝影作品。

裸照封面，也觸怒某些保守的讀者，尤其一向支持我們推廣藝術文化的「基督教長老會」，接到教友讀者們的電話抗議，上百位訂戶因此退訂。藉由世界頂尖藝術家的傑作，選擇這幾張照片為雜誌封面，一方面豐富《新象藝訊》的內容，也可凸顯當時台灣人民心智的成熟度高過其他華人地區，台灣社會應能接受和欣賞這樣的藝術作

裸照風波

品。我的想法是,以此為階段性社會改革的邁進,衝擊,早在預料之中。只是沒把握衝擊的力度,沒想到我還是高估了當時的情勢。即便如此,我們仍堅持『藝術歸藝術』。裸露,只是藝術家選擇的創作主題和內容。我們選擇刊登的標準在於作品的內涵與品質。後來風氣的開放應與時俱進,《新象藝訊》在藝術文化推廣和教育的功能之外,也致力推藝術創作與言論免責的觀念,確保藝術創作和呈現的自由應該得到保障。

雷諾瓦畫展與皮克斯動漫展
40年前台灣首次的印象派展覽與40年後的動畫展

　　1980年4月「法國文化部」、「外交部」及「科技文化中心」,共同邀請我前去巴黎訪問考察將近兩個禮拜。這是我首次前往巴黎,先與畫家趙無極、朱德群…等人見面。「法國外交部」安排了與巴黎「Paris Galoide」畫廊的老闆見面,希望將以往都在日本畫廊展出的雷諾瓦畫作,延伸至亞洲其它國家展出。就他所知,台灣民間尚沒有專門組織推動大型展覽活動的單位。他表明,「法國文化部」委託他策劃〈雷諾瓦的畫作〉展覽,日本方面已確定東京、大阪等六個城市的巡展。詢問我有無興趣延伸至台北展覽。我心想如果能順利談成,勢必是台灣歷史上舉辦檔次最高的大師畫展。

　　回國後,我將此事告知老畫家楊三郎先生,他感到非常興奮。「國立歷史博物館」早積極向法國爭取展出的權利,但一直未能成功。而我卻忽然有了這個絕佳機會,便決定和「歷史博物館」合作舉辦雷諾瓦畫展,教育部也樂見其成地願意補助一百五十萬。

　　我為了畫作的保險費，跑遍全台灣的保險公司。有鑑於無此相關的前例，各家保險公司評估出保險過高。幸運的是，當我為此赴日請教有經驗的專家，最後獲得日本畫廊老闆對此事支持，將台北展覽的企劃合併至日本總企劃案，讓台北成為〈雷諾瓦巡迴展〉的最後一站。保險費，由同一家國際保險公司納保，減輕了數倍的保費，讓我的心情和壓力，頓時輕鬆不少。

　　順道我應邀到日本銀座的畫廊參訪，著實令我讚嘆。小小銀座四町目至八町目之間，有六十多間的藝廊，大型藝廊更常舉辦歐洲名畫家的展覽，私人畫廊也會辦一些中小型的畫展。朝日新聞、讀賣新聞等大型媒體也和百貨公司、美術館合辦展覽，動輒五十至一百幅的龐大數量。雖然台北〈雷諾瓦畫展〉僅展出二十三幅真跡畫作，在當時時空背景，已屬難得的創舉。

　　畫作抵達後的開箱儀式，吸引了大批的採訪媒體。法國畫廊為慎重起見，派出一名專業人員到台灣解說雷諾瓦的生平與社會背景，及他用過的工具。為期約一個月的展覽，人潮洶湧，吸引超過三十萬的看展人次。當時展覽門票三十元，收入超過五百多萬元，收支總算是打平了。

　　當時台灣社會對西洋名畫的知識閉塞，少許畫壇投機份子想藉此出名，爆出「歷史博物館」展出雷諾瓦假畫的不實消息，事後證明是媒體未經查證的結果。為此我們召開公聽會，法國政府也派請雷諾瓦權威專家為不實指控，作出專業性的指正與說明，提升了台灣真偽西洋藝術原作的認知至國際水準。

　　「新象」辦過多次的大型藝術展覽，2009年「台北美術館」及2011年在上海「現代美術館」的〈皮克斯動畫展〉。2009年台北展覽是曼儂帶領同仁周虹嬌、黃涵怡、陳筱茹及黃琪珊策畫執行，而2011年的上海展覽則是由曼儂帶領周虹嬌和蔡昀修策畫，開展後新象所有同仁執行運營。

　　為了這個展覽，我們多年前就與美國「皮克斯動畫工作室」及「皮克斯藝術學院」展開聯繫，最後決議與「台北美術館」合作。動漫產業多與電影結合，少與藝術界連結，但我認為「皮克斯」的創

作者們，皆具有精闢的印象派技巧與修為的深刻影響。賈伯斯Steve Jobs的領導力，加上動漫家的精密和敬業，成果反應在大方向的創意、結構起草到模擬動作的細部線條等，皆成為業界的翹楚。

「新象」還力邀多家企業贊助偏遠地區的學童，提供包含參觀與演講的一日之旅，其中以「力晶集團」最為支持。他們完整的贊助嘉惠了上萬的學童。

彼時參觀的業界從各類設計界重要人士，如平面設計、工業設計、建築與室內設計等業界人士，皆以朝拜的心情前來參觀。

上海展出時，為了表示對此的重視，上海政府讓我們在「南京路徒步區」及「人民公園」掛滿宣傳旗幟。連戰先生已推動兩岸文化交流，也為此次展覽開幕。

之後傳來賈伯斯逝世的消息，「新象」藉「人民公園」舉辦了一場賈伯斯追禱會，不料現場來了上萬人向賈伯斯致意。後來，賈伯斯夫人還特別致信向我表示感謝。

1981年的雷諾瓦畫展與2009年的皮克斯動漫展

新象藝術中心

「新象」成立第六年，一個複合功能的大型藝術文化場所在台北仁愛圓環成立了。這個1984年開幕的「新象藝術中心」，是我構想中的藝術平臺、藝術後援會、俱樂部。一個能讓愛藝者流連，也能集結愛藝者力量的地方。像是以前的法國沙龍，可供藝術家們常常在此群聚交流，在創意和思考上互相激盪。參與「新象藝術中心」設計和規劃的有知名旅美建築師黃永洪（1948-）、知名綠建築設計建築師陳光雄、文學家暨畫家家奚淞（1947-）。中心內含小劇場、視聽教室、音樂教室、畫廊、藝術市集、絲路餐廳、藝友雅室等空間。有別於一般俱樂部或聯誼社，除了提供聚會吃飯，還是個提供各類藝文欣賞、學習、交流資訊等豐富內容的場域。我希望藉此推動『藝術即生活』、『生活皆藝術』的概念和習慣。在此之前，現已息影的胡茵夢，曾以出資二十萬元，提出合資開藝廊的想法。對於在電影圈有一席之地的她，仍想經營藝廊。

與此同時，甫過世的「誠品集團」創辦人吳清友（1950-2017）先生，幾乎每天來「藝術中心」熱心參與一些活動。週年慶時也曾捐給一塊小地毯，做為「絲路餐廳」門前的墊毯。我們曾經深談過劇場與他心中的理想烏托邦～以書店為起點的文化平台，後來他真的將夢想付諸行動，成立「誠品」。

「藝友雅室」，在我們的藝術中心展開。「藝友雅室」原以飲茶為主，後來以結合茶館與藝術的概念，讓說唱藝術以嶄新方式呈現。演出密度約是一週三至四次，以王振全與葉怡均為主導，後來還吸引魏龍豪、吳兆南的「龍──說唱藝術實驗群」等來此地演出。這些從中國大陸移植來台，或台灣本土萌芽的說唱藝術，都在此地發聲。

1	2
	3
4	

《新象藝術中心》
1　藝術中心入口
2　圖書館
3　藝術市集
4　圓形藝廊

　　讓文學家們最為懷念的是「新象藝術中心」所舉辦的〈詩與書畫匯集〉盛會，集結詩人楚戈、羅門、管管，瘂弦、洛夫、張默、辛鬱、商禽與周夢蝶等參與其中。「新象藝廊」也舉辦李小鏡、柯錫杰等攝影家的展覽，建築師黃永洪舉辦〈蘇州庭園〉展覽、李祖源的建築與藝術講座、義大利珠寶藝術創作展、台灣首次的西藏佛教文物展覽與陶藝課程等，都在此發生。

　　「藝術中心」經營將近四年，密集地舉辦過二千七百多場次的活動。這是一個需要投入龐大資金經營運作的事業，可後來因資金問題只好轉讓。我們評估原因有二：一在於「藝術中心」在八〇年代的臺灣還是新潮的概念，多數人對此感到陌生。多人持觀望態度不願貿然加入，導致我們在尋求共同投資者及申請銀行貸款遇到困難。此外，「藝術中心」地點選擇，不甚理想。六百坪的空間不夠大，可供聚餐的空間明顯不足，難以充分發揮俱樂部的功能，以致於無法吸引足夠的會員加入。在收支落差過大的情況下，只得忍痛割捨。「新象藝術中心」雖然告終，但卻孵出「新象小劇場」，孕育出新世代的台灣現代劇場。

新象小劇場
1984年「新象藝術中心」創設小劇場、現代劇場、兒童劇場、實驗劇場，是台灣戲劇史蛻變的最重要階段，承先啟後地帶動時代性的改革。

　　八〇年代，台灣小劇場在吳靜吉和姚一葦的帶領下，逐漸成形。卻不料時任教育部長的李煥，因故取消小劇場的補助款項（每劇的每個演出團體五千元）。兩位劇場前輩來找我商量，我們三人結論是乾脆在剛成立的「新象藝術中心」成立小劇場，由「新象」聘請專家學者審核節目與演出團體，並由「新象」提供每場戲五千元的補助。「新象」就此開啟小劇場的風氣。

　　這個「新象」提供『經費＋場所』的創作平臺空間，恭逢其會地引領劇場革命性的變化，台灣劇場的新頁就此產生。

　　陳界仁與邵懿德的奶・精・《儀式試爆子宮──創世紀以後》

1　新象小劇場
2　新象小劇場展演（左到右）李立群、李國修、賴聲川
3　新象小劇場演出布袋戲之側影

（1986）、王墨林的小劇場處女作《海盜版：我的鄉愁我的歌》（1987）、「筆記劇團」的《地震》、《流言》、《舊約》、「河左岸」的第一次對外公演《闖入者》、李永喆導「環墟」的《舞台傾斜》等在此發生，當時剛從紐約回國的馬汀尼也在這裡主編《藝術之友》刊物，成為台灣小劇場發展的重要史料。作家林維後來接替她擔任小劇場的策劃，進行幾齣學生劇團的製作：《九亂》、臺大DNA劇場《牆》等都是在此地產出。

賴聲川甫從美國回台，「表坊」創團的創始作品《那一夜，我們說相聲》就在「新象小劇場」啟蒙。李國修的「屏風表演班」與「果陀」也在這裡成立。這些人在「新象小劇場」裡大展伸手，後來在各自大放異彩，「新象小劇場」間接地在台灣劇場史上留下時代性的鑿痕。「新象小劇場」也辦過數屆的藝術節，包括「屏風表演班」極具實驗性的創團戲《一八一二與某種演出》、閻鴻亞《黑暗中的音樂》、馮秋明《樹幹》、陳玉慧《無言劇》，以及李銘盛、吳瑪悧、王振全、葉怡均、黎煥雄、陳玲玲、彭雅玲、蔡明亮、王友輝都在這裡留下他們的足跡。

「新象小劇場」除了在80年代提供經費與場所的演出機會，對申請的團體或個人並無資格限制。沒有演出時，舉辦藝文講座與藝術電影的放映。我猶記得戲劇家也是小說家的馬森（1932-）和著名的紅學專家高陽（1922-1992）的演講現場。許多年輕聽眾都為了前輩風範而來，小小的場地擠滿人。電影放映則以一星期規劃片單，例如楚浮週、鬼片週、女導演週等。其中最叫座的是卓別林（Sir Charles Spencer『Charlie』Chaplin）週與史蒂芬史匹伯（Steven Allan Spielberg）週，從《大白鯊》一路放到《ET》，場場客滿，想到當年播放用的還是VHS錄影帶呢。

可惜的是，解嚴後我們因為業務量過重的負擔，不得不忍痛結束「新象小劇場」。隨後不久，「皇冠小劇場」在台北成立。吳季札和我在小劇場舉辦一年之久的系列性〈親密音樂會〉，目的是建立觀眾與演出這之間的親密互動，以座談或演出的方式呈現。

《新象藝術中心》

	2
1	3
	4

1 直式藝廊
2 絲路餐廳
3 舞蹈教室
4 藝術教室

世風道骨 余紀忠

溯及我於 1962 年發起的「江浪樂集」上生平首次作品發表《怨歌行》與《夜坐吟》是在台北市仁愛路上「中國廣播公司」的音樂廳，演唱者是女高音戴雅蕙，鋼琴伴奏由樊曼儂擔任；第二次在「台灣電視台」的「台視樂府」現場立即轉播演出則邀請任蓉演唱，徐頌仁鋼琴伴奏！中國時報的名記者簡志信，隔天大篇幅報導「台灣新世代現代音樂燦開火花」迅即，引起了中國時報創辦人 余紀忠先生的關注！也連動了其他新聞界「聯合報」、「中央日報」、「新生報」、「中央社」、「中廣公司」、「台視」、「中視」也開始對新音樂感興趣！尤其是兩大報「中國時報」的簡志信及「聯合報」的戴獨行，兩位名記者的持續專文報導又出專書描述現代作曲家及作品！這對當時的現代音樂工作者相當鼓舞！

文化藝術的大長者
對藝術家多挹注助力與能量

接著台灣文化組織如「製樂小集」、「向日葵樂集」、「五人樂集」、「現代音樂研究會」、「1971混合媒體展演」、「漢聲雜誌」、「台陽畫展」、「楊英風雕塑展」、「朱銘雕刻展」、「洪通素人畫展」、「雲門舞集」創立、「劉鳳學舞蹈團」創立、「鄉土文

學」新潮、「郭英聲攝影展」、「柯錫杰攝影展」、「新象活動推展中心」創立及「國際藝術節」創始、「蘭陵劇坊」創立、「遊園驚夢舞台劇」展演、「新象藝術中心」創設、「表演工作坊」、「屏風表演班」、「光環舞集」、「當代傳奇劇場」、舞垢舞蹈劇場」、「優人神鼓」…等陸續創立以及民族音樂採集。余紀忠先生無不關懷，且親自參與展演活動，更特別囑咐「中國時報」兩位文化大將：高信疆和簡至信，不僅僅是作多方向的報導而且隨時協助藝術家們展現。幫助藝術家們的困境與生活所需或深造…等；對於優秀的視覺創作作品，多會購買收藏，給予鼓勵與肯定！

1960～1980年代猶如「台灣文藝復興」的時代，余紀忠先生是創造時代潛在環境最大的活能量者！

愛才惜才慧眼破格
提拔青年才俊

作家林清玄告訴我，他初入時報工作的小故事：「有天採訪後，提早到報社迅速撰妥新聞稿交給主編，便至編輯室外樓梯口抽煙，這時同事們剛陸續來上班，意外碰到余董事長從總管理層樓走下來，一眼見到林清玄便問〔你是那一職務，怎麼閒空啦？〕林回答：「是記者，已交稿啦！」隔不多時；主編走來說總編輯找他即刻採訪另一則新聞，林清玄當即撥電話作了幾個採訪，便迅即完稿遞上！又一會兒，主編又來找他去總編台，這次是創辦人親自派給當日社論撰述任務！林清玄，依然快筆完成。一個晚上迅然三篇文章讓余創辦人欣賞不已，立即調昇為時報主筆。

關心扶持「新象」不遺餘力
協助「新象藝術中心」後的困境

「新象」舉辦的活動，包括「國際藝術節」及「新象藝術中心」的活動，余紀忠先生只要有空總會來觀賞！每逢重大意義的活動，也經常大力支持與贊助！

　　1980年2月8日～4月30日之間「新象」展開了台灣歷史上的第一屆「國際藝術節」於五十天內舉辦了四十二項目一百七十二場音樂、舞蹈、戲劇、繪畫、攝影、雕塑等活動；為了如何去推展這麼全面性多樣化又密集的藝術活動且遍及全台灣二十多個城市舉辦，「中國時報」贊助所有的捲筒印刷紙張支持「新象」出版了一份藝術週刊～「新象藝訊」（四開十六版），每週寄發十五萬份，著實達到充實社會藝術資訊、擴展藝術人口、提昇人們的文化素養，也輔促逾二十萬觀眾參與「國際藝術節」。

　　1984年4月「新象藝術中心」創設，四年間提供了二千七百多場社區文化活動及聚會聯誼的會所然而經營上卻收支難以平衡，到了1988年夏天毅然決定終止營運！結算負擔了約八千多萬元，為了不波及其他公開藝術活動的運作，於是對外尋求舒困。

　　此時，余紀忠先生得知後，急電我當面詳述狀況！二話不說，先是著令時報總經理儲京之先生即刻匯一千萬元款至「新象」。再鼓勵我要堅毅支撐年度例行的公開展演活動，並授予速急大刀濶斧"減人事、縮地域"的機宜，又派時報的財會專家積極協助「新象」整頓財務、轉讓「藝術中心」之空間及設備。

　　隔不久，余先生更與趙耀東先生聯手感召「大陸工程」殷志浩董事長（捐款四百萬元）、「台塑」王永慶董事長（捐款五百萬元），同時「東吳大學」端木愷校長以及我的叔母許鄭靜吟……等，也及時大力鼎助。

　　「新象」即將邁入四十週年之際，屢屢想起，當時雪中鼎力送炭，爾今已不與我們同在的長輩們，真是點滴在心、感懷萬千！

　　余紀忠先生，溫文儒雅的風範，不僅是創辦新聞媒體的前輩大導師，社會公益 環境保護 災難救濟的急先鋒，也是台灣現代文化、民主、社會結構之穩定 兼容並蓄 正能量活力大格局的推動者及呵護人。

　　余先生經常性地，不時邀請不同領域、不同世代的有才之士，自由聚會、聚餐，潛在地促使無數次的時代社會綻放火花！無論是個人或是群組的創作、無論是群體或是時代的運動，多隱隱顯含其影響！

（上）余紀忠先生
（下）余紀忠、余夫人蔡玉輝和我、曼儂合影

站上世界舞臺

朱銘雕刻展
一位重情義的藝術家，阿莎力的性情中人

　　雕塑家朱銘，出生於苗栗縣，本名朱川泰。十五歲從李金川師傅學習廟宇的傳統雕刻與繪畫，三十歲拜入雕塑大師楊英風門下學習。他將傳統木雕與現代雕塑的精神融合為一，發展出自我的獨特風格。

　　他於1976年在「國立歷史博物館」舉辦首次個展，引來佳評如潮。隔年我在華視主持「藝術與生活」節目，第一集就邀請他來擔任佳賓，介紹《慈母像》、《玩沙的女孩》等雕塑作品，成為台灣史上首創的「電視雕刻展」。把攝影棚變成畫廊展場，在當時是首開先河的創舉，至今在電視史上尚未有其他電視節目呈現過。我們還在現場臨時隔出一間『朱銘工作室』，讓外界一窺朱銘的創作過程。1980年第一屆〈新象國際藝術節〉，我邀請楊英風、朱銘、何恒雄、郭清治四位雕塑家，在榮星花園舉辦台灣史上第一次的〈大型室外雕塑展〉。

　　我於1979年到「香港藝術中心」，與首任總經理鄧禮勤先生（Mr. Neil Duncan）恰談。他原先希望楊英風大師能來香港辦展覽，

但由於展期沒辦法配合，我推薦朱銘。鄧禮勤起初認為朱銘的知名度不高，但驚艷於他的作品，決定接受我的企劃案〈朱銘個展〉。朱銘得知此事非常高興，於1980年在「香港藝術中心」舉辦雕刻展。這應該是他在海外藝文界，第一次正式大型的公開展覽。

彼時我委託吳靜吉博士陪同朱銘，一起前去香港開幕剪綵。展覽異常成功，所有作品全賣光，媒體大肆報導，朱銘因此在國際藝壇上一炮而紅。「香港跑馬協會」以及企業家對於文化藝術熱心贊助的「香港演藝學院」正在灣仔興建，成立之初，就購買四座雕刻作品為鎮院之寶，其中一座就是朱銘的作品。此展覽也引起國際建築大師貝聿銘的關注，貝大師非常欣賞，並告訴我，他決定在他所設計的香港中國銀行前，永久座置朱銘的雕刻。

朱銘的香港展覽結束後的一天下午，公司同仁說來了一位奇怪的客人。當時公司沒有同仁認得他，他不像是來談業務、也不是來買門票，只簡單地說他姓朱，一定要見老許。我一聽，有預感是朱銘，立即快步走出。果然是他，就對他說：「你回來了！」

我跟辦公室的同仁大聲介紹這位是朱銘老師，許多人都圍過來。

朱銘與我，雕塑作品《跨》

當時他手上拿一個布袋，打開一看，裡面是一大筆錢，說：「這是新象應得的錢。」

我很驚訝，儘管我一直推託無功不受祿。他卻一定要我把錢收下。最後朱銘直接把錢留在桌上，轉身就離開。這就是朱銘！

他當時希望我擔當他的經紀人，而我的心思全放在表演藝術上，不敢答應。當「漢雅軒畫廊」和他談經紀約時，他慎重地前來問我意見以示尊重。這種可貴的情誼和惺惺相惜，至今未變。

當年朱銘花盡心力籌備「朱銘美術館」，因為地處遙遠，需要運輸的接駁車。恰巧有車商託我尋藝術家擔任廣告代言人，我特別推薦畫家吳炫三、攝影家柯錫杰、雕刻家朱銘三位。拍完廣告後，車商致贈四部車給朱銘，解決了運輸的問題。一九九九年成立的「朱銘美術館」，至今已成為台灣最知名的旅遊景點。使得他從一位雕塑家，成為一位景觀藝術家，再突破成一位環境藝術家。朱銘至今仍熱衷於創作，永遠不息。

1997年「新象」舉辦《二王一后跨世紀之音音樂會》，雖有七萬多人到場聆聽，可有半數以上的觀眾都沒有買票，以暴力方式闖入會場。為此「新象」承受極大的財務虧損。我去找朱銘，向他要個『禮物』贊助這個資金缺口。他毫不猶豫的說：「兄弟有難，義不容辭。」打開倉庫說：「隨便你選！」倉庫內幾百件作品，尤以木雕作品為多。我想這是朱家的傳家寶，對他說：「木雕是你珍貴的作品，應留給子孫，並且在朱銘美術館珍藏。」於是請他為這場世紀性的音樂會，創作雕塑作品《跨》。《跨》共有三個人物，卡列拉斯（Carreras）、多明哥（Domingo）和黛安娜・羅絲（Diana Ross）的「二王一后」。《跨》這個紀念性的作品，在朱銘的同意下複製九十九件，朱銘美術館保存四件。

亞洲戲劇協會與戲劇節
牽引日本舞踏「白虎社」、「進面二十念體劇場」

1982年由吳靜吉 卡西拉葛博士與我共同發起「亞洲戲劇協會」，第一次大會在台灣舉行，邀請印尼、日本、韓國、菲律賓、香港等代表與表演團體來台。印尼「沙加劇團」、韓國邱松雄演出卡夫卡原著《學院報告》（A Report for An Academy）改編的獨白劇《卡夫卡的猴子》、吳靜吉推薦台灣蘭陵劇坊《荷珠新配》。原任「香港藝術中心」經理、後創立「香港藝穗會」的謝俊興[6]也來參與盛會，榮念曾與剛成立的「進面二十念體劇場」，一起帶領來台首演。

1984年在「菲律賓文化中心」舉辦第二屆〈戲劇節〉，轟動全場的是日本「白虎社」。我決定邀請他們來台。第三屆〈戲劇節〉，原決定在日本橫濱或印尼沙加，橫濱因經費不足而夭折。印尼劇場主事者因反政府獨裁運動遭逮捕，自此就無法再繼續進行。

「白虎社」來台演出
衝擊翻攪出台灣戲劇表演藝術的新浪潮

在吳靜吉博士的極力催促下，「新象」在1986年請來日本舞踏團體「白虎社」（Byakko Sha）來台演出。同年的3月14日「白虎社」在「國父紀念館」首演，表演者們從被壓抑的身體原型為出發點，全身赤裸卻塗成驚聳的蒼白，下體僅以透明罩遮蔽起性器官。記得當時有一位表演者站在鋼琴上，女演員將西瓜砸滿地上，紅色果肉像是滿地的模糊血肉。男演員背著鞭炮到處跑，如同群魔亂舞，其展現手法震撼台灣觀眾。不同於追求精緻高雅的演出，「白虎社」呈現一種歇斯底里的著魔狀態，多重性地以「素劇」（Minimal Theatre，俗稱「極限劇場」）突破力道。在旺盛的精力下，產出虎虎生風的原能創造力。演出結束後，現場數百觀眾已陷入一陣近似瘋狂的激烈情緒，有人甚至跳上舞臺，簇擁著日本表演者們又吼又叫。

這次的演出在台灣戲劇界掀起一股波動，但官方並沒有太多的討論，更沒有人給予這種顛覆性演出形式的辯證。多的反而是一些所

日本舞踏「白虎社」。照片由新象提供。

日本舞踏「白虎社」。照片由新象提供。

2008年9月 日本舞踏山海塾《影見》。照片由新象提供。

2017年7月 日本舞踏山海塾《回》。照片由新象提供。

謂衛道人士，撻伐「白虎社」現象的聲音，更多是藝術或色情定義上的爭議。1986年是台灣解嚴的前夕，「白虎社」赤身露體、群魔亂舞的類祭儀演出形式，刺激台灣人長久來被鑄造成國族政治裝置的身體，更顛覆早被催眠的體能秩序感。這一切，都發生在象徵正統文化的「國父紀念館」。後來我們將「白虎社」推薦至菲律賓與印尼，造成一陣更甚於台灣的轟動。

劇評家王墨林（小劇場運動的重要成員及「牯嶺街小劇場」負責人，1949-）撰文認為這次演出，撼動戒嚴時期台灣表演藝術的景況。往後台灣現代舞走上『身心靈』路線，各門各派的戲劇舞蹈紛紛以反衝擊的方式來表現當肢體美學。「白虎社」在當時燃起了火苗，更提供重要的參考文本。時值小劇場運動之際，「白虎社」的身體論述，也揭示反體制的顛覆行動。

《慾望城國》登上英國皇家劇院
我說：「既然要改編莎士比亞的經典，不能只取外在的架構，內在應有東方的影子和精神。」

《慾望城國》，是「當代傳奇劇場」的創團作品。1985年吳興國與林秀偉來「新象藝術中心」找我，他想借鑒《馬克白》的文本，以京劇手法呈現推出一部新作。我開門見山地對他們說：「你們離開了「雲門舞集」的母胎，需要去尋找新的泉源。」我建議他們：「可參考日本導演黑澤明做為他們的新泉源。」原因是黑澤明早期的《羅生門》等鉅作影響西方電影，晚期反過來採用西方莎士比亞為本來詮釋，經兩者結合後發展出《影武者》、《亂》等作品。我解析《影武者》存有莎士比亞的影子，而《亂》則完全是根據莎士比亞的《李爾王》改編。從結構而言，黑澤明的電影和莎士比亞有著異曲同工之妙，也是東西方文化融合的結晶。兩者融合後，再轉化故事、服裝、肢體語言等外在因素，但內在的精神魂魄凝薈。

我記得激勵他的一段話：「你們現在開始創作已比我晚一些，我十九歲不到就開始了創作生涯，你們兩現年貴庚？每一個階段成熟度是不同的，只有不斷的去走、去闖，才會加速自身的成熟度，做就對

《慾望城國》。「當代傳奇劇場」提供。

了！困難，才是激發你潛力的時刻。」

　　彼時吳興國夫婦著心潛修，徬徨在潛伏與前進之間。這個成果一鳴驚人，我認為《慾望城國》大有可為，決定要幫助他們。

　　1982年我受邀前去巴黎參加〈國際表演藝術博覽會〉（MARS），偶然幸會日本戲劇家中根公夫[7]。他對法國文學、戲劇有深入的研究，我們見面聊起天來有種相見恨晚的感覺。我在巴黎待了八天，與他結伴觀賞六十幾個表演。平均一天觀賞六場，從早上九點看到深夜三點。

　　閒聊中，我跟中根公夫分享我對黑澤明與莎士比亞的戲劇的看法，也談到台灣的藝術家們要做一齣京劇版的《馬克白》。中根公夫看了錄影版，表示他的激賞。由於中根公夫和英國皇家劇院的藝術總監蒂瑪荷特女士（Thelma Holt）彼此熟識，隔年介紹與我認識。由於蒂瑪荷特的政治思想屬偏向社會主義，跟蘇聯的關係又很好，我擔心地一直問中根公夫：「蒂瑪荷特會喜歡這個作品嗎？」

蒂瑪荷特對《慾望城國》充滿好奇，我和她會面後，兩人一拍即合。我直接向她爭取《慾望城國》到英國的演出。隔年蒂瑪荷特來到臺灣，我們安排到「基隆文化中心」演出《慾望城國》。即使吳興國那天生病，自認表現不佳，但蒂瑪荷特看後非常喜歡，立即把劇院兩年內可能的檔期排出來。於是我們開始緊密籌劃，但因為經費籌措不出，就延宕下來。我來回奔波與蒂瑪荷特協商演出的事宜，同時向當時「文建會」主委郭維藩尋求經費的協助，及李鍾桂、申學庸、吳靜吉等人的支持。他們分別打電話給郭維藩主委，此舉果然奏效，「文建會」最後贊助七百萬新台幣。有了「文建會」的挹注，英國劇院方可負擔旅費與食宿。但演出經費仍有三百萬的缺口。

隔年，英國代表由「外交部」顧問兼研究設計委員會副主任委員戴瑞明接任。在他赴任的前一天我們聚餐，向他提出《慾望城國》的邀演，懇請他的協助。戴瑞明大使抵達英國後，馬上與蒂瑪荷特聯絡，並請「大同瓷器公司」捐出兩萬英鎊，另從大使館撥款、旅英企業家等等多方途徑，讓經費終有了著落。郭維藩與戴先生支持藝術的態度，實為良官的楷模。對這兩位有擔當的首長，我一直感佩感念。

為了這齣劇國際歷史性的首演，我另外成立專案小組，聘請現今「雲門」的執行總監葉芠芠負責行政事宜。然而，製作期間，卻發生一件令我痛心疾首的不幸意外。燈光設計師周凱，因公殉職。

周凱在這之前，已經為「雲門舞集」公演忙碌多天。意外發生的前幾天，他因為過度勞累而幾天沒睡覺，周凱的母親薇薇夫人事後轉述，才得知他在那段期間，只能從新店家開車來臺北的途中，偷個十分鐘打盹片刻，然後繼續上路。由於當時舞臺燈光，還是以老式方法的架子疊上去，再微調高燈架的角度。周凱包辦《慾望城國》的燈光設計，當時為了平整槓桿燈具，用力一拉，他摔了下來，沈重的燈架反重壓在周凱身上。他的脊椎遭金屬架重擊，人頓時失去意識。

周凱表面看來沒有外傷，臺大急診室診斷是嚴重內出血和脊椎斷裂。他當時躺在病床上，一動也不動，看似安然，沒多久就撒手離世了。年僅二十五歲，才華橫溢的青春生命，就終止在此。

我心中自責不已，再多的言語也無法道盡心中的傷痛。眾人為了紀念他，由曼儂在1988年發起募款成立「周凱劇場基金會」。薇薇夫人因過於傷痛而無法視事，延請聶光炎擔任第一屆董事長。《中國

時報》發行人余紀忠先生等,慷慨解囊。這幾年,我常常想起周凱的身影,以及他盡職努力的模樣。

1990年郭維藩、申學庸、吳靜吉和我四人,帶著「當代傳奇」到「英國皇家國家劇院」,演出史上首次沒有英文翻譯京劇版的《慾望城國》。原因是英國人對於莎士比亞作品的『熟悉度』與『驕傲』。四天的演出,幾乎是滿場。越到後期,越是一票難求。這寫下我國首齣戲劇在「英國皇家國家劇院」,也是首次英國演出經典中國京劇。當場觀賞的貴賓除了藝術家及戲評家,還有二十五位英國政界人士,包括九位大使及十六位國會議員,十八家媒體等。演出後,這些貴賓也參加前文建會主委郭為藩所主持的酒會,紛紛對演出表達欣賞與感佩。

第二天,十四個英國藝文媒體報導。其中十二個激賞不已,其餘兩家媒體,一是批判中國戲劇的唱腔,另一個則不認同表演方式。吳靜吉的學生李自華,是當時「宏碁」派駐英國的代表。表示這次演出的媒體效應,是他們一個企業,或任何一個政府花很多錢做廣告都難以達到的目標。

那時來當義工的留學生們,對於台灣戲劇在英國發光,倍感光榮。這些來自各方的讚賞,代表演出得到西方社會的認同。

日本的演出是由中根公夫主辦,1993年我再次帶著「當代傳奇」前往東京。因為日本製作成本較高,演出難度比英國更高。再者,台灣政府在歐洲推廣藝術的意願較高,卻不太著力在亞洲。現在想來,真是感謝多人的努力協助籌措經費,才能讓六十幾人的團隊能順利出國演出。當然這些掌聲成就了《當代傳奇》,也成為他們生命的轉捩點。

《慾望城國》是「新象」有史以來花費最大心力、推展到國際的戲劇。我常提醒吳興國、林秀偉,要感恩李鍾桂、郭為藩、戴瑞明、吳靜吉以及兩外國外友人中根公夫、蒂瑪荷特等人士的貢獻。推動至海外的背後,是許多人的奉獻才得以有今日的收穫,也要珍惜「新象」為這部戲所作的努力。也不忘提醒他們,身為藝術家,切不能僅僅滿足於現況。

亞洲文化推展聯盟 FACP
提升活絡及推廣亞洲藝術市場的國際平台

1979年夏天，我在馬尼拉與「菲律賓文化中心」主席卡西拉葛博士談到二十世紀的亞洲藝術活動的機制。無論表演抑或視覺藝術，歐美始終是起源龍頭。1979年前，亞洲唯一快速發展的重鎮和市場僅有日本，亞洲其他各國都處於低度發展的狀態。文化推廣皆以單打獨鬥的作業模式，彼此間缺乏聯合陣線或網絡上的交流，導致跨國或跨洲的藝文活動推動困難。於是，我們兩人決定成立一個亞洲文化交流互助的平台。我們兩人分頭聯繫亞洲各地區文化主要推動人，卡西拉葛博士負責遊說東南亞各國，而我則負責東北亞。歷經兩年的奔走，在亞洲各國號召各國官方及民間的主要文化機構齊來共同響應。終於在1981年8月11日，假「菲律賓文化中心」正式成立「亞洲文化推展聯盟」（Federation for Asian Cultural Promotion）。

首屆主席由菲國文化中心總裁卡西拉葛博士擔任，馬可仕總統夫人擔任第一屆的榮譽主席。與會有日本「文化財團」（Nippon Cultural Center）的橫山、「漢城交響樂團」（Seoul Philharmonic Orchestra）創始人金生麗、以及「聯合國文教組織」（UNESCO）代表阿普拉提，由我擔任首任秘書長。李鍾桂博士則從第五屆開始接手「亞洲文化推展聯盟」擔任主席。在國內，我和李鍾桂、吳靜吉、鮑幼玉[8]四個人另外共同創立「中華民國文化推展協會」。

「亞洲文化推展聯盟」是全世界文化相關組織中，唯一不使用會員國名為名的國際組織。成立時為了避免政治意識型態作祟與干擾，這個非營利、非政治性的藝術聯盟平臺，決定以各國首都城市為會員單位代表名稱。設立憲章時，我們想打破國家界線，認為將來有朝一日，中國大陸會加入這個組織。果不其然，第三屆中國大陸就參加。這個組織逐漸發展擴大，檯面下，多少總會牽涉到敏感的政治議題，但我們仍本著初衷，不為所動。將近四十年來，雖有風波動盪，但總能船過水無痕的持續發展。

「亞洲文化推展聯盟」成立後，首次以策略聯盟推動的國際藝術活動促成「英國皇家愛樂」（Royal Philharmonic Orchestra）的亞洲

巡演。我以秘書長的角色，前去英國接洽。我與卡西葛拉博士聯袂前去香港，與香港文化署長陳達文博士 Darwin Chen[9]會商。陳博士表示，他多次邀請「英國皇家愛樂」香江演出，屢屢不成。對這次難能的機會，寄予厚望，大力相助。最後促成台灣四場（台北、台中）、香港五場、菲律賓（馬尼拉）兩場共十一場的巡迴演出[10]，實為一次的創舉。

此舉成功要感謝大英國協兩大表演藝術經紀公司、也是歐洲十大表演藝術經紀公司之一的「Harison & Parrot Agency」創辦人之一～派洛先生（Jesper Parrot）。派洛先生於1979年即與「新象」展開密切的業務合作關係。1981年旗下「英國皇家愛樂管弦樂團」（Royal Philharmonic Orchestra）全權委託授權「新象」為遠東地區總代理。當年原訂由「亞洲文化推展聯盟」主導、俄羅斯指揮家Kirill Petrovich Kondrashin 擔任1981年巡迴演出的指揮。不料，行前的3月7日，他在荷蘭「鹿特丹市音樂廳」指揮「阿姆斯特丹管弦樂團」時，突然暴斃於指揮台上。派洛緊急電話與我研商替補人選，經兩週二十餘次的緊密聯繫探詢接替的人選。最終邀請到正走紅的加拿大籍指揮家杜特瓦（Charles Dutroi），鋼琴協奏曲則由我推薦旅德鋼琴家陳必先擔綱。授權我全權代表樂團及音樂家們，多次飛往馬尼拉及香港，分別協調菲律賓主辦單位的「菲律賓文化中心」主席卡西拉葛博士及香港主辦單位的「香港文化署」署長陳達文先生。最終取得四方同意，于10月3～15日間於遠東三地的巡演。

基於我與派洛先生的深厚交情，有了後來1982年6月阿胥肯納吉大師於台北的首演。1983年2月9日除夕前一天，派洛率領「德裔匈牙利愛樂交響樂團」（Philharmonia Hungarica）來「國父紀念館」、「高雄文化中心」演出四場。中國的除夕夜，派洛先生也入境隨俗與我們共渡農曆春節。千禧年又安排了兩場，由阿胥肯納吉大師指揮「英國愛樂管弦樂團」（Philharmonia Ochestra），由鋼琴家傅聰取代阿格麗希演出蕭邦《第二號鋼琴協奏曲》及莫扎特《鋼琴協奏曲》。

派洛的父親是1956年蘇聯入侵布拉格時的英國駐捷克大使，自小與捷克有深厚的感情。「捷克愛樂」當局於九〇年代特聘派洛先生擔任總經理，更聘請阿胥肯納吉大師出任音樂總監暨首席指揮。我和

派洛同年生，在眾多國際經紀人中，他與我最為投緣。我們之間有種不可言喻的深厚音樂革命情感，在困境下，彼此攜手面對逆境轉機，將危機轉為契機。對於「FACP」，他更是全力支持。

　　「亞洲文化推展聯盟」成立至今已三十八個年頭，已在台北、東京、首爾、香港、新加坡、吉隆坡、檳城、雅加達、北京、東京、馬尼拉、慶洲市、印尼索羅市、高雄、神戶、澳門、墨爾本、橫濱、光州、曼谷、清邁、烏魯木齊等地舉辦年會。執行理事會也曾經在里斯本、上海、成都、青島、呼荷浩特、峇里島等地舉行。我與李鍾桂博士前後兩度擔任主席。

FACP第二十屆大會於韓國舉行，左到右詹曼君，周敦然，太平洋基金會代表，李鍾桂，鮑幼玉，文化中心代表，吳靜吉博士，與我

■ 註釋

6 謝俊興，出生於新加坡，後於香港、巴黎
及比利時新魯汶。於1984年成立藝穗會並
創辦香港藝穗節，將一個舊冰窖改建出的
現代藝術空間，此區被香港列為一級歷史
建築，至今已統籌過28個藝穗節。

7 中根公夫，日本戲劇製作人。於東寶株式
會社擔任戲劇製作人，後赴巴黎潛修三
年，1974年協助蜷川劇團之成立，並兼任
總執行長與製作人。中根參與超過百部戲
劇作品的製作，並積極向海外推廣日本與
亞洲戲劇，並擔任亞太舞臺藝術交流聯盟
(PARCO)執行理事長。

8 鮑幼玉（1924-2004），畢業於中央大學，
曾任縣長、駐外文化參事、教育部國際文
化處處長、中央圖書館館長，創辦國立藝
術學院院長（臺北藝術大學創校校長）。

9 陳達文Darwin Chen，曾任香港文化署署
長、影視及娛樂事務管理處處長、香港藝
術發展局主席等。擔任文化署長的任期
內，創立「香港中樂團」、「香港話劇
團」及「香港舞蹈團」，後創辦「香港藝
術節」、「亞洲藝術節」、「香港國際電
影節」，協助籌建尖沙咀文化中心和各區
的大會堂等。獲頒香港藝術發展獎「終身
成就獎」。

10 英國皇家愛樂管絃樂團於1946年由畢治爵
士創辦，1966年英國女皇為樂團冠上「皇
家」頭銜，成為英國古典樂團的代表以及
無可取代的重要地位。

跨世紀之音

　　1997年5月20日，《跨世紀之音》在台北「中正紀念堂」廣場上舉行。以《大中至正》牌樓為背景而搭建起來的舞臺，氣勢恢宏。超級國際巨星——世界三大男高音的多明哥（Placido Domingo）和卡瑞拉斯（Jose Carreras），以及美國流行音樂天后黛安娜·羅絲（Diana Ross），堪稱稀世美聲組合。在一百多人、陣容龐大的「捷克雅納契克愛樂管弦樂團」（Janacek Philharmonic Orchestra）、「黛安娜羅絲爵士樂團」（Diana Ross Jazz Band）和「臺灣國立實驗合唱團」的歌樂相襯中，演出讓人震撼陶醉。那天晚上，現場有七萬名觀眾在夜空下靜靜聆賞。這場空前絕後、讓人難忘的超級音樂盛會，連在臺上演唱的三位巨星都忍不住讚嘆：「Oh, Ma Ma Mia，Oh…」

　　這場歷經多年籌劃的音樂會，意義非凡。演出成效，讓台灣跨進世界高規格的精緻文化行列。過程中經歷的高難度障礙與波折，民間企業贊助參與，及政治操弄，加上演出現場逾半數觀眾無入場券強行闖入。這些非理性的群眾事件，導致「新象」面臨一億六千多萬元虧損的困境。種種因素與條件的環環相扣，帶來的是一連串藝術文化與社會教育多面向的省思。

1997年5月20日《跨世紀之音》

始於世界盃足球大賽的三大男高音演唱會
緣起卡瑞拉斯罹患血癌，浴火重生重返舞臺。

　　1990年7月羅馬舉行的「世界盃足球大賽」決賽之夜，帕華洛帝（Luciano Pavarotti）、多明哥和卡瑞拉斯三大男高音第一次同臺演出，由祖賓・梅塔（Zubin Metha）指揮。之後連續三屆（1994年洛杉磯、1998年巴黎、2002年橫濱），三大男高音的決賽賽前音樂會，成為每四年舉辦的世足賽中，另一項眾人期待的焦點和高潮。

　　三大男高音同臺演唱的構想，來自一位匈牙利裔的義大利製作人馬力歐・德拉第（Mario Doratti）。目的是為「卡瑞拉斯血癌基金會」，籌募基金。卡瑞拉斯曾罹患血癌，經歷一段辛苦的療癒，浴火重生後重返舞臺。這位義大利製作人向卡瑞拉斯提議，邀請多明哥和帕華洛帝共襄盛舉參與這項慈善音樂會的演出。

　　即使卡瑞拉斯在國際樂壇已是相當傑出，他的聲量，相較於帕華洛帝和多明哥這兩位天生的『大號男高音』稍顯弱。三人同臺，對他而言稍嫌吃力。但他的優勢，在於聲音層次的內涵展現，深受帕華洛帝和多明哥的讚賞。兩位最頂尖的一代男高音，感佩這位年輕小老弟的抗癌勇氣和毅力，因此當卡瑞拉斯提出邀約，他們便慨然允諾參與，顯示對這位小老弟重返樂壇的支持。早期男高音們在特殊節慶中偶爾同臺，男高音們的『王不見王』，使得這樣的組合從未出現。這次的三人同臺，實是打破藩籬之舉。

　　第一次演出原訂於匈牙利首都布達佩斯，原意將「三大男高音演唱會」之名，登記註冊為營運單位。但彼時製作人與帕華洛帝的經紀人提柏魯塔斯（Tibolutas），因意見不合而退出這項計畫，幾經波折，卻在1990年「羅馬世界盃」足球賽中首次登場。「三大男高音世足音樂會」，自此風靡全球。因此除了每四年一次的世足賽音樂會之外，他們也規劃十二場的世界巡迴演出。背後的安排，實為相當複雜。

　　帕華洛帝和多明哥兩人，檔期原就不易安排，尤其聲樂家特別喜歡參加歌劇演出。歌劇排練，本需佔掉較多的時間。而卡瑞拉斯則因健康考量，被醫生囑咐需要控制演出場次。即使演唱會所需要的時

　間較少，但三人聚在一起排練加演出，每一檔演出至少也要五天的時間。

　　此外，三人又各有自己專屬的經紀人、經理和貼身助理打理他們的業務和個人事務。卡瑞拉斯較單純，一位貼身經紀人處理所有業務。多明哥除了自己的經紀公司，在歐、亞、美洲、澳洲、非洲等各

1997年5月20日《跨世紀之音》前以吊車搭建舞臺

地也都有區域經紀人。帕華洛帝最為複雜，自己的經紀總公司（提柏魯塔斯負責），在不同國家，有不同的經紀人。三人的共同檔期，需要跟全球各地的經紀人協調外，還須跟三人的個人經理、助理協調。最後規劃出一年半、十二場演出的特別專案行程（等於共同騰出兩個多月的時間一起排練及演出）。

行程規劃後，還引發這檔演出的經紀權之爭。三大男高音的全球經紀人，都爭著搶這隻金雞母。幾經討論，決定邀集三大男高音世界各地的經紀人，齊聚東京協商。據了解，十二個經紀單位爭取代理這十二場世界巡演的總經銷權。最後由帕華洛帝在德語地區的經紀代理人霍夫曼（Hoffman）得標。提柏魯塔斯要求與帕華洛帝共同成立一家總製作公司，名為「Three Tenor Production Company」。總部設於美國，專責統理「三大男高音演唱會」製作事務。每檔演出收取三百萬美金的製作執行費用及授權金。

1996年世界巡演終於成行。首站6月26日在東京，接著維也納、倫敦、斯德哥爾摩、溫哥華等大城市。開始時，的確在各地造成轟動，但聲勢逐漸轉弱。瑞典斯德哥爾摩的演出因為票價太高，影響銷售量而開始虧損。溫哥華的跨年演出，更因為嚴冬零下十五度的異常酷寒而影響票房。原訂一年半之內，必須完成的十二場世界巡迴演出，最後並未達成預定的場次。

從世界級的音樂會到一場國際官司
昂貴的演出價碼VS昂貴的國際官司

1996年為安排三大男高音來台北演出，我去兩趟德國曼海姆Mannheim，跟代理總經銷的霍夫曼洽談。我們雙方簽下協議書，臺北演出日期訂於1997年3月8日。三大男高音十二場巡迴中，最便宜的基本價碼是七百五十萬美金，最貴的是瑞典場的一千四百萬美金、溫哥華場一千兩百萬與東京場一千零五十萬美金。不同的價碼，關係著產品內容。如不同的交響樂團和指揮、三大男高音演唱會Logo使用權、全球或地域性的轉播權、DVD製作、演唱會之後的酒會，或者是前後一年內週邊產品的權益等。

1	2	3
4	5	6
	7	

1997年5月20日《跨世紀之音》重要推手

1　聯合主辦人王效蘭發行人
2　前央行總裁許遠東伉儷
3　力晶集團董事長黃崇仁
4　中環集團創辦人翁明顯
5　克緹集團創辦人陳武剛
6　何創時文教基金會創辦人何國慶
7　行前記者會，舞台模型與演出作業展示

1997年5月20日《跨世紀之音》

1997年5月20日《跨世紀之音》

1997年5月20日《跨世紀之音》觀眾進場時之盛況

1997年5月20日《跨世紀之音》正面舞台上捷克樂團、合唱團、二王一后與指揮之盛況。

1997年《跨世紀之音》前各色椅子排列，猶如大型地面藝術裝置。

1997年5月20日《跨世紀之音》在兩廳院廣場舉行

相較之下，台北場的價碼算是中等價位。我們商議的境外費用是一千一百五十萬美金，其中包括付給總製作公司的製作費和授權金三百萬美金、三位男高音酬勞（以帕華洛帝九〇年代初期的價碼為計算基準）、樂團及指揮酬勞，外加全團人員機票、貨運、區域電視轉播授權金、經紀人服務費和音樂會後的慶功宴支出等，估計總計達四億多臺幣。根據協議，一千一百五十萬美金中的2％，將捐給卡瑞拉斯血癌基金會。創意權利1％，給這個組合的原始發起人德拉第和卡瑞拉斯。

不幸的是，這樣一場讓人期待的豪華音樂盛會，之後竟演變成一場惱人的國際官司。根據雙方協議，正式簽訂合約的同時，「新象」必須交付一千萬美金的預付款支票給公證第三人保管。霍夫曼需完成一切程序後，才能領取支票兌現。當初「新象」得到「建華金控」（常務董事、潤泰集團總裁尹衍樑和總經理暨華信與建華銀行創辦人盧正昕）和「潤泰機構」的協助，同意墊付部分金額並開立支票，加上音樂會預售票券上億臺幣的收入。我們開出一張一千萬萬美金的支票（當時約合三億新臺幣），由我和「新象」董事陳哲宏律師一起去德國簽正式合約，並敲定細節。

經過十多個小時的飛行，清晨六點抵達德國曼海姆。才抵旅館，櫃臺已有從台灣「新象」辦公室的留言，讓我緊急回電。原來我的次子許維城，從紐約媒體得知三大男高音即將在美國邁阿密演出，檔期和預定的台北場同一天，售票也已啟動。這個消息讓人錯愕！反之，幸運地我們及時接獲通知，心裏已有所準備，知道即將面對一場免不了的權益之爭。

當天中午，我們依約與霍夫曼見面，仍希望爭取這場音樂會在台北的演出。前提是，權益必須獲得保障。我們當場並未說破邁阿密之事，要求增加確保條款，表明台北演出日期的同一時間，三大男高音不可出現在台灣以外的地區。霍夫曼此時察覺我們已有所知，辯稱之前的協議書，不算正式合約。看來他售予給出價較高者，還聲稱邁阿密並未賣票，也未簽訂契約。當我要求在合約上增加我們的保障條款，他在言詞上開始搖擺閃爍，並要求先行付款，才考慮修改合約。

雙方最終無法在合約上達成確切共識。我們在德國停留不到二十四小時，帶著千萬美金支票搭機返臺。開始尋求法律途徑解決此

事，同時我們也將此情況告知邁阿密主辦單位。雖然他們同感訝異，但對於這場演出，我們都希望對方退讓。協調未果，我們決定退出，以避免陷入困境。我們決意對霍夫曼一物二賣的詐欺手法提出告訴，接下來的發展就如同好萊塢電影情節一般。

為了這場國際官司，陳哲宏律師與「新象」另一位董事劉緒倫律師，都加入這場訴訟之戰。國際官司所費不貲，我們採用最省錢的方式，就是在世界各地聘請當地律師。從波士頓到紐約、邁阿密、新加坡都有委任律師。透過新加坡律師再委託法國律師，調查霍夫曼的財產。我們發現他在法國有座城堡，馬上委聘法國律師申請查封，並且在波士頓一審官司中獲得勝訴。

一段時間下來，各地律師行動有些成功，有些不見成效。後續審案過程，預計長達五年之久。國際律師費所費不貲，估計勝訴判決的賠償金，也未能如我願。我和兩位律師評估後，決定放棄上告。後來得知，霍夫曼因此案多次、多項違約背信，與其他案件連帶惹來七件國際官司纏身。他違法逃漏稅，德國政府前後三次判他入獄，坐兩年多的牢。霍夫曼破產坐牢，妻子離異，還搶走了他一手創辦的公司，下場淒慘。不久後，傳來霍夫曼去世的消息。他太太親自說明其亦為受害者，然而加害者已逝，我們像我們請求撤告，我們決定撤銷告訴。

這場沒有結果的國際官司，讓我們花費數百萬臺幣的國際訴訟費。

從三大男高音到二王一后
經紀人之爭

三大男高音同臺演出，結合古典與流行音樂，雅俗共賞，創造出極大的商業效益。臺下，他們三位的合作卻逐漸產生了隔閡。原因在於帕華洛帝及經紀人提柏魯塔斯太過強勢，同為西班牙人的多明哥與卡瑞拉斯兩人，反倒相處融洽。

帕華洛帝和經紀人提柏魯塔斯（Thilbeau Rudas），後來在各自的回憶錄中揭露出彼此的矛盾，以及與兩位男高音失和，甚至與自己公司的三位副總裁對立的情況。從中可看出他和經紀人個性及處事的

橫霸，以及三人經紀約的複雜。因此，三大男高音巡迴演唱的期間，多明哥和卡瑞拉斯兩人已另闢舞臺。最早提議三大男高音同臺的製作人德拉第，提出〈二王一后〉的構想。意為捨帕華洛帝，加入一位女高音。又覺得女高音對大眾的吸引力不夠，於是改找流行女歌星。選擇從老牌巨星麗莎・明妮麗（Liza May Minnelli）、芭芭拉・史翠珊（Barbra Streisand）等。最後敲定黛安娜・羅絲，就此拍板定案。

〈二王一后〉首次演出在匈牙利布達佩斯，接著巡迴臺北和大阪。台北演出，多虧了多明哥的幫忙。得知霍夫曼事件後，他深知短時間內要再挪出三大男高音的檔期，真是難上加難。何況還須動員三人全球各區域經紀人，協調並處理法律問題。多明哥建議我們改辦〈二王一后〉，並親自打電話跟卡瑞拉斯查詢五月的行程。透過他的亞洲代理，從每人極為緊湊的行程中，協調出一場台北演出的檔期。

我們對原已預訂票的六千名觀眾做問卷調查，超過八成的觀眾接受這樣的更動。顯示大家對〈二王一后〉的期待，不亞於三大男高音。黛安娜・羅絲有高知名度和吸引力，價碼卻只有帕華洛帝的八分之一，省下原本要支付給「Three Tenor Production Company」的三百萬美金製作費和權利金。總成本降低許多，我們也因此調降票價（最高票價六千元，最低六百元）。

因為黛安娜・羅絲的加入，歌劇曲目的比重減少，增加一些大眾化的音樂劇歌曲、流行歌曲和民謠。曼儂建議，〈二王一后〉曲目中安排中文歌曲《在那遙遠的地方》。卡瑞拉斯曾在個人專輯中灌唱過這首曲子。練唱時，多明哥對卡瑞拉斯說：「這曲子很美，但你錄音版本中的呈現方式，在感情上太過急促，我總覺得你唱的速度太快了一點。」於是，我向三位演唱者建議，速度抓在每分鐘六十拍左右，並請「新象」協理詹曼君（現任力晶基金會執行長）唱給他們聽。最後演出的速度，約是每分鐘五十八拍。卡瑞拉斯錄音版唱約七十拍，情緒上有落差。他表示這是原唱片公司建議的速度。經這次現場演唱調整後，卡瑞拉斯也覺得唱起來比錄音版順暢許多。這突顯有些唱片公司會找不太專業人士擔任製作，商業化包裝，卻不真正懂得音樂，實對音樂家造成損害。這種情況不只發生在台灣，國際唱片公司也不乏此例。

兩位男高音，之前就先學會此曲的中文歌詞，咬字相當清晰。多

明哥的發音比卡瑞拉斯還準確，黛安娜則是來到台北才開始學歌詞發音。但中文對她而言，實在太難了，我特讓詹曼君唱給黛安娜參考，但她只勉強記得第一句。後來正式演唱時，她決定還是哼唱旋律即可。

〈二王一后〉演出檔期的安排，可說是煞費周章。與多明哥及經紀人商量後，我們採納多明哥的建議重新安排，將音樂會訂於5月。這期間，多明哥5月17日在芝加哥有演唱會，卡瑞拉斯5月21日在日本有演出，戴安娜的女兒5月22日在紐約結婚，三人有空來台的時間只剩下5月19日和20日。最後演唱會訂在20日，並於18日晚上安排一場由「捷克雅納契克愛樂管弦樂團」演出的祈福音樂會。

這兩場音樂盛會，我們定名為《跨世紀之音》。

5月18日多明哥搭包機從芝加哥飛台北，19日早上抵達。卡瑞拉斯18日，從日本來台。戴安娜前一週，在菲律賓演出時騎馬摔傷，差點無法來台。經緊急治療後用護腰撐住，總算在19日順利抵台。我們還特別為她安排針灸及按摩，全程照護。

為中正紀念堂變裝與危機事件
壯觀場景的搭建，是歷經風雨中的驚險搶救。

《跨世紀之音》是一場戶外音樂會，地點選定景觀有特色的「中正紀念堂」及兩廳院廣場。戶外演出所牽涉的行政、設計和技術層面，極為繁複。動員的人力、物力、資源更為龐大，考量因素和風險，遠高過一般室內演出。為了取得場地，我們跟「教育部」、「中正紀念堂」管理處兩廳院，及「臺北市交通局」前後開三十九次正式會議，不包括之後磋商協調的執行工作會議。

演出舞臺，由名建築師陳光雄和我一起設計。以面向中山南路的《大中至正》牌樓為背景，搭建一座寬一百六十八公尺（包括中央舞臺一百公尺加上翼幕區）、深四十公尺、高三公尺的舞臺。工程浩大的天篷，高過牌樓，有種種限制和困難需克服。廣場上的觀眾席，由我的特助張石明帶領團隊，將臨時趕製的六萬六千六百六十八張活動座椅，按顏色，整齊無誤地從《大中至正》門排到臺階上，創下金氏記錄歷史第二（歷史第一是意大利八萬多椅子）。

1997年5月20日《跨世紀之音》

1997年5月20日《跨世紀之音》

　　遠遠看著地面分佈大片紅、綠、紫的觀眾席色塊，宛如是浮出地面的大型裝置藝術。

　　面對如此龐大的演出，首重，需避免損傷原建物。搭建舞臺須距離《大中至正》門三公尺。兩廳院中間廣場的下方，是地下停車場，地面是一層薄薄、承重有限的殼，每平方公尺不能超重五百公斤。然而舞臺天篷十分沉重，又不能由下往上撐持。經過數十次的研究討論與勘察，《大中至正》門地面是實心的，我們改用兩輛工程大吊車懸吊，由停在門外兩側，兩輛分別是三百及四百噸的吊車，懸吊屋頂和所有的環架、燈架。從搭臺到演出結束，吊車停了十天。這個懸吊系統耗費四百多萬元，整個舞臺製作費耗資兩千多萬。

　　此外，我們在現場架設螢幕。從舞臺上算起，每隔一百公尺設一座螢幕，總計左右兩邊共四對。這樣大型的戶外演唱，須考量聲音傳達的速度和落差。舞臺發聲點距離最後一排觀眾席，約四百二十公尺，音速每秒三百三十三公尺。最後一排觀眾以望遠鏡看演唱者，聽覺上必有一點二六秒的秒落差。如果沒有麥克風，肉嗓聲音傳遞時間差會更久。只能靠現代電子音響，才能將時間差降到最低，但無法做到絕對地視覺聽覺同步上的一致性。

　　演出中我全場巡視走到最後一排，帶著望遠鏡的觀眾問我，演唱者真的是現場演唱嗎？是否唱對嘴？他們發現演唱者的嘴形和聲音速度有點不太一致。我向他們解釋距離和音速，觀眾才得以釋懷。

　　「中正紀念堂」每天都有多人晨起運動。舞臺開始搭建時，民眾沒什麼感覺。不過六天的時間，廣場上搭起的巨型舞臺和廣場上的數萬張椅子。驚訝之餘，更是頻頻讚嘆不已。一位每天來運動的老伯，以為背景的「大中至正」牌樓也是臨時搭建，我們說：「這本來就在這裡的」。原來，老伯天天必經的「大中至正」牌樓，以為是個門牆，習以為常就視而不見。我們成功的讓牌樓成為舞臺一部分的背景，反而突顯出牌樓的存在。

　　演出當天下午彩排，二王一后先後到場。多明哥一看到，驚喜地脫口而出：「我的媽呀，太棒啦！（Mama mia, fabulous！）」，眼前所見，完全超過他原先的想像。

　　他的夫人也衝上舞臺，看著全景，大聲讚嘆：「不可思議！」。

　　卡瑞拉斯和黛安娜也都說：「太壯觀了！」他們表示在世界各地

大型體育場演出，但從沒看過這樣的氣勢。「中正紀念堂」如同歷史古蹟，呈現出另一種景觀，比在艾菲爾鐵塔、倫敦與維也納更有味道。

黛安娜原本對中文演唱《在那遙遠的地方》感到為難。但眼前的景象讓她十分感動，自此努力練習中文歌詞。

天候問題，向來是戶外演出所必須承擔的一大風險，氣象數據是最好的決策參考。臺北一年平均有一百二十多天下雨，我們根據數據，選擇氣候上比較安全的時節來安排演出。因此以往「新象」戶外演出，幾乎都可安然過關。

《跨世紀之音》5月演出的決定，事前也經過氣象數據的推測。只是，凡事都有例外，沒有什麼是絕對的。

搭臺工程，日日趕工。18日晚上十點，開始起風，天空飄下毛毛細雨。19日，雨勢轉強，還刮起超過十級的強風。舞臺上的燈架，忽然被風吹下來，砸毀演員進出場的金字塔型入口。當時現場多位「新象」同仁正坐在戲劇院的騎樓下，拿著便當，邊吃邊看大風襲擊，燈架倒下，讓所有人全傻在那裏。回神後，趕緊回報正在辦公室會議中的我。

日本經紀人和外國技術團隊，認為舞臺無法復原，需取消演出。我們已投入龐大資金，財務上，實在損失不起！多少的臺灣愛樂者期待這場歷史性演出，若此時功虧一簣，會是臺灣觀眾與藝術經驗的一大遺憾。取消，勢必引發已支出費用的承擔和賠償爭議。於是我們與日、美方人員展開談判，雙方翻開契約，緊張地在談判桌上來回攻防，他們同步以國際電話向各自的律師徵詢。最後三方達成協議，同意分頭繼續進行準備工作，條件是修復工程須限時完成，並保留足夠時間進行演唱會前的「簡約排練」（Condense rehearsal），其中包括「過橋排練」（Passage rehearsal）與技術排練（燈光、音響、聲音檢測及排練）。

我立即召集我方所有技術專家與舞臺技術團隊，研究緊急修復的程序。他們說：「許先生，我們試試看，但一天之內要趕出來必須增調人手。」我們調來支援的十位技術人員，雖沒有十足的把握，卻都有全力以赴的共同心念。

舞臺修復，進行直到晚上十一點都未完成，外國技術團隊也表示

不樂觀。即使如此,他們現場人員,看到我方團隊的全力拼命,進而加入搶修,成為一組聯合技術團隊。午夜十二點,終於修復了。

兩位日、美方最高技術顧問,前往檢驗。當他們點頭認可的那一刻,全體人員高興地鼓掌歡呼,終於可以如期演出了。

美、日最高技術顧問,驚訝的問:「你們怎麼能辦得到?」
我驕傲地說:「因為我們是臺灣人!」

19日的意外,打亂原訂的排練時程,我們緊急接洽麗晶飯店(現名晶華酒店),情商借用頂樓。潘思亮董事長及總經理Mr. Doss慨然相助,將頂樓活動隔間全部打開,讓樂團、合唱團得以進入排練。

雖然驚險度過19日,我們仍擔憂20日的天氣。也許是上天憐惜,隔天演出的天氣,從陰轉晴,露出美妙的大太陽。這竟然是五月風雨中,唯一的一個晴天。當晚演出順利進行,觀眾們陶醉於飄盪在空中的美妙歌聲,在清朗的夜空中享受『舉世之音』。直到近尾聲的安可曲中,天空才飄下些微的細小雨花。臺上和臺下的情緒,卻是愈加高昂熱烈。

演出後的慶功宴,黛安娜親自對「新象」的工作人員說:「這是她此生最滿意的一次戶外演出,永遠不會忘記這個了不起的舞臺與觀眾們。」琉璃藝術家王俠軍(1953-)並特別製作三座琉璃紀念盃贈送給二王一后。

政治鬥爭下的犧牲品
來鬧場抗議的人士,聽到音樂揚起,不禁都安靜地坐了下來。

這場意義非凡、堪稱臺灣史上最大規模的音樂活動,卻無法與「使用者付費」概念,同步進行。加上政客們惡鬥下引發的群眾事件,讓這美麗和諧的音樂盛會,蒙上諸多陰影。人性的失敗,讓「中正紀念堂」的自由廣場,成為既「自由」、又「免費」的廣場,導致一億六千多萬票房的損失,使「新象」陷入創立以來最嚴重的財務危機。

因為1997年5月20日適逢李登輝總統就職一週年,部分反對李登輝的新黨立委與議員們未曾查明緣由,認定《跨世紀之音》演出是特

定的慶祝活動，不僅帶頭阻撓，反對我們使用「中正紀念堂」，並且使用地下電台多頻道下密集的廣播，煽動民眾以各種方式如地下道、車道、翻牆等方式竄入突破防線，以不正當的手法來阻止演出。

為此，我們向有關單位主管單位提出申請，演出前後「中正紀念堂」之四面交通管制。該主要協調單位是由陳水扁市長主導協調的市政府，數次開會協議後，改成中山南路雙邊及信義路單邊開放通行。市政府對此還算支持，我們也事前嚴密地做好觀眾進出場動線的規劃。在工作人員及交警協助下，結束後半小時內，逾七萬名觀眾全部疏散完畢，比預期時間快得許多。

初步阻撓失敗，反李登輝人士先是在演出前滿街發放傳單，揚言要用一萬個哨子破壞這場音樂會。某些地下廣播節目和電視政論節目，公然傳播『教你如何不買票現場突圍』。總統府方看到這些信函，決定總統李登輝和副總統連戰都不出席。事後李總統私下告訴我，得知多人借題發揮以這件事來整他，在維安的考量下無法親臨現場。但他又不想錯過這場音樂會，還好總統官邸距離不遠，於是全家就在官邸庭院聆賞。

我們雖然事先力圖防範，也預先向有關單位報備，並加派工作人員。開演前，果然有「新黨」民意代表帶領群眾現場鬧事，並強行衝進場內霸佔席位。一些觀眾也跟著臨時起意，無票衝進現場。現場二十多位臺灣媒體資深文字和攝影記者，親眼目睹「新象」現場工作人員被毆打。事實上，這些強行衝進會場的人群，原意是破壞音樂會。但音樂會開始後，卻安靜的坐在強佔的位子上。莫非這些人，只是藉政治鬥爭來聽霸王音樂會？或許是，這些原先預計擾亂破壞的人們，在音樂開始後感受到現場氣氛與震撼，改變了鬧場的原意？

當天現場，66,668座位全坐滿，兩廳院前的階梯、紀念堂樓梯，連場內沒有擺座位的空間也都站滿了人，全場總計有七萬多位聽眾。但是，指揮中心的無線對講機，卻不斷地傳來「南門失守」、「北門失守」、「人潮搬走拒馬」等訊息。開演前，預售票只賣出五成；也就是說，現場有一半以上的觀眾，無票入場。鬧場事件，直接影響現場票的出售，也凸顯台灣政客的醜惡面貌。

　　最遺憾的是，此事件成為國際媒體爭相報導的醜聞。正在德國訪問的朋友，看到德國報紙以揶揄的語氣報導：「5月20日臺灣發生一起史上規模最大的集體搶劫。一場大型音樂會，半數觀眾們未購票強佔座位。」另有外國報紙報導：「這場音樂會雖然Beautiful，但臺灣觀眾對這樣大型戶外演出的習慣和素養尚未成熟，發生侵佔座位的事件。」這場音樂盛會，雖在國際上受到肯定，但鬧場和強佔座位事件也成為報導的另類焦點。

　　友人的兩個兒子從小在美國唸書，適逢這場音樂會。在父母建議下，先來「新象」幫忙現場售票驗票及帶位工作。原本兩人對有幸參與這樣一場國際級演唱會的工作，倍感光榮。沒想到演出當天，被鬧事的群眾打到嘴角流血，頭部受傷。

　　事件過後，他們對我說：「許叔叔，我們決定回美國工作。這次經驗在我們人生中留下美好的紀念，但這樣的社會還不夠成熟，不值得我們投入。」

　　聽了兩位年輕人的感言，我心裡很難過，也很感嘆。我對他們說：「你們看到的是不好的一面，從另一個角度想，你不覺得這樣的音樂會呈現在美國都很難得見到的嗎？」

　　他們卻說：「臺灣的確有美好的一面，也有醜惡的一面，我們內心很矛盾，但還是決定先回美國工作。」

　　音樂會結束，事件卻猶未落幕。點收時，發現許多的假票。甚至有人到法院對「新象」提出刑事告訴，指控我們以特權使用公園，並不當使用公共空間。想當然爾，這是一種政治操作。

　　有人提告，檢察官不能不受理，但大部分的檢察官對我們表示同情和支持。

　　檢察官問：「許先生，你知不知道你們破壞了園區的花草？」

　　我說：「我沒有破壞花草。」

　　「那是誰？」

　　「據我調查了解，是暴動進場的觀眾和被推擠的觀眾踩到花草，我們有拍照。」

　　「那你必須要指認觀眾。」

　　「我們沒辦法指認，我懷疑這是做賊的人，喊抓賊！」

　　「那有人告你們，你就必須概括承受，要罰款。除非你能舉反

證，證明不是你破壞的。」

經過偵訊和錄影照片舉證後，檢察官決定放棄對「新象」提告。當時臺視主播戴忠仁打電話給我說：「老師，我佩服你，我們來做個節目公聽。」他安排我上節目接受觀眾Call in提問和投票。約80％的觀眾，表示支持。有觀眾質問：「你在公園辦演出，是非法佔用公共場所。觀眾當然可以自由進入，不算非法侵佔座位。」

我答：「假設今天有個攤販，在路邊設攤賣包子。依你的說法，大家可以去搶他的包子吃，不算違法？攤販違規，有法律可罰，一般人是沒資格來罰他。而搶劫攤販的人行為如同強盜，就是違法。更何況，我們是經過合法申請，得到有關單位的許可，還付了場租。」

有些熱情的觀眾打電話來：「許先生，請把帳戶告訴我們，我們把票款匯給你。那天我們無票入場實在不得已，因為現場找不到人買票。」

當天入口處的工作人員多被打傷，所以無法繼續售票工作。節目播出後，上百名觀眾主動將票款匯給「新象」，展現臺灣人的正義感和可愛之處。

患難中的真情
「新象」是全臺灣擁有最多塑膠椅子的機構。
我說：誰需要塑膠椅，找我們就對了！

《跨世紀之音》由「新象基金會」、《聯合報》、「何創時書法基金會」聯合主辦。獲得「力晶集團」、「麗晶飯店」、「克緹集團」的贊助，「中興人壽」、「中廣」、「TVBS」、「SUN MOVIE電視臺」、「屈臣氏」、「東山珠寶」協同贊助。演出經費耗費三億，我特別感謝「民生報」創辦人王效蘭女士、熱愛藝術的已故前「中央銀行」總裁許遠東先生、「力晶集團」總裁黃崇仁、「克緹集團」總裁陳武剛、「中環集團」創辦人翁明顯、「台灣摩托羅拉」總裁孫大明、總經理杜光洋的支持，與友人何國慶先生支持我六千萬元的借貸，解緩隨之而來的財務壓力，為此我心懷不盡的感激。

好友何國慶早期是建築企業家，我透過名醫李堯焜夫婦、音樂家李逸寧的父親介紹認識。當時與他一見如故，他提及大學時期就認識

我了。出身書香子弟的何國慶，為了紀念父親於1995年創立了「何創時書法藝術基金會」。基金會循歷史、計畫性的收集中國書法多達數十萬卷，尤以明朝萬曆年間如朱載堉、史可法等名家作品，至今是世上中國書法首屈一指的收藏家。彼時，他協助成立中國的「慈濟」組織，熱心募款超過一億美元。他談及在兩岸，想以母親名義拿一萬美金做為音樂獎學金。我將這個想法告知桑桐與吳祖強兩位院長，這對經濟剛起步的中國大陸，是一筆可觀的數字。

以此，我協助何國慶在「中央音樂學院」與「上海音樂學院」設立了〈傅成賢獎學金〉，成為海峽以獎學金支助中國音樂學子的第一位台灣人。黃英英、朗朗、李心草、章紅艷…等獲國際大賽的金牌、銀牌、銅牌的中國音樂家，都曾拿到〈傅成賢獎學金〉。直到現在，仍持續運作中。

演出後，為彌補虧損，王效蘭女士（1941-）熱心建議我發起義賣，組織起專案小組販售六萬多張觀眾席座椅。她除了以報社名義認購千張塑膠椅，也呼籲多人購買椅子捐給學校及弱勢團體，或企業認購自用。那次賣出四萬多張椅子，剩下兩萬多張用來抵債。有些尾款，後來以互惠方式清償。「新象」花了五年的時間，才將鉅額債務處理完善。

老友朱銘，雖未來欣賞演出，但表示關心。我跟他商量能否捐作品義賣來填補。請求他以『二王一后』為題創作一件作品，並鑄成九十九件銅雕義賣。名為《跨》的銅雕作品，一周後迅速完成了。朱銘留下四件，和致贈相關捐助人外，其他共義賣了六十幾件，募得近四千多萬的文化捐款。

「跨世紀之音」是一次人性實驗
人生終究苦短，生命即將落幕的病友們享受到音樂，悲涼心靈獲得安慰與滿足，就是最有意義的事。

每想起這整件事，總讓我百感交集。美好音樂盛會，雖歷經了暴力事件，但也領受了人情的溫暖和朋友患難相挺的感動。記得當時，臺灣發生『白曉燕事件』，社會瀰漫著一種暴力灰暗的氣氛。5月18日我們在廣場初步搭建完成的舞臺上，安排一場撫慰心靈〈為台灣祈

福〉的演出，讓群眾免費欣賞「捷克雅納契克愛樂管弦樂團」演出。
當天也有人以雷射將『白曉燕事件』的足印投影在總統府外牆，為祈
福活動。

「新象」特別邀請六百位特殊的觀眾們來觀賞。他們是癌末病
患、玻璃娃娃、早衰症孩童、喜憨兒、低收入戶、安養院老人、外籍
勞工和計程車司機們。我們提供兩千多張慈善票券給非特殊性弱勢團
體、一千六百多張慈善票券給身心障礙的特殊性弱勢團體，邀他們共
享這場一生難逢的音樂盛宴。

我們找了不同的電臺傳播訊息，並提供索票。如「飛碟電臺」負
責外籍勞工，「臺北之音」負責對計程車司機。起初電臺有些疑慮，
認為喜愛古典音樂會的聽眾有限，擔心索票不踴躍。沒想到訊息出去
後，電臺門口竟排滿了計程車。司機們帶著身份證及計程車執照來索
票，原先提供的兩百張票券不夠，緊急增加兩百張票。這個出乎意料
的踴躍令人驚喜，應是有史以來，台灣首次邀請計程車司機族群參與
藝術活動。我認為，計程車司機是現代城鄉『遊牧族群』，他們對公
共議題的興趣高過一般民眾族群。此次藉由他們，散播了古典音樂的
藝術種子。

「新象」接洽臺北市各醫院，邀請醫院中第四期癌末病患來這場
音樂會。「力晶集團」總裁黃崇仁贊助弱勢團體，「克緹集團」總裁
陳武剛贊助輪椅區的票券。統計出「臺大醫院」一百多位病患，「和
信醫院」八十幾位，「和平醫院」、「仁愛醫院」和「國泰醫院」有
有坐輪椅的病患，也有躺在病床上的病人。我們在近入口處兩廳院階
梯旁和廣場中的花圃旁，規劃五個慈善專區，方便救護車載送進出，
現場並設置有醫生支援的多個醫護站。受邀的醫院對此很感動，除了
現場執勤的醫生外，許多醫護人員都自己買票以表贊助。那晚，現場
總計有三百多位病患和近百名全程照護的醫生護士。

結束後一位護士跑來，說有位癌末病患想見我。我來到這位病患
前，滿臉病容的老先生激動地抓住我的手，說：「許先生，我能參加
這場音樂會，此生無憾了。」讓我忍不住濕了眼眶。所有的辛勞，都
值得了。隔週，這位老先生就逝世了。一年後，我們從院方得知曾來
音樂會的癌末病患們和早衰兒，都不幸地離開人世了。

對「新象」或台灣而言，《跨世紀之音》無異是完成了一件歷史

性活動，是一個文化進階。但對1997年臺灣觀眾而言，這樣戶外大型售票的演出，可能過早。

我對整件事的好壞結果，概括承受鉅額的虧損！然而《跨世紀之音》的無形成果是美好的，無法以數字價值論定。其社會意義，比三大男高音在其他地區演唱，更具意涵。

此盛況，不僅空前，也是絕後。

我們可接受票房帶來的損失，卻不可以放棄對文化與藝術的熱情和希望。

《跨世紀之音》後記
歷經兩任總統及財政、司法單位，對民間文化單位施行如"東廠"般的惡法及惡政

盛會結束後，「新象」面臨一億六千五百萬元新台幣的鉅大虧損。除此之外，政府財稅單位認定多明哥、卡列拉斯、及黛安娜羅絲需繳納所得稅一千餘萬，多數文化與司法學者對此舉不以為然。然而，三位外國音樂家認為他們已繳納所得稅給自己所屬國-美國及西班牙，一稅兩繳，是絕無可能，因此拒付。我和陳哲宏律師數度呈請邱正雄、嚴慶章、李庸三等三位部長會談，經由與專家學者們討論，部長們均認為無須繳納。

然而，紅衫軍行動後，再一次無預警之下，突然接到政府判定「新象」需繳的一千萬之所得稅，另行加懲罰三倍，也就是三千多萬的罰鍰，總計共約四千四百多萬元。

多數文化、財稅與司法學者認為此舉實屬不妥，認為政府不應以權力對民間文化單位進行如趕盡殺絕之行為，官官相護下，多方協調不果，我便以此提出官司來抗爭。

起初為了此事，我和新象顧問、法律顧問陳哲宏律師記幾度拜會邱正雄及嚴慶章兩任財政部長，即期財稅署長與法務單位等相關主管，討論也經過財政部邀請之社會財稅專家多次研討，多數均認為無程序及法責問題。

不料，2006-07年，紅衫軍倒扁反貪運動前後期，我時任總統府國策顧問。後從2006年8月擔任起〈紅衫軍運動〉總顧問。一天，財

政部突然對此提告，要求「新象」須承擔督促國外藝術家繳納所得稅之責，否則必須代繳。「新象」對此提出嚴重抗議，爭議持續，直到2008年新總統當選。

提告期間，2008年新總統當選，我再度出任國策顧問，呈請總統馬英九重新責令財政部專案調查研究。於是我和陳哲宏律師數度拜訪李述德與張勝和次長及相關主管協商，請求以專案調查研究。怎知半年後，馬總統與李述德部長回覆：「惡法亦法」！

財政部就此正式來函，要求代繳外僑所得稅一千餘萬，並懲處三倍罰鍰，共計四千四百多萬。

我認為此舉實屬不當，便委託「宏鑑法律事務所」提出正式的官司訴訟。

我們向財政部提再訴申請未果，便啟動特殊政治官司，開始漫長的纏訟。

理由一，三位音樂家拒付一稅兩繳之來函，表明不是未繳。建議由中華民國財政部當局與美國西班牙財稅當局交涉，共同擬定分稅計畫。

理由二，我和陳律師鑑於過去幾年，經由財政部核定此案結案，事經七年又舊案重提，實屬違法。

理由三，絕對無理下還加罰三倍，莫名其所以然，對民間藝文單位行此惡刑，難服人心，情何以堪！

歷經地院與高院數度再審未果；再提行政訴訟，初審再審，無奈官官相護，終告失敗。這個官司及後續長達十年之久。

如此齷齪卑鄙的利用公權力，無視司法、行政、國際法則、社會公義，蒙昧良知，並嚴重漠視文化價值，令人不齒。

政府開始以公權力向與「新象」有來往的相關官民單位及金融機構施壓，所有單位不能認同、亦不為所動。見不當手段無法得逞，竟使出限制「新象基金會」董事長出境處理國際事務，來持續干擾「新象」文化行動。經律師交涉後，決定採取分期繳納，但須提供土地資產擔保。隔不久，政府竟擅自拍賣賤售我方提供擔保之地產，此惡政真是令人髮指。

「新象」至今已繳納約四千萬元，只餘十分之一之四百萬未清。事實上，拍賣掉的地產，若以公告地價對半以下清算，「新象」實

際所付出代價已遠超過八千萬元以上！苛苦繳納，真是刮骨削肉，滴血耗神，這一路走來真是讓我無以喘息，實心不甘之不當邪惡之稅。不料，今年初媒體公開此事，對「新象」極其羞辱，不僅誤導社會對「新象」有疑似欠公稅抵制不繳之印象，另方面，依然扣押其他資產，如同進行下一波的搜刮，真讓人感嘆此行徑如趕盡殺絕之能事，以非酷吏一詞足以形容，猶如「作賊的喊抓賊」！

末記：1997年5月20日台北〈跨世紀之音〉，實屬歷史創舉的文化活動。事件始於 1997年5月20日為李登輝擔任總統週年紀念日，歷經四任總統，及多位財政部長邱正雄、顏慶章、李庸三、呂誠桔、何志欽、李述德、張盛和。財政部於2006～2008年間暗中啟動栽贓「新象」手段，竄改日期為2002～2003年，時為陳水扁擔任總統期間；官司正式上場時為2008～2012年，時為馬英九擔任總統期間。「新象」被強制執行繳納冤枉黑款期間為2012～2017年，時為跨馬英九–蔡英文任總統期間。歷任財政部長是邱正雄、顏慶章、李述德與張盛和次長。

世界上，如此寓於益教的重大文化活動，多由公權力主動出資或聯手大企業、公益機構策劃主辦。從此事件，可證政府當時的當道者，不僅無心，也無意重視國家社會文化價值，不僅不予出資承擔文化重責，且藉此邪用公權力，大肆刮取民財，司馬昭之心，路人盡知，此乃文化惡人當道之果矣，令人噓吁！

1997年5月20日《跨世紀之音》

第七章——

淵源悠悠
時我予

連結劃時代
海峽兩岸的文化交流

　　年輕時經常聆聽駐台「美軍廣播電台」的節目。偶爾有機會得知中國大陸的訊息，尤其是文化藝術動向，及音樂演奏的轉播。

　　1962～71年間，為了專心潛修與寫作，我多次借居親戚在陽明山的溫泉居所。後因參與新淡水「高爾夫球場」的設計及建設工作。這兩段居住山頂期間，意外地從收音機轉到中國大陸的廣播頻道。直接、間歇式地聽到中國文化革命的動態、樣版音樂與戲劇的廣播，知名作品如小提琴協奏曲《梁祝》、鋼琴協奏曲《黃河》、芭蕾舞劇《紅色娘子軍》、《白毛女》的音樂及管弦樂詩曲《我的祖國——黑非洲》等。同時也知道了作曲家吳祖強、杜鳴心、陳鋼、何占豪、小提琴家俞麗拿、琵琶家劉德海、鋼琴家傅聰、劉詩昆、殷承宗…等。

　　那時，心想有朝一日總要去中國大陸看看。70年代文革與政治情勢，去大陸，是一件不可能的事。直到前總統蔣經國於1987年，突然宣布開放臺灣民眾與老兵回鄉，打通了大陸探親的途徑。我一位舅公是安徽總醫院的老院長，藉此機會去了一趟中國大陸。曼儂則於開放探親時，7月即率先赴大陸河南，探視仍建在的姑媽及找尋外祖父

母的葬墓處。

　　除了探親，我規劃前往「北京人民藝術劇院」（簡稱人藝）、「中央」及「上海」兩大音樂學院、「北京舞蹈學院」、「中央芭蕾舞團」、「中國京劇院」、「上海崑劇團」、「上海交響樂團」、「上海舞蹈學校」、「上海歌舞團」、「上海話劇團」、「上海京劇院」、「中央交響樂團」、及少數民族的藝術團體。其中最想觀賞的是周文中大力推薦「人藝」的經典之作《推銷員之死》，以及最具現代劇場性、最抽象的《狗兒爺涅槃》。也因為有了周文中的舉薦，我結識了于是之、英若誠、吳祖強、吳祖光、桑桐等人，並深入交流。多年的期盼下，終於開啟了中國大陸之緣。

1	2	3
4		5
6	7	8	9

1. 北方崑曲劇團，2002、2012年。2. 上海歌舞團，1993年。3. 北京青年舞蹈團，1993年。
4. 中國愛樂交響樂團，2001年。5. 中國交響樂團，2002年。6. 老上海和平爵士樂團，1996年。
7.《金大班的最後一夜》劉曉慶，2008年。8. 蒙古呼賣團，2004年。
9. 陝西戲曲研究院「秦腔」，2002年。

周文中書信更勝言荃

　　得以在短時間內獲得這些頂尖藝術機構的接待，並與之深入互動，我最感謝的就是周文中教授。

　　周文中（1923-）是二次大戰後，受到世界崇敬的第一位華人藝術家，也是首位出身中國大陸的現代音樂作曲家。原念建築的他，在獲得耶魯大學獎學金後，轉而學習音樂。他多年擔任哥倫比亞大學藝術學院院長，又是二十世紀法裔美國作曲家大師瓦雷茲（Edgard Victor Achille Charles Varèse，1883-1965）的嫡傳弟子。周文中和瓦雷茲情同父子，瓦雷茲過世後，周文中不僅負責整理所有遺留著作，還長期照顧他的妻子，直到她九十多歲去世為止。現今他居住於紐約的房子，也是瓦雷茲留給他的。

　　周文中和旅法畫家趙無極、建築師貝聿銘，同被譽為海外華人二十世紀『藝術三寶』。博學多才的他，有著不凡的際遇和養成。他在現代音樂的著墨頗深，作曲風格卻不全然地求新求異，反而多以中國人文思想為創作的主軸和原生元素。他早期作品《陽關三疊》，被林懷民沿用編作為第一個舞蹈作品《風景》。第一支單人舞作《夢蝶》也是以周文中《草書》（Cursive）中的《行草》樂曲編作。

　　1970年初的因緣際會，在香港的我首次見到了周文中先生。他給我的第一印象是溫文爾雅又深思遠見，更像是一位哲學家。我們從而開始了書信上的往來聯繫。爾後在1978年漢城第六屆「亞洲作曲

家聯盟」大會,有了第二次見面。我表示想訪問中國大陸的願望,他分享了他在文革期間的大陸之行。他談起他參訪時的事情,讓我印象深刻。

他第一次到中國大陸在各大學及音樂學院巡迴演講,並將帶去的現代音樂唱片贈與他們。隔幾年,又去同一學校講學,問了教授與研究生:「你們聽了我之前帶來的現代新音樂,有甚麼感想啊?」

他們回說:「領導們認為,這些是歷史上珍貴的資產,要我們好好保護那些唱片。」原來,他們把唱片放在圖書館和校藏館做為展覽紀念之用。

還說:「當初周教授給的唱片怕會被學生給弄壞,或做研究時不小心毀損,所以我們都不能隨意放來聽。」周文中一聽又好氣又好笑,說:「唉呀!就是要你們常常聽的,壞了再買,就好了啊!」當時與今日,真是不可同日而語。

後來我和周文中分別於美國、香港、韓國、馬尼拉等地陸續地會面,也有了學術上的研究交流討論,成了忘年之交。我開始思考邀請他來台的可能性。

美國紐約哥倫比亞大學藝術學院院長暨現代作曲家周文中

周文中訪台

周文中說：「沒有文化的音樂，必然膚淺，因為我們的將來奠基於過去的積累。」

　　一個偶然機會，我跟周文中、傅聰三人於1980年在香港碰面。目的是邀請他們二位，來台灣演出和演講。他們二人當年對台灣的印象，多來自中國大陸政府及外界訊息，想來必定不佳。他們雖知道台灣已逐步走向美式民主社會，即使兩岸政治的險峻，但有好奇心的驅使還是想來訪問。初來台的忐忑心情，好比少女少男第一次的約會，除了期待，亦帶些不安。幾次的商議後，決定由周文中先來探路。終於在1981年，確定了周文中來台灣舉辦音樂講座。

　　他的到來，也促成鋼琴家傅聰隔年來臺的演奏之行。

　　周文中的來訪確認後，台灣政府當局一個名為「劉少康辦公室」的單位主管、後任監察院秘書長的陳豐義（1939-）先生，忽然一天主動與我聯絡。這個集黨、政、軍三方的核心單位，聯合執行長是王昇將軍，表示希望與周文中教授會面。我深覺好奇，一位國際藝術家來臺，要求會面的卻是一位軍事將領。兩個文武不同領域的人物會面交軌，直覺上認為必會是個有趣的畫面，便答應了下來。從周文中的角度而言，一位軍事背景與政治實權的大人物想見見他，讓他十分好奇。然而，這兩位生長、專業背景相異的傳奇人物，碰面意味著什麼呢？

　　會面前，王將軍先把我找了去，殷切地詢問周教授的近況。我瞄到他的桌上，早已堆了一大疊周文中的相關資料。

　　他們二位正式見面時，先是熱絡的互相寒暄，講些不著邊際的客套話。話畢，不知該搭接著什麼樣的話題。氣氛在一瞬間凝結了起來，大家只能面面相覷。那時，我恍如置身一個錯開的時空。眼前兩位主角，是偶然，抑是刻意地在這個時空中交錯。沒有共同的話題，成了一次不知所以然的會面。

　　至今我仍不解，這次碰面的目的為何？或許他們更想了解對方？然而這兩位文武豪傑，欲說還休。只好在言不盡意的尷尬中，結束了這次會面。

　　我指派了秘書王櫻芬（現任台大民族音樂研究所所長），專職接待周文中並安排所有事務。12月27日在大專活動中心的〈周文中音樂講座〉，吸引來自北、中、南的慕名者及藝術家。有人是景仰、有人來一探究竟。周文中也與許常惠老師見面，相談甚歡，分享推動現代音樂以及國際交流的觀念。之後兩人在馬尼拉延續討論開放中國作曲家加入參與亞洲各種音樂聯盟的可行性，對此兩人有不一致的看法。周文中認為應盡快，許常惠則認為應階段性循序進行。「香港現代作曲家協會」主席林樂培，也積極尋求突破。由於七〇年代中國大陸已經改革開放，也希望積極推動大陸作曲家的加入。但因涉及主權問題，政治上的複雜導致未能順利進展，僅能偶有中國大陸具代表性的作曲家以客座的身份參加講座。

兩人約定，卻從未成行的中國大陸
這位儒者之風的藝術家，以學術為終生志事的胸懷，及對生命價值體會的重視。

　　多年來，我得以順利到「中央音樂學院」、「北京人民藝術劇院」、「上海音樂學院」、「上海崑劇團」，都是周文中教授熱心引介。也因為他，各單位待我如上賓。透過周文中的推薦，我也認識「上海崑劇院」創辦人俞振飛與京崑宗師蔡正仁團長、「中央音樂學院」院長及「中國文聯」書記吳祖強、「人藝」的曹禺、于是之、英若誠、夏淳、「中國京劇院」、「中央芭蕾舞團」李承祥、趙汝蘅、白書香等。

　　去年周文中年屆九十三歲，周夫人（張易安女士）也已不幸逝世。周文中華人弟子潘世姬教授（現任台北藝術大學教授），立即將此訊息轉告於我。為此我和周文中打了約一個鐘頭的電話，我建議他搬去與兒子同住，由人照顧生活起居。也因而我們有許多深入的對話。

　　他談起從建築轉向投入音樂的起因，提及年幼時就已發現自己對聲音有特別的敏感和敏銳度。他說不到五歲時，隨著父親到處旅行，聽著各地方的民謠樂曲。

1 周文中與美國作曲家、指揮家伯恩斯坦。
2 周文中與法國作曲家布列茲Pierre Boulez。
3 周文中於紐約家中留影，
　原是恩師瓦雷茲住所。
4 左至右周文中、周夫人、恩師瓦雷茲。
5 左至右 菲律賓音樂學家J. Macedas、
　古巴作曲家Heitor Villa-Lobos、周文中。

父親曾打趣地問他：「我們現在到哪兒了？」

他回答：「我知道，這兒是廣西。」

父親驚訝地問：「你怎麼會知道的？」

他回答：「我是聽音樂來的。」

原來是周文中從民謠曲調的不同，分辨出各省地理位置的不同。他始終覺得這是老天爺送給他的天份。他也談到，牽手一世的太太也是天生的音樂家。周文中感嘆自己年歲大了，記憶力、體能都不如以往。可是年歲越長，越能悟到聲音之哲學意念、文化結構的關係。總有一番新的感受與發現，發掘到新音樂的更高境界。

我也表達我個人的看法，認為一位作曲家寫出一段新的線條、或是旋律並不是重要的。舉凡重點性的音符、連結線、甚至整個結構，皆可以文字來陳述。最重要的是思想，不一定需要以完整的作品來呈現。他頗認同此思維。

對他而言，多年在音樂的研究成果受限於年紀與時空條件，實在無法純粹的以作品來呈現，甚是遺憾。他說：「我不一定要寫出一個作品，但如何將我的研究做一個呈現？」於是我建議呈現的方法，將一些作品的片段，注入詮釋和解說，以口述交由弟子寫出。

這個近期的對話，也給我諸多啟示。世人總以莫札特作品K多少…貝多芬OP數量多少來論定作品與作曲家量的價值。但我個人認為一位偉大音樂家，其創作思維脈絡與結構，階段性的發展層次，熟更重要。我也認為哥倫比亞大學應盡快組織一個研究團隊，研究周文中的論述，相信這個新音樂的方向必影響到音樂後世。

1988年〈海峽兩岸二十大作曲家論壇〉
兩岸藝術 歷史性的一刻

我與周文中、大陸中央音樂學院院長吳祖強（1927-　），對於促成海峽兩岸作曲家論壇有著相同的共識。我們三人，先從三地三方取得共識，經過長達一年籌劃時間的努力。最後由周文中在美國成立的「中美文化交流基金會」發起，分別由美、中、台三方面出資，促成1988年8月8日在紐約舉辦〈海峽兩岸二十大作曲家論壇〉。這個重

大事件，在政治、文化面都深具時代象徵與實質的重大意義。

　　這個由美國紐約的「哥倫比亞大學」主辦，北京「中央音樂學院」與台北「新象文教基金會」共同協辦，「中美文化交流基金會」和紐約市政府共同支助的論壇，成為世界許多媒體報導的焦點。台灣派出的代表有許常惠、盧炎（旅美作曲家暨東吳大學教授，1930-2008）、馬水龍（前臺北藝術大學校長）、沈錦堂（台灣藝術大學教授及「向日葵樂會」成員，1940-2016）、自由作曲家李泰祥、溫隆信（美國紐約大學教授，1944-）、潘皇龍（臺北藝術大音樂學院前院長，1945-）、曾興魁（臺灣師範大學教授，1946-）、錢南章（臺北藝術大學教授，1948-）和我。

　　來自中國大陸的十位作曲家代表，包括代表北京的「中央音樂院院長」吳祖強、羅忠鎔（中國音樂學院教授，1924-）、代表上海的前中國音樂家協會副主席丁善德（1911-1995）、上海音樂學院教授的趙曉生（1945-）。

　　代表東北則是哈爾濱「黑龍江藝術學院」院長汪立三（1933-2013）、四川代表是何訓田（前後任四川及上海音樂學院作曲系主任，1952-）、湖北代表是致力保存中國少數民族音樂的作曲家田豐（1933-2001）、湖南代表是譚盾（奧斯卡最佳原著音樂作曲獎得主，1957-）、雲貴代表瞿小松（曾任哥倫比亞大學訪問學者，1952-）、廣東代表是陳怡（曾任美國作曲家管弦樂團、紐約新音樂樂團作顧問、及美國婦女愛樂樂團駐團作曲家，1953-）。

　　全程錄音是周龍（2011年以《白蛇傳》獲普利茲音樂獎，1953-）。後補則是葉小剛（現任中國音樂家協會主席及中央音樂學院副院長，1955-）。

　　作曲家們在紐約為期八天的論壇，每位作曲家播放六十～七十分鐘的個人作品，並自我陳述作品內容與分析其結構理論。之後一小時，接受其他二十位作曲家無保留地深入評論。詢問過程十分激烈，與會作曲家們從人文、科技、藝術、時代、政治、社會、作曲技巧、理論剖析無所不言。我們白天馬不停蹄的開會討論，晚上聚在一起吃飯聊天。密集的會面，讓眾人從一開始的陌生，進而建立起珍貴的友誼。當時多位參與的作曲家，現皆成為兩岸樂界的巨擘。

1988年出席〈紐約海峽兩岸作曲家論壇〉合影，左起曾興魁、何訓田、譚盾、瞿小松、吳祖強、羅忠鎔、錢南章、丁善德、沈錦堂、馬水龍、陳怡。後排站立者潘皇龍、盧炎、田豐、許常惠、汪立三、趙曉生、李泰祥、溫隆信與我。

（前一排左到右）中美文化交流基金會執行秘書、我、許常惠、吳祖強、前紐約市長高德、周文中、馬水龍。
（前二排左到右）曾興達、羅忠鎔、汪立三、陳怡、丁善德、田豐、中美文化交流基金會副主任。
（前三排左到右）沈錦堂、徐小松、潘皇龍、李泰祥。
（後一排左到右）汪立三、何訓田、趙曉生、錢南章、溫隆信。

　　這個重要的音樂文化交流，開啟自1949年來兩岸四十年來首次的文化交流。從社會與政治層面而言，這是自冷戰後，以文化為名的首次破冰之旅。會期的一天下午，我受到「哥倫比亞大學」社區及校際廣播電臺的特別邀請，對這個深具歷史意義的論壇以及東方現代音樂的發展做一番論述。這段論述廣播至全紐約，後來透過各地公共廣播電臺轉播至全美各地。

　　與會的第二天晚上，發生一個小插曲。李泰祥與譚盾、瞿小松三人相約去賭城大西洋城輕鬆一下，也見識一下。不料在街上遇到劫匪，李泰祥和瞿小松原想失財保平安就算了。但年輕的譚盾氣不過，前去理論。反被歹徒回擊重打一拳，留下腫大的黑眼圈。以致第二天不便參加拜訪紐約市長的行程。因此這張深具紀念性的留念照片中，少了譚盾的身影。

■ 註釋

1　劉少康辦公室存在於戒嚴時期，1979年因應國家安全而設立，成員橫跨黨政軍，1983年單位裁撤。

2　吳祖強（1927-），中國作曲家。中央音樂學院院長。創作大量的管弦樂曲、協奏曲、舞劇、合唱曲、室內樂曲、獨奏曲等。與杜鳴心合作舞劇撰寫《紅色娘子軍》的音樂，將《二泉映月》、《聽松》改編為弦樂曲，《春江花月夜》改為琵琶與管弦樂協奏曲，《江河水》改編為二胡與管弦樂曲。

與傅聰的情誼

促成我和鋼琴大師瑪莎阿格麗希相識的是傅聰。

傅聰於1955年獲得第五屆蕭邦大賽第三名（雖獲得第三名，樂壇上均公認第一名的波蘭籍鋼琴家哈次希維茲Adam Harasiewicz與第二名的阿胥肯那吉Vladimir Ashkenazy並駕齊驅，難分軒輊，是音樂史上的一椿美談）和「馬祖卡」獎，成為第一位在國際大賽得獎的華人鋼琴家。他得獎後從波蘭出走，此舉連累了多人包含駐波蘭大使、父親等三位擔保人。他的父親傅雷（1908-1966）是知名文學家、文學翻譯家，藝術評論家。在文革時期被批成右派，傅雷夫婦在紅衛兵抄家批鬥後，當晚即決意不再留戀人間，於住所雙雙自絕身亡。傅聰收到父親的最後遺言是：「第一做人，第二做藝術家，第三做音樂家，最後才是鋼琴家。」知名的「傅雷家書」中，集結傅雷寫給兒子們的書信，在中國藝術界是無人不曉的重要著作。傅聰心裡始終認為，父親生前為莫須有的加罪之名受苦，遲遲沒有平反。念念不忘的家鄉，以及中國大陸當局能否以誠意相待，在他心中始終是個解不開的矛盾情結。爾後，終在1976年回到中國大陸在「中央音樂學院」舉辦獨奏會，獲得社會公開表揚。

1975年我去香港聽傅聰的音樂會，是我第一次見到他。第二次是1980年，與周文中、傅聰也在香港會面，目的是邀請他們二位來

傅聰與阿格麗西與其他評審討論神情留影。照片由新象提供。

台。周文中對來台一事躍躍欲試,但傅聰卻猶豫不決。他的猶豫來自部份國外媒體對台灣的錯誤報導,有著台灣是極權、戒嚴尚未解除的負面印象。

　　1981年12月周文中訪臺後,對台灣的民主開放留下良好印象。對傅聰來台,算是打了一劑強心針。傅聰允諾由我主辦,來台的所有事宜。這二位長年旅居國外的中國藝術家,共同的願望是除了回到自己的故土,也想體驗兩岸的藝術環境。

　　同年,傅聰前往南非演出,南非大使陸以正主動聯絡傅聰商談來台演出的事宜。傅聰後來說:「奇怪,大使為什麼不派一位文官或文化參事與我接洽?反而派來一位武官?」還好後來由蔣彥士先生從中協調國內各單位處理,這些往事顯現當時政府對文化交流的積極態度。

　　傅聰對來台,首先指定我統籌全程的活動事宜,並提出幾個要求:「不開記者會」、「人身安全的保障」、「不可以有攻擊性的媒體報導」。我允諾前兩項,但控制媒體報導實有難處,我向他解釋:「基本上,台灣是個自由國家,你住英國,應該知道媒體報導是無法控制的。」這樣一說,他更是忐忑不安。即使一面有周文中的鼓勵,

但當時『傅雷』在中國仍是個敏感議題，傅聰的擔憂是可以理解的。

傅聰首次來台演出的消息一出，兩岸三地的媒體迅速出現不同的評論，眼看著即將掀起一陣政治波瀾。傅聰認為是我沒有處理好，而心生遲疑。隨著時間越接近，他的心情越顯不安。一天，我接到他來自倫敦的電話，正在音樂會的中場休息。他說看到一篇香港的報導，想想決定不來台灣了。當下，我正在忙於《遊園驚夢》的籌辦，製作人之一的白先勇提議找《東方日報》總編輯協助。不料該位總編輯剛退休，但有意願寫一篇支持傅聰來臺的平衡報導。後來得知，當他趕出這篇文章，報社已經截稿，而辦公室鑰匙又已經繳回。無法可想的狀況下，他半夜三更翻牆爬進印刷廠，緊急將這篇文章插入社論版面，隔天方可出版。這篇文章的平衡報導與評論，也即時傳真給傅聰。他終於釋懷了，也確定了台灣之行。

傅聰來台首演
大陣仗的媒體和安全人員

籌辦傅聰來台前期，一天我接到一位女士的電話，說她有一本與傅雷和兩岸政治有關的劇本要與我商談。她突然出現在「新象」辦公室，語焉不詳地說了些話，一會兒聲稱有事，留下一個背袋人就消失了。「新象」早期有大量的國際事務，與外交部和調查局的互動頻繁。於是我將這些資料原封不動地交給調查局的八號分機小組，背袋中有些文件、劇本，以及一套松山療養院的病服和拖鞋。原來這位女士是松山精神病院逃跑出來的病患，想不到傅聰在中山堂的第二次演出，這位女士忽然出現了，後被情治人員遣開。

傅聰抵台當天，陳豐義先生在蔣彥士先生的指示下，佈置八十多位安全人員。機場裡聚集了大批記者，一看傅聰從海關出現，蜂擁而上，緊追著他提問。傅聰只笑著點頭，避而不答。記者們得不到任何答案，開始抱怨，還有人氣極下用力推我一把，我也只好逆來順受。

傅聰一進住「圓山飯店」，我才知曉當局為了安全，將八樓整層租下。神通廣大的媒體，不知從何處打聽到傅聰住在九樓，異想天開地從十樓攀爬下來。還好被安全人員發現而擋住，我們緊急安排傅

先生搬遷到「國聯飯店」。據說安全小組的一名人員因此被責罰。在那個戒嚴年代，這屬重大過失而外調，真是為這位無辜的安全人員叫屈。

5月19日，傅聰終於登上「國父紀念館」舞臺演出。由於他來台後情緒處於緊繃狀態，感覺自己上半場演奏不太好，也不想再繼續演出。他問我：「是否該取消？」在我的懇求下，他撐著彈完下半場。當晚，傅聰細細道出他的憂慮和矛盾。雖然有兩岸政治和尚未完全平反的父親等隱憂，但他很想來台做一場純粹的演出，更想親身體驗台灣環境，結識些朋友。這次的深夜談話，使得他的心情寬鬆了許多。我始終認為，他內心覺得來台演出是一件正確的事，開始慢慢勸說他出面開記者會。

隔天，傅聰表示想去鄉間的農村看看，我邀請深諳英式英文的鋼琴家好友徐世棠先生[3]陪同，三人從台北驅車前往臺大農學院在南投梅峰的山地實驗農場。一路南下的沿途，傅聰看見都市到鄉間農家和茶園景致，也在茶園農莊夜宿一晚。他有感而發的說：「臺灣的民間生活，尤其是農家，確實比中國大陸進步許多，從鄉下道路，可看出農民生活的基礎結構十分扎實而且富足。」

傅聰結束鄉間的旅遊後，心情顯然輕鬆了許多，便點頭同意25號在臺北加演一場。消息一出，票券立即銷售一空。令我意外的是他同意於24號下午舉辦一場國際記者會，正式與媒體面對面。

當天「福華飯店」來了一百多位的國內外記者，包括三個電視臺、所有的廣播電臺、所有的日報、晚報，外國電視及平面媒體、中央社、美聯社和幼獅社的記者都來了。這是「新象」成立以來舉辦過最大陣仗、超過百人的記者會。

傅聰在記者會上侃侃而談。隔天他緊張的看了各家媒體的報導後，對於時任民生報的記者侯惠芳小姐的一篇報導甚是滿意，還特別打電話向她致意。此外，外國媒體的正向報導也產生了些許國際效應。相較於當時中國大陸官方的制式記者會，傅聰終於相信台灣新聞沒有審查制度，記者們有自由意識。自此他體認台灣是個自由的國家，而非先前所認知的法西斯集權。

記者會的成功與媒體的正向報導，終於讓傅聰心情放鬆。他後來的演出猶如任督二脈打通後的完美和專注，當晚無懈可擊的演出讓觀

眾聽得陶醉。連他自己也認為台北加演的那一晚，是他少有的完美演出。

然而，台北近趨完美的演出後，等到了台中中興堂，吸引更多仰慕的觀眾要擠進會場。由於爆滿，使得過多的觀眾擠在館前。館方在演出前將鐵門拉下，連帶著有票券的觀眾都被關在大門外。觀眾們情緒開始失控，叫囂，進而激動地把鐵門捶凹了，意外地上了社會版頭條消息。

傅聰來台演出後，我們就此做了三十多年的至交。我們還曾在台北「國賓飯店」，當著藝術學院院長鮑幼玉的面，唐代雅樂與莫札特音樂的差異觀點，起了爭辯，兩人為此賭氣近兩年的時間。之後我倆又恢復頻繁的互動，常常在台北或世界各地見面，談天說地。如今兩人年歲已老，談到他當年的患得患失，互相消遣，彼此哈哈大笑。傅聰與台灣的三十五年的淵源，除了演出、講座、教學外，也結交了文化界朋友。如世交畫家龐均夫婦，他們兩家的父執是上世紀前期聞名的文學家與藝術家傅雷與龐薰。而音樂界多以鋼琴家如葉綠娜與魏樂富夫婦、黎國媛、辛幸純等晚輩，大家偶爾餐敘論樂。互動較多的還有戲劇家賴聲川、丁乃竺夫婦、影視明星胡茵夢、文學家白先勇、政治家施明德，畫家張大千等。

啟動『中國三傑鋼琴家』來台的演出契機
傅聰、劉詩昆和殷承宗

從第一次的演出後，傅聰開始了密集的來臺灣演出，再也不提任何安全保護的要求。因此先例，開啟了『中國三傑鋼琴家』來台的演出契機。傅聰、劉詩昆和殷承宗三位鋼琴家，在文革前就已聞名國際。三人歷經的生涯起伏，非比尋常，非一般音樂家可比擬。從他們的身世、性情、養成、人格修養及教學方式等，反映出三人截然不同的風格。

我猶然記得與劉詩昆的首次見面，是1990年在香港九龍彌敦道的潮州餐館。一見面的話題，從1981年夏天我應邀到菲律賓馬尼拉擔任民族音樂評審委員時，在歡迎酒會上認識來自北京的音樂家劉詩

傅聰與我，新象提供。

嶸談起，原來他們是堂兄弟。我問起劉詩昆，文革期間被打斷手骨的受傷經歷，他反而顯示出一種船過無痕的豁達。我想起台灣的一句俚言『打斷手骨顛倒勇』，意謂「越挫越勇」。

有趣的是，我在1991年首度邀請劉詩昆，到「高雄文化中心」演出。演出前的排練晚上，我帶他去高雄六合夜市閒逛，居然被民眾誤認為吳敦義市長。演奏當晚吳敦義市長親來聆賞，兩人相見歡，互稱兄弟。

與殷承宗的首次會面，是在紐約「卡奈基音樂廳」旁的「Russian Tea Room」。我們開門見山的話題是他的家鄉「鼓浪

嶼」，因我們同是閩南人，1999年邀請他來台灣演出時，他覺得如置身家鄉。

1998年秋天，我在香港赤鱲角機場候機返台時，偶見「潤泰集團」尹衍樑總裁。聊起1995年他贊助東德的Gewanhaus管弦樂團及指揮家Kurt Masur來台等這些為人津津樂道的風光往事，及我們共同友人張繼高先生的古道熱腸。他說：「真是巧，我收藏中國鋼琴家的唱片最多的，就是殷承宗了。他演奏的《黃河協奏曲》最是經典。」我說中國三位前輩鋼琴家中，傅聰於1982年來台，劉詩昆1991年來過，現正在安排殷承宗的來訪。於是，尹先生欣然同意贊助他在台灣的首演。「新象」陸續在1991年邀請了劉詩昆、1999年邀請殷承宗來臺演出。

傅聰、大千先生與我
《摩耶精舍》聚會的一二事的一二事

傅聰的尊翁傅雷先生是大師的舊識，我特別安排傅聰一同前往拜訪。抵達外雙溪的「摩耶精舍」時，大千先生正在畫室裡繪畫，一見到我們的到來，先問：「要吃甚麼？」

我毫不猶豫的大聲說：「當然是聞名遐邇的紅燒東坡肉！」

飽餐一頓美食後，我們回到畫室一邊欣賞大千先生作畫及落款，一邊聊起家常和藝術。傅聰邊啜茶邊談起他對蕭邦、貝多芬、莫札特等作品的想法，大千先生以潑墨畫來比喻貝多芬的交響曲，他說：「貝多芬的交響曲有著層次分明、芸芸而生的力量，雖來自是不同文化，兩者卻頗有異曲同工之妙。」

大千先生還打趣著說，他於1965年在巴黎拜訪畢卡索，兩位互贈作品。當時比他年長十八歲的畢卡索，雖已年屆七十五歲，身手仍然矯捷，還當場翻了個筋斗！

離去前，我們三人在大師的宅邸《摩耶精舍》的梅丘前，留下一張珍貴的合影。

1 張大千，傅聰與我於「摩耶精舍」合影。
2 左至右：我、傅聰，邱坤良。
3 傅聰二次拜訪大千先生，閒聊時神態。
4 左至右：傅聰演出結束後與我、畫家龐均、施明德在
　欣葉餐廳留影。
5 中國鋼琴家殷承宗。
6 中國鋼琴家劉詩昆。

中央芭蕾舞團

「中央芭蕾舞團」於「紫禁城太和殿」外。
謝春德 攝影

北京「中央芭蕾舞團」前身為「北京舞蹈學校實驗芭蕾舞團」，早期接受蘇聯藝術家彼・安・古雪夫等人的指導。後成立於1959年，在音樂家趙楓、舞蹈家戴愛蓮、指揮家黎國荃和肖慎的領導下，於1963年成為獨立的表演團體。文革時期樣板戲的經典現代芭蕾舞劇《紅色娘子軍》，是最具代表性的作品。

「中央芭蕾舞團」也因此成了江青最愛的表演團體。八○年後是中國最具水準的芭蕾舞團。1990年初，由趙汝蘅擔任團長，戴愛蓮擔任藝術指導。承襲俄羅斯學派，演出古典芭蕾名劇《天鵝湖》、《海盜》、《吉賽爾》、《葛蓓莉婭》、《緣》、《夜之虹》、《時代舞者》、《春之祭》、《天鵝湖》等。同時創作具有民族特色，如《沂蒙頌》、《草原兒女》、《祝福》、《林黛玉》、《黃河》、《梁祝》、《胡桃夾子》、《大紅燈籠高高掛》等作品。

1988年1月2日，我第一次訪問「中央芭蕾舞團」（簡稱中芭）。陪同我從上海飛往北京的友人是名舞蹈家曹繼信（也是曾任大總統曹錕的嫡孫），到機場接我的是當時的副團長趙汝蘅女士。她現在是「中國舞蹈家協會」主席，也是中國「國家大劇院」舞蹈總監。抵達北京機場後，我乘坐著來接機的「紅旗六百」車子，住進北京的天橋飯店，心情相當興奮。

　　第二天一早，我前去拜會舞團當時的團長李承祥、副團長白淑湘，和擔任副團長兼秘書長的趙汝蘅。「中央芭蕾舞團」最有名的舞碼是《紅色娘子軍》，1964年在北京首演，趙汝蘅就擔任《紅色娘子軍》的主舞者。但是舞過《紅色娘子軍》後，因腿傷她不得不放棄演出，轉任教師及出任行政領導（至今留存的歷史海報的正中央即是她）。

　　參觀舞團，讓我最為羨慕的是兩間挑高五米、大片牆鏡、非常寬敞的排練室。相對於台灣，當時並沒有如此的舞蹈環境，在這樣的窘境下，更甭提成立一個職業芭蕾舞團。之後，我還去參觀了上海兩個舞蹈團及學校。想不到他們的環境更為優雅，校舍是一棟外國人在殖民時期建造的老房子，一棟棟精緻優雅的歐式建築，還有一間八角形的排練室。

　　中國許多知名的舞者多出身於「中央芭蕾舞團」，這裡可說是專業舞者的搖籃。搖籃的前身是「北京舞蹈學院」，是個必然拜訪之地。參觀舞蹈學院時，讓我驚豔的是，一群年僅十二、十三歲的小舞者們，表演福建的《打漁舞》。一群身高體格比例接近的孩子們，動作整齊劃一，氣勢與活力十足。小舞者們技巧傑出且外貌亮麗，精彩的演出令人耳目一新，印象深刻。我一直想把《打漁舞》帶進來臺灣，可惜未能如願。後來才知道，這批學生原是「廈門小白鷺歌舞團」，為提升師資才委託「北京舞蹈學院」提昇訓練。

　　趙汝蘅女士向我解釋，學院的選才是從全國各地廣為招生，嚴格測量骨骼、評量生理機能，萬中挑選。遴選出的學生，也因為成長的快慢不同，每隔一到數年，就會面臨被淘汰的命運，汰換出一批新的學生，其嚴格程度可比職業舞團。但其中也有例外，一位本名張純增的小舞者『蹦豆兒』。他的個子不高，但技巧好的沒話說。凡是高難度的舞蹈都由他擔綱。因為身高不夠，無法擔任男主角，只好改跳丑角或反派角色。他的技巧實在太好，不僅沒被淘汰，還身兼舞團總教練。

　　我當下立即達成「中央芭蕾舞團」來台演出的協議，心中萬分喜悅。「中芭」不僅是大陸舞蹈界最頂尖的團體，更是可謂的「金字招牌」。舞團主要舞者經常在國際知名舞團擔任要角，受到矚目和重視。這段期間，我密集前往北京達七、八次之多，也積極地爭取另外

1992年秋天「中央芭蕾舞團」於紫禁城內太和殿外。謝春德攝影。

兩大表演團體～「北京人民藝術劇院」、「上海崑劇團」來台。為此，我也數次進出「中共國務院」及「文化部臺灣辦事處」，和當時的主任任秉新及副處長彭燕光，頻頻恰談。趙汝蘅的夫婿是時任國務院僑辦主任的廖暉（後任港、澳主任及第10，11屆政協副主席），在他的邀請下，宴請中國首任對台辦主任王兆國餐敘，深入商談。此一突破，成為海峽兩岸隔閡四十多年的創舉。對於他們的大力協助促成邀請，以及各種層層障礙的解套程序，我衷心的感謝。

冗長的籌備與手續
繁瑣的手續，讓新象同仁幾乎搬到北京居住下來！

當我下決心邀請中國大陸的表演團體來台，在當時沒有任何前例的情形下，心中明白必有排山倒海般的行政事務，等著我和「新象」同仁一一處理。兩岸長達四十多年來的關閉，突破開啟文化上的交流，著實是一件令人興奮的事情。不僅兩岸社會上及文化界引領期待的大事，是世界上的焦點新聞。

1992年陸委會在開放大陸團體來台，之前僅限以個人身分來臺。「中央芭蕾舞團」有一百五十多人，來臺的人數與聲勢之浩大，讓我身感這才是兩岸交流的真實開啟。即使已有政策上的前提，仍有諸多微妙政治情勢的無數牽制。許多因應的各類條規與相關事務的配套，需要藉此契機被建立起來。「新象」立足在那個時代點上，如同一個衝破時代的領航艦艇。眾人的焦點，無一不放在這個深具意義的文化首航。

處理「中芭」來臺事務，牽涉的局處多到不行，較像是為了未來兩岸的文化交流建立起一個程序模式。我以民間業者的身份，穿梭在臺灣的「境管局」、「海基會」的文化服務處、「陸委會」、「大陸國務院國台辦」、「海協會」、「文化部」以及「香港移民局」等單位。我帶著「新象」的同仁們斡旋協商，協助訂定完整可用的大小條規法令。制式的契約書，也是由我起草與他們協商擬出，至今的兩岸合約還在延用。

「中央芭蕾舞團」一百五十人來台，辦理入出境所需的文件繁

多，我和多位同仁積極地到大陸辦理所需的各項手續。「中芭」雖然位於北京，但各團員們來自幅員廣闊的各省地。猶記得一位來自蒙古的團員，為補足所有證件，她日夜兼程地趕回蒙古。但西北境地之遙，她在接駁處還騎了快馬，務求在最短時間拿到證件，再兼程地趕回北京。諸如此類的事件，多到數不清。那時「新象」還組一個特別行政團隊，進駐北京專職處理這件大事。在以前不能直飛的情形下，到北京得花上一整日的時間。我們風塵僕僕地來回兩岸，飛得次數已經多到數不清，可真累人矣。

雖然兩岸已開放藝文團體交流的機制。但我方當時規定，凡具有人大代表、中央政協委員的身分是不宜來臺的，須以特別專案再審議處理。但在中國大陸，凡被任命為重要團體領導的頂尖藝術家，尤其像「北京人藝」跟「中央芭蕾舞團」，都有些敏感的政治身分。如「中央芭蕾舞團」的領導階層，部分具有人大委員及政協委員的身分，也有些部長級的夫人如趙汝蘅等臺灣政府列為『深度審查』的名單中，亦即是須經過特許才准來臺。

當時台灣總統是李登輝，連戰擔任副總統，施啟揚任陸委會主委，馬英九是「陸委會」副主委。「陸委會」審查通過後，核議「中央芭蕾舞團」一百五十五人來臺。但點出團長趙汝蘅，先生是當時擔任中共國務院僑辦主任廖暉（1942-，祖父廖仲愷為革命元勳），身份十分敏感，需再行特別審議。另一遺憾是，原定由任秉新主任帶團，也是礙於身分未能成行。雙方承辦「中芭」來臺的政府人員，都礙於法規無法到對岸去進行溝通。僅憑著身分，被允許或被排除來台，我認為這與文化交流的理念是背道而馳。但政治遊戲的規則，卻都是政客們所制訂的。

大陸文化界官員常對我開玩笑說：「每次申請到台灣來，每次也都被否決，好像被你們槍斃了。但經過幾次的槍斃後，數年後也大都起死回生，終究都來台灣看看。」

『戒急用忍』政策下的變通策略
面對陸委會主委黃昆輝，我的腦中需要快速地構思一些可因應的拆招？怪招？妙招？

　　1992年「中芭」來台前的夏天，我前往北京參加「海協會」的歡迎酒會，正好與前「海基會」文教處長朱榮智同桌。他一見我就急忙地說：「老許，新上任的陸委會主委黃昆輝，剛剛發佈消息說大陸團體超過五十人則不宜來臺。」我非常錯愕，大叫：「真有這一回事嗎？可是我明明才跟馬英九、高孔廉溝通的差不多了。這是第一次邀請「中央芭蕾舞團」，是歷史性的首團。籌備四年之久，真的希望能夠順利地完成這件事。」他斬釘截鐵地表示這是千真萬確的消息。

　　前些時我才與新任「陸委會」主委黃昆輝共事過，還記得他那時是「三民主義大同盟」秘書長。曾在同年的6月4日以紀念『六四天安門事件』為名，邀請兩位大陸聲樂家來台辦音樂會。申請來台的程序卻遭「陸委會」卡關，為此他還向我抱怨規定僵化，請我協助。幾天後，黃昆輝突然意外地被任命為「陸委會」主委。6月12日發佈的人事命令時，我人正在北京籌備「中芭」來台事宜。

　　得知此事後，我深夜十一點多回到旅館，立即打電話給時任陸委會副主委的馬英九，說：「事情都接洽好了，怎麼又突然變卦？這個消息是正確的嗎？我還以為黃主委上任後規定會變寬鬆一些。」

　　馬英九回說：「總之，你先回來再說吧！那是黃主委上任時對記者的談話，並不是正式宣佈。」我立即趕回臺，與陸委會馬英九、黃昆輝主委、副主委高孔廉、海基會文教處副處長呂木琳等人約在「香格里拉大飯店」見面。

　　我迫不及待向黃昆輝提出我的疑問：「當初不是嫌「陸委會」的規定很複雜？怎麼上任後，立場又不同？」

　　他面露難色的說：「因為李總統宣布了『戒急用忍』的政策，所以現在一切和大陸相關政策，都要慢慢來，況且你的這件事還沒有確定。」

　　我說：「我們已經籌備了四年之久，也投入了許多人力心力與財力，好不容易消除對岸來台灣的各種疑慮，國內場地也準備租借妥

當，但這個政策一宣布，讓我始料未及，這樣我之前的所有努力都會前功盡棄。」

黃昆輝擔心這麼多人來台，勢必有適應不良的問題。我問會不會過於重視政治上的形式主義，反而讓文化藝術與和平之道更形坎坷？

我舉例：「舉凡世界任何一個表演團體，如職業交響樂團必都超過一百人，芭蕾舞團也超過五十人。這個規定等於排除了世界上所有交響樂團及芭蕾舞團來臺演出，規定存在的意義是什麼？何況目前兩岸情勢微妙，這種客觀的條件下，政府是否不宜站在第一線，由民間出面邀請藝文團體是再好不過了。再說，台灣文化資源不多，還有場地不足的窘境。民間單位經營起來已經十分艱難，再加上這些規定條件，民間單位要如何處理？無非是為難我們。」在座四位，表示他們樂觀其成的立場，也承諾想辦法來變通。

我提出一個辦法：「將「中央芭蕾舞團」拆分成三個演出團體。一是芭蕾舞團隊，一是交響樂團，另一個是美術與技術團隊。每團各五十人，如此折衷，就不會為難了。」

黃昆輝聽了，表情尷尬的開我玩笑：「你真是會想一些怪招。」

我解釋：「這不是怪招，是妙招。是針對可能造成窒礙的實施才想出的方法。」事實是，雙方是各退一步，互不衝突。最後黃主委為顧全大局，終究也同意我的想法，讓我如獲重釋。

「中央芭蕾舞團」來的前一個月，我帶著「新象」同仁詹曼君和攝影家謝春德前往北京。一面辦理相關手續，也去拍攝「中央芭蕾舞團」的系列照片，為記錄和宣傳之用。攝影家謝春德以及團隊，在北京和舞團團員們共同生活了一週。還煞費苦心到「紫禁城」的「太和殿」門外，在早晨的第一道曙光中，拍了一張一百五十人的團體照，成為一個重要紀錄。這一週的拍攝期間，謝春德跟團員們從開始的陌生，到後來融入為友。他以照片呈現舞者們的起居、做飯、練功、軟骨運動、按摩、推拿，以及訓練過程等等。照片如敘事般的描繪出一個在中國職業芭蕾舞者的片段，團員們被謝春德的攝影功力，驚嘆不已。

從辦理前置的手續，到後來真正飛抵台灣，前後歷經整整四年之久，真是一個既新鮮也刺激的經驗。

在這樣的氛圍下，眾人們有使命必達的決心。雖然事務繁瑣，但

也得到所有單位的全力配合。「中央芭蕾舞團」終於應「新象文教基金會」邀請，由總領隊趙汝蘅女士率領一百五十人來台巡演兩週。在臺北、高雄、臺中、臺南四個城市演出十四場，劇目包括《天鵝湖》、《祝福》、《林黛玉》、《紫氣東來》等。轟動的風潮，不僅讓台灣觀眾爭賞，也帶動中國大陸藝術團體爭相訪台獻藝，更引動了國際媒體聚焦的連動效應。

美國「AT&T基金會」與日本「NHK」媒體報導
兩國媒體以行動表態支持這個『破冰演出』之行。

　　美國「AT&T基金會」宗旨以達成、增進人和人之間的溝通，縮短彼此之間的距離為主要精神。在五大洲各尋找一個具有時代性、突破性的藝文團體。當基金會得知，我們要與對岸進行正式首次的文化交流，認為理念符合，並列為基金會年度首要事件。基金會主動與我們聯絡，以六萬美元贊助款之實際行動，以及八萬美元做為全球性的宣傳費，表態支持這個破冰演出。期間請我赴日本「AT&T」支部的錄影棚，作為首次美國、日本、台灣及中國大陸同步空中會談此一即將來臨的歷史事件。

　　「中央芭蕾舞團」一百五十人來台，已打破兩岸文化交流的人數紀錄。日本的「NHK」、富士電視臺」都專程組織採訪小組特地停留一星期來採訪。我也特別飛往日本，建立起一個美、日、臺的國際三方論壇。目的是向全世界宣告，隔閡了四十幾年後的兩岸，在當時詭譎萬變的國際局勢下，臺灣當局首開藝文團體交流的政策。雙方終於為彼此打開一扇文化之門，象徵和平的到來。

　　「NHK」電視臺還特為此製作了兩小時的節目，紀錄我一天二十四小時的工作與生活。那一年，NHK還重播多次這個節目，日本友人看到後，還特別打電話來祝賀。

來台過程

「中芭」的歷史之演，解開冷戰的枷鎖，
也是離散四十年的悲歡離合。

　　「中央芭蕾舞團」來台，根據兩岸政府協議需經第三地轉機。當時澳門、香港是轉機最為頻繁的地點。我們選擇從北京搭機飛至深圳，從深圳坐車到羅湖，從羅湖通關到香港機場。接著要迅速地辦完一百五十人正式入境台灣的手續，再飛抵台灣。一百多人的團隊和行李幾次上上下下，總共花兩天的時間，才讓全數演出人員抵達。正式入台，真是一件不容易的事。

　　過境在深圳過夜時，發生一件有趣的軼事。深圳在鄧小平的政策下，從一個只有十幾萬人的漁村，擴張至幾百萬人的大城市。我們抵達深圳時，已是夜晚，需過夜隔天再飛。由於深圳有很多港粵華僑，是大陸經貿的重鎮。因此大陸高幹南巡時都會住在深圳的招待所，「中芭」團內的領導和我當天也被安排住在招待所。

　　當天晚上有位港僑，招待團裡領導們晚飯。這位僑領也是一位圍棋迷，恰巧我也喜歡圍棋，當下就和他切磋起來。我們完全忘了時間，意識過來時已是凌晨三點。回到高幹招待所，三公尺高的大門緊閉而進不去。因為有門禁，按很多次門鈴也都無人應門，只好硬著頭皮爬牆過去。牆後的大狗開始狂吠，頓時一下燈火通明，所有人都被吵醒了。雖然尷尬，總算有人來為我開門，頗有翻越鐵幕的臨場感。

　　香港很多出口商將工廠設在深圳，此地每天有幾十萬人通關。舞團在深圳機場又發生一個驚險的小插曲。當時深圳機場既小又舊，我們的貨機抵達之後，要趕緊卸貨，以卡車過羅湖海關後直接運抵香港。沒想到芭蕾舞團負責保管行李的人，把團員的護照、入臺證等都放進貨物內。我一聽差點沒昏倒，派人火速去追回卡車，幸好最後順利追回拿到。

　　為了過關，我事先與香港的「英國關署」管理階層，及「移民局」協商，並透過前香港「中華旅行社」總經理，即臺灣駐香港代表黎昌意的協助。海關當局特地開了四個窗口，讓團員分成每排三十八人，一一的辦理過關。由於事先資料已經送妥，窗口蓋章即可迅速通

關。除了辦理快速通關，我們還須趕至「臺灣駐香港辦事處」核對人員，發送電報回台。那時正好碰上周末，辦事處特別為了我們加班處理，同時在台北的「入境管理局」也必須有官員加班再核對。不僅如此，入臺證的正本是抵達台灣後才可領到，航空公司在審查證件時，必須在證件加上「視同正本」四個字。諸如此類種種繁瑣的程序以及牽涉層面之廣，對時空物移的現今，是難以想像的。

「中央芭蕾舞團」飛來台的班機，全機旅客幾乎都是「中芭」團員。有些人緊張，有些人興奮，還有人找我下圍棋。團員中，只有副團長蔣祖慧有親戚在台，曾來過台灣。其他團員都是第一次。行前兩天，我集合這一百五十人，深入介紹台灣的人文歷史生活環境，特別提醒他們在台灣期間的注意事項。當時我問大家：「誰有親戚在台灣的？」他們面面相覷，僅有四人舉手。怎知飛機起飛不到半個鐘頭，就陸續有十幾人分別私下來找我。小心翼翼地說出有親戚在台灣，希望我代為尋找聯絡。我好奇的問： 我在北京第一次詢問的時候，怎麼你們都沒人舉手？」原來，是他們在政治態勢未明的擔憂下未開口。

當飛機抵達桃園機場，機輪觸地的剎那，這一路的奔波辛苦終於結束。積壓許久的複雜情緒，大夥兒都不禁激動地拍手歡呼。有些資深的團員當下紅了眼眶，喜極而泣。一問之下，才知道他們曾因國共戰爭，被迫與家人分離四十年。後來經歷了各種階段改革，至今不知居住在台灣家人和親戚是否尚在人世，心中百感交集。在機場時，我看到許多團員在台灣的家人親戚到機場接機。其中知名演員、琉璃藝術家楊惠姍的兄長，也是「中芭」團員之一。惠姍早早也來機場等候，兄妹倆一見面緊緊擁抱邊哭了起來。「中芭」在台灣北、中、南演出行程中，「新象」透過有關單位及媒體協助尋覓他們的親人，我算算共有三十六位團員，比例相當高。有趣的是，「中芭」演出後，有些台灣年輕人與團員交往，更有人追求到北京去。事隔一、二十年後，有人還特別向我致謝帶「中芭」來台，讓他們結下特殊的姻緣。

1992年「中央芭蕾舞團」。照片由新象提供。

《國歌》事件
海峽兩岸首次的文化交流，必然會有一些實際事務的矛盾與困擾。

「中央芭蕾舞團」赴台灣演出，開創海峽兩岸文化交流的首演，
自然會碰上一些實際事務的困擾。解決及處理確是一大難題，如演出
時間、地點，國歌的演奏或播放。「中芭」出發前，我和「國台辦」
高中層及「海協會」李海洋處長，針對《國歌》一事開始進行討論。
眾人先在「中央芭蕾舞團」的大會議室開了行前會議，雙方也開誠布
公地討論可能發生事件的因應對策。由於這是中國大陸藝文團體首次
來台，雙方都十分謹慎。當時李承祥團長因病沒有出席，只有高幹以
及三個副團長白淑湘、趙如衡、蔣祖慧與會討論。

我們首先論及演出日期，「中央芭蕾舞團」原訂抵達的日期是9
月30號，演出日期很接近中國大陸及台灣的國慶日。他們率先提出不
在台灣國慶10月10號安排演出，我也提出避開10月1號演出的建議，
雙方都同意，雙方各退一步，也可讓舞者們休息。首演訂為10月2
號，北中南共計演出十二場。

當我們論及《國歌》議題時，空氣瞬間嚴肅起來！代表「海協
會」與會的李海洋處長樂見兩岸文化交流，對於種種政治性的桎礙，
持較為彈性態度以表支持。會議以『只要聽不見國歌即可』的共識，
圓滿達成。

自從前宜蘭縣長陳定南廢止在電影院唱《國歌》後，各地因地制
宜改變《國歌》播放或演唱的規定，唯有「國父紀念館」是仍須播放
《國歌》的場館。

首演當天，「中央芭蕾舞團」大隊人馬抵達「國父紀念館」的後
台，興沖沖的準備開演。由於團長李承祥沒有出席行前會議，對《國
歌》一事的決議並不知情。面對館長堅持《國歌》的播放，不知該如
何是好，當下變成一個尷尬的僵局。李承祥團長緊急打長途電話去北
京向「海協會」請示，但當天是周五晚上，辦公室無人接聽電話。他
當下急的像熱鍋上的螞蟻。

於是館長、團長和我一起到館長室協商，由我居中勸說。館方堅
持立場表示須播放《國歌》。「中芭」李團長則表示，來台巡演後即

將退休，實在不能在此事件讓步。正當兩位領導長官，態度從強硬，逐漸軟化。忽然門一開，日本媒體「NHK」一箭步衝了進來，冷不防開始攝影起來。兩位長官對著媒體針對《國歌》事件，又回到原點，各執一詞強硬地表態。

　　眼見好不容易達成的共識，瞬間瓦解。我只能先請媒體離開，繼續溝通。他們雖有意排除困難，但媒體前，誰也無法示弱。終於李承祥團長決定，《國歌》播放時他們退至後台。但後台仍聽的見聲音，有人提議全數團員回到飯店。我覺得會因路程而影響演出的質量。最後決定讓一百五十位團員走出主館，站到後方的沿廊。當天大伙兒站在風雨中發抖，我勸著舞者們走進來。一邊勸一邊走，館內《國歌》也邊放，等到一行人進到後台，國歌也就播放完畢。我終於鬆了一口氣，可以開始演出。

　　同年「上海崑劇團」隨後來台演出，也遇到《國歌》播放的問題。團員們齊轉到後台及地下層化妝室，也算是維持了『聽得見，但看不見國歌』的共識。

　　之後中國大陸北、中、南三區不同藝術團隊來台演出，對於《國歌》播放有不同反應和作法。來自北方「中央芭蕾舞團」、「北京人民藝術劇院」，皆戰戰兢兢的躲避。中部「上海崑劇團」，算是輕鬆以對。南方雲南少數民族的各地方表演藝術團體，聽到《國歌》，還未意會過來。我想是因為天高皇帝遠，他們從未曾聽過我國《國歌》，所以辨識不出，還問我：「剛剛播放的是國歌嗎？」

■ 註釋

3　徐世棠（1939-1998），英文學的大行家，樊曼儂的師兄，他們的鋼琴老師是隋錫良，一位俄羅斯派的怪才。徐世棠最知名的兩個學生，為馬英九和胡志強。徐世棠曾任紐約、華盛頓、倫敦外交官達二十多年，英年早逝於在英國。

北京人民藝術劇院

　　將近卅年來，我到北京的次數達兩百多次，最常住到「北京人民藝術劇院」「首都劇場」旁的「華僑大飯店」。去北京看戲劇，早成為我到北京最大的享受之一。

　　「北京人民藝術劇院」（簡稱人藝）建院於1952年，這座充滿文人氣息的國家級話劇院，是由劇院四巨頭：曹禺、焦菊隱、歐陽山尊、趙啟揚，以及郭沫若、老舍等劇作家，和舒繡文、於是之、英若誠等表演藝術家，集結精心規劃，與北京市府、市委以及中央戲劇學校領導共同發起。地點選北京鬧區王府井大街上以「首都戲院」為院址，成立起「人民藝術劇團」。「北京人藝劇院」剛落成時，受到前總理周恩來的特別關注，曾經在三年內造訪「北京人藝」一百多次，甚至在下班後還前去視察。

　　「北京人藝劇院」曾演出過老舍的名劇《龍須溝》、曹禺的《雷雨》、《日出》、《北京人》，郭沫若的《虎符》以及田漢、何冀平、劉錦雲等著名劇作家的劇作。在文革前的十四年之間，共上演多達一百三十部的大小劇目。六十幾年來，該劇院以其豐富多彩的演出劇目，嚴謹精湛的舞臺藝術和情醇藝濃的演出風格，享有盛名。「北京人藝」的另一個優點是，把中國的傳統元素融入戲劇之中。如京劇、陝北民間的說唱藝術等，由此可見，藝術的創作方法或思維再怎

麼創新，其實都離不了『根』。

　　我第一次參訪北京時，與「中國文學藝術家聯合會」⁴開始許多的聯絡。第二次的北京行，是「中國文化部」副部長英若誠⁵，邀我和吳祖強到「北京大飯店」用餐。英若誠畢竟是「北京人藝」出身，即使已擔任「中國文化部」副部長等要職，仍然常回「人藝」演戲。他的公子英達也是「人藝」出身，媳婦宋丹丹則是「人藝」當家旦角。英若誠表示在還沒見到我之前，就知道我是誰，時有耳聞我的消息。我們之間頗有相見恨晚的感覺。

　　我與劇院商選節目時，特別挑選《茶館》、《天下第一樓》、《鳥人》、《雷雨》等等這些跨越清末至近代，具有其時代意義、反映社會的差異與隔閡的劇目。最後決定《天下第一樓》為1993年來臺首演的劇目。這個選擇是因應當時台灣政府審核劇本的機制。《天下第一樓》是一齣以北平烤鴨店為背景情節的戲劇，是眾多戲碼中，最不觸及政治敏感之處。

　　舞台劇《天下第一樓》，由知名編劇何冀平執筆，在公演曾經創下演出五百場仍欲罷不能的記錄。至今熱度不減，堪稱中國大陸舞台劇的經典。劇中描寫創業於清代同治年間，傳至民國初年的老字號烤鴨店「福聚德」。描述老店的興衰，由入不敷出、勢如累卵，到東山再起、名噪京華而又面臨倒閉的曲折歷程。居中角色盧孟實、玉雛姑娘、羅大頭、常貴等人，個個角色人物的性格、聰明才智、事業心、彼此之間對話行止的豐富樣態，使得整齣戲鮮明生動。劇情控訴也批判了遊手好閒的敗家子習氣和腐敗的社會勢力。從一個烤鴨店的跌宕歷程，折射出整個社會與人性的關懷，羅織出人性的現實感。在動盪不安的情勢中，中國人的吃，成為唯一的慰藉。從辮子情節，窺出新舊政治勢力下人民的矛盾，以及舊勢力的式微。從大廚與堂子們的互動裡，彰顯無法扭轉的尊卑階級意識。也在美食文化裡，呈現中國人對天道、地道及人道的生命觀，折射出深沉的文化醒思與含蓄的政治批判。趣味之外，該劇的現實性與批判性，也留給觀眾無限的想像及低迴沉思的空間。

月光下小樓裡的手續作業

「人藝」來臺的繁雜手續

　　「新象」指派同仁詹曼君專職處理「北京人藝」來台的繁複手續，她多次往返穿梭北京←→台北處理相關事務。曼君曾提及，在「人藝」加班的夜晚，林彥生副院長看她辛苦，也怕她無聊，在旁唱起了地方小曲。美妙歌聲飄盪在月光下的「人藝」小樓裡，眾人在動人小曲的旋律中，沾墨揮毫填寫著所有的入台申請文件。這樣的氛圍，成為她一輩子難以忘懷的特殊經歷。其中有一個老先生的書法寫的好極了，他還自嘲說：「還好，我這老骨頭老當益壯，還有得用。」

　　「人藝」來台灣的手續也相當繁雜。如「于是之」[6]首席副院長，那時擔任人大代表，還有其他團員擔任政協委員。當時台灣規定凡是人大代表、政協等身份，需有台灣政府高階主管官員聯署擔保，方能來臺。時任「陸委會」副主委的馬英九主動聯保，等到正式來台的同時，馬英九卻轉調任「法務部」部長。

　　1993年，「人藝」終於抵台。中國大陸頂尖文化人物如劇作家、文學家英若誠、于是之、作曲大家吳祖強也都隨團前來，在「國父紀念館」做一次的空前的演出。可惜的是，院長曹禺因病住醫院治療，以致無法一同前來。「北京人藝」一行八十人下榻台北「六福客棧」時，已經是凌晨一點。于是之、吳祖強、英若誠等都希望去看看台北的夜景！我立即找了一部車子載著他們前去「總統府」附近，介紹台北賓館、國家劇院，繞西門町一圈再回來，他們說：「我們終於看到臺北的事物、景色了。」「北京人藝」許多團員向我表示，願望是一生可以來一次台灣。「新象」也安排相關台灣學術界來共同接待他們，開啟了台灣戲劇界、文學界與「北京中央人民劇院」頻繁的交流。

「北京人藝劇院」名劇《鳥人》在1995在台演出，導演林兆華，主要演員有
林連昆（右三）、濮存昕、梁冠華（右一）、嚴燕生（右二）等。

演員們的真功力
令人感佩的演員 林連昆

　　「北京人藝」演員在偌大的「國父紀念館」內演出，演出時一律不帶麥克風。這個決定原先讓我十分憂慮，心想只能在舞台環繞四周補強收放系統的麥克風。意想不到的是，演員們在舞臺上的講話，全靠著飽滿的中氣與單田之力。大小輕重不等的音量，以及聲音中各種各樣的豐富表情，連最後一排的觀眾都清晰可聽。可見，這些硬底子演員們的功力之深。

　　最讓我感動、也最為敬佩的是天王級的演員林連昆（1931-2009）。他其貌不揚，少了一般小生的俊美，卻是中國頂尖舞台戲劇演員的典範。令人瞠目的精湛演技，皆來自嚴謹的自我要求與訓練。《天下第一樓》劇中，他扮演「福聚德」的堂頭「常貴」。他的善迎待客、通達世情，忠誠卑賤而飽受歧視，是劇中最悲劇性的角色。體格胖碩的他，在舞臺的木質地板上快速走動，卻輕巧地沒有發出一點雜響。最後劇中「常貴」後仰『啪』的身亡倒下一幕，讓人見識到他硬底子的功夫，及過人之處。

　　原本應是第三主角的「常貴」，林連昆將小人物無以能訴、無力翻轉命運的悲哀，含蓄卻淋漓盡致的表現，成為整齣劇的最大亮點。直到現在，無人能出其右。

　　林連昆曾向我提及，他因戰亂而成為孤兒。僅知道自己出身福建，卻不知家鄉為何處？福建是中國大陸語言系統最複雜的省分，林連昆年長後到福建巡演，憑著一絲兒時記憶的母語印象，藉著巡演，踏遍所有的鄉鎮，終於辨識出自己的鄉土。林連昆的一生，無論在舞台上、舞台下都詮釋了那個流離顛沛大時代的悲哀，成為他令人最感佩之處。除他之外，在此劇中也看到中國大陸最好的演員群及導演，及最好的舞臺、美術、燈光、音樂設計。

英若誠與我。

英若誠淚奔祭父
因兩岸政治而空白的父子情

英若誠的父親英千里（1900-1969）所撰寫的英文文法專書，是
我年輕時學習英文的主要課本。英若誠跟我談起父親對子女們嚴苛的
教養，他說：「家中有七個兄弟，我是最小的兒子，因為父親的教
養，英文底子不錯，家中只有我一人加入共產黨，與父親的政治立場
背道而馳，父親始終不能諒解我的政治思想。」

英若誠在1949年時曾打電話給父親，說：「父親，我要進城
了，你再等我一下。」可是，英千里回說：「我決定先到台灣去。」
英千里隨著胡適等人一起搭乘飛機到台灣。當時全家人包括英若誠在
內，都認為幾個月之內，父親必定會回來團聚。萬沒想到，從此再也
見不到父親。英千里於1969年10月8日在台北過世，父子天人永隔，
成為一輩子憾事。英若誠向我表示，從他十九歲之後，就再也沒有見
過父親。很希望有朝一日，能親自到他的墓上祭祀。

在我們的安排下，英若誠抵臺後第三天，前往父親的墳前祭拜。
多年來因政治而空白的父子情，幾十年的失親之苦，讓他跪地放聲地
痛哭起來。

「北京人藝劇院」名劇
《天下第一樓》1993年
於台北「國父紀念館」演
出，主要演員有林連昆
（左三）、譚宗堯（左
六）、韓善續、呂中、楊
立新、李光復、張瞳、張
永強、梁冠華。
劇照由新象提供。

《鳥人》
意為『喜歡在公園遛鳥的人』

有了第一次的成功接觸，「北京人藝」於1995年第二次來台演出劇作《鳥人》。《鳥人》，意為『喜歡在公園遛鳥的人』。描寫一群城市生活中與鳥有關的閒人。有擅長養鳥的前著名京劇演員三爺，有整天想繼承三爺衣缽的胖子，有分析「養鳥閒人」的精神醫師，有以研究鳥為業，卻不惜殺死最後一隻褐馬雞再作成標本，以博取學術地位的學者，也有拍鳥類學者馬屁的環保主義者。中國大陸從《鳥人》這齣戲之後，開始有了環保意識。

《鳥人》的編劇是過士行。過氏家族是圍棋世家，我曾看過他的叔祖父過惕生的圍棋譜，人稱「棋聖」的聶衛平是過惕生的大弟子。我因為下圍棋的關係，跟聶衛平也有些淵源。過士行和我一見如故，除了聊下棋，也談起他編寫《鳥人》的過程。他說《鳥人》除了環保意識，亦包含新舊社會和概念相互之間的衝擊。這齣戲一推出，頗受爭議，險遭禁演。然而，戲劇的角色不論是養鳥人、精神醫師、鳥類學家抑或鳥類環保者，都生活在自己的內心世界，用自己的認知和興趣禁錮了自己，反而成了一群被關在鳥籠裡的孤鳥。正如過士行所言，劇中角色原意要親近大自然，卻變成了被自然囚禁，進而演變成了對自身的囚禁。

老舍名劇 《茶館》
《茶館》最動人的一幕，是一段蒼涼孤寂，卻是餘韻繚繞。

《茶館》，是改編自作家老舍（原名舒慶春，1899-1966）原創的小說。老捨出身於滿州紅旗家庭，他受『五四運動』影響而成為作家，是第一位獲得《人民藝術家》稱號的作家。他的一生經歷種種戰亂，最終不堪文革紅衛兵的批鬥迫害，選擇投身北京太平湖自盡。老舍的佳作多是在1949年前完成的，如《離婚》、《我這一輩子》、《駱駝祥子》、《四世同堂》。他的創作，字裡行間總是交集著悲歡離合。有評論說老舍是個幽默的人，卻多撰寫悲劇。他以反諷的筆

觸，褒貶所見所聞。他達觀圓融，卻以自殺結束自己的生命。留下九百多萬字的文學作品，卻未留下一字遺書。

《茶館》是老舍1956年創作的話劇。劇本的時代背景串連了〈戊戌變法〉、軍閥割據和新中國成立前的三個大時代，動盪的不安觸及靈魂的深處。主場是一家在北京名為《裕泰》的茶館，透過茶館裡近五十個小人物，近半個世紀的云云眾生相。主角是一心想讓父親茶館再次興旺的小老闆王利發，為此四處應酬。然而嚴峻的現實，卻使他每每飽受嘲弄，最後還是被冷酷無情的社會吞沒。劇情中描述經常出入茶館的民族資本家秦仲義，從雄心勃勃地作實業救國到破產。豪爽的八旗子弟常四爺，在清朝滅亡後走上了自食其力的道路。還有各階層的三教九流如清官裏的太監、信奉洋教的教士、農民，特務、打手、警察、流氓、相士、劉麻子等小人物。將小人物的生存悲涼描寫得淋漓盡致，展示了從清末到抗戰勝利後的五十年間，北京的社會風貌及各階層人物的不同命運。

《茶館》於1958年3月29日首演，導演是焦菊隱[7]和夏淳[8]。此劇歷經數十年的演出，仍經久不衰，是經典保留劇目。1992年，「北京人民藝術劇院」建院四十周年時，老版本《茶館》在「首都劇場」演出了第三百七十四場，成為告別演出。《茶館》的第五百場演出，是2004年5月27日，在臺灣演出。劇中三位老人王利發、常四爺、秦仲義，感嘆時不我予，不如歸去吧！看透舊社會的腐敗，在淒涼絕望中，以死向黑暗社會發出了抗議。茶館要打烊了，也意味著三位老人跟這個舊時代，跟人生揮揮手，道再見吧！

英若誠曾經很感慨地說，當初《茶館》首演時，他一人分飾父子兩角。除演年輕人之外，也要揣摩演老年人，於是他將腳步放慢一倍。首演至今隔了三十五年，他也老了，要如何演年輕人呢？於是他把褲子改成時髦年輕的短褲，加上吊帶，腳步加快一倍，在語氣節奏上跟心態上也要調快。

《茶館》的結尾總共改七次，大家皆認為1992年封箱場的版本最是感人。這也是老版本的最後一場演出，更是第一代演員的封箱之作。由于是之、英若誠、林連昆共同演出。最後一段三個老人的戲，讓我感嘆這些老演員在舞臺上無人可抵的深厚功夫。我是和鮑幼玉夫

婦、劉塞雲以及吳靜吉一起去看的，在現場也遇見老友白景瑞導演（1931-1997）。他向我表示《茶館》是他最喜歡的人藝戲劇。演出後，我們眾人和于是之、英若誠，到北京飯店旁邊的貴賓樓吃宵夜，大家依依不捨，論舊說新。

「北京人藝」的《茶館》來台灣重新整排，導演換成著名的中國現代舞台劇導演林兆華（1936-）。他將舞臺改為略呈傾斜的方式呈現，創造一個不安的狀態，代表著時代正在轉變。整齣劇仍盡量揣摩過去的模式，並稍微修改，基本結構及故事是不變的。《茶館》成了改變最多次的經典保留劇目。

于是之從台灣回去後沒多久，健康情形大不如前。他的前助理陳秋淮（1954-），後擔任人藝副院長兼戲劇博物館館長。在北京人藝赴臺、美交流事務中最重要的功臣。於2004年來台時已升任為「北京人藝」的副院長。其他人如英若誠等早期資深演員，有些已過世，有的則衰老到無法視事。當初導這戲的夏淳與焦菊隱，資深演員林連昆、譚宗堯，現今都也離開人世了。老一輩演員的凋零頗令人唏噓，也代表一個時代的隕落。也許一個新世代的來臨，新能量與功力也能相比擬？

《雷雨》
兩個家庭、八個人物，短短一天內發生的故事

《雷雨》是曹禺二十三歲時所創作的戲劇。曹禺本名萬家寶，是中國現代劇作家、戲劇教育家，後任「北京人藝」院長。曹禺母親在他出生後就離世，學生妹妹薛詠南成為曹禺的繼母。他自小隨著愛聽戲的繼母接觸京劇、河北梆子、山西梆子、蹦蹦調、唐山落子到文明戲等，奠定了他的戲劇基礎。加上他研讀中國古典文學和四書五經及《史記》等，年長後廣泛地涉獵古希臘悲劇到莎士比亞戲劇及托爾斯泰等著作，培養出深厚的文學根基。曹禺常常借鑒外國戲劇，融合中國戲劇，最善於描寫悲劇性人物與其生命無奈與愛恨情仇，真實地描繪社會人生的現實，劇本中人物的用語生動且真切簡潔。其代表作品有《雷雨》、因阮玲玉自殺而創作的《日出》、《原野》、《北京人》。

「北京人藝劇院」名劇《茶館》2004年於「國父紀念館」演出劇照，導演林兆華，
演員濮存昕、梁冠華、楊立新、巖燕生、何冰、吳剛、龔麗君。

《茶館》劇照，（左一）楊立新，（右二）濮存昕，（前左二）梁冠華。

　　年輕的曹禺，將愛恨情仇、雙重亂倫、勞資矛盾的情結與關係，全部壓縮入《雷雨》一劇，使得全劇張力與衝擊力十足。快速節奏的陳述，使得他因此劇而一舉成名。《雷雨》描述兩個家庭、八個人物，在短短一天內所發生的故事。劇情牽扯了過往恩怨，突顯倫常與階級的矛盾，還有個人對於環境、時代極為不協調的矛盾，在種種劇烈的衝突中完成了人物的塑造。悲劇，直到最後爆發出來，化作一場傾盆雷雨，震撼每個人的靈魂。《雷雨》是曹禺最具代表性的大作，如同莎士比亞的經典《哈姆雷特》。詮釋《雷雨》的全球版本也不勝枚舉，譯本發行了英文版、俄文版、日文版等，還有舞臺劇版、電影版，甚至還有北京版、上海版。而2006年在台演出的，則是台灣版。

■ 註釋

4　中國文學藝術家聯合會，簡稱中國文聯，是由音樂家、藝術家、文學家等聯合組成，1988-1996年由曹禺擔任主席，執行副主席是吳祖強。

5　英若誠（1929-2003），表演藝術家、翻譯家，曾任中國文化部副部長。人民藝術劇院演員，文革時期曾入獄，曾將老舍《茶館》譯為英文並於國外出版，對於中英文學劇本之交流貢獻甚鉅。曾參與Bernardo Bertolucci所執導的《末代皇帝》的演出，後獲頒麥格塞塞新聞文化獎。父親英千里是著名英國文學家。

6　于是之（1927-2013），「北京人民藝術劇院」首席副院長。曾加入焦菊隱北平藝術館；後入華北人民文工團（人藝的前身），曾任政協委員、全國人大代表。

7　焦菊隱（1905-1975），導演、戲劇理論家。就讀燕京大學。曾籌辦北平戲曲專科學校，並任首屆校長。後赴法國巴黎大學獲文學博士。首次將莎士比亞的《哈姆雷特》搬上中國舞臺。後擔任第一副院長兼總導演、藝術委員會主任。

8　夏淳（1918-2009），曾任北京人民藝術劇院導演、副院長，以及中國戲劇家協會常務理事、市劇協副主席等。在人藝期間導過三、四十部作品，其中《茶館》由他手導。

「北京人藝劇院」於2006年在台演出名劇《雷雨》,導演夏淳,演員有楊立新(右一)、
鞏麗君(右三)、王大年、夏立信、王斑、白薈、徐白曉。

上海崑劇團

　　「上海崑劇團」（簡稱上崑）前身為「上海青年京崑劇團」，成立於1961年。1978年更改為現名，由京劇大師俞振飛出任團長。主要成員是上海戲曲學校一、二、三班的畢業生。他們主要傳承來自俞振飛與「傳」字輩老師的教導。「上崑」是最多大陸一級演員的表演團體，向心力最強，最為團結。

　　1987年時，周文中教授特別為我去信給「上海崑劇院」的創辦人、崑生泰斗俞振飛（1902-1993）。他是當代京崑藝術大師、戲曲教育大家。曾任「上海市戲曲學校」校長、「上海崑劇團」團長、「上海京劇院」院長。是近代最重要起承轉合的崑劇大師。

　　我特別想見俞大師，他的第二任夫人言慧珠與我祖父是舊識。但彼時他的健康情形已經不佳，此生我終究未能見到大師本人，實為遺憾。俞振飛是當時碩果僅存的崑劇泰斗，不畏政治壓力而全力保存藝術文化，極力呼籲國家重視崑曲的價值並極力推廣。現在中國大大小小的崑曲典藏，就是在他手中保存而流傳下來的。

「上海崑劇團」。照片由新象提供。

「上海崑劇團」重要演員。
（上排左至右）張靜嫻、張洵澎、岳美緹、蔡正仁、計鎮華。
（下排左至右）梁谷音、張銘榮、谷好好、張軍、沈昳麗。

看上崑《折子戲》
從 「傳」 字輩到 「正」 字輩的國家一級演員

　　我於1987年到「上海崑劇團」看「折子戲」，原計畫看晚場。但團方告知當天的晚場，前中國國家主席李先念將蒞臨觀賞。所以想想，還是錯開好了。「上崑」專門為我演出了《時遷盜甲》、《鍾馗嫁妹》、《活捉》等折子戲。蔡正仁和張靜嫻一起演一段《長生殿》。上崑武生演員，有「活猴王」之美稱的陳同申，也演了一段淋漓盡致的獨角猴子戲，是我見過功夫最棒的『猴子』。

　　那時「上海崑劇團」共有十幾位國家一級演員，分別是華文漪、陳同申、被譽為「江南名丑」劉異龍、主攻花旦與正旦的梁谷音、計鎮華、攻武丑的張銘榮、被譽為「武旦皇后」王芝泉、有『小俞振飛』之美稱的蔡正仁、專攻淨與紅生的方洋、首席笛師顧兆琪、獲頒「梅花獎」的張靜嫻、曾獲美國「林肯文化中心」亞洲傑出藝人獎的岳美緹，團員的陣容與實力非常龐大。「上崑」內，「傳」字輩的人是「正」字輩的前輩，而現今「上崑」大部分都是已是「正」字

輩，「傳」字輩僅剩十餘人。「上崑」1992年第一次來台演出時，「傳」字輩的人約在六十至七十歲，「正」字輩大約在四十五至五十歲，至今都是七十至九十多歲。三十年後的今日，現任的「上海崑劇團」團長谷好好，是王芝泉的嫡傳弟子，我第一次認識她才十七。

1992年「上海崑劇團」一行八十六人來台，由團長蔡正仁率領，可惜那時俞振飛年事已高，身子頗為虛弱，無法起身，故由其夫人李薔華代理並為領隊。李薔華有一位知名的兄長李棠華，在台創立了「李棠華技藝團」。當李棠華得知我們即將邀請「上崑」，特地數次前來我的辦公室，提到兄妹在台灣相聚，總有一種迫不及待的興奮。

1989年中國發生『天安門事件』，「上崑」有八位團員投奔到美國。帶頭的是華文漪、陳同申，當時在大陸引起軒然大波。因此事件，他們無法於1992年隨「上崑」來台。回想當年我去「上崑」訪問的最後一晚，張靜嫻，陳同申拉著腳踏車，陪我走在昏暗路燈下的石頭道上，一路散步走回旅館。路上我們一起聊了許多京劇與崑劇在中國大陸的發展狀態，之後就從未見到陳同申了。

我特別要提及「上崑」最令我佩服的一位人士～蔡正仁團長。在以前通訊不易的年代，蔡先生曾在一天之內來跟我會談八次。其嚴謹的態度及鍥而不捨的競業精神，令我印象深刻。我第一次到「上崑」，曾觀賞蔡正仁和張靜嫻演出《長生殿》的片段，後來他來臺唱《長生殿》中的一齣戲《迎像哭像》。這是唐明皇看見楊貴妃的遺像而觸景傷情，感傷中唱的聲淚俱下，連唱十三支曲牌。長達半個多小時的演唱，中間完全沒有喘口氣的空間。最高腔在最後的段落，必須將張力拉提到最高點，是一個極大的挑戰。然而蔡正仁將這段難度甚高的獨腳戲，表現的淋漓盡致。

「上海崑劇團」的首席笛師顧兆琪，是俞振飛的笛師。崑曲中的笛師如同指揮，演出的速度都是由笛師定版與駕馭。顧兆琪的笛風底氣飽滿、技巧純熟。葉劍英曾讚譽他為「仙笛」。年輕一輩有『崑曲王子』美譽的張軍（1974-），沈昳麗等崑劇演員，都搶著認顧兆琪做為乾爹。他對年輕一輩的提攜教導，更是不遺餘力，灌輸他們一些創新觀念，頗受年輕演員們的敬重。

上述這些一級演員，後來也陸陸續續來到台灣。經由我們安排，

有的演出，有的示範教學。從此來自中國大陸各地的崑劇團，成為「新象」的主要邀請團體之一。陸續於1993、1994、1996年在台北、台中、台南、中壢、彰化等地演出。他們演出時一律不帶麥克風，其功力可見背後訓練之嚴謹。

崑生泰斗俞振飛
傾其一生埋下崑曲的火種，今日遍地開花結果

俞大師在1993年去世，喪禮隆重而盛大。數千人出席告別典禮，致意的來賓自中國大陸各方各地前往。幾乎每一個世代的京崑劇演員，年齡從十幾歲到七十幾歲的崑劇演員，教授、學生等全員到齊，前來向崑曲大師做最後的致意。我是現場唯一被邀請前去的台灣人，見證俞振飛傾一生致力的偉大貢獻。

這場喪禮時給了我些許的感觸。中國大陸從1949年經歷戰爭，導致社會癱瘓、政治鬥爭，三反五反的翻轉，百廢待舉。一場文革，讓社會結構全被扭曲，直到1978年重新改革開放，到現今的現代化社會。經歷這近半世紀的波折，為何中國大陸傳統表演藝術仍強過臺灣？中國大陸設立了三千多個專業的藝術團體，前總理周恩來在「北京人藝術劇團」的培養上，以超過百次的視察和關注表現他對藝術的態度，也直接體現大陸政府在文化藝術的政策。

俞振飛的喪禮後，蔡正仁引見「上崑」最傑出的一批當代的後進。彼時見到一群十幾歲的年輕學子，年齡約十七至十九歲之間。他們的臉上充滿如陽光的活力，眼神中盡是期待大時代來臨的興奮，其中有張軍、沈昳麗、冷冰冰、林未、倪泓、丁芸、錢熠，及王芝泉的大弟子谷好好，在當年也只有十七歲，現在已是「上崑」團長。這些年輕一輩到了現今，各個都有了不凡的成就。尤其是張軍，自己獨創了一個新團隊，經常作跨領域演出。

申請「上崑」來臺的過程中，中共「國務院文化部臺灣辦事處」的任秉新、彭燕光等人，以及秦德昭、林宏鳴、應明達，給予我們很大的協助。自「上崑」來台後，「新象」在曼儂的主導下把中國各大崑劇團一一邀請來台演出，分別有「浙江崑劇團」、「北方崑曲劇

院」、「蘇州崑劇院」、「江蘇崑劇團」、「永嘉崑劇團」。曼儂因
此就被中國大陸稱為『現代崑曲之母』。在近三十年來與上海密切的
文化交流，超越了與北京的交流，最主要感謝曾任上海埔東「東方藝
術中心」的林宏鳴總經理，以及「上海文化聯誼會」應明達會長兩位
先生的鼎力支持。

兩岸交流後記

兩岸文化交流三個深具歷史突破的重要階段點：

首是1988年8月8日在美國紐約「哥倫比亞大學」之「大陸十位
與台灣十位」共二十位最具代表性的作曲家，齊會紐約舉行一週的
「兩岸現代音樂面對面論壇」，視為《國際性破冰之舉》。

再之，是1992年10月2～16日「北京中央芭蕾舞蹈團」在台北
「國父紀念館」首演之後，連續在高雄、台中、台南等公演十二場。
視為開創中國大陸藝術團隊在台灣歷史性之首演。

三則，是2009年7月27～8月4日創組「海峽和平交響樂團」，由
呂嘉指揮，演奏家精選中國大陸二十個樂團與台灣十五個樂團之精
英，巡迴北京、上海、深圳、台北、高雄等演出五場。創立融合中國
大陸與台灣藝術團隊共同演出之舉。

三十多年來「新象」陸續邀請來自中國大陸重要的藝術家與團
體，逾七千人次。

主辦活動如：傳統藝術、音樂、舞蹈、戲劇、美術展覽、電影、
雜技、非物質文化遺產展、演講、講座教學、學術研討會、國際會議
…等五十多個重要項目，逾千場次的演出、展覽、聚會。

眾所周知的有1990、1995、2001年，共同主辦了三屆的「台
北·上海音樂薈萃」。

邀請海峽兩岸各十五位作曲家齊薈上海舉行〈作品發表、演講、
學術研討會〉每屆為期一週，由上海交響樂團、上海音樂學院及台灣
音樂家共同擔任演出。共同主辦單位是上海市文化局、上海交響樂
團、上海音樂學院、新象、上海「波特曼Portman國際酒店」集團贊
助代表人John Mayer、吳曦鳴。

傳統藝術之引介主辦：

　　傳統藝術主辦從1992～2016 年，邀請中國大陸七大崑劇團：「上海崑劇團」、「浙江崑劇團」、「北方崑曲劇院」、「江蘇省蘇崑劇團」（南京）、江蘇省「蘇州崑劇院」、「湖南崑劇團」、「永嘉崑劇團」，來台灣各大城市演出暨教學一百五十多場次。

　　2004年製作青春版《牡丹亭》崑劇，以湯顯祖原著為本，整編製作人是樊曼儂、白先勇。台北首演後，巡迴北京、上海、南京、天津、西安、武漢、蘭州等大陸二十餘各級城市及大學園區，以及歐美國家演出逾兩百場次。

　　自從1987後，我來去中國大陸多達兩百多次，藝術上相會的藝術家與相關人士多到難以記數。

「上海崑劇團」劇照。演出劇目《長生殿》。

劇目《春江花月夜》。

戲劇類：
1998、2011年，京劇「上海京劇院」
2003年，京劇〈麒派名家名劇展〉
1983年，粵劇「廣東大戲」
　　　　「新馬師曾與鳳凰女粵劇」
1995年，川劇「四川自貢市川劇團」
2002年，秦腔「陝西省戲曲研究院」
2005年，越劇「浙江小百花越劇團」
2011年，越劇「上海越劇院」
2016年，評劇「上海評劇團」
2014年，河北梆子「河北省河北梆子劇院」

交響樂團：
1994年，「北京智化寺音樂團」
2001年，「中國愛樂交響樂團」
2002年，「中國國家交響樂團」
2003年，「上海民族樂團」
2006年，「廈門愛樂樂團」
2009年，「海峽和平交響樂團」

舞蹈團：
1992、2001年，「中央芭蕾舞團」
1993年，「上海歌舞團」
1993年，「北京舞蹈學院」
2006年，「內蒙古曲藝舞團」
　　　　（蒙古草原傳奇）

戲劇：
1993、1995、2004、2006年
　　　　「北京人民藝術劇院」
1996、2003、2008、2010年
　　　　「上海話劇藝術中心」
2010年，電影百年音樂劇《電影之歌》

展覽：
2011年，〈皮克斯動畫展〉
　　　　（二十五週年上海展）
2012年，〈上海油畫雕塑展〉、
　　　　〈上海歷史風貌攝影展〉
2013年，〈上海非物質文化遺產精品展〉
2013年，〈覃志剛書畫展〉
2015年，〈季則夫水墨畫展〉

邀請頂尖藝術家兩岸交流：
作曲家：賀綠汀、丁善德、江定仙、吳祖強、
　　　　桑桐、朱踐耳、瞿小松、趙曉生、
　　　　譚盾、周龍、陳怡、葉小鋼、
　　　　何占豪、陳其鋼、楊立青、
　　　　何訓田、蘇聰、葉聰、郭文錦。
指揮家：李德倫、陳燮陽、卞祖善、余隆、
　　　　呂嘉、李心草、卞祖善、胡詠言、
　　　　關迺忠。
鋼琴家：劉詩昆、殷承宗、李堅、葉綠娜、
　　　　諸大明。
小提琴家：呂思清、寧峰、陸威、張樂。
聲樂家：郭淑貞、戴玉強、李爽、魏松、
　　　　張峰、柯綠娃、馮國棟、王宏堯、
　　　　于冠群。
胡琴家：劉明源、閔惠芬、黃安源、姜建華、
　　　　馬曉暉。
琵琶家：劉德海、湯良興、王正平、邵容、
　　　　章紅艷、閔小芬。
笛子家：顧兆祺 鄭濟民、俞遜發、唐俊喬。
古箏家：項斯華、羅小慈。
舞蹈家：李承祥、趙汝蘅、白淑湘、蔣祖惠、
　　　　張丹丹、馮英、王才軍、徐剛、
　　　　張純增、黃豆豆、王珊。
戲劇家：于是之、夏淳、焦晃、英若誠、
　　　　謝晉、林連昆、林兆華、譚宗堯、
　　　　顧威、劉曉慶、嚴燕生、田沁鑫、
　　　　吳剛、楊立新、濮存昕、徐凡、
　　　　梁冠華、龔麗君。

境、會、元、勻：許博允回憶錄／許博允，廖倩慧，李慧娜 文。
--初版。--臺北市：遠流，2018.1
面；　公分
ISBN 978-957-32-8170-2(精裝)

1.許博允 2.回憶錄

783.3886　　　106020746

《境、會、元、勻》
許博允回憶錄

作　　者　許博允
撰　　述　廖倩慧、李慧娜
封面提字　洛　夫
圖片提供　許博允、國際新象文教基金會
編　　輯　廖倩慧
企　　畫　張愛華
美術指導　張治倫
美術設計　劉吉峰、林姿婷、魏振庭
封面攝影　白西蒙 Virgile Simon Bertrand
服裝設計　洪麗芬 Sophie Hong
封面照片提供　洪麗芬工作室
攝　　影　王　信、呂成祚、阮義忠、杜志剛、周正瀚
　　　　　柯錫杰、莊　靈、陳建仲、陳義雄、許玉暄
　　　　　楊基炘、楊士正、趙傳安、謝春德、廖倩慧
　　　　　（依姓氏筆畫順序）

總監暨總編輯　林馨琴
發　行　人　王榮文
出 版 發 行　遠流出版事業股份有限公司
地　　址　台北市10084南昌路2段81號6樓
電　　話　(02) 2392-6899
傳　　真　(02) 2392-6658
郵政劃撥　0189456-1
著作權顧問　蕭雄淋律師
2018年1月1日　初版一刷
售價新臺幣 660元
缺頁或破損的書，請寄回更換
ISBN 978-957-32-8170-2
有著作權‧侵害必究 Printed in Taiwan
http://www.ylib.com
E-mail: ylib@ylib.com